ALEX CAINE
UNDERCOVER
UNTER ROCKERN

ALEX CAINE
UNDERCOVER UNTER ROCKERN

Wie ich die Hells Angels und
die Bandidos unterwanderte

riva

Bibliografische Information der Deutschen Nationalbibliothek:
Die Deutsche Nationalbibliothek verzeichnet diese Publikation in der Deutschen Nationalbibliografie; detaillierte bibliografische Daten sind im Internet über http://d-nb.de abrufbar.

Für Fragen und Anregungen:
alexcaine@rivaverlag.de

1. Auflage 2013
© 2011 by riva Verlag, ein Imprint der Münchner Verlagsgruppe GmbH
Nymphenburger Straße 86
D-80636 München
Tel.: 089 651285-0
Fax: 089 652096

Die englische Originalausgabe erschien 2008 bei Random House Canada, a division of Random House of Canada Limited, Toronto, Kanada, unter dem Titel *Befriend and Betray. Infiltrating the Hells Angels, Bandidos and Other Criminal Brotherhoods*. © 2008 by Alex Caine und Aranteli Productions. All rights reserved.

Alle Rechte, insbesondere das Recht der Vervielfältigung und Verbreitung sowie der Übersetzung, vorbehalten. Kein Teil des Werkes darf in irgendeiner Form (durch Fotokopie, Mikrofilm oder ein anderes Verfahren) ohne schriftliche Genehmigung des Verlages reproduziert oder unter Verwendung elektronischer Systeme gespeichert, verarbeitet, vervielfältigt oder verbreitet werden.

Übersetzung: Martin Rometsch
Lektorat: Caroline Kazianka
Umschlaggestaltung: Nele Schütz Design, unter Verwendung von Thinkstock und einem Autorenfoto von © Alain Roberge
Layout und Satz: HJR – Manfred Zech, Landsberg
Druck: CPI – Ebner & Spiegel, Ulm
Printed in Germany

ISBN Print 978-3-86883-357-7
ISBN E-Book (PDF) 978-3-86413-046-5
ISBN E-Book (EPUB, Mobi) 978-3-86413-058-8

Weitere Infos zum Thema
www.rivaverlag.de
Gern übersenden wir Ihnen unser aktuelles Verlagsprogramm.

*Für meine Kinder,
die unter meinem Beruf leiden mussten und mich dennoch lieben.*

•

Die Namen einiger Personen in diesem Buch wurden geändert,
um Unschuldige zu schützen.

INHALT

Vorwort   9

Kapitel eins
Ein ganz anderes Leben   17

Kapitel zwei
Hobo und die chinesischen Triaden   55

Kapitel drei
Die Familie kommt zuerst, dann die Schmuggler   85

Kapitel vier
Die Bandidos an der Grenze   97

Kapitel fünf
Meine Farben werden national   129

Kapitel sechs
Das Ende der Bandidos   155

Kapitel sieben
Vom Ku-Klux-Klan zur Insel   195

Kapitel acht
Die Hells Angels und die Para-Dice Riders   225

Kapitel neun
Die Dago Hells Angels und die Russen   259

Kapitel zehn
Krieg in Laughlin   279

Nachwort   327

VORWORT

Autobahn 8, Anfang Mai 2002, unterwegs von San Diego nach Osten.

Seitdem ich angefangen hatte, gegen die Dago Hells Angels zu ermitteln, hatten mir Leute, denen ich vertraute, immer wieder geraten, meine Koffer zu packen und Südkalifornien zu verlassen. Das könne nur böse enden, hatten sie gesagt. Jetzt, zwei Jahre danach, befolgte ich endlich ihren Rat, und zwar ziemlich schnell.

Ich hielt mich nicht einmal groß mit Packen auf. Ich schmiss einfach ein paar Kleider, einige Papiere, meinen Computer und ein paar CDs für die Fahrt in meinen Nissan-Pick-up, rief meinen Hund und fuhr nach Osten in die Wüste.

Der Abschied von meinen Betreuern bei der Polizei war kurz gewesen. Sie hatten mich gebeten, noch eine Nacht in der Gegend von San Diego zu verbringen, damit wir ein Abschiedsessen veranstalten konnten. Ich ließ sie daher für mich ein Zimmer in einem Motel buchen, aber als ich dann in meinem Auto saß und unterwegs war, hatte ich keine Lust mehr auf einen Zwischenstopp.

Der Abschied von meinen Bikerkumpels war noch abrupter gewesen: Ich hatte sie mit kreischenden Reifen und in einer Wolke aus verbranntem Gummi verlassen, nachdem Bobby Perez, das unberechenbarste und bösartigste Mitglied der San Diego – oder Dago – Hells Angels, mir gezeigt hatte, dass die Dinge einen unangenehmen Verlauf nehmen würden.

Einige Tag zuvor hatte er mich gebeten, seine Waffe – eine kleine Bersa .380 – von Laughlin in Nevada nach El Cajon in Kalifornien zu bringen, nachdem drei Biker in einem Kasino erschossen worden waren. Ich wusste nicht, ob die Bersa bei der Schießerei benutzt worden war oder ob Bobby sie nur nicht selbst über die Staatsgrenze bringen wollte. Immerhin war er auf Bewährung frei und hätte Kalifornien eigentlich nicht einmal verlassen dürfen, geschweige denn mit Kriminellen Kontakt haben. Seine Bitte, die Waffe ins heimische Revier der Dago Hells Angels zurückzubringen, war auf jeden Fall ein enormer Vertrauensbeweis. Doch als meine Kontaktleute bei der Polizei die Waffe beschlagnahmten und erklärten, dass sie mir nicht erlauben könnten, sie einem verurteilten Straftäter zurückzugeben, vermasselten sie mir jede Möglichkeit, noch tiefer ins Allerheiligste der Gang einzudringen. »Sagen Sie Bobby, dass Sie das Ding vergraben mussten«, rieten sie mir. »Oder dass Sie es verloren haben. Egal was, denken Sie sich etwas aus.«

Etwas Dümmeres hätten sie nicht tun können, zumal die kleine Waffe Bobby offenbar sehr wichtig war. Als er mich bei einem Treffen spätabends auf einem Parkplatz in El Cajon danach fragte, vertröstete ich ihn mit der Behauptung, ich hätte sie ganz unten im Motor meines Autos versteckt und noch keine Zeit gehabt, sie herauszuholen. Bobby sah mich wütend an und befahl mir dann: »Bring sie morgen um zehn Uhr in die Bar!«

Am nächsten Morgen sollte eine Gedenkfahrt stattfinden, denn einige Tage zuvor war ein Biker umgekommen. Christian Tate, ein Mitglied der Dago Hells Angels, war auf seinem Motorrad von hinten erschossen worden, als er von Laughlin nach Kalifornien gefahren war, etwa eine Stunde vor dem Schusswechsel im Kasino. Und Bobby brauchte die .380 offenbar für diese Fahrt.

Nach der Szene auf dem Parkplatz überlegte ich, ob es nicht besser wäre, den Dago-Fall aufzugeben. Er hatte sich seit einiger Zeit nach Süden ausgeweitet, schon bevor die stümperhafte und streng geheime Polizeiaktion gegen einen Drogentransport der Hells Angels in der Wüste zu wer weiß wie vielen Leichen geführt hatte. Ich hatte vier Biker und zwei Polizisten sterben sehen, bevor man mich schließlich aus diesem Schlamassel herausholte.

In diesem Fall hatte es von Anfang an kein klares Ziel gegeben. Er hatte 1999 mit Ermittlungen gegen einen Quebecer begonnen, der verdächtigt wurde, Kokain von Kolumbien nach Kalifornien und dann mit Unterstützung der Dago Hells Angels nach Kanada zu schmuggeln. Aber der Kerl war einen Tag vor meiner Ankunft in Kalifornien verschwunden. So war aus dem Fall eine Unterwanderung der Dago Angels geworden – wir sammelten Informationen, ohne damit gezielt die Festnahme und Verurteilung von Ganoven zu planen. Um mit der Gang Kontakt aufzunehmen, eröffnete ich ein Fotostudio und spezialisierte mich auf Bewerbungsmappen für Stripperinnen, »Bikepornos« – Bilder von üppig verchromten Harleys vor der untergehenden Sonne – und Ähnliches. Mit der Zeit luden mich immer wieder Gangmitglieder und ihr Umfeld als Fotograf zu Partys und Versammlungen ein. Natürlich durfte ich dabei keinen Biker kompromittieren, ich

Vorwort

hütete mich also davor, jemanden zum Beispiel mit der Nase in einem großen Haufen Kokain zu knipsen.

Nach einigen Monaten begann ich dann, von Leuten, die mit der Gang in Verbindung standen, Kokain und Crystal in moderaten Mengen zu kaufen. Außerdem erwarb ich gestohlene Autos und Waffen: vollautomatische Maschinenpistolen, M-16-Gewehre, umgebaute SKS-Karabiner, Handgranaten und so weiter. Ich gab mich als krimineller Mittelsmann aus, der sich für beinahe alles interessierte, was Geld einbrachte. Dank dieser Käufe entwickelte sich unser kleiner Fall weiter, und wir strebten nun Festnahmen und Verurteilungen an.

Trotzdem war das Ziel immer noch nicht genau umrissen, außerdem neigten meine Kontaktleute zu gefährlichen spontanen Entscheidungen. Im Laufe von zwei Jahren sammelte ich Informationen über korrupte Soldaten, die Gewehre verscherbelten, mexikanische Grenzgänger, die Waffen und Menschen schmuggelten, und russische Mafiosi. Nebenbei kümmerte ich mich um die Hells Angels und ihre Verbündeten. Das Problem war, dass wir wegen dieser vielen verschiedenen Einsatzbereiche nie einen Endpunkt bestimmen konnten, einen Punkt, an dem es hieß: »Gut, jetzt wissen wir genug und es ist Zeit aufzuhören.«

Schlimmer noch: Ich hatte schon früh den vagen Verdacht, dass Operation Five Star nicht vertrauenswürdig war. Gemeint ist die Einsatzgruppe, für die ich arbeitete und die aus Leuten aus der Drug Enforcement Administration (DEA; Bundesbehörde zur Drogenbekämpfung), dem Bureau of Alcohol, Tobacco, Firearms and Explosives (ATF; Behörde für die Überwachung von Alkohol, Tabak, Schusswaffen und Sprengstoffen), dem Sheriffbüro von San Diego und der Stadtpolizei von San Diego und El Cajon bestand. Anscheinend sickerten Informationen an die falschen Leute durch. Anfangs war es nur ein Bauchgefühl ohne greifbare Beweise. Aber im Herbst 2001 rief mich ein bekannter FBI-Chef aus San Francisco an, der schon eine Menge Biker festgenommen hatte, und bat mich um eine Unterredung. Wie sich herausstellte, hatte er den gleichen Verdacht.

Das alles hätte mich zusammen mit der Schießerei in der Wüste eigentlich veranlassen sollen, aus diesem Fall auszusteigen, und zwar schon bevor Bobby Perez mir befahl, ihm seine Waffe zurückzugeben. Aber ich führe gerne zu Ende, was ich angefangen habe, und meine Sicherheit war nie ernsthaft bedroht gewesen. Außerdem wurde ich gut bezahlt: 5000 Dollar plus Spesen im Monat, genug, um für meine zweite Frau und meine Tochter ein neues Haus in Kanada zu kaufen.

Die Begegnung auf dem Parkplatz überzeugte mich schließlich doch davon, dass der Fall zumindest für mich mit ziemlicher Sicherheit beendet war. Trotzdem nahm ich aus irgendeinem Grund an, dass ich den unvermeidlichen Streit mit Bobby um wenigstens einen oder zwei Tage hinauszögern konnte. Also fuhr ich am nächsten Tag um Punkt zehn Uhr auf das Gelände am El Cajon Boulevard, das praktisch den Hells Angels gehörte. Dort standen ihr Clubhaus, das »Dumont's«, besser bekannt als »die Bar«, und Stetts Motorradgeschäft.

Als ich vorfuhr, lungerten bereits Hunderte von Bikern auf dem Gehweg vor der Bar herum. Und mittendrin stand Bobby. Ich parkte vor einem Hydranten, ohne den Motor abzustellen.

Schon während ich auf Bobby zuging, merkte ich, dass er heute wohl besonders schlecht gelaunt war.

»Hast du sie mitgebracht?«, fragte er.

»Ich finde sie nicht mehr«, sagte ich. »Sie muss während der Fahrt auf die Straße gefallen sein.«

Bobby begann zu zittern. »Komm mit mir nach hinten«, knurrte er. Ich wusste, was sich dort oft abspielte, und hatte keine Lust, mitzugehen.

»Klar«, antwortete ich und drehte mich um, »aber zuerst muss ich richtig parken und den Motor abstellen. Bin gleich wieder da.« Dann sprang ich schnell in mein Auto und fuhr los.

Bobby schrie einem Typen zu, dass er mich aufhalten solle. Und tatsächlich zog der Kerl an der Tür auf der Beifahrerseite, aber sie war zum Glück abgesperrt. Als ich Vollgas gab, ließ er los. Dann raste ich davon, fuhr in mein Studio, um ein paar wichtige Sachen zu holen, und war wieder unterwegs.

In einem schlechten Roman würde der nächste Satz vielleicht lauten: »Eine Woge der Erleichterung umspülte mich, als ich in die reine, klare Wüstenluft fuhr, weg von der Gefahr und dem Verrat der vergangenen zwei Jahre.« Aber wenn ich überhaupt so etwas wie Erleichterung verspürte, dann war es eher ein Tröpfeln als eine Woge. Natürlich war es ein gutes Gefühl, El Cajon und San Diego zu verlassen und mein Leben wieder selbst bestimmen zu können. Es gab jetzt keine Polizisten oder Hells Angels mehr, die mir sagten, was ich zu tun hatte. Doch das gesamte Gebiet zwischen San Diego in Kalifornien und Phoenix in Arizona, das 480 Kilometer östlich liegt, gehört zum Revier der Hells Angels. Es war durchaus denkbar, dass Bobby vor der Fahrt zu Christian Tates Beerdigung die Hells-Angels-Mitglieder östlich und nördlich von San Diego angerufen hatte, damit sie mich suchten. Andererseits war die Teilnahme an der Gedenkfahrt für ein Mitglied – für jedes Mitglied, selbst wenn es wie Tate ein eher unbedeutendes war – für alle Hells Angels der Umgebung Pflicht und für alle befreundeten Clubs sehr zu empfehlen. Darum hoffte ich, dass sich alle, die mich möglicherweise aufhalten wollten, bereits hinter mir befanden.

Es war auf jeden Fall schon einmal gut, dass niemand in meinem Studio aufgetaucht war, als ich gepackt hatte. Mein Unbehagen flaute daher ein wenig ab, in der Wüste nahm es dann allerdings wieder zu. Während meines Aufenthalts in San Diego hatte ich viele Sonntage in der Wüste verbracht. Ich war oft mit Hund oder allein spazieren oder auf Entdeckungsreise gegangen. Die Ruhe und der Frieden dieser Gegend hatten mir gut getan. Aber jetzt war die Wüste keine stille, erholsame Oase mehr, sondern ich fühlte mich nur sehr verwundbar.

Doch je weiter ich fuhr, je weiter ich das Chaos hinter mir ließ, desto besser fühlte ich mich. An den beiden ersten Tagen schlief ich nur kurz auf Rastplätzen und Lkw-Parkplätzen und fuhr die Nacht durch, um die Entfernung zwischen mir und meinen Problemen zu vergrößern. Später, im Mittleren Westen und weiter östlich, wurde ich dann ruhiger und legte regelmäßige Pausen ein, um Sehenswürdigkeiten zu besichtigen, etwas zu essen oder in einem Motel zu übernachten.

Während der ganzen Zeit dachte ich über diesen Einsatz nach, der eben so spektakulär zu Ende gegangen war, und über meine Karriere als gedungener Agent.

Seit fast 25 Jahren, also beinahe die Hälfte meines Lebens, habe ich für diverse Polizeibehörden gearbeitet – RCMP (Royal Canadian Mounted Police; königliche kanadische berittene Polizei), FBI, DEA, ATF, RHKP (Royal Hong Kong Police), RNC (Royal Newfoundland Constabulary; Polizei des früheren Neufundland) – und mich in kriminelle Vereinigungen auf der ganzen Welt eingeschlichen, um der Polizei bei deren Zerschlagung zu helfen. Meine Ziele waren kriminelle Biker, die chinesische Mafia, russische Mafiosi, pakistanische Heroinschmuggler sowie ganz gewöhnliche Drogenbarone, korrupte Polizisten und Militärs, sogar der Ku-Klux-Klan. Die Arbeit war immer lukrativ und aufregend gewesen, und ich hatte immer für die Guten gekämpft, aber was hatte mir das genutzt? Und was hatte es aus mir gemacht? Für jeden Auftrag musste ich mir ein paar Monate oder auch mehrere Jahre lang eine neue Identität zulegen. Manchmal gab ich mich als Verbrecher aus, als Berufskiller oder Drogenhändler. Bisweilen war meine Deckung auch komplexer, dann war ich ein Versicherer, der auf Investmentbetrug und Geldwäsche spezialisiert war, ein Importeur, der auch Drogen und Prostituierte ins Land und gestohlene Luxusautos aus dem Land brachte, oder ein Konzertveranstalter, der an allem interessiert war, was Geld einbrachte.

Ich identifizierte mich immer total mit diesen Personen, lebte mich ganz in sie hinein und schob mein wahres Ich dafür beiseite. Dabei glaubte ich stets, dass ich dieses wahre Ich dann problemlos wiederauferstehen lassen konnte, wenn der Job beendet war. Aber mit der Zeit wurde mir klar, dass mein wahres Ich, wie auch immer es aussehen mochte, mangels Sonnenlicht allmählich verwelkte, mangels Nahrung vertrocknete und mangels Übung verkümmerte.

Sogar zwischen den Jobs – die meist mehrere Monate dauerten – war es schwierig, wieder ich selbst zu werden. Wenn mein Auftrag zu einer Festnahme geführt hatte, dann verbrachte ich diese Zeit oft mit Vorbereitungen auf die Gerichtsverhandlung, oder ich ruhte mich einfach nur aus. In beiden Fällen war es schwer, meine alte Persönlichkeit wieder anzunehmen. Außerdem stand oft schon der nächste Auftrag in Aussicht.

Schon oft hatte ich ans Aussteigen gedacht. Und bis Mitte der achtziger Jahre, als ich mich mit dem Ku-Klux-Klan einließ, hatte ich meine Arbeit nie als echten Beruf angesehen, höchstens als Serie von Jobs, die mir irgendwie zugefallen waren und aus denen ich ebenso plötzlich und ungeplant wieder entlassen worden war. Aber kein Job war so unbefriedigend gewesen wie der in San Diego. Keiner hatte uns unserem Ziel so nahe gebracht und keiner hatte einen so bitteren Nachgeschmack bei mir hinterlassen.

Ich war auch noch nie zuvor so entschlossen, alles hinzuschmeißen, wie auf dieser Autobahnfahrt quer durch den Süden des Mittleren Westens und dann die Ostküste entlang nach Maine. Dort fuhr ich über die Grenze nach New Brunswick und dann Richtung Ostkanada zu meiner Familie. Das Gefühl, endlich wirklich ausgestiegen zu sein, wurde immer stärker. Mein Auftrag hatte sich nicht nur sehr verändert, seitdem ich begonnen hatte, und das nicht zum Besseren, ich spürte auch, dass ich langsam zu alt für solche Jobs wurde, dass mich das Ganze zu sehr mitnahm. All dies führte dazu, dass ich endlich das tat, was die Polizisten, mit denen ich zusammengearbeitet hatte, mir schon oft geraten hatten: Ich setzte mich hin und schrieb meine Geschichte auf.

KAPITEL EINS
EIN GANZ ANDERES LEBEN

Viele Leute führen nicht das Leben, das ursprünglich von ihnen erwartet wurde. Bauern ziehen Kinder groß, die Künstler werden, Fabrikarbeiter haben Kinder, die Forscher und Universitätsprofessoren werden. Und es gibt Schläger und Verbrecher, die in wohlhabenden Diplomaten-, Anwalts- oder Arztfamilien aufgewachsen sind. Aber es gibt wahrscheinlich nicht viele Äpfel, die so weit vom Stamm fallen wie ich. Ich hätte durchaus in einem ganz anderen Obstgarten landen können.

Ich wurde in einer Arbeiterfamilie in Hull, Quebec, geboren, sozusagen im Schatten des kanadischen Parlaments, das hoch oben auf einem Felsen jenseits des Flusses Ottawa steht und auf uns herabschaute, und doch eine ganze Welt davon entfernt. War das englischsprachige Ottawa nach dem Krieg ein eigenartiger Ort, eine Stadt der Holzhändler, die gerne eine internationale Hauptstadt gewesen wäre, dann litt das französischsprachige Hull nicht an solchen hochmütigen Anwandlungen: Hull war eine Stadt der Holz- und Papierindustrie, in der die katholische Kirche immer noch weitgehend das Sagen hatte, in der es aber dennoch auch Bordelle und Bars gab.

Mein Vater arbeitete nicht in den Fabriken, sondern im Château d'Eau, dem städtischen Wasserwerk, das sowohl das Wasser der Stadt filterte als auch den Strom für die Straßenlampen und öffentlichen Gebäude lieferte. Er hatte die Stelle ein oder zwei Jahre nach seiner Rückkehr aus dem Zweiten Weltkrieg bekommen, kurz bevor ich geboren wurde. Vor dem Krieg war die Musik sein Leben gewesen, und er hatte sich sein Geld als Banjo- und Gitarrenspieler bei zahllosen Hochzeiten und Partys verdient. »Ich habe Frauen und Freibier bekommen, und mehr brauchte ich nicht«, pflegte er zu sagen. Aber aus dem Krieg kam er mit meiner Mutter nach Hause zurück, die er in Halifax, seiner Marinebasis auf dem Weg von und nach Europa, kennengelernt hatte. Daher brauchte er jetzt eine richtige Arbeit. Er bekam den Job durch Vermittlung seines Bruders Alfred, den wir immer »mon'onc Fred« nannten. Fred hatte zusammen mit meinem Vater in der Marine gedient, und beide hatten am D-Day an der Operation Juno Beach, der Landung der Alliierten in der Normandie, teilgenommen. Als er nach Hause kam, ergatterte er eine Stellung als Briefträger.

Es sah ganz so aus, als sei meiner Familie ein Leben im Wohlstand und im Glück der Nachkriegszeit vorbestimmt – feste Arbeitsplätze, Familie, Frieden. Aber es gab ein Problem, vielleicht auch drei: Meine Mutter war halb Irin, halb Indianerin und sprach kein Wort Französisch.

Für die Familie meines Vaters bedeutete Quebec die Welt, und es gab kaum etwas Schlimmeres für sie, als »englisch« zu sein. Die Engländer waren protestantische Eroberer, Besatzer und Schwindler. Sie waren die Bosse und somit auch die Leute, die dafür verantwortlich waren, dass die Franzosen weniger Geld verdienten und keine leitenden Stellungen bekamen. Sie waren die humorlosen, verklemmten, überlegenen Geizhälse, die die Regeln bestimmten und einem den Spaß am Leben verdarben. Meine Großmutter sagte oft: »Un anglais trouverait une roche dans six pieds de neige« – ein Engländer würde einen Stein noch in zwei Meter hohem Schnee finden. Was immer das genau bedeuten mochte.

Aber Irin oder Indianerin – und sogar beides zugleich – zu sein, war noch schlimmer, als Engländerin zu sein. Die Iren galten als Widerlinge, die bereit waren, für einen Hungerlohn zu arbeiten, und den Franzosen die Jobs stahlen. Dass sie katholisch waren, war zwar ein kleiner Pluspunkt, dass ihre Kirche aber drüben in Ottawa war, galt als weiterer Beweis dafür, dass sie Handlanger der Engländer waren. Und auf die Indianer sahen sowieso alle herab, und das aus jedem Grund, der sich irgendwie gerade anbot. Sie waren Trinker, arm oder sprachen einfach nicht Französisch. Und obwohl es viele Katholiken unter ihnen gab, galten sie im Grunde genommen als Heiden.

Wahrscheinlich hatte sich die Einstellung meines Vaters während seiner Dienstzeit bei der Marine in Europa verändert, sodass er solche Vorurteile ablegen konnte. Denn sonst hätte er Mary O'Connor wohl nie geheiratet und mit nach Hause gebracht, zumal sie bereits ein Kind hatte, James. Es stammte von einem schwedischen Seemann, der vorübergehend in Halifax gewesen und dann weitergesegelt war, ehe er von ihrer Schwangerschaft erfahren hatte. Mon'onc Fred und seiner Frau Émilienne, für uns die Verkörperung von Klasse und Würde, waren solche Vorbehalte ebenfalls fremd.

Aber das galt nicht für die Mutter meines Vaters und seine Schwestern Cécile, Irène und Laurette. Sie hatten alle Zeit der Welt und eine Menge Platz in ihrem Herzen für Marys halb schwedischen Sohn, aber nicht für Mary selbst. Daher blieb sie einsam und geächtet, und die Menschen, die sie in einem solchen Umfeld am meisten gebraucht hätte, verspotteten sie und grenzten sie aus.

In den ersten sechs Jahren meines Lebens bekam ich das allerdings nicht wirklich mit. Wir wohnten in einem kleinen Haus in der Rouville Street, und zwar in einem Stadtteil von Hull, der Wrightville hieß, den die Einheimischen jedoch Ragville nannten, weil viele Frauen in der örtlichen Recyclingfabrik arbeiteten. Sozioökonomisch ausgedrückt stand das Haus eindeutig im Armenviertel, aber für meine Eltern war es genau der richtige Ort, um fünf Kinder in die Welt zu setzen. Ich war das dritte, geboren an einem Dezemberabend im Jahr 1948, nachdem ein Sturm die Stadt unter einer dreißig Zentimeter dicken Schneeschicht begraben hatte.

Gezwungenermaßen verbrachten wir einen großen Teil unserer Kindheit im Freien, denn unser Häuschen war so klein, dass wir nur alle darin Platz hatten, wenn wir schliefen. Für die Kinder in unserem Umfeld war es kein Problem, dass wir halb englisch waren, denn wir sprachen genauso gut Französisch wie sie und waren obendrein zahlreich und ziemlich kräftig. Da wir – auch mein Vater – zu Hause aber nur Englisch mit meiner Mutter sprachen, lernte sie nie viel Französisch. Nicht Französisch zu sprechen (und Irin und Indianerin zu sein) bedeutete aber, keine Freunde zu haben. Meine Tante Cécile sprach zwar so gut Englisch, dass sie jenseits des Flusses bei der kanadischen Marine als Zivilangestellte arbeiten konnte, aber sie gab sich keinerlei Mühe, meine Mutter in das Familienleben zu integrieren.

Cécile wohnte zusammen mit ihren Schwestern Irène und Laurette, dem jüngsten Bruder meines Vaters, Laurent, und meiner Großmutter in dem Haus, in dem mein Vater aufgewachsen war. Solange ich in Hull lebte, heirateten die drei Schwestern nicht, erst als ich weg war, schloss Cécile endlich den Bund fürs Leben mit einem Mann, der lange um sie geworben hatte, dem die katholische Kirche jedoch hartnäckig eine Annullierung seiner Ehe verweigert hatte. Laurent war jahrelang verlobt, aber er starb, ehe er sich zu einer Heirat durchringen konnte.

Das Haus stand in der St. Rédempteur Street in der Innenstadt und blieb der Versammlungsort der Familie. Jeden Sonntag nach der Messe nahmen wir dort ein spätes Mittagessen ein, nachdem wir uns zu Hause rasch umgezogen hatten. Anschließend spielten wir den ganzen Nachmittag. In den ersten paar Jahren meines Lebens ging meine Mutter noch mit, aber diese Pflichtveranstaltungen müssen enorm langweilig für sie gewesen sein, und sie fühlte sich bei diesen Treffen erst recht als Außenseiter. Als ich fünf war, begleitete sie uns nicht mehr zu diesen Sonntagsausflügen.

Nicht lange danach verschwand sie für eine Weile, kurze Zeit später noch einmal. Im Sommer 1955, als ich sechseinhalb Jahre alt war, trennte sie sich schließlich für immer von uns. Wir hatten keine Ahnung, warum sie uns verließ, wo sie war und ob sie je zurückkommen würde. Es hört sich wie ein typisches Klischee an, aber angeblich ging sie zum Film – das erzählten uns jedenfalls die Erwachsenen – und sie kam nie mehr nach Hause zurück.

Irgendwie spürten wir von Anfang an, dass sie wohl nie mehr wiederkommen würde. Unsere Tanten besuchten uns von da an regelmäßig, kümmerten sich um den Haushalt und sagten zu uns und zu allen, die in der Nähe waren: »Bon débarras« – »Ein Glück, dass wir die los sind«. Ich erinnere mich noch genau an einen Besuch unserer Nachbarin Madame Laroque. Tante Irène unterhielt sich ausführlich mit ihr und bemerkte: »Nur ein Dummkopf konnte von einer Engländerin etwas anderes erwarten.« Niemand machte meinem Vater Vorwürfe, obwohl er zumindest blind für die Traurigkeit meiner Mutter gewesen war und taub für ihren Wunsch, wieder nach Osten zu ziehen. Stattdessen verkündeten meine Tanten überall, dass sie jetzt für Ordnung bei uns sorgen würden.

Innerhalb einer Woche war alles geregelt. Unser Haus in der Rouville Street sollte verkauft werden, und meine Brüder Jim und Pete, damals elf und neun Jahre alt, durften mit meinem Vater ins Familienhaus in der St. Rédempteur ziehen. Meine beiden jüngeren Schwestern Norma und Pauline, vier und drei Jahre alt, sollten bei einer Familie in Gatineau unterkommen, einer Kleinstadt, die ein paar Kilometer flussabwärts lag. Die Leute waren Bekannte meines Vaters. Die mittleren Kinder, meine Schwester Louise und ich (sechs und sieben Jahre alt), kamen ins Waisenhaus St. Joseph in Ottawa.

Davon erfuhr ich erst am Morgen des Tages, an dem man uns wegbrachte, daher hatte ich keine Zeit, meine Flucht zu planen. Nachdem mein Vater mir in der Küche erzählt hatte, was uns bevorstand, rannte ich einfach weg. Mein Bruder und ich hatten im benachbarten Wald ein Versteck, dort wollte ich eine Weile bleiben und mich dann in das Haus in der Rouville Street zurückschleichen und dort wohnen, bis meine Mutter zurückkommen und mich holen würde. Meine beiden Brüder kamen jedoch sehr bald und schleppten mich nach Hause. Das Waisenhaus hatte ein Auto geschickt, um Louise und mich abzuholen. Kurz bevor wir abfuhren, schenkte mir Jim, mein ältester Bruder, seinen Golfball. Ich hob ihn jahrelang auf.

Ich verbrachte ein Jahr in St. Joseph. Wir trugen weiße Hemden und braune Hosen mit eingenähten Strumpfhaltern, alles handgefertigt von den Nonnen, die das Heim führten. Der Schulhof hinter dem Haus, das mitten in der reichsten Wohngegend Ottawas stand und das wir natürlich nicht verlassen durften, war von einem hohen Maschendrahtzaun umgeben. Ein zweiter Zaun teilte das Gelände in zwei Hälften, um die Mädchen von den Jungen zu trennen. Ich fand mich dort schon bald ziemlich gut zurecht und knüpfte schnell Freundschaften, aber meine Schwester hatte es schwer. Während unserer nachmittäglichen Spielzeit setzte ich mich oft auf einer Seite des Zaunes auf den Asphalt, und Louise saß auf der anderen Seite. Dann hielten wir uns an den Händen, so gut es durch den Draht hinweg eben ging. Ich versicherte ihr immer wieder, dass Mama uns finden und holen würde. Bis dahin wollte ich mich um sie kümmern.

Die Zeit im Waisenhaus war von Anfang an nur als Übergang gedacht, und mein Vater hatte den Nonnen zugesagt, dass er in wenigen Monaten in der Lage sein würde, uns wieder zu sich zu nehmen. Wenn er gelegentlich vorbeikam, brachte er uns Spielsachen mit, aber vor allem die Hoffnung, bald dort herauszukommen. In unserem zweiten Jahr holte mein Vater uns Mitte September dann tatsächlich, allerdings nicht nach Hause, denn der Platz reichte immer noch nicht. Stattdessen wurde ich zu Doyle Parent, einem Kollegen meines Vaters aus seiner Zeit im Château d'Eau, seiner Frau und ihren zahlreichen Kindern geschickt. Ihr Haus hatte kein Zimmer für ein weiteres Kind, alle Jungen schliefen in einem Raum, alle Mädchen in einem anderen. Doyle und seine Frau waren großherzig und großzügig, und nach den Erfahrungen im Waisenhaus war das Leben dort ein zwar chaotisches, aber sehr angenehmes Abenteuer. Das gute Essen und die Freiheit waren besonders willkommene Veränderungen. Doyles Frau aß gerne und bereitete ebenso gerne die Mahlzeiten für die Familie zu. Und weil dort ein Dutzend Personen auf knapp 75 Quadratmetern zusammenlebten, sah sie es auch gerne, wenn wir draußen spielten.

Die Nähe zu meiner Familie empfand ich ebenfalls als große Erleichterung. Ich lebte nicht nur wieder auf der richtigen Seite des Flusses, im französischen Quebec, und nicht mehr im englischen Ontario, sondern war obendrein nur ein paar Straßenecken von unserem Haus in der St. Rédempteur Street entfernt. Trotzdem war ich dort kein regelmäßiger Gast, aus Gründen, die heute sonderbar erscheinen mögen: Das Haus in der St. Rédempteur gehörte zur Pfarrgemeinde St. Bernadette, während das Elternhaus in der Charlevoix Street zur Gemeinde St. Rédempteur gehörte. Damals bestimmte die Zugehörigkeit zu einer Gemeinde, in der man lebte, aber nicht nur, welche Kirche man besuchte, sondern auch, wo die Frauen einkauften (Doyles Frau ging zum Beispiel zu Laurin, meine Tanten bevorzugten Labelle). Und die Männer besuchten unterschiedliche Kneipen (Doyle die »Alberta«, mein Vater »Les Braves du Coin«). Und was die Kinder betraf, entschied die Pfarrgemeinde darüber, wo die Freunde wohnen durften, in welche Billardhallen sie gehen konnten, welchen Mädchen sie nachstellen und sogar, welche Straßen sie benutzen durften, ohne belästigt und ins eigene Revier zurückgejagt zu werden.

Obwohl wir alle in dieselbe Schule gingen – Notre-Dame d'Annonciation auf der anderen Seite des Baches in Ragville –, kehrten wir zu unserem eigenen kleinen Stamm zurück, sobald am Abend die Schulglocke geklingelt hatte.

Allerdings konnte man die Pfarrgemeinde ohne große Probleme wechseln, wenn man unbedingt wollte. Und je jünger man war, desto einfacher war es. Darum verabschiedete ich mich nach einem Jahr von St. Rédempteur und schloss mich St. Bernadette an. Jetzt öffnete sich mir auch die St. Rédempteur Street.

Die Charbonneaus waren gute Freunde der Familie und bewohnten dort das Haus mit der Nummer 156 ebenso lange wie die Familie meines Vaters im Haus mit der Nummer 158 lebte. Auch sie hatten eine Menge Kinder, die jedoch schon älter waren und allmählich auszogen. Das bedeutete, dass ich bei ihnen einziehen konnte, und genau das tat ich im Spätsommer 1957 kurz vor Beginn meines dritten Schuljahres.

Während dieser Zeit, war es fast so, als würde ich bei meiner Familie wohnen, denn ich war sehr oft dort. Und im nächsten Sommer konnte ich dann tatsächlich wieder einziehen, weil mein Onkel Laurent an einer Krankheit starb, über die wir Kinder nichts Genaues erfuhren.

Ich machte mir keine Illusionen, dass im Hause der Familie alles warm und gemütlich sein würde, dafür kannte ich meine Tanten zu gut. Natürlich war es schön, wieder unter demselben Dach wie meine Brüder zu leben und ihre Freundschaft und Unterstützung auf der Straße zu genießen. Aber es dauerte nicht lange, bis die Spannungen zwischen meinen Tanten und mir zunahmen.

Sie hörten nicht auf, meine Mutter herabzusetzen. Und jedes Mal, wenn wir etwas taten, was ihnen missfiel, pflegten sie entrüstet zu rufen: »Mary tout chié«. Das bedeutete in etwa: »Ihr seid Dreck wie eure Mutter.« Wenn Irène das sagte, die Tante, die uns den Haushalt führte und daher nicht arbeiten ging, antworteten wir ihr meist auf Englisch, was sie furchtbar ärgerte. Dann rannten wir davon.

Während einer dieser Schimpfkanonaden erfuhr ich von Irène mit einiger Verspätung, dass meine Mutter halb Irin, halb Indianerin war. »C'est une maudite Irlandaise pis l'autre moitié sauvage«, schimpfte sie (»Sie ist eine verdammte Irländerin und zur anderen Hälfte eine Wilde.«) Diese Worte hatten auf mich allerdings eine ganz andere Wirkung als beabsichtigt. Denn plötzlich war ich etwas Besonderes, weder Engländer noch Franzose, sondern etwas anderes.

Unseren ersten Fernseher hatten wir schon bekommen, als wir noch in der Rouville Street wohnten. Jeden Samstag stellten wir die Wanne, in der wir einmal in der Woche badeten, ins Wohnzimmer, dann sah ich mir abends eine Westernserie an, während ich eingeweicht und geschrubbt wurde. Damals sendeten die Kanäle einen Indianerkopf als Testbild, wenn sie kein Programm ausstrahlten. Ich war total begeistert davon. Irgendwann begann ich, die stoische Miene des Fernsehindianers zu imitieren und vor den Erwachsenen einzuüben. Immer wenn diese mich schimpften, starrte ich sie nur an. »R'garde-moi pas avec tes yeux tueurs!«, schrie meine Tante mich dann an – »Schau mich nicht mit deinen Mörderaugen an!« Dann befahl mir mein Vater: »Pis change ta face!«

Meine Imitation des Indianerkopfes und vor allem die Wirkung, die dies offenbar auf andere hatte, weckten mein Interesse an Mienenspielen und Körpersprache, an wirksamen und subtilen Arten der Kommunikation. Das hatte vielleicht auch damit zu tun, dass ich immer klein und zierlich gewesen war und daher wusste, dass ich andere nicht mit meinem Körper auf mich aufmerksam machen oder gar beeindrucken konnte. Also begann ich, meine Fähigkeit zu entwickeln, nonverbal präzise Botschaften zu vermitteln, sei es mit einem kaum merklichen Neigen des Kopfes, sei es mit einer kleinen Geste. Außerdem studierte ich jeden Menschen, dem ich begegnete, ganz genau und versuchte anhand seiner Bewegungen herauszufinden, was er dachte. Ich sah sicher nicht unbedingt mehr als andere und fing vielleicht auch keine nonverbalen Botschaften auf, die andere übersahen, aber ich sammelte und ordnete solche subtilen Signale für mich. Gesichtsausdruck und Körpersprache wurden in diesem Sinne für mich eine dritte Sprache, die zwar alle sprachen, aber nicht immer verstanden. Nur wenige konnten in dieser Sprache lügen, ich schon.

Dadurch wurde mein Verhältnis zu meinen Tanten jedoch nicht besser. Ich war zwar nicht aufsässiger oder unartiger als Jimmy oder Pete, aber ich war störrischer. Wenn Jimmy wegen einer Missetat gerügt wurde, knickte er schnell ein und entschuldigte sich überschwänglich. Und Pete leugnete alles. Ich hingegen sagte kein Wort und nahm meine Strafe einfach hin. Eines Freitags hatte sich Tante Cécile wieder einmal furchtbar geärgert – dabei ging es nicht darum, dass Pete Tante Irènes Wellensittich mit der Gabel erstochen hatte wie einige Zeit zuvor – und daher beschlossen, sich am nächsten Montag beim Priester über mich zu beschweren. Ende der sechziger Jahre hatte die Kirche in Quebec noch sehr viel Macht, und der Priester war daher mehr als nur Prediger und Beichtvater, er war fast eine Art Richter in der Gemeinde. In dieser Eigenschaft wurde er nur in sehr ernsten Fällen angerufen. Mir war daher klar, was Tante Céciles Drohung bedeutete, und ich fürchtete mich entsetzlich. Wahrscheinlich würde man mich als schwer erziehbaren Jungen in eine Erziehungsanstalt schicken, womöglich in das berüchtigte Mont St-Antoine in Montreal. Das Mont wurde von »Brüdern« geführt, und die physischen und sexuellen Übergriffe, die dort vorkamen, waren sogar damals legendär. Mein Freund Conrad Carré hatte sechs Monate dort verbracht und mir nach seiner Rückkehr die Narben auf seinem Rücken gezeigt. Die Brüder hatten ein Gerät zusammengebaut, das Schüler automatisch auspeitschte.

Also stand ich am nächsten Morgen, einem Samstag, zeitig auf, stahl vierzig Dollar aus Céciles Geldbörse und verließ das Haus. Zwei Nächte konnte ich bei einem Freund bleiben, dann warf mich seine Mutter hinaus. Da ich meine Bücher nicht dabeihatte und ohnehin keine große Lust verspürte, in die Schule zu gehen, schrieb ich mir eine Entschuldigung wegen Krankheit und fälschte die Unterschrift meines Vaters. Dann passte ich Pete auf dem Weg zur Schule ab und gab ihm den Zettel mit. Wäre ich unentschuldigt nicht in die Schule gegangen, hätten mich die Beamten, die sich um Schulschwänzer kümmerten, gesucht, und wenn sie mich gefunden hätten, wäre mir die Erziehungsanstalt sicher gewesen.

Es war Februar und sehr kalt. Mein Vater hatte ein altes Auto im Hinterhof stehen, das er sukzessive ausschlachtete, und nachdem ich mich einen Tag lang versteckt hatte, verbrachte ich darin den größten Teil der Nacht. Mein Vater und meine Tanten wussten bestimmt, dass ich im Auto war, denn es stand direkt vor dem Küchenfenster, und die Küche war der meistfrequentierte Raum des Hauses. Trotzdem ließen sie mich draußen übernachten. Vermutlich wollten sie mir so eine Lektion erteilen. Das habe ich ihnen nie verziehen.

In der zweiten Nacht fand ich zwei Decken auf dem Rücksitz, die Pete dort hingelegt hatte. Am nächsten Tag trafen wir uns, und er erzählte mir von »Les Chambres Pichard«, einem Wohnheim auf der anderen Seite des Sportplatzes, das Zimmer vermietete. Mit einem Teil des Geldes aus Céciles Börse bezahlte ich dort für zwei Wochen und zog ein.

Die anderen Mieter waren Nutten, ein paar alte Säufer und ein oder zwei Ganoven. Ich war natürlich das einzige Kind. In den ersten zwei Tagen versteckte ich mich noch die meiste Zeit und blieb in meinem kleinen Zimmer allein. Nur ganz selten wagte ich mich hinaus. Pete brachte mir meine Bücher und einige Kleider, damit ich wieder zur Schule gehen konnte. Nach etwa einer Woche brachte mir mein Freund Claude Proulx sogar ein Fahrrad, das er angeblich gefunden hatte, was ich ihm aber nicht wirklich glaubte. Doch ganz egal, wo das Fahrrad auch herkam, fahren war auf jeden Fall besser als gehen, und das sogar im Schnee.

Inzwischen kannte ich viele meiner Nachbarn im Wohnheim, vor allem die Prostituierten. Sie ließen gern ihre Türen offen und gingen von Zimmer zu Zimmer, um zu plaudern. Es dauerte allerdings ein paar Tage, bis ich es wagte, mit ihnen zu reden. Eines Tages klopfte eine ältere Frau mit blond gebleichtem Haar und viel zu grellem Make-up an meine Tür. Sie war groß und ziemlich stämmig, und wie sie da in ihrem bodenlangen Bademantel an der Tür stand, kam sie mir ziemlich abschreckend und furchterregend vor. Sie hielt einen gefüllten Teller in einer Hand und fragte: »Hast du etwas gegessen?« Als ich verneinte, reichte sie ihn mir. »Ich heiße Lorraine und wohne in Zimmer sieben«, erklärte sie und ging.

Nach dem Essen wusch ich den Teller ab und brachte ihn Lorraine zurück. Sie nutzte die Gelegenheit und stellte mir ein paar Fragen, und ich erzählte ihr alles. Es tat gut, sich jemandem anvertrauen zu können, und wir unterhielten uns lange – stundenlang, wie mir schien. Unter ihrer rauen, geschäftsmäßigen Schale war Lorraine immer noch rau und nüchtern. Offenbar hatte sie ein Leben voller Betrug, Enttäuschung und wohl auch Gewalt hinter sich. Doch sie nahm mich unter ihre Fittiche, ohne einen Lohn dafür zu erwarten, und kümmerte sich genauso gut um mich wie die anderen Mutterfiguren, die ich bis dahin gehabt hatte.

Nach dieser ersten Mahlzeit achtete sie immer darauf, dass ich genug zu essen bekam. Die meisten Mädchen brachten nach einer langen Nacht in Kneipen wie »Chez Henri« oder dem 24 Stunden geöffneten »El Matador« etwas zu essen mit. Auf Anweisung von Lorraine, die eindeutig das Sagen hatte, sodass sie rückblickend betrachtet wohl eher eine Puffmutter war als eine Nutte, fiel immer etwas für mich ab. Zum Frühstück gab es oft Brathähnchen und Pommes frites anstatt Haferflocken und Toast, das machte mir natürlich nichts.

Lorraine hatte die Mädchen auch angewiesen, mich an jedem Waschtag zu fragen, ob ich Kleider hatte, die gewaschen werden mussten. Sie achtete auch darauf, dass ich rechtzeitig zur Schule kam und meine Hausaufgaben machte. Und sie sorgte dafür, dass keines der Mädchen – die alle jünger, lebhafter und alberner waren als sie – zu freundschaftlich mit mir umging. Schließlich war ich erst elf oder zwölf.

Als meine zwei Wochen fast vorbei waren, begann ich mir Sorgen zu machen, wie ich die Miete weiterhin bezahlen sollte. Ich genoss das Leben im »Les Chambres Pichard« und hatte überhaupt keine Lust, reumütig nach Hause zurückzukehren. Schließlich waren mein Vater und meine Tanten anscheinend froh, mich los zu sein, denn sie wussten ja, wo ich war – immerhin traf ich Pete jeden Tag –, aber sie unternahmen nichts. Ich war viel zu stolz und zu stur, um einfach so nach Hause zu gehen. Also besprach ich die Lage mit Claude Proulx, und der erklärte mir, wie ich mühelos fünfzig Dollar stehlen konnte. Nach der Schule und am Wochenende arbeitete er als Mechaniker in einem Autohaus in der Carillon Street, und wusste daher, dass sein Chef das Bargeld für den nächsten Tag jeden Abend in einer leeren Ölfilterschachtel auf einem Regal hinter der Kasse versteckte. Wenn ich das Fenster mit einem Stein einschlüge, dann könnte ich mich einfach bedienen. Dazu war ich zwar durchaus bereit, aber nur als letzte Rettungsmaßnahme, denn immerhin bestand die Gefahr, dass Claude dann seine Stelle verlieren würde.

Also erzählte ich letztlich auch Lorraine von meinem Problem, und sie riet mir, die Finger von dem Einbruch zu lassen. »Du wirst es auch so schaffen. Mach dir keine Sorgen.«

Und vom nächsten Tag an erteilten mir die Mädchen kleine Aufträge. Zuerst war ich Zeitnehmer. Wenn ein Mädchen mit ihren Stammkunden in ihr Zimmer ging, notierte ich mir die Ankunftszeit und klopfte nach 45 Minuten an die Tür: »Die Zeit ist um.« Dafür bekam ich jedes Mal einen Dollar. Außerdem kaufte ich für sie Zigaretten und andere Dinge ein. Ein Mädchen holte sich ihren Tabak in Dosen und rauchte gerne handgedrehte Zigaretten. So wurde das Drehen von Zigaretten für mich zu einer weiteren Einkommensquelle.

Manchmal musste ich auch größere Reisen unternehmen. Denn Kondome waren im Quebec der sechziger Jahre zwar nicht verboten, aber durchaus schwierig zu bekommen. Deshalb fuhr ich im Auftrag der Mädchen mit dem Rad über die Brücke, durch die Innenstadt von Ottawa und zu dem roten Backsteinhaus eines schmierigen alten Mannes in der Frank Street, der heimlich Pornografie, Sexspielzeug und Kondome verkaufte. Wenn ich an die Seitentür klopfte, öffnete der Alte nur einen Spalt. Dann sagte ich ihm, welches Mädchen mich geschickt hatte, und er übergab mir ein Päckchen. Danach stieg ich wieder auf mein Fahrrad und fuhr nach Hull zurück. Geld war da keines im Spiel, die Mädchen bezahlten ihn offenbar auf andere Weise. Für solche Aufträge bekam ich zwei bis fünf Dollar, je nachdem, wie reich meine Kundin sich fühlte.

Dank dieser Gelegenheitsjobs hatte ich keine Mühe, jede Woche zehn Dollar für meine Miete zu zahlen, und so lebte ich glücklich und zufrieden im »Les Chambres«. Pete besuchte mich regelmäßig, ebenso der Rest unserer kleinen Gang. Die Eltern der Jungs hätten sich sicherlich zu Tode geschämt, wenn man sie in diesem Stadtteil gesehen hätte, und sie wären entsetzt gewesen, wenn sie gewusst hätten, dass ihre Kinder sich dort aufhielten. Trotzdem, meine Freunde nahmen das Risiko auf sich, streng bestraft zu werden, weil sie es aufregend fanden, mit den Bewohnerinnen des Heimes zu plaudern.

Nach etwa vier Monaten im »Les Chambres« rückte das Ende des Schuljahres und damit die Schlussfeier näher. Alle Eltern wurden eingeladen, aber ich hatte keinem meiner Verwandten etwas davon erzählt. Meinen Vater und meine Tanten hatte ich ja auch nicht mehr gesehen, seitdem ich an jenem Samstagmorgen im Februar weggelaufen war. Aber ich hatte mit Lorraine und einigen der Mädchen darüber gesprochen. Meine Klasse war nicht besonders ehrgeizig: Wir sangen nur zwei oder drei Lieder. Dennoch gab es lauten, begeisterten Beifall, und das vor allem aus der zweiten Reihe, in der Lorraine und drei der Mädchen saßen. Sie schrien, klatschten und pfiffen, und ich winkte ihnen zu, ohne mich auch nur im Geringsten um die bösen Blicke und das entrüstete Keuchen des restlichen Publikums zu kümmern.

Damals entsprachen die Prostituierten noch genau dem Klischee: üppiges Haar, knallroter Lippenstift, dickes Make-up, lange Wimpern, enge, bunte Kleidung und so weiter. Und obwohl Lorraine und die Mädchen natürlich wussten, dass sie eine Schulfeier besuchten, an der auch der Priester, der Schulleiter und die Lehrer sowie die Eltern der anderen Schüler teilnahmen, hatten sie sich nicht die Mühe gemacht, sich unauffälliger auszustaffieren, ganz im Gegenteil.

Ein oder zwei Tage später kam Pete vorbei und richtete mir aus, dass mein Vater und Tante Cécile mit mir reden wollten. Zu Hause kamen sie dann sofort zur Sache. Wenn ich versprach, mich zu benehmen, durfte ich wieder bei ihnen wohnen, wenn nicht, würden sie mich in eine Erziehungsanstalt stecken und Lorraine und die anderen wegen Verführung Minderjähriger anzeigen.

Also kehrte ich widerwillig in mein altes Zuhause zurück und musste zudem versprechen, nie wieder einen Fuß in das Wohnheim zu setzen, nicht einmal, um meine Sachen zu holen. Mein Vater ging hin und holte sie.

Man hatte mich gegen meinen Willen gezwungen, nach Hause zurückzukehren, obwohl ich gerade begonnen hatte, Geschmack an meiner Freiheit zu finden. Darum war es wohl unvermeidlich, dass ich nach meiner Rückkehr nicht sonderlich gut mit meinen Tanten auskam. Dennoch gelang es uns, einen unbehaglichen Frieden zu schließen, einen Modus vivendi zu finden, der Streit auf ein Minimum reduzierte.

Im Haus waren meine Tanten die absolute Autorität, und ihr Wort war Gesetz, aber ihre Regentschaft endete an der Haustür – solange meine Brüder und ich nichts anstellten, was sie vor den Leuten blamierte. Unsere Schulnoten waren nicht wichtig, sofern wir versetzt wurden. Denn durchzufallen hätte öffentliche Schande bedeutet. So gestalteten wir unseren Tageslauf immer nach dem gleichen Muster: Nach der Schule rannten wir nach Hause, erledigten unsere Hausaufgaben, aßen zu Abend und gingen hinaus, bis es Zeit war, zu Bett zu gehen. Aus den Augen, aus dem Sinn.

Das sonntägliche Mittagessen mit der ganzen Familie war Pflicht und dort wurde auch ein wichtiges Quebecer Ritual vollzogen, das den Eintritt zwölf- oder dreizehnjähriger Jungen ins Mannesalter markierte. Pete hatte es durchgemacht, als ich außer Haus gewesen war, und ich hatte das Vergnügen einige Monate nach meiner Rückkehr.

Nach dem Essen an jenem Sonntag schob mein Vater seinen Stuhl wie üblich vom Tisch weg, griff nach einer Zigarette und zündete sie an. Dann bot er mir eine an. Dies war das Zeichen dafür, dass ich von nun an im Haus, in der Öffentlichkeit und überall sonst rauchten durfte. Selbstverständlich waren wir alle schon längst heimliche Raucher, als dieser große Tag kam, deshalb möchte ich nicht behaupten, dass dieser Brauch Generationen von Rauchern hervorgebracht hat, aber immerhin trug er sicherlich ein Stück weit dazu bei.

In dieser Hinsicht waren die Erwachsenen vielleicht unsere Vorbilder, aber viel weiter reichte ihr Einfluss nicht. Die Leute, zu denen wir wirklich aufblickten, waren die Mitglieder älterer Teenagergangs – meist unsere großen Brüder –, und das strengste und unerbittlichste Gesetz in unserem Leben war das Gesetz der Straße. Es bestimmte, wo wir uns ohne Bedenken aufhalten durften, was wir sagen durften, was wir anzogen, mit wem wir uns herumtrieben und viele andere kleine und große Dinge unseres Lebens.

Wer diese Regeln nicht befolgte, wurde für gewöhnlich rasch und schmerzhaft bestraft. Manche Strafen bedeuteten aber nicht nur Schmerzen. Als ich gerade vierzehn war, wurde mein guter Freund Conrad Carré, der einige Zeit in der Erziehungsanstalt verbracht hatte, umgebracht, weil er ein paar Kerle aus Montreal übers Ohr gehauen hatte. Er war so dumm gewesen, einen Satz Dietriche zu stehlen. Darum schleppten sie ihn in ein Lagerhaus, fesselten ihn an einen Stuhl und schlugen ihn mit Schaufeln tot. Die Montrealer wollten das organisierte Verbrechen in Hull übernehmen, und auf diese Weise machten sie uns klar, dass mit ihnen nicht zu spaßen war.

Zum Glück musste der Rest von uns meist nur eine ordentliche Tracht Prügel einstecken – oder anderen eine solche verpassen. Am häufigsten hatten wir mit anderen französischen Gangs auf der Quebecer Seite des Flusses Streit. Dabei ging es wie bei vielen anderen Jugendlichen meist um das Revier und um Mädchen. Gelegentlich und meist im Sommer wurden wir allzu abenteuerlustig und überquerten dann sogar den Fluss. Auf der anderen Seite stießen wir auf englische oder italienische Gangs, mit denen wir uns meist aus den gleichen Gründen stritten.

An einem heißen, feuchten Abend im Juli oder August hatten Carol Noël und ich ein echtes Problem. Wir waren auf einer Party in der Innenstadt von Ottawa gewesen, und der Bursche, der uns hingebracht hatte, war jetzt tot. Er hatte mit einer echten Waffe russisches Roulette gespielt. Carol und ich waren zuerst in der Küche des Apartments gewesen und hatten Limonade getrunken. Als wir zurück ins Wohnzimmer kamen, drückte er gerade zum zweiten Mal ab. Vollkommen perplex sahen wir zu, wie Blut und Gehirnmasse auf das Sofa und auf die Wand dahinter spritzten. Das Mädchen neben ihm fing an zu kreischen und hörte nicht mehr auf. Der Typ, der dort wohnte, schickte uns alle sofort nach Hause und rief dann die Polizei.

Wir überlegten nicht lange und liefen auf die Straße, denn wir wollten der Polizei nicht unbedingt begegnen. Wir befürchteten, dass wir sonst in das berüchtigte Gefängnis in der Nicholas Street gebracht würden, einem nicht sehr empfehlenswerten Ort für Franzosen. Wir hatten es eigentlich nicht weit bis nach Hull, aber das Gebiet zwischen uns und der Brücke wurde von den Italienern beherrscht. Stumm liefen wir einige Straßen weiter, bis ich Carol schließlich fragte:

»Hast du heute zum ersten Mal einen Toten gesehen?«

»Nein, meine Eltern haben mich gezwungen, in der Leichenhalle von meiner Oma Abschied zu nehmen. Und du?«

»Meinen Onkel, aber der war schon lange krank.«

»Hast du Schiss gehabt?«

»Nee? Und du?«

»Nein, natürlich nicht.«

Als wir uns Somerset näherten, unserer letzten größeren Hürde, sahen wir sie: ein halbes Dutzend Teenager, die vor einem Lebensmittelladen herumhingen. Sie sahen uns fast gleichzeitig und hörten sofort auf herumzualbern. Sie standen nur noch da, und alles, was ich noch hörte, war eine Falsettstimme aus einem Radio. Am liebsten wären wir weggerannt oder irgendwo abgetaucht, aber es war zu spät. Auf einmal war die Situation wie in diesem Song: »… can't get under them, can't get over them …« Als wir immer näher kamen, begannen meine Knie zu schlottern.

Dann stellte sich glücklicherweise heraus, dass einer der Teenager ein Freund meines älteren Bruders war. Er hieß Jimmy und fragte sofort: »Was habt ihr zwei Grünschnäbel hier zu suchen?«

Wir erzählten von dem Toten und fügten noch hinzu, dass die Polizei uns möglicherweise suchte. Ein Toter, eine Kanone, die Polizei – plötzlich waren wir echt cool und Jimmy und einer seiner Freunde erboten sich, uns zur Brücke zu begleiten. Natürlich waren wir einverstanden.

Wie so viele andere Jugendliche in den Städten Kanadas und Nordamerikas waren wir typische junge Strolche, die zwar regelmäßig die Gesetze brachen, aber selten wirklich schlimme Dinge machten. Wir taten das, weil wir es aufregend fanden, nicht weil wir es unbedingt mussten. Leider gab es einige von uns, die diese Zeit nicht überlebten, aber die meisten anderen hörten irgendwann auf, krumme Dinger zu drehen, und führten ein ziemlich normales Leben. Niemand ging auf irgendwelche weiterführenden Schulen – das war einfach nicht üblich.

Pete war der Erste meiner Geschwister, der das Haus für immer verließ. Nach einem heftigen Streit mit Tante Cécile war er plötzlich weg. Und wäre er damals nicht gegangen, dann wahrscheinlich kurze Zeit später. Nach seinem sechzehnten Geburtstag ging er auch nicht mehr lange zur Schule.

Von meinem Vater hatte Pete ein musikalisches Talent geerbt, und damit verdiente er sein Geld, sobald er ausgezogen war. Er wohnte mit einem Haufen Jungs zusammen, die so alt waren wie er oder etwas älter. Mit seiner Band spielte er überall, wo man sie hören wollte, blieb dann die ganze Nacht auf und bekam viele hübsche Mädchen ab. Natürlich verbrachte ich so viel Zeit wie möglich in seiner

Nähe, und nach ungefähr einem Jahr folgte ich seinem Beispiel und zog aus – und bei ihm ein.

Ich war erst fünfzehn und ging noch zur Schule. Doch als ich sechzehn war, ging ich nach den Weihnachtsferien einfach nicht mehr hin. Das war Anfang 1965.

Immerhin nutzte ich die Zeit, um weiter Karate zu lernen. Schon zu der Zeit, als ich in »Les Chambres Pichard« gewesen war, hatte ich mich für diesen Sport interessiert. Als ich dann in die St. Rédempteur Street zurückgekehrt war, hatte ich angefangen, ernsthaft bei André Langelier, dem erwachsenen Bruder eines Freundes von Pete, zu trainieren. Er war der einzige Karatelehrer in Hull. Da er mich kannte und weil ich kein Geld hatte, ließ er mich kostenlos an seinen Kursen teilnehmen. Ich nutzte seine Großzügigkeit voll aus und trainierte oft viermal oder öfter in der Woche. Manchmal erledigte ich auch kleinere Arbeiten für ihn: Ich putzte die Halle und versuchte, ihm zahlende Schüler zu vermitteln. Aber das reichte natürlich nicht, um die vielen Trainingsstunden zu kompensieren.

Obwohl ich für mein Karatetraining nicht zahlen musste, brauchte ich nach meinem Auszug natürlich ein eigenes Einkommen. Meine erste zuverlässige Geldquelle verdankte ich ein paar Freunden, die bei Champagne, einem Kaufhaus in Hull, einbrachen. Sie räumten die Bekleidungsabteilung so ziemlich leer, schleppten die Ware kistenweise nach draußen und versteckten sie ein paar Straßen weiter in einem sicheren Keller. Meine Aufgabe bestand darin, einen Käufer für die Sachen zu finden.

Während ich noch zu Hause gewohnt hatte, war ein Vertreter für Kinderkleidung mehrere Male im Jahr vorbeigekommen, der bei seinen Kunden sehr beliebt war, weil er Kredite gewährte und vernünftige Preise verlangte. Das war aber nur möglich, weil er nicht lange fragte, woher die Ware stammte, die er verkaufte. Monatelang gab ich die Kleider, die bei Champagne geklaut worden waren, an ihn weiter und erzielte mit jedem Hemd und jeder Hose einen hübschen kleinen Gewinn.

Im Laufe der nächsten paar Jahre nahm ich auch selbst gelegentlich an Einbrüchen in Geschäfte teil, aber am erfolgreichsten war ich dank meines Einfallsreichtums als Hehler. Ich verkaufte alles, was verkäuflich war, und verlangte eine ordentliche Gebühr für meine Dienste. Der Kleidungsvertreter besuchte alle Leute in meiner Gegend, aber ich war der Einzige in unserer kleinen Gang, der auf die Idee kam, die gestohlenen Kleider an ihn weiterzuverkaufen. Ebenso machte ich es bei jeder anderen heißen Ware.

Nicht alles, was ich verscherbelte, war gestohlen. Sechs oder sieben Monate arbeitete ich in einem Lagerhaus in Ottawa, das Sherman's Music belieferte, eine heute nicht mehr existierende Kette von Plattenläden in unserer Region. Es war ehrliche, harte Arbeit, nur dadurch etwas versüßt, dass ich zumindest theoretisch im Musikgeschäft mitmischte. Und ich konnte so viele Platten kaufen, wie ich wollte, zum Großhandelspreis oder noch billiger. Ich zahlte etwa zehn Cent für eine Single, die ich dann für einen Dollar an Geschäfte verkaufte, und 25 Cent für eine Langspielplatte, die mir zwei Dollar einbrachte. Meine Käufer waren auch Freunde und deren Freunde, denen ich die Hälfte des normalen Preises berechnete.

Es war ein hübscher Nebenverdienst, der allerdings endete, als ich von einem Typen im Versand so richtig die Nase voll hatte. Während der Pausen machte er sich im Aufenthaltsraum über jeden lustig, der ein leichtes Ziel war. Niemand wagte es, sich gegen den starken Kerl zu wehren.

Eine stille, schüchterne Lesbe in meiner Abteilung war immer wieder sein Opfer, und das ging mir seit Langem schon gehörig auf die Nerven. Schlimm wurde es für mich jedoch erst wirklich, als der Bursche, der aus einem Bauerndorf namens Winchester südlich von Ottawa stammte, in meiner Gegenwart über Rocker – und als solche verstanden sich meine Gang und ich – herzuziehen begann.

»Das sind doch alles Penner«, sagte er, »da, wo ich herkomme, würden die es nicht lange aushalten.«

Es war das erste Mal, dass er es auf mich abgesehen hatte. Das konnte ich mir natürlich nicht gefallen lassen und so fuhr ich ihn an, dass er doch keine Ahnung habe, wovon er rede. Daraufhin zeigte er mit dem Finger auf mich und riet mir, besser die Schnauze zu halten. Das war genug, Beleidigungen und ein drohender Finger vor dem Gesicht brachten mich schon immer schnell auf die Palme.

Da ich ziemlich klein war, hatte ich mich damals auf Überraschungsangriffe spezialisiert. Also sprang ich plötzlich über den Tisch und bearbeitete ihn so schnell mit Fäusten und Füßen, dass ich die Oberhand behielt und bald feststellen konnte, dass Kerle aus Winchester heftig bluten können. Gleichzeitig musste ich leider auch feststellen, dass es eine sichere Methode war, um gefeuert zu werden, wenn man sich gegen einen rüpelhaften Kollegen wehrte.

Dieser Job und vor allem die Art und Weise, wie er endete, ermutigten mich nicht gerade in meinem Bestreben, Teil der regulären Wirtschaft zu werden. Nach meiner Entlassung hielt ich mich daher wieder mit Hehlerei und anderen zwielichtigen Jobs über Wasser. Da ich ein Mitglied der kriminellen Gemeinschaft von Hull war, bot sich immer wieder etwas an. Gewaltverbrechen gehörten allerdings nicht dazu, und wir verdienten auch nicht gerade sehr viel. Aber immerhin musste niemand hungern, einen oder zwei Dollar konnten wir uns fast immer besorgen. Und wenn jemand mal nichts verdient hatte, dann half ihm ein anderer aus der Gang aus, der durch irgendeinen Betrug oder Ladendiebstahl vielleicht gerade zehn Dollar ergattert hatte. Die gegenseitige Solidarität, die in der Gesellschaft von Quebec immer eine große Rolle gespielt hatte, galt auch für die Mädchen und Jungs in unserer Gang, obwohl andere uns wahrscheinlich für Abschaum hielten.

Als wir älter wurden, änderten sich die Dinge allmählich. Das Gemeinschaftsgefühl, das bei uns stark ausgeprägt gewesen war, begann allmählich zu bröckeln, vor allem weil unsere Beziehungen allmählich ernster wurden und wir uns wegen der Mädchen stritten. Die Menschen wurden allgemein gieriger, ehrgeiziger und knauseriger. Aus kleinen Vergehen wurden Verbrechen, und die Polizei schlug härter zu und brachte uns gegeneinander auf. Manche von uns, unter ihnen Michel Corneau, ein äußerst feminines, unverhohlen schwules Mitglied der Gruppe, gingen über die Brücke in das etwas hellere Licht Ottawas. Andere hatten größere Pläne und zogen nach Montreal.

Als das Jahr 1967 zu Ende ging, waren mein Freund Andy K. und ich zunehmend fasziniert von den Berichten, die seit etwa einem Jahr aus dem Westen kamen. Vielleicht hatten wir den Sommer der Liebe ja verpasst, aber die andere Seite des Kontinents lockte uns immer noch. Also machten wir uns am 5. Dezember mit knapp zwanzig Dollar auf den Weg nach Vancouver.

Inzwischen sah keiner von uns mehr wie ein Strolch aus. Wir wurden aber auch keine Hippies, das war eher etwas für die Mittelschicht, sondern waren froh, wenn man uns mit unseren zerrissenen Jeans und Soldatenjacken Junkies nannte. Heute ist ein Junkie ein Drogensüchtiger, aber damals verstanden wir darunter einen langhaarigen, aufgeschlossenen Menschen. Natürlich war Haschisch ein Jahr zuvor auch in Hull angekommen, und fast alle hatten es probiert, aber ich war bestenfalls Gelegenheitsraucher, konsumierte es selten öfter als ein paar Mal in der Woche.

Immerhin nahm ich den Stoff sehr viel häufiger als Kaffee oder Alkohol zu mir. Beides habe ich nie angefasst. Der bloße Geruch von Kaffee stößt mich ab, und darum ist nie ein Tropfen über meine Lippen gekommen. Was den Alkohol anbelangt, so schwor ich ihm wegen eines Filmes ab. Nachdem ich mit dreizehn oder vierzehn Jahren im Théâtre Cartier *Days of Wine and Roses* mit Jack Lemmon und Lee Remick gesehen hatte, beschloss ich, das Zeug nie anzurühren. Nicht weil ich glaubte, es würde mich kaputt machen, sondern weil ich wusste, dass diese Möglichkeit bestand, und das genügte mir.

Im Laufe der Zeit wurde meine Abstinenz zu einem typischen Charakterzug, der mir wahrscheinlich oft sogar das Leben gerettet hat. Denn in heiklen Situationen hatte ich immer einen klaren Kopf und war beherrscht. Wie viele Leute haben nicht schon irgendwelche hitzigen Bemerkungen mit einem kalten Stück Erde neben einem Bahngleis oder in einem Graben bezahlt. Vielleicht war diese Eigenart für mich auch dann ein Vorteil, wenn Ganoven herausfinden wollten, ob ich wirklich einer von ihnen war oder womöglich für die Polizei arbeitete. Denn wer in eine Bikerkneipe geht und Cola bestellt, der fällt unweigerlich auf. Und die Polizei, so dachten die bösen Jungs vermutlich, würde wohl nicht gerade einen nur sechzig Kilogramm schweren Sonderling damit beauftragen, sie auszuspionieren.

Aber das kam erst später. Ende der sechziger Jahre lag erst einmal der süße Duft von Haschisch und Marihuana in der Luft und nicht der Gestank von schalem Bier.

Andy und ich hingen ein paar Monate in Vancouver herum und leisteten eine Menge unbezahlte Arbeit für Cool Aid, eine gemeinnützige Hilfsorganisation für junge Reisende und Obdachlose. Ich wartete normalerweise auf der Treppe des alten Gerichtsgebäudes zwischen den Betonlöwen, den dieser Platz war offenbar das erste Ziel aller Reisenden, die in Vancouver eintrafen und keine Unterkunft fanden. Ich besorgte ihnen dann einen Schlafplatz in einer der vielen billigen Pensionen, meist in Kitsilano oder im West End. Auch Haschischhändler stiegen dort ab.

Andy half den Reisenden, ein wenig Geld zu verdienen, da fast alle pleite waren. Der zuverlässigste Job war das Verteilen der *Georgia Straight*, einer Subkulturzeitung, die Cool Aid aktiv unterstützte. Die Reisenden kauften bündelweise Zeitungen für 15 Cent pro Stück und verkauften sie für jeweils 25 Cent weiter. So hatten sie dann Geld genug, um sich mit Zigaretten, Haschisch und Essen zu versorgen. Denn Cool Aid konnte ihnen nur eine kostenlose Mahlzeit am Tag bieten.

Andy arbeitete auch daran, sein eigenes Einkommen zu vergrößern, indem er Drogen verkaufte. Natürlich hatte ich nichts dagegen, ihm Kunden zu vermitteln, das entsprach meinem Zwischenhändlergemüt, aber ich handelte nie selbst damit. Für Andy war das allerdings der Beginn einer einträglichen Karriere. Sein Drogengeschäft wuchs stetig, und das Letzte, was ich von ihm hörte, war, dass er einer der Kokainbarone von Quebec geworden sei.

Die übrigen Mitarbeiter von Cool Aid schlugen später ganz unterschiedliche Richtungen ein. Einer unserer Organisatoren, ein netter, ziemlich trotteliger Engländer namens Mike Harcourt, wurde sogar Bürgermeister von Vancouver und später Gouverneur von British Columbia.

Nach einigen Monaten unter dem grauen und regnerischen Himmel von Vancouver fuhren Andy und ich für mehrere Wochen nach San Francisco ins Zentrum der Flower-Power-Bewegung. Danach kehrten wir wieder für eine Weile nach Vancouver zurück, ehe wir weiter südlich in Kalifornien und an einigen anderen Orten der USA Sommerfestivals und Konzerte besuchten. Wir hörten Jimi Hendrix in Phoenix, Canned Heat in Tempe, Janis Joplin im Shrine Auditorium in L. A., Grateful Dead ebenfalls im Shrine und viele andere, die ich vergessen habe. Oft fuhren wir einfach planlos herum.

Im Jahr 1968 fuhr ich einige Male den weiten Weg zurück nach Hull, um dort kurze Zeit zu bleiben, bevor ich dann wieder nach Westen aufbrach. Andy begleitete mich auf einem dieser Abstecher und beschloss, dort zu bleiben. Das war der Punkt, an dem er begann, ernsthaft in den Quebecer Drogenhandel einzusteigen.

Im März oder April 1969 war ich wieder in Hull und hatte keine weiteren Pläne. Ich wusste nur, dass ich nicht wieder nach Westen ziehen und auch nicht in Quebec bleiben wollte. In Vancouver und Kalifornien war die politische Konfrontation stärker geworden, und der gesellschaftliche Wandel spielte keine so große Rolle mehr. Das gute alte Hull war noch älter geworden, trotzdem hing ich einen Sommer lang dort herum, meist mit Pete und meinem Freund Claude Pilon, die beide ihre eigene Band gegründet hatten. Die Nähe zu den Musikern brachte mich auch in die Nähe der Mädchen. Aber letztlich schlug ich die Zeit nur tot, und das wusste ich. Und ich wusste, dass ich etwas ganz anderes brauchte. Darum rasierte ich mir im Oktober, als die letzten Spuren des Sommers verschwunden waren und der Winter sich allmählich ankündigte, eine Glatze, fuhr per Anhalter nach Montreal, dann weiter zur amerikanischen Grenze und meldete mich für den Militärdienst in Vietnam.

Es gab mehrere Gründe dafür, dass ich freiwillig das tat, was so viele Amerikaner unbedingt vermeiden wollten.

Der erste Grund war der banalste: pure Abenteuerlust.

Der zweite entwickelte sich während des einen Jahres, in dem ich mit Hippies in Westkanada und in den USA herumhing. Sie waren alle uneingeschränkt und reflexartig pazifistisch, obwohl viele keine Ahnung von Geopolitik, der menschlichen Natur oder Geschichte hatten. Sie schienen ständig überall zu demonstrieren, und ich merkte bald, dass die meisten von ihnen keine echten Überzeugungen hatten – zumindest keine vernünftigen – und dass ihre Demonstrationen oft nur zufällige Zusammenkünfte waren. Sie wollten einfach cool sein. Besonders ärgerte mich ihr Umgang mit den Soldaten, die aus Vietnam zurückkehrten oder auf dem Weg dorthin waren – das Anspucken, die Zwischenrufe, die »Babymörder, Babymörder!«-Sprechchöre. Am schlimmsten fand ich die Telefonanrufe bei den Familien von Soldaten, die in Vietnam gefallen waren: »Eure Söhne, Brüder und Männer haben bekommen, was sie verdient haben!«

Fast alle Demonstranten und Hippies gehörten zur Mittelschicht, und ich war keiner von ihnen. Ich hatte viel mehr mit den armen weißen, schwarzen oder hispanischen Landsern gemeinsam, die man eingezogen und vor die Wahl gestellt hatte, entweder nach Vietnam oder in den Knast zu gehen, nachdem sie wegen irgendwelcher Delikte verurteilt worden waren. Manche sahen in der Armee auch die einzige Chance, dem Ghetto, der hintersten Provinz oder dem Bauernhof zu entkommen. Denn wenn sie ihren Wehrdienst hinter sich hatten, öffneten der Wehrsold und die Vergünstigungen für Veteranen ihnen die Welt, und sie konnten sich weiterbilden und irgendwo ein Haus kaufen.

Ich hatte in Kanada eine Menge Wehrdienstverweigerer getroffen, und obwohl einige von ihnen echt in Ordnung waren, stießen sie mich irgendwie ab. Dagegen bewunderte ich Menschen wie Muhammad Ali. Er lehnte den Vietnamkrieg ab und ging dafür ins Gefängnis. Er lief nicht einfach in ein anderes Land weg. Die Wehrdienstverweigerer waren in meinen Augen Feiglinge, in der Regel verwöhnte, bourgeoise Drückeberger.

Der letzte Grund dafür, dass ich mich meldete, hatte etwas mit meinem Vater und den Kriegsgeschichten zu tun, mit denen er mir den Kopf vollgestopft hatte, als ich heranwuchs. Er und Onkel Fred hatten nicht eines, sondern drei Schiffe von unten in die Luft gejagt, als sie im Nordatlantik die Konvois geschützt hatten. Am Tag der Invasion in der Normandie hatte mein Vater ein Landefahrzeug gesteuert, das zur HMCS *Prince Henry* gehörte, und um ihn herum hatte sich das Wasser rosa gefärbt. Er rühmte die Kameradschaft, den Nervenkitzel und die pure Lust am Leben auf dem Meer während des Krieges. Natürlich war mir später klar, dass viele Anekdoten meines Vaters einerseits von Nostalgie gefärbt und andererseits zensiert gewesen waren, um mir Albträume zu ersparen. Aber damals und noch Jahre später inspirierten mich die Geschichten.

Mein Vater wies uns auch immer wieder darauf hin, dass der Zweite Weltkrieg ein Krieg für das Gute gewesen sei, und er glaubte fest daran, dass das Böse regieren würde, wenn die guten Menschen nichts dagegen taten. Im Sommer 1961 brachte er mich und meine Geschwister über den Fluss nach Ottawa ins Autokino, damit wir *Operation Eichmann* sehen konnten, einen Film über die Entlarvung und Gefangennahme des berüchtigten Kriegsverbrechers in Argentinien.

Während mir mein Vater von den entsetzlichen Verbrechen der Faschisten erzählte, wurde ich schon als Kind zum überzeugten Antikommunisten. Es begann mit einer Karikatur in einem Buch für die Grundschule, die einen dicken General mit Schweinsgesicht darstellte. Er trug Hammer und Sichel am Arm und wedelte mit einem riesigen Trommelstock, während eine hungernde Familie am Fenster des Restaurants kratzte, in dem er saß. Dann waren da noch die regelmäßigen Luftschutzübungen, die uns vor der roten Gefahr bewahren sollten. Später erfuhr ich genug über Stalins Säuberungen und die Kulturrevolution in China, um zu der Überzeugung zu gelangen, dass die USA wie im Zweiten Weltkrieg das

Richtige taten: Sie unterstützten die südvietnamesische Regierung. Sie kämpften für das Gute.

Darum meldete ich mich freiwillig.

Und zwar in Plattsburgh, New York.

»Sind Sie geschäftlich hier?«, fragte der Zollbeamte an der amerikanischen Grenze.

»In gewisser Weise«, antwortete ich. Dann erklärte ich ihm, was ich allen anderen bisher verschwiegen hatte. Meine Freunde und Angehörigen in Hull glaubten, dass ich mich wieder einmal in den Staaten herumtrieb. Der erfreute Zollbeamte ließ mich schnell durch und beschrieb mir den Weg zum Rekrutierungsbüro. Es lag nur etwa eineinhalb Kilometer entfernt in Champlain. Nachdem ich dort ein Schriftstück ausgefüllt hatte, brachte mich ein Armeefahrzeug nach Plattsburgh, wo ich zahlreiche weitere Formulare ausfüllen musste. Nach einer vorläufigen medizinischen Untersuchung bekam ich schließlich ein Zimmer in einem Motel. Dort traf ich etwa zwanzig andere junge Männer aus Kanada, zwei pro Zimmer, und sie hatten alle die gleichen Pläne wie ich.

Am nächsten Tag folgten eine zweite ärztliche Untersuchung und weiterer Papierkram. Unter anderem mussten wir ein Testament aufsetzen und einen Persönlichkeitstest, den MMPI-Test (Minnesota Multiphasic Personality Inventory), machen. Über diesen Test, bei dem man Fragen wie »Haben Sie immer noch sexuelles Verlangen nach Ihrer Mutter?« oder »Haben Sie die Person gefunden, die für alle Ihre Probleme verantwortlich ist?« mit Ja oder Nein beantworten musste, lachten wir uns alle kaputt. Als wir fertig waren, wartete schon der Bus, der uns nach Süden bringen sollte, nach Parris Island in South Carolina.

Acht Wochen lang wurden wir dort gedrillt, indoktriniert und noch intensiver getestet. Dank meiner Erfahrung im Kampfsport – ich besaß den schwarzen Gürtel in Karate und Taekwondo – war der physische Teil der Ausbildung kein großes Problem für mich. Ziemlich früh fielen mehrere andere Neuzugänge und ich der SFSA (Special Forces Selection and Assessment) auf, und man begann uns daher auf Sondereinsätze vorzubereiten. Wir erfuhren nie, worum es sich genau handelte, und wir fragten natürlich auch nicht danach, denn Lektion eins bei der Marineinfanterie lautete: Behalte deine Fragen für dich.

Unsere Spezialausbildung umfasste verschiedene Verhörmethoden, die wir sowohl anwenden als auch überstehen können sollten, die Vorbereitung auf die Flucht nach einer Gefangennahme, Funktechnik und Nahkampftechniken. Wir mussten uns nicht an den Langläufen mit Sturmgepäck, am Latrinenreinigen und anderen untergeordneten Jobs beteiligen. Das blieb den Jungs im normalen Ausbildungslager vorbehalten, die körperlich und seelisch so lange geplagt wurden, bis ihre Feldwebel zufrieden waren. Diejenigen von uns, für die sich die SFSA interessierte, besaßen offenbar Fähigkeiten, deren Schulung sich lohnte.

Die normalen Rekruten durften Briefe schreiben und telefonieren, wir nicht. Nach der Grundausbildung erhielten die gewöhnlichen Soldaten ein Flugticket von Jacksonville nach San Francisco und zehn freie Tage. Danach mussten sie sich dort am Transportterminal melden. Uns setzte man in ein eigens gechartertes Flugzeug (eine hellrosa Braniff Airlines 707) und brachte uns direkt nach Fort Lewis in Washington zu unserem Transportterminal. Das war der letzte Fleck Nordamerikas, den wir für eine ganze Weile zu Gesicht bekommen sollten. Vielleicht würden wir ihn auch nie wiedersehen. Urlaub bekamen wir auf jeden Fall nicht.

Zusammen mit einigen Soldaten, welche die SFSA ausgewählt hatte, war ich etwa zehn Tage vor Weihnachten 1969 in Vietnam. Alle amerikanischen Soldaten vom Hauptmann abwärts mussten in Vietnam zuerst Küchendienst leisten. Wir servierten Essen, spülten Geschirr, putzten Latrinen und so weiter. So konnten sich die Neuankömmlinge an die Hitze, die Gerüche, den Rhythmus und die langen Phasen der Untätigkeit gewöhnen – und das alles in sicherer Entfernung von feindlichen Kugeln und Granaten.

Bei den meisten Soldaten dauerte diese allmähliche Eingewöhnung fünf Tage, aber wir wurden schon nach zweieinhalb Tagen nach Camp Bearcat gebracht, in einen weiträumigen Stützpunkt, den man auf dem Gelände einer Gummiplantage nicht weit von Saigon errichtet hatte. Dort wurden wir weitere zwei Wochen ausgebildet und getestet, um herauszufinden, für welche militärischen Einsätze wir am besten geeignet waren.

Ich kam in die Kategorie 18A. Meine Spezialität bestand also im Wesentlichen darin, Menschen zu verhören und zu töten. Nach fünf Tagen wurde ich einem anderen 18A zugeteilt, der mein Mentor werden und mir als erfahrener Soldat dabei helfen sollte, meine Arbeit zu tun und am Leben zu bleiben. Doch während der einen Woche in Bearcat bekam ich ihn kaum zu Gesicht – für ihn und seine Kumpels war das Ganze nur Spaß. Die Mentoren mochten keine Jungfüchse, weil sie unwissend und, schlimmer noch, gefährlich waren. Wir waren diejenigen, die womöglich mit einer halbleeren Feldflasche herumliefen, in der das Wasser so laut hin und her schwappte, dass der Feind es hörte. Vielleicht schliefen wir sogar während der Wache ein oder zündeten uns eine Zigarette an. Oder wir legten die Claymore-Minen in die falsche Richtung, sicherten unsere M 16 oder zupften Blutegel von unserer Haut ab, anstatt uns auf das Töten des Feindes zu konzentrieren.

Wir Jungfüchse hielten allerdings zusammen. In Bearcat wurden wir in Gruppen zu je zwölf Männern eingeteilt. Jede Gruppe bestand zur Hälfte aus Neulingen und zur Hälfte aus Veteranen. Der erste Auftrag meiner Abteilung bestand darin, etwa 800 Kilometer nach Norden zu fahren und einen Abschnitt der Autobahn 9 frei zu halten. Sie teilte das Land nah an seiner dünnsten Stelle, gleich nördlich von Hue, in zwei Teile und verlief von Dong Ha in Küstennähe durch die Berge zum Stützpunkt Khe Sanh in der Nähe der laotischen Grenze, also auch in der Nähe des Ho-Chi-Minh-Pfades.

Es war Routinearbeit. Wir trotteten auf unseren fünfzehn Kilometern hin und her, zum Glück auf flachem Land und nicht weit von der Küste entfernt. Manchmal begleiteten wir Flüchtlinge oder Evakuierte (Erstere zogen freiwillig um, Letztere unfreiwillig) oder beseitigten eine Mine, die in der Nacht gelegt worden war. Häufiger hielten wir nur nach Minen Ausschau. Wen wir hier überhaupt unter etwas litten, dann allenfalls unter Fußschweiß, und zur Abwechslung wedelten wir eben nicht mit Spüllappen, sondern mit automatischen Gewehren.

Dann begann die richtige Arbeit. In den nächsten zwölf Monaten war unsere Abteilung eine effiziente und tödliche Einheit im Rahmen der »Operation Phoenix«, eines geheimen CIA-Programms, das die Infrastruktur der Vietcong in Südvietnam vernichten sollte. Die Methode war einfach: Wir nahmen kommunistische Soldaten und Verbündete – jeden, der die Nationale Befreiungsfront und deren Parallelregierung in Südvietnam unterstützte – gefangen und verhörten, folterten und töteten sie.

Über Phoenix und seine Rolle im Krieg ist viel geschrieben worden, aber es besteht wenig Einvernehmen darüber, worum es sich dabei genau handelte oder wer das Unternehmen leitete. Laut der offiziellen Darstellung hat die CIA das Kommando 1968 oder 1969 dem südvietnamesischen Militär übergeben und war dann nur noch mit einigen »Beratern« dabei. Anderen Meinungen zufolge spielten die amerikanischen Streitkräfte bei allen Phoenix-Aktivitäten eine entscheidende Rolle, auch bei den brutalsten und blutigsten. Einige behaupten, dass die Ziele fast ausschließlich militärischer Natur gewesen seien – also Vietcong, auch wenn sie keine Uniformen trugen –, räumen aber ein, dass es dabei ein paar zivile Opfer gegeben haben könnte. Andere sind davon überzeugt, dass Phoenix sich gegen alle richtete – auch gegen Bauern, Lehrer, Ärzte, je angesehener und einflussreicher, desto besser. Es sei ein heimtückischer, bösartiger und plumper Versuch gewesen, das südvietnamesische Volk davon zu überzeugen, dass eine Zusammenarbeit mit dem Vietcong einem Selbstmord gleichkäme.

Ich kann mich nicht erinnern, die Begriffe »Operation Phoenix«, »Phoenix-Programm« oder »Phung Hoang« – so der vietnamesische Name – je gehört zu haben, als ich drüben war. Auf keinen Fall von offizieller Seite. Wir erfuhren auch selbstverständlich nicht, wer daran beteiligt war und welches Ziel das Unternehmen hatte. Aber ich weiß, worum es dabei ging, zumindest, was meine Einheit damit zu tun hatte.

Wir waren außerhalb von etwa fünfzehn bis zwanzig Stützpunkten stationiert, die zum Teil groß waren – bis zu 1300 Mann –, zum Teil auch klein – etwa 100 Soldaten –, einige umfassten kaum mehr als eine Waldlichtung, die als behelfsmäßige Landepiste diente. Man hatte uns im Grunde keiner Division so wirklich zugewiesen, obwohl es in Bearcat geheißen hatte, wir seien Teil der Dritten Brigade der 82. Luftlandedivision, die allerdings im Dezember 1969 endgültig aus Vietnam abgezogen worden war. Trotzdem waren wir schlagkräftig und wurden immer schnell dorthin gebracht, wo man uns brauchte, sei es in Lkws oder Hubschraubern, und wir hatten immer Priorität.

Wir bekamen nie den direkten Befehl, jemanden zu töten. Das war auch nicht nötig. Der Basiskommandeur übergab unserem Gruppenführer lediglich eine Mappe mit einer Karte, einem Foto, den Namen und Tarnnamen der Zielperson und ihrer engen Verbündeten sowie allen sonstigen verfügbaren Informationen. Meist war diese Mappe ziemlich dünn, aber an ihrem Verschluss war immer ein Stück grünes oder rotes Band befestigt. Wenn es ein grüner Job war, wie wir ihn nannten, mussten wir die Zielperson zum Verhör holen. War es ein roter Job, lautete die Botschaft: »Keine Mühe machen.« Während meiner elf Monate in der Gruppe gab es viel mehr rote Bänder als grüne.

Es dauerte nicht lange, bis wir genau dem Klischee eines amerikanischen Soldaten in Vietnam entsprachen, wie es allgemein verbreitet war: irrer Kiffer mit Kanone. Und wir entsprachen ihm sogar mehr als die meisten, weil wir Freischärlern so sehr ähnelten, wie das bei amerikanischen Soldaten möglich war, da wir häufig uns selbst überlassen waren, sowohl im Lager als auch außerhalb. Niemand kümmerte sich darum, ob wir zu lange Haare hatten oder unrasiert waren. Wir mussten auch morgens nicht zu Fahnenappellen oder dergleichen Quatsch antreten, und unsere Zelte wurden nicht inspiziert.

Manchmal rückten wir innerhalb von zwei oder drei Wochen fast täglich aus, dann wieder nur drei- oder viermal. Im Durchschnitt verloren wir alle ein bis zwei Wochen einen Kameraden, der entweder ihm Kampf fiel, schwer verwundet wurde oder gelegentlich auch durch eine versteckte Sprengladung getötet oder verletzt wurde. Dabei handelte es sich um Sprengstoff, der an Waffen- oder Proviantlagern angebracht war oder – besonders beliebt – an einem verwundeten Vietnamesen, dem wir helfen wollten. Manchmal waren auch die spitzen Blätter der Pflanzen, die unseren Pfad säumten, mit Gift bestrichen. Einer von uns wurde das Opfer einer anderen verbreiteten Falle. Sie bestand aus zugespitzten Bambusstacheln, die von einem zurückgebogenen Ast gehalten und von einem Stolperdraht ausgelöst wurden. Das war eine der grausameren Todesarten. All dies trug erheblich dazu bei, dass wir unsere Lektion lernten: Alles in diesem verfluchten Land wollte uns verletzen oder umbringen – das Wetter, die Pflanzen, die Leute. Die Folgen davon waren sowohl Depressionen als auch Kaltblütigkeit. Wenn sie uns jagten, war es nur gerecht, wenn wir sie zuerst erwischten, und sei es auch nur, um am Leben zu bleiben.

Unsere Einsatzgruppe verlor während meiner Zeit etwa zwanzig oder dreißig Mann, tötete selbst aber viel mehr Menschen, etwa zehn für jeden Kameraden, den wir verloren. Rund siebzig Prozent unserer Aufträge waren rote Jobs.

Es ist nicht so, dass das Töten jemals leicht gewesen wäre oder gar angenehm, aber mit der Zeit wurde es unpersönlicher, es war nur ein Job, den wir erledigen mussten. Und es wurde auf jeden Fall schnell normal: Wenn der Tod und das Töten zum Alltag gehören, dann gewöhnt man sich irgendwann daran.

Natürlich half es, dass wir überzeugt waren, das Richtige zu tun. Diese Überzeugung hatte ich jedenfalls am Anfang. Die meisten Kameraden waren meiner Meinung, darum behielten wir mehr oder weniger unsere Sollstärke. Niemand fügte sich selbst Verletzungen zu, und niemand drehte durch. Und wir begingen nie wirkliche Grausamkeiten – zumindest nicht am Feind.

Einmal suchten wir eine Zielperson in einem Dorf. Als wir dorthin kamen, war alles verlassen und unheimlich still. Feuer brannten, halbgare Mahlzeiten standen herum, aber niemand war zu sehen. Wir brauchten nur wenige Minuten, um die Dorfbewohner schließlich zu finden. Sie lagen alle mit dem Gesicht nach oben in einer offenen Grube, aufeinandergestapelt wie Kaminholz, und man hatte Kalk auf die Leichen gestreut. Die meisten waren alt, viele davon Frauen und kleine Kinder. Unsere Ankunft hatte die Mörder, von denen wie annahmen, dass es Vietcong waren, wohl vertrieben, denn sie hatten keine Zeit mehr gehabt, Erde auf die Leichen zu schütten. Also machten wir uns an die Verfolgung. Unser Fährtenleser brauchte nicht lange, um sie ausfindig zu machen. Doch wir erlebten eine Überraschung: Die Mörder – ein Dutzend Mann – waren Kameraden von der Marine.

Solche Aktionen bestätigten mir das, was ich ohnehin schon wusste: Als ich in Vietnam ankam, hatte sich der Charakter des durchschnittlichen amerikanischen Soldaten sehr verändert. Die besten Leute waren entweder gefallen oder wieder in der Heimat. Viele der Zurückgebliebenen waren einfach Abschaum.

Nach ungefähr drei Monaten war ich einer der Gruppenführer. Der Typ, von dem ich lernen sollte, war versetzt worden, und plötzlich war ich der dienstälteste 18A. Mit 21 Jahren war ich zugleich einer der ältesten. Deshalb war ich meist derjenige, der die Mappe mit dem roten oder grünen Band bekam, mehr auch nicht. Alle älteren Kameraden waren für die Ausbildung der Jungfüchse zuständig und mussten darauf achten, dass diese nichts taten, was uns das Leben hätte kosten können.

Aber wir sollten auch Vorbilder sein – nicht unbedingt gute. Ich rauchte so viele Joints wie die anderen. (Allerdings nicht im Lager. Obwohl wir selten kontrolliert wurden, rauchte niemand, der auch nur ein bisschen Verstand hatte, im

Camp. Schließlich konnte man nie wissen, wann ein hohes Tier auftauchen würde, um sich fotografieren zu lassen, und niemand wollte der unglückliche Idiot sein, der in diesem Fall mit einem Joint im Mund angetroffen wurde.) Aber wir älteren Jungs mussten uns immer zusammenreißen. Keine Kriegssouvenirs (zum Beispiel Ohren), keine riskanten Heldentaten oder Exzesse, keine Trauer, wenn ein Kamerad fiel.

Je näher das Ende meiner Dienstzeit rückte, desto mehr betete ich, dass ich überleben würde. Da ich nicht trinke und nie etwas für Nutten und Partys übrig gehabt habe, nahm ich keinen Urlaub. Die Wartezeit zwischen den Aufträgen genügte mir als Ruhepause. Ich spielte oft Karten und las viel. Urlaub war nur ein unnötiges Risiko, denn der Vietcong war über unsere Einheit genau informiert, und seine Informanten in den Bars und Bordellen Saigons und anderer Städte hielten nach uns besonders intensiv Ausschau.

Im Dezember 1970 wurde ich 22, und alles schien sich planmäßig zu entwickeln. Ich war schon ein Jahr in Vietnam, und die Dienstzeit dauerte zwölf bis vierzehn Monate. Als Gruppenführer hatte ich aufgehört, den kommandierenden Offizier des Lagers, in dem wir gerade waren, täglich nach Aufträgen zu fragen. Denn auch wenn es keinen Auftrag gab, fand er dennoch etwas für uns zu tun, sobald ich vor ihm stand. Das liegt einfach in der Natur eines Kommandeurs. Also blieben wir in unseren Zelten – aus den Augen, aus dem Sinn. Das bedeutete dann weitere zwei oder drei Tage Nichtstun. Und das war großartig, zumal der Tag der Entlassung immer näher rückte.

Dann kam Weihnachten. Ich wachte früh auf, so gegen sieben, und ging frühstücken, um noch etwas zu ergattern, bevor die besten Sachen weg waren. Für neun Uhr war eine Besprechung anberaumt. Das bedeutete wahrscheinlich einen roten Job und ein wichtiges Ziel. Statt der Mappe gab es diesmal kurze mündliche Anweisungen. Normalerweise war bei solchen Besprechungen ein Vertreter des CIA oder des militärischen Geheimdienstes dabei, der von einem Hubschrauber eingeflogen worden war, vielleicht auch ein Führer, ein Übersetzer, den wir mitnehmen konnten, falls ein Verhör notwendig war, und manchmal ein oder zwei Veteranen aus der Einheit.

Diesmal waren wir zu sechst, einschließlich der zwei Fährtenleser und des Sprengstoffexperten unserer Einheit. Wir wurden zu einem Dorf geschickt, in dem sich Vietcong sowie ein Proviant- und Waffenlager befanden. Zur Abschreckung sollten wir den Dorfältesten beseitigen und das Waffenversteck in die Luft jagen. (Der größte Teil der Vietcongwaffen war für uns wertlos, denn die Gewehre kamen meist aus Russland, Polen und Ungarn und waren oft für den Gefechtseinsatz umgebaut worden. Wenn es aber etwas gab, woran bei uns nie Mangel herrschte, dann waren es Waffen.) Zum Schluss sollten wir das Dorf bis auf die Grundmauern abbrennen.

Wir fuhren einige Stunden lang mit Lkws in die Berge, dann stiegen wir aus und gingen etwa einenhalb Kilometer zu Fuß. Als wir an einem Bach in der Nähe des Dorfes ankamen, konnten wir sehen, dass auf der anderen Seite sehr viel los war. Einer von uns beobachtete, wie ein Dorfbewohner auf den Berg außerhalb des Dorfes kletterte. Da ich annahm, dass er die Vietcong informieren wollte, griff ich nach dem M 1 mit Kammerverschluss eines Kameraden (dank seiner größeren Reichweite war es für Scharfschützen besser geeignet als mein automatisches M 16) und gab drei schnelle Schüsse ab. Dann sah ich das Zielobjekt taumeln und umfallen. Während die Jungfüchse das Dorf durchsuchten, liefen wir zum Berg, um uns mein Opfer anzusehen. Je näher wir kamen, desto unwohler fühlte ich mich, denn der Körper wurde nicht größer. Wie sich dann herausstellte, handelte es sich um ein etwa zwölfjähriges Mädchen, das noch nicht tot war, aber beinahe. Ich drehte sie um, und sie sagte kein Wort, sondern starrte mich nur verständnislos an.

Meine erste Reaktion war Wut. Ich packte den Dorfältesten und schrie ihn mithilfe des Übersetzers an: »Warum zum Teufel ist sie weggerannt? Warum? Sie hätte nicht weglaufen sollen, verdammt! Das ist deine Schuld! Warum zum Teufel ist sie nur weggerannt?«

Natürlich war das dumm, aber ich suchte nach einem Schuldigen, weil ich nicht schuldig sein wollte. Der Mann antwortete, dass das Mädchen seine Enkelin sei und er habe verhindern wollen, dass man sie vergewaltige.

Einen Augenblick später kam mein Vertreter und bat um Anweisungen, da sie den Proviant und ein paar Waffen gefunden hatten. Ich sagte: »Verbrennt es. Verbrennt alles!«

Dann fragte er mich nach dem Dorfältesten. Ich befahl ihm, den alten Mann in unser Lager zu bringen. Das entsprach nicht unseren Anweisungen, und die

Miene meines Vertreters drückte Zweifel an meinem Befehl aus. »Tu's einfach!«, brüllte ich ihn an.

Verflucht fröhliche Weihnachten!

Es wäre zu milde ausgedrückt, wenn ich behaupten würde, ich hätte den Rest meiner Dienstzeit wie in Trance verbracht. Da aber unsere Vorgesetzten schon viele Fälle von Burn-out erlebt hatten, leiteten sie keine Disziplinarmaßnahmen ein. Doch ich wurde schneller entlassen. Die Papiere kamen zwei oder drei Wochen nach Neujahr 1971, und ein paar Tage später fuhr ich von der Region Dong Hoi nach Saigon. Dort packte ich meine Habseligkeiten zusammen, dann ging es in einem Militärflugzeug weiter nach San Francisco. Wie die Armee uns empfohlen hatte, stieg ich in Zivilkleidung aus – Jeans und Hemd. Auch mein Haarschnitt war nicht militärisch kurz, aber das nutzte nichts. Die Demonstranten belästigten uns dennoch. Ich blieb nicht in der Stadt, sondern flog einen oder zwei Tage später nach Vancouver.

Ich hatte die Marineinfanterie mit etwas mehr als 600 Dollar verlassen. Das war meine Tagespauschale für die Heimreise und das Geld, das ich gespart hatte, indem ich nur ein Ticket von San Francisco nach Vancouver gekauft hatte anstatt nach Plattsburgh, wo ich gemustert worden war. Nach meiner Rückkehr beschloss ich, den Militärsold, der während meiner Dienstzeit auf ein Konto der Bank of America überwiesen worden war, nie anzurühren. Es waren vermutlich 8000 bis 10 000 Dollar, aber jetzt kam es mir wie Blutgeld vor. Ich hatte kein Problem damit gehabt, in Vietnam Geld für Zigaretten oder Limonade auszugeben, aber seit ich wieder in Nordamerika war, wollte ich das Buch mit dem Titel Vietnam ein für allemal schließen.

Das bedeutete allerdings, dass ich so gut wie pleite war. Also fuhr ich wieder nach Hull und hielt mich erneut mit kleinen Gaunereien über Wasser. Damit konnte ich zwar gerade meine Miete und meine Club-Sandwiches bezahlen, aber viel Geld blieb dann nicht mehr übrig. Deshalb konnte ich fast nicht ablehnen, als Paul Richer mich eines Tages fragte, ob ich ihm bei einem Drogengeschäft helfen wolle.

Paul war die rechte Hand von Arnold Boutin, einem älteren, dicken und hässlichen Kerl, der aus einem anderen Viertel von Hull stammte. Boutin war der große Dealer der Stadt geworden, doch weder er noch Paul sprachen Englisch, und Arnold wollte Verbindungen zur Drogenwelt von Vancouver knüpfen. Ende der sechziger und Anfang der siebziger Jahre war Vancouver der Ort in Kanada, wo man vor allem LSD, aber auch andere Drogen in guter Qualität, ausreichender Menge und zu günstigen Preisen bekam. Arnold und Paul hatten an mich gedacht, weil sie wie jedermann in unserer Welt wussten, dass ich mich in Vancouver auskannte und gut Englisch sprach. Ihr Angebot war großzügig: Wenn ich Paul nach Westen begleitete und ihm seine Kontakte verschaffte, würden sie mir ein Pfund Haschisch plus 500 Dollar geben. Das bedeutete einen ziemlichen Gewinn für mich. Ich stimmte unter der Bedingung zu, dass ich meine Spesen sofort bekam.

Also flogen wir Mitte Mai 1971 nach British Columbia. Wir stiegen im »Castle Hotel« in der Granville Street ab und widmeten uns dann sofort dem Geschäft. Ich rief ein paar Leute an, erkundigte mich nach dem Preis und der Verfügbarkeit der Ware, und dann beschlossen wir, alle unsere Geschäfte mit Spooner zu machen, einem Freund, der in Kitsilano lebte, im Hippieviertel der Stadt. Er konnte alles besorgen, was verlangt wurde. Arnold suchte LSD und Meskalin, und beides in erheblichen Mengen. Mir war es lieber, nur von einem einzigen Lieferanten zu kaufen, um das Risiko zu minimieren und keine Aufmerksamkeit zu erregen.

Spooner beschaffte alles, was Paul haben wollte, auch mein Pfund Hasch. Dummerweise entpuppte sich ein Typ, von dem Spooner gekauft hatte, als Polizeispitzel, den die Polizei überwachte. Nachdem wir ihn besucht hatten, folgte sie uns ins Hotel. Die Beamten hatten allerdings keine Ahnung, wer wir waren und was wir vorhatten, und das Paket, das wir aus Spooners Wohnung mitgenommen hatten, hätte genauso gut Perlen oder Meditationsbücher enthalten können.

Unser nächstes Ziel war der Busbahnhof. Von dort aus wollten wir die Drogen mit dem Greyhound-Bus nach Hause schicken. Es war nur ein kurzer Spaziergang vom »Castle Hotel« dorthin, aber die Polizei verlor uns dennoch aus den Augen. Wären wir nach dem Absenden der Drogen sofort zum Flughafen gegangen, wäre mein Leben wohl ganz anders verlaufen. Aber als wir den Busbahnhof verließen, merkte ich, dass ich meine Reisetasche in unserem Hotelzimmer vergessen hatte. Darum hielten wir unterwegs dort an. Jetzt saß uns die Polizei wieder im Nacken.

Als unser Taxi vor der Abflughalle des Flughafens vorfuhr, wurden wir festgenommen und in ein Verhörzimmer gebracht. Ich blieb ganz ruhig, denn schließlich hatten wir keinen Stoff mehr dabei. Leider trug Paul die Quittung vom Busbahnhof bei sich, sodass die Beamten das Paket mit den Drogen schnell fanden.

Ich erklärte mich für schuldig und wurde zu fünf Jahren in einem Bundesgefängnis verurteilt. Paul, der ebenfalls gestanden hatte, bekam eine ganz andere Strafe – warum, habe ich nie erfahren: zwei Jahre weniger einen Tag ohne Bewährung und zwei Jahre weniger einen Tag mit unbestimmter Bewährungsfrist in einem Provinzknast.

Das Gefängnis New Westminster war im 19. Jahrhundert erbaut worden – sein Zweck damals war nur die Bestrafung und keine wie auch immer geartete Form von Resozialisierung. Die großen grauen Wände und Türme waren einschüchternd und strahlten Autorität und Strenge aus. Überall liefen Ratten herum.

Alle Gefangenen, die in British Columbia zu einer Haftstrafe in einem Bundesgefängnis verurteilt wurden, schickte man zuerst nach New West, wo man sie in Kategorien einteilte. Wir wurden mit Bussen herangeschafft – kleine Dealer wie ich ebenso wie mehrfache Mörder. Nach einer Dusche, dem Verteilen sauberer Kleider und einem Haarschnitt kamen wir dann in einen besonderen Zellentrakt für Neuankömmlinge. Dort nahmen uns Sozialarbeiter drei Wochen lang unter die Lupe und schickten uns dann in geeignete Haftanstalten. Wer als besonders gefährlich galt, blieb in New West.

Vielleicht lag es daran, dass ich Frankokanadier war. Oder vielleicht konnte mich einfach irgendjemand nicht leiden. Wie auch immer, ich wurde nirgendwo hingeschickt, sondern der Frühschicht in der Küche zugeteilt und in den entsprechenden Flügel umquartiert. Anfangs war es nicht leicht für mich, um fünf Uhr aufzustehen. Aber immerhin bedeutete es auch, dass ich um zwei Uhr Feierabend hatte und nach Belieben Tennis, Poker oder etwas anderes spielen konnte. Doch einerlei, wo ich war und was ich tat, ich musste ständig auf der Hut sein, denn in New West brachen Gewalt und Tod ganz plötzlich und ohne Vorwarnung über einen herein. Ich hatte genug Zeit auf der Straße verbracht, um zu erkennen, dass dieser Knast seine eigenen Regeln hatte. Und bevor ich die kannte, hielt ich lieber den Mund und beobachtete. Ich gewann ein paar Freunde, ebenfalls Küchenhelfer, und kümmerte mich um meinen eigenen Kram.

Den ersten ernsten Gewaltausbruch erlebte ich in der Sporthalle, etwa drei Monate nach meiner Ankunft. Jack, ein Küchenhelfer, der wegen Mordes lebenslang einsaß, hatte seit einiger Zeit versucht, einen Chinesen, der nicht größer war als ich, zu seinem Sexsklaven zu machen. Am Ende eines Trainingsdurchgangs legte jeder normalerweise so viel Gewicht auf, wie er bewältigen konnte, und stemmte die Hantel noch ein paar Mal. Jack schaffte eine Menge Gewichte. Als er gerade auf der Bank lag und die Stange nach oben drückte, knallte ihm der Chinese einen Tennisschläger in das Gesicht. Die Gewichte krachten hinunter und zerschmetterten Jacks Kehle. Er starb fast sofort.

In mancher Hinsicht glich das Gefängnis einem Ausbildungslager. Beide hatten im Wesentlichen das gleiche Ziel: die Insassen zu zerbrechen und neu zusammenzusetzen. Zum Glück war ich gut darauf vorbereitet, in einer rein männlichen, von Gewalt geprägten Umwelt zu überleben. Ich wusste, wie ich Ärger vermeiden, Unruhestiftern aus dem Weg gehen und ohne aufzufallen tun konnte, was man von mir erwartete. Trotzdem war ich kein Schleimer und ließ mir nichts gefallen. Wie der Chinese setzte ich mich zur Wehr, wenn es notwendig war.

Den einzigen Fehler beging ich, als ich einem Freund, der ebenfalls Frankokanadier war und mit mir in der Küche arbeitete, einen Gefallen tat. Eines Tages wurde Roch ins Besucherzimmer gerufen, und da er Drogen nahm, bat er mich, sein Instrument – einen Pipettenfüller mit einer Nadel am Ende – in den Trakt G mitzunehmen, sobald ich frei hatte. Es war verbotene Ware, trotzdem willigte ich ein. Als ich die Küche verließ, durchsuchten mich die Wachen und fanden die selbst gemachte Spritze. Daraufhin wurde ich wegen Schmuggelns angeklagt und musste mich vor dem Disziplinarausschuss verantworten. Die übliche Strafe für solche Vergehen waren fünfzehn Tage im Loch mit reduzierter Verpflegung. Da klar war, dass ich kein Junkie war und noch nie Probleme mit Rauschgift gehabt hatte, wollte der Ausschuss wissen, wen ich deckte. Ich verriet nichts, deshalb brummten sie mir gleich dreißig Tage bei verminderter Kost auf.

Wenn ein Gefängnis den Zweck hat, den Geist zu brechen, dann hat das Loch den Zweck, ihn zu zermalmen. Dreißig Tage musste ich in einer fensterlosen Zelle bleiben, und kein einziges Mal wurde das Licht ausgeschaltet. Den einzigen Hinweis auf die Tageszeit gaben mir die Mahlzeiten sowie die Decke und das Buch, die man mir jeden Nachmittag gegen vier Uhr brachte und jeden Morgen wieder wegnahm.

Aber auch die Orientierung anhand der Mahlzeiten war nicht einfach, denn ich bekam nur sieben Scheiben Brot zum Frühstück, Mittag- und Abendessen sowie jeden zweiten Tag eine richtige Mahlzeit. Einen Teil des Brotes benutzte ich als Kalender: einmal am Tag steckte ich eine große Krume in eine Ecke. Auch das restliche Brot war nützlich: Ich wickelte das Brot, das ich nicht aß, in ein Handtuch, um mir so ein Kissen zu machen. Das war mein einziger Komfort, denn ich schlief nicht auf einer Matratze, sondern auf einer Zementplatte.

Psychologisch betrachtet war das Loch – das sich nicht im Keller, sondern im fünften und obersten Stock von Takt G befand – ein Test, auf den die Insassen sehr unterschiedlich reagierten. Es gab im Grunde nur zwei Möglichkeiten, die Zeit totzuschlagen: Gymnastik und Tagträume. Da man aber nicht andauernd Gymnastik machen kann, nahmen Tagträume eine ganz neue Bedeutung an. Ich verlor mich nicht in Erinnerungen, schon gar nicht an Vietnam, sonst wäre ich womöglich durchgedreht. Stattdessen schuf ich mir wie viele andere Gefangene im Loch eine Fantasiewelt, die ich mit irgendwelchen Leuten bevölkerte und diese ihr Leben leben ließ. In einer dieser Welten war ich ein Schriftsteller mit Frau, Kindern und Verlag. Andere Träume spielten in verschiedenen historischen Perioden. Dennoch versuchte ich nicht zu sehr in meine Fantasie abzudriften. Zwischendurch machte ich daher immer wieder Gymnastik und dann noch einmal Gymnastik. Ich hatte tatsächlich von Häftlingen gehört, die das Loch nach Ablauf ihrer Strafe gar nicht mehr verlassen wollten, weil ihre Fantasiewelt sie mehr interessierte als das Leben hinter Gittern.

Alle im Gefängnis wussten, wie lange ich im Loch sitzen musste, und sie zählten die Tage fast ebenso eifrig wie ich. Allerdings hatten sie andere Gründe: Sie wollten herausfinden, ob ich zusammenbrach. Gefangene, die die Hälfte ihrer Strafe im Loch hinter sich hatten, bekamen jeden zweiten Tag ein Blatt Papier, und zwar an den Tagen, an denen es kein richtiges Essen gab. Darauf stand in der ersten Person, dass man seinen Fehler eingestehe, Besserung verspreche und die Wache um vorzeitige Freilassung bitte. Unterschrieb man dieses Papier, wurde man sofort aus dem Loch befreit. Das war natürlich verführerisch, aber ich wusste auch, dass die anderen Gefangenen mich dann nicht mehr so respektieren würden wie bisher. Also unterschrieb ich nicht. Stattdessen machte ich noch mehr Gymnastik – einige hundert Sit-ups und Liegestütze – und erfand ein Spiel mit imaginären farbigen Zahnstochern an der Wand meiner Zelle, die ich im Geist hin und her schob und damit Dinge baute.

Es war wirklich höchste Zeit, wieder in das reguläre Gefangenenleben zurückzukehren.

Der Zufall wollte es, dass meine dreißig Tage an einem Sonntag endeten. Darum wurde ich erst am nächsten Tag herausgeholt. Immerhin bekam ich an diesem Tag Tabak und richtige Mahlzeiten. Als ich das Loch endlich verließ und wieder in den Hof ging, kamen viele Leute, die mich bis dahin ignoriert oder gerade so geduldet hatten, zu mir, um zu plaudern oder wenigstens Hallo zu sagen. Offenbar war ich in der Knasthierarchie um einige Stufen nach oben geklettert. Ein Häftling, der zweimal lebenslänglich plus achtzehn Jahre bekommen hatte, wurde sogar ein guter Freund von mir. Mein höherer Status linderte den Stress erheblich, weil ich nicht mehr so genau aufpassen musste, was hinter mir vorging.

Während meiner Gefangenschaft wurde die Haftdauer aller Insassen anhand modifizierter Kriterien neu festgelegt. Die Grundlage dafür war ein Regierungsprogramm, das Kanadas Gefängnissystem modernisieren sollte. Das bedeutete für mich und für die meisten anderen, dass wir ein Jahr früher entlassen werden sollten. Daher kam ich nach knapp anderthalb Jahren vor den Bewährungsausschuss. Dort beantwortete ich alle gestellten Fragen, und anscheinend war Haschisch inzwischen nicht mehr ganz so schlimm. Auf jeden Fall bekam ich zwei Wochen nach meiner Anhörung einen Brief, der meine Entlassung in wenigen Tagen ankündigte.

Ich bekam 120 Dollar, einen neuen Anzug mit unterschiedlich langen Ärmeln, einen kleinen Koffer mit meinen alten Kleidern und ein Ticket für eine Busfahrt in die Stadtmitte von Vancouver. Das war am 20. Oktober 1972.

»Ich halte eine Zelle für dich bereit, du Arschloch«, sagte der Wachmann, der mir die letzte Gefängnistür öffnete, ganz freundlich.

»Geh zum Teufel«, erwiderte ich lächelnd.

Wir spielten beide nur unsere Rollen.

KAPITEL ZWEI
HOBO UND DIE CHINESISCHEN TRIADEN

Wenn Sie lange genug eine Verkleidung tragen, wird sie irgendwann zu einem Teil von Ihnen, und das so sehr, dass nicht nur andere Sie danach beurteilen, sondern dass Sie selbst an diese Maskerade glauben.

Ich hatte den harten Kerl gespielt, seit ich denken konnte. Immerhin war ich in Hull ohne richtige Familie aufgewachsen, hatte freiwillig bei der Marineinfanterie und in Vietnam gedient und New West überlebt. Trotzdem fragte ich mich, ob der harte Bursche tatsächlich mein wahres Ich war oder nur vielschichtiges Narbengewebe. Nach der Entlassung aus dem Gefängnis wollte ich herausfinden, ob ich wirklich der gewiefte, misstrauische, zurückhaltende und viel zu ernste kleine Ganove war, den ich in jedem Spiegel und Fenster erblickte.

Um genügend Zeit für meine Selbsterforschung zu haben, ging ich zur Universität. Im Gefängnis hatte ich ein paar Fernkurse der University of Victoria belegt, meist Geschichte und Psychologie. Das hatte mir großen Spaß gemacht, und ich hatte sogar die Prüfungen bestanden. Sobald ich eine Wohnung in East Vancouver gefunden hatte, schrieb ich mich daher an der Simon Fraser University in der benachbarten Vorstadt Burnaby ein. Mein Bewährungshelfer half mir nur zu gerne dabei, Studentendarlehen und Stipendien zu beantragen, und wie sich herausstellte, bekam ich auf diese Weise so viel Geld, dass ich recht gut davon leben konnte.

Es sah ganz danach aus, als könne ich mich verändern oder wenigstens mit neuen Augen sehen. Und genau das wollte ich in gewisser Weise. Ich schloss einige neue Freundschaften und begann auch, einem anderen, normaleren Mädchentyp nachzustellen. Dennoch behielt ich einen Fuß auf der Straße. Ich lernte Hung Gar Kung Fu in einer Schule und unterrichtete Vollkontakt-Kempo in einer anderen. An solchen Orten begegnet man unweigerlich allen möglichen Nichtsnutzen. Außerdem verbrachte ich Stunden in einer Billardhalle am Commercial Drive, wo ich manchmal ein paar Dollar verdiente, meist aber nur herumhing. Gelegentlich spielte ich auch im Hinterzimmer Poker. Häufiger spielte ich Poker in einem Verein in der Pender Street. Die Mitglieder waren meines Erachtens Ukrainer oder Russen. Ich hatte schon immer Poker gespielt – als Kind, als Soldat, als Häftling – und war ziemlich gut darin. Wenn ich gewann, dann meist 100 oder 200 Dollar, wenn ich verlor, dann selten mehr als 25 oder 40 Dollar. So halfen mir Poker und Billard neben den staatlichen Darlehen und Stipendien, mein Leben als Student zu fristen. Auch gelegentliche Jobs als Hehler trugen dazu bei.

Einmal brauchte ein Bekannter einen Lagerraum für einen Haufen Pelzmäntel, die er in einem Geschäft in einer Einkaufsstraße gestohlen hatte. Er hatte sich in einem benachbarten Laden versteckt und in der Nacht einfach die Wand aus Gipsplatten durchbrochen. Der Ort, an dem er die Mäntel zunächst versteckt hatte, war feucht, und er fürchtete, dass die hochwertigen Kleidungsstücke darunter leiden würden. Ich überließ ihm daher für ein paar Wochen meinen Schrank, und als er die Mäntel abholte, gab er mir als Belohnung für meine Dienste einen, den ich für 2500 Dollar verkaufte.

Im Großen und Ganzen blieb ich allerdings sauber. Schließlich war ich nur auf Bewährung frei und hatte keine Lust, so bald wieder einzusitzen. Während meines dritten Studienjahres stellte mich ein Freund von der Universität seiner Freundin vor. Sie hatten eine turbulente Beziehung. Ray wollte ein harter Junge sein, und Liz war eine junge Campus-Feministin, die ganz vom Eifer der damaligen Zeit erfüllt war. Je schlimmer ihre Beziehung wurde, desto mehr freundeten wir uns an. Als die beiden sich schließlich trennten, wurden Liz und ich ein Paar.

Ihre Familie nahm mich wie einen Streuner auf. Mit Louise, der Mutter, verband mich vor allem die Sprache, denn sie stammte aus einer frankofonen Familie im Norden Ontarios, aus einer Kleinstadt namens Swastika. Richtig nahe stand mir jedoch Liz' Stiefvater Frank, ein zäher irischer Kerl aus Torontos Cabbagetown. Er war ein halbprofessioneller Boxer gewesen, bevor er anfing, in Ottawa Aufzüge zu reparieren. Im Grunde war er in Bezug auf Renovierungsarbeiten ein Alleskönner und verdiente damit auch eine Stange Geld. Er war der erste Mensch, dem ich von meiner Zeit und meinen Taten in Vietnam erzählte. Vielleicht verstanden wir uns auch deshalb so gut, weil wir beide Probleme mit Weihnachten hatten – ich wegen der Ereignisse in jenem Dorf am Weihnachtsmorgen des Jahres 1970 und er, weil er und seine Geschwister als Teenager ihren Vater tot im

Lehnstuhl gefunden hatten, als sie an Weihnachten in das Wohnzimmer gegangen waren, um ihre Geschenke auszupacken.

Nach Weihnachten 1976 löste ich zwar meinen Stipendienscheck ein, hörte aber auf, Kurse zu besuchen. Ich hatte noch ungefähr ein Semester bis zum Examen, gab mir aber nicht sonderlich Mühe, um ein gutes Abschlusszeugnis zu bekommen. Als Spezialgebiet hatte ich Kriminalpsychologie gewählt. Meine Kommilitonen waren dafür bestimmt, Sozialarbeiter und Bewährungshelfer zu werden. Da meine Bewährungszeit aber erst vor Kurzem abgelaufen war, hatte ich eigentlich die Nase voll von solchen Beamten. Mittlerweile hatte ich auch angefangen, Frank bei Renovierungsarbeiten zu helfen, und da er mich sehr gut bezahlte, hatte ich kein finanzielles Interesse daran, weiter in die Schule zu gehen.

Einige Wochen nach meiner Entlassung aus dem Gefängnis besuchte ich die Kel-Lee's Academy, einen Kampfsportclub, den ein Bekannter vor einiger Zeit übernommen hatte. Während ich einem Kurs beim Training zusah, unterhielt ich mich mit einem anderen Zuschauer, der Joseph Jack »Hobo« Mah hieß. In den folgenden Monaten kreuzten sich unsere Wege regelmäßig in verschiedenen Clubs und bei Wettkämpfen. Gelegentlich tranken wir etwas zusammen oder trainierten gemeinsam. Er wurde fast eine Art Freund, wenn auch kein besonders enger.

In vielerlei Hinsicht hätten wir nicht unterschiedlicher sein können. Obwohl wir ungefähr gleich groß waren, hatte er eine Figur wie ein Feuerhydrant und wog etwa dreißig Kilogramm mehr als ich – wahrscheinlich brachte er fast neunzig Kilo auf die Waage. Und Hobo verstand es, auf sich aufmerksam zu machen, sei es mit dem langen Pferdeschwanz, der ihm über den Rücken hing, sei es mit seinen teuren Kleidern, seinem schicken Auto, seinen Fünfzig-Dollar-Trinkgeldern für Kellnerinnen oder seinem aufgeschlossenen, jovialen Wesen.

Anfangs sprachen wir nie über vergangene oder gegenwärtige Verbrechen. Aber nachdem ich einige Zeit mit ihm verbracht hatte, war mir klar, dass er ein Ganove war – er prahlte einfach zu sehr und hatte zu viel Geld und offenbar keinen Beruf. Darüber redeten wir allerdings erst Anfang 1976, als ich anfing, Choy Li Fut, einen Kung-Fu-Stil, zu trainieren. Lange Zeit hatte ich Taekwondo gemacht und schließlich den schwarzen Gürtel des sechsten Grades erworben. Dann war ich zu Kung Fu übergegangen, hatte aber schließlich Hung Gar aufgegeben, das sich besser für größere Leute mit größerer Reichweite eignete. Choy Li Fut dagegen war ein viel explosiverer Stil, der gut zu Menschen meiner Größe passte.

Hobo hatte Choy Li Fut schon als Kind trainiert. Darum verbrachten wir noch einmal mehr Zeit miteinander, als ich mich ebenfalls dieser Sportart zuwandte. Er sprach nie offen über seine kriminellen Machenschaften, begann allerdings, hin und wieder etwas zu erwähnen.

Wenn ich ihn zum Beispiel fragte: »Na, wie läuft das Geschäft?«, antwortete er: »Geht so, abgesehen davon, dass so ein Penner mir vor zwei Wochen eine Unze abgekauft und sie noch nicht bezahlt hat. Jetzt muss ich ihm auch noch nachlaufen, um an mein Geld zu kommen.«

Mit der Zeit begriff ich, dass er Heroin verkaufte. Und er bot mir immer deutlicher an, sein Partner zu werden. Anfangs ging es nur um kleinere Jobs – ich sollte ihm beim Geldeintreiben helfen oder einen säumigen Schuldner verprügeln. Doch ich lehnte immer mit der Begründung ab, dass ich nicht wieder im Knast landen wollte. Aber je mehr ich mich sträubte, desto mehr bedrängte Hobo mich und bot mir immer nachdrücklicher eine größere Beteiligung an. Zuerst sollte ich nur an bestimmten Heroinverkäufen teilnehmen, später wollte er mich dann bei allen seinen Unternehmungen als gleichberechtigten Partner dabeihaben.

Hobo gehörte einer internationalen Triade an, der Sun Yee On, und war damit beauftragt worden – oder hatte einfach beschlossen –, das Geschäft in Ostkanada zu erweitern. Er brauchte daher jemanden, der den Osten kannte, möglichst Englisch und Französisch sprach (wegen des großen Marktes in Montreal) und kriminelle Kontakte hatte. Da Hobo wusste, dass ich im Gefängnis gewesen war, erfüllte ich genau seine Kriterien. Die Tatsache, dass ich seine Angebote schon so oft abgelehnt hatte – zwischen seiner Anregung, gemeinsam ein paar kleine Geschäfte zu machen, und seinem Vorschlag, Partner zu werden, lagen einige Jahre –, hatte nur bewirkt, dass seine Angebote immer attraktiver wurden.

Ab Mitte 1977 erzählte er mir bei jeder unserer Begegnungen mehr von seinen geschäftlichen Problemen. Er beklagte sich über einen geplanten Transport nach L. A., einen Geldbetrag, der eingetrieben werden musste, oder einen großen Deal, bei dem er Unterstützung brauchte. Diese Klagen endeten unweigerlich mit einer Variation desselben Themas: »Ich könnte wirklich die Hilfe eines Vollzeitpartners brauchen ...«

Eines Abends stellte er mir dann in einer Kneipe ein Ultimatum.

»Du musst dich jetzt entscheiden«, erklärte er, »entweder bist du dabei oder du bist draußen.«

»Nun, wenn das so ist«, erwiderte ich, »dann bin ich wohl draußen.«

»Das bringt mich in eine ziemlich schwierige Lage«, sagte er in ungewöhnlich kühlem Ton. »Was soll ich jetzt tun? Du weißt einfach viel zu viel.«

»Damit musst du dich wohl abfinden«, erwiderte ich und beendete damit das Gespräch an diesem Abend.

Aber ich wusste natürlich, dass Hobo es nicht lange dabei belassen würde. Mir war klar, dass sein freundliches Lächeln und seine joviale Fassade nur die Maske eines skrupellosen Geschäftsmannes waren, dem sich niemand ungestraft in den Weg stellte. Innerhalb einer Sekunde konnte er todernst werden und trotz seiner stämmigen Figur verfügte er über blitzschnelle Reflexe. Wenn sein Lächeln verschwand, dann wurde er auch im Handumdrehen aggressiv. Es war zu erwarten, dass er bald nachhaken würde. Und wenn ich ihn dann erneut abwies, war ich in großer Gefahr.

Als Hobo mir dieses Ultimatum stellte, wohnten Liz und ich bereits zusammen. Anfangs waren wir in einem Apartment über dem Studio einer Klavierlehrerin am Victoria Drive nahe der Stadtmitte untergekommen. Es war eine laute, aber hübsche Wohnung. Im Sommer 1977 wurde dann eine Wohnung, die ihre Eltern in ihrem Haus vermieteten, frei, und wir zogen dort ein. Der Umzug brachte mich Liz' Familie noch näher, und ich hatte das Gefühl, dass ein normales und geregeltes Leben für mich nicht nur möglich war, sondern dass ich genau das wollte. Insofern war Hobos Ultimatum eine wirkliche Bedrohung. Am Abend danach besprach ich mich mit Liz.

»Was würde ein normaler Mensch in dieser Situation tun?«, fragte ich sie. Ich kannte die Antwort zwar bereits, wollte sie aber dennoch hören.

»Er würde die Polizei verständigen«, meinte Liz sofort.

Dennoch fiel mir die Entscheidung nicht leicht, denn Spitzel und Informanten waren bisher für mich immer Abschaum gewesen, weil sie sich selbst verkauften, um besser davonzukommen oder ein paar Dollar zu verdienen. Also lag ich die ganze Nacht wach im Bett und grübelte. Liz hatte sehr behutsam argumentiert, weil sie wusste, dass sie mich nicht drängen durfte. Trotzdem griff ich am nächsten Morgen um neun Uhr zum Telefon.

Aber wen sollte ich anrufen? Da ich niemanden im Drogendezernat kannte, wählte ich einfach die Nummer der Polizei und bat darum, mit dem Dezernat verbunden zu werden.

»Gary Kilgore«, sagte eine Stimme, »was kann ich für Sie tun?«

Ich erzählte ihm die Geschichte am Telefon, und er fragte mich ganz genau nach jedem Detail. Als ich auflegte, dachte ich, dass damit alles vorbei sei. Ich ging davon aus, dass die Polizei ermitteln und Hobo dann bald verhaften würde. Die nächsten Tage arbeitete ich weiter für Frank und ging nicht ans Telefon, wenn Hobo anrief. Nach drei Tagen rief Kilgore mich an und kam gleich zur Sache.

»Wir würden uns gerne mit Ihnen treffen und noch etwas genauer über Ihre Geschichte reden.«

Einen oder zwei Tage später saß ich daher in einem Hotelzimmer, das die Polizei zu diesem Zweck gemietet hatte, vier Beamten in schlecht sitzenden Anzügen gegenüber, die Jovialität vortäuschten. Kilgore hob sich vor allem wegen seines roten Haares und seiner Größe deutlich von den anderen ab. Er erzählte mir, dass sie die Bedeutung des Ganzen erst begriffen hatten, als sie Hobos Namen überprüft hatten.

Sie stellten mir immer wieder die gleichen Fragen, und ich merkte, dass ich mehr wusste, als ich gedacht hatte. Namen und Orte bekamen plötzlich eine ganz neue Bedeutung. Sie fragten mich zum Beispiel, ob ich diese oder jene Person schon einmal getroffen hätte, und ich antwortete: »Ja, das ist Hobos Vetter« oder »Klar, dem gehört ein Lebensmittelgeschäft in der Hastings«. Das ganze Gespräch wurde aufgezeichnet.

Als unser Treffen beendet war, fragten sie mich, was ich als Belohnung für diese Informationen erwarte. Das überraschte mich und beleidigte mich auch ein wenig, denn ich fand es schon übel genug, mich als Verräter zu fühlen, aber eine Bezahlung würde alles noch schlimmer machen. Also erwiderte ich, dass ich mit meiner Arbeit genug verdiente und nicht mehr bräuchte.

Daraufhin meinten sie, ob sie mir nicht irgendeinen Gefallen tun könnten, ob ich vielleicht unter Anklage stünde?

Das sei nicht der Fall, antwortete ich. »Ich habe die Sache mit meiner Freundin besprochen, und wir waren einfach der Meinung, dass es richtig ist, Sie über das Ganze zu informieren«, erklärte ich nicht zum ersten Mal.

Endlich akzeptierten sie das und bedankten sich bei mir. Hände wurden geschüttelt, und ich fuhr nach Hause. Aber ich hatte das Gefühl, dass mindestens zwei Beamte mir meine Beweggründe nicht glaubten. Doch das war mir egal. Wieder dachte ich, dass jetzt alles vorbei sei.

Frank hatte gerade einen guten Auftrag bekommen, er sollte ein altes Haus renovieren. Also war ich sehr beschäftigt und sah Hobo kaum noch. Wenn wir uns gelegentlich doch trafen, war er kühl und entspannt und setzte mich auch nicht weiter unter Druck. Ich war allerdings neugierig geworden. Und obwohl ich nicht davon ausging, Kilgore und seine Kollegen wiederzusehen, stellte ich auf einmal Fragen, die ich mir früher sicher verkniffen hätte. Hobo deutete meine Neugier falsch und ging davon aus, dass ich endlich doch bereit war, bei ihm einzusteigen. Also beantwortete er mir meine Fragen gern.

Zwei oder drei Wochen später rief Kilgore erneut an. Diesmal war er viel freundlicher und fragte, ob wir uns noch einmal im selben Hotel treffen könnten. Ich stimmte zu.

Wir besprachen die gleichen Themen noch einmal und ich lieferte ihnen auch die Informationen, die ich in den vergangenen zwei oder drei Wochen aufgeschnappt hatte. Dann kam Kilgore zur Sache: Die Polizei fand offenbar keinen Weg, die Bande zu infiltrieren, und bat mich hierfür um Hilfe.

»Wenn Sie sich ein paar Wochen dafür freinehmen«, sagte er, »dann übernehmen wir Ihren Verdienstausfall. Nicht mehr. Wir wollen Sie nicht dafür bezahlen, dass Sie einen Freund verpfeifen.«

Ich war bereit, einen Versuch zu wagen, aber Liz war nicht begeistert. Da sie aber wusste, dass sie dazu beigetragen hatte, mich in diese Lage zu bringen, hatte sie keine andere Wahl, als mich zu unterstützen.

Anfangs hatten die Ermittlungen kein bestimmtes Ziel. Ich arbeitete weiter für Frank und hing nach Feierabend mit Hobo herum. Dabei traf ich andere Triadenmitglieder und Ganoven. Meine Berichte halfen der Polizei, sich ein Bild von der Organisation und ihren Aktivitäten zu machen. Irgendwann traf ich auch Tommy Fong, eines der einflussreichsten Mitglieder der Sun Yee On in Kanada.

Er war der Pate der Red Eagles, einer Straßengang, die damals im Auftrag der Triade Schutzgeld von chinesischen Geschäftsleuten in Vancouver erpresste.

Da Hobo mich auf seiner Seite glaubte, begann er, einen großen Deal vorzubereiten, der ihm genug Heroin verschaffen sollte, um neue Märkte im Osten zu erschließen, sogar in den USA außerhalb von L. A. Er war immer ein mittelgroßer Dealer gewesen und hatte sein Heroin von einem Importeur gekauft, der es nach Kanada gebracht hatte. Jetzt wollte er es unbedingt selbst dort besorgen, wo es billiger war – direkt in Hongkong –, und mithilfe von Kurieren einschleusen.

Mitte 1978 hatte Hobo schließlich alle Einzelheiten ausgearbeitet und erklärte mir den Plan. Offenbar wollte er mich mit einem Sprung ins kalte Wasser in das Geschäft einführen. Da er noch unter Bewährung stand, sollte ich nach Hongkong reisen und zunächst eine Warenprobe abholen. Wenn alles reibungslos verlief, sollten wir eine größere Menge kaufen und dann regelmäßige Geschäfte betreiben, solange alle Parteien zufrieden waren. Sein Ziel war, irgendwann monatlich vier Kilogramm zu erwerben.

Mein Auftrag versetzte die Polizisten in Aufregung – denn der Fall wurde international und sie konnten sich damit einige Lorbeeren verdienen. Aber bald erhielt die gute Stimmung einen schweren Dämpfer. Gary Kilgore und ich verstanden uns mittlerweile ziemlich gut und konnten auch bestens zusammenarbeiten. Doch eines Tages war er ohne jegliche Vorankündigung einfach nicht mehr da. Er wurde wieder in eine Uniform gesteckt und man verbot ihm, mit mir zu reden. Statt seiner kam ein neuer Betreuer, Sergeant Scott Paterson, und dieser Wechsel verlief alles andere als reibungslos.

Denn Paterson neigte dazu, Befehle zu erteilen, und ich neige wohl dazu, Befehle in Frage zu stellen. Aber er wollte über meinen Standpunkt nicht diskutieren. »Von nun an tun Sie, was ich Ihnen sage!«, verkündete er eines Tages.

Meine Antwort war ganz einfach: »Wenn das so ist, dann auf Wiedersehen!« Daraufhin fuhr ich nach Hause. In etwa einer Woche sollte ich nach Hongkong fliegen, doch das war jetzt das Problem der Polizei.

Ich war ja immer schon ein wenig stur gewesen, und das sollte nun die Polizei genauso zu spüren bekommen wie die Nonnen im Waisenhaus St. Joseph in einer Nacht, die ich nie vergessen werde. Wir Kinder hatten Leber mit Zwiebeln als Abendessen bekommen, und ich konnte dieses Zeug einfach nicht essen. Eine

Nonne erklärte mir, dass ich so lange am Tisch sitzen bleiben müsse, bis mein Teller leer wäre. Dann ermahnte sie mich wie üblich, indem sie mich an all die hungernden Kinder auf der Welt erinnerte. Also empfahl ich ihr: »Dann schicken Sie das Zeug doch zu denen!« Nach drei Stunden saß ich immer noch am Tisch. Alle anderen waren schon im Schlafsaal. Die Nonne kam herein und meinte, dass ich gehen dürfe, wenn ich wenigstens die Hälfte gegessen hätte. Ich war damals zu jung, um zu verstehen, dass sie nach einem Ausweg suchte, bei dem sie nicht das Gesicht verlieren würde. Ich aber weigerte mich noch immer. Irgendwann in der Nacht schaute eine andere Nonne nach mir. Inzwischen war ich auf der Bank eingeschlafen. Sie weckte mich und schickte mich ins Bett. Ich hatte keinen Bissen von dieser Leber gegessen.

Genauso unnachgiebig war ich gegenüber Paterson.

Das Telefon läutete ziemlich oft, als ich zu Hause war, aber ich bat Liz, allen Anrufern zu sagen, dass ich nicht da sei. Nach zwei oder drei Tagen hatten die Polizisten schließlich kapiert, dass ich nicht bluffte. Also befahlen sie Kilgore, mich anzurufen und mich umzustimmen. Er verriet mir nicht, warum man ihn so abrupt versetzt hatte, redete mir aber ins Gewissen: »Der Fall ist wichtiger als irgendwelche Personalien ... Wir haben schon so viel Arbeit investiert, da darf es doch nicht sein, dass irgendein Blödmann alles verdirbt.« Und so weiter. Auch wenn es mich nicht überzeugte, machte ich schließlich doch weiter, da ich über meine Alternative nachgedacht hatte, die mir gar nicht gefiel. Denn Hobo wäre ernstlich böse gewesen, wenn ich die Reise nach Hongkong abgesagt hätte.

In Hongkong fühlte ich mich vollkommen fremd, und das gefiel mir. Ich stand morgens zeitig auf und frühstückte im einzigen McDonald's der Stadt. Auf dem Weg dorthin musste ich auf einer Fähre den Victoria-Hafen überqueren. Dann folgte ein langer Fußmarsch durch Stadtviertel, in denen es von fliegenden Händlern und Marktbuden nur so wimmelte. Die Kaufleute öffneten ihre Geschäfte für einen weiteren langen Tag. Der Lärm, die Gerüche, das Getümmel und die Fremdartigkeit schienen aus einer anderen Welt zu stammen, die endlos weit entfernt war von Hull. Am liebsten hätte ich jemanden in Quebec angerufen – vielleicht sogar Pete –, um zu sagen: »He, ich bin in Hongkong.« Aber ich tat es nicht.

Offiziell war mein Bruder allerdings bei mir, denn die Polizei hatte mir einen Partner zur Unterstützung mitgegeben, Korporal Jean-Yves Pineault, einen Frankofonen, der damals in Prince Rupert in British Columbia stationiert war und den ich erst zwei Tage vor der Abreise kennenlernte. Wir sahen uns überhaupt nicht ähnlich – er war mehr als dreißig Zentimeter größer als ich und wurde langsam kahl. Trotzdem hielten die Polizisten es für schlau, dass wir uns als Brüder ausgaben. Damals glaubte ich auch, dass es eine gute Idee war, denn so konnte ich ganz einfach erklären, warum er dabei war, selbst wenn er irgendwelche Fehler machte. Auch seine Größe schien mir ein Vorteil zu sein.

Pineault und ich waren die Undercovergruppe, sechzehn – ja, sechzehn – Beamte arbeiteten im Hintergrund, sorgten für unsere Sicherheit, unterstützten uns, überwachten die Umgebung und so weiter. Viele betrachteten das Ganze als Vergnügungsreise auf Kosten der Steuerzahler. Manche hatten sogar ihre Frauen dabei oder trafen sie in Hawaii, als die Reise zu Ende war. Was soll eine Gruppe kanadischer Polizisten in den fremdartigen, gewundenen Straßen von Hongkong auch sonst tun? Da die Beamten mit der Polizei von Hongkong zusammenarbeiteten, hatten wir wirklich ausreichend Unterstützung.

Die Hongkonger Polizei war ein Überbleibsel aus der Kolonialzeit und erinnerte mich irgendwie an die Franzosen und Engländer in Hull und Ottawa in den fünfziger Jahren. Alle Inspektoren – sie entsprachen den kanadischen Oberfeldwebeln – waren Briten. Die untergeordneten Posten überließ man den Chinesen, die bei ihren Chefs allerdings kein großes Vertrauen genossen. Natürlich wurden die Kanadier von den Briten bewirtet, deren Standesdünkel sich wieder einmal bemerkbar machte, als sie erfuhren, dass ich kein Polizist war. Von da an ignorierten sie mich weitgehend, was mir nur recht war.

Wir brauchten ein paar Tage, um uns in Hongkong zu akklimatisieren, dann widmeten wir uns dem Geschäft. Hobo hatte für mich einen Handel mit seinem Kollegen – eigentlich eher einem Vorgesetzten – Rocky Chiu von der Sun Yee On vereinbart. Da dieser kein Englisch sprach, wandten wir uns stellvertretend an Davey Mah, der nichts mit Hobo zu tun hatte. Dieser Englisch sprechende Kleinganove hatte mehrere Jahre in Kanada gelebt, ehe er abgeschoben wurde.

Als ich Davey anrief, reagierte er so, als wären wir alte Freunde, und ich hatte das deutliche Gefühl, dass er nur ein Strohmann war. Er versprach, an diesem

Nachmittag ins Hotel zu kommen. Um zwei Uhr klopfte jemand an meine Tür. Die beiden Chinesen, die vor mir im Flur standen, waren äußerlich sehr unterschiedlich, gaben allerdings auch nicht vor, Brüder zu sein. Davey, der große jüngere Mann, lächelte breit, trat sofort ein und umarmte mich. Rocky, klein, gut genährt und ernst, stand einfach nur da. Da ich eine weitere Umarmung fürchtete, streckte ich ihm, um dem zuvorzukommen, die Hand entgegen. Aber meine Sorge war unbegründet, denn Rocky war kein besonders überschwänglicher Typ.

Nach dem gegenseitigen Bekanntmachen – Davey tat allerdings immer noch so, als wären wir alte Freunde – setzten wir uns mit Pineault an einen Tisch und begannen zu verhandeln. Da Rocky keine verfänglichen Worte aussprechen wollte, schrieben wir Zahlen und Worte wie »Heroin« oder »Kilogramm« auf einen Notizblock. Nachdem wir uns vorläufig über das Gewicht und den Preis geeinigt hatten, vereinbarten wir, bei einem weiteren Treffen am nächsten Tag die Liefermodalitäten zu besprechen. Alle folgenden Gespräche sollten auf Rockys Wunsch hin außerhalb des Hotels stattfinden. Bevor unsere Gäste gingen, taten Pineault und ich so, als würden wir alle Notizen die Toilette hinunterspülen. Dank eines kleinen Taschenspielertricks retteten wir sie jedoch für die Hongkonger Polizei, die sie später zu den Gerichtsakten legte.

Am nächsten Morgen um zehn holten Rocky und Davey uns ab. Unser Team folgte uns, und Rocky fuhr wie ein Wilder, so als ahne er, dass wir beschattet wurden. Er bog in Seitenstraßen ein, kehrte plötzlich um, bis wir schließlich in einer Garage landeten, die er per Fernsteuerung öffnete. Drinnen parkte er neben einem zweiten Auto, in das er und Davey, nachdem sie ausgestiegen waren, kletterten. Pineault und ich folgten ihnen, dann ging die Fahrt weiter.

Rocky fuhr eine kurvige Straße bergauf. Der Abstand zwischen den Häusern wurde immer größer, und bald befanden wir uns auf unbebautem Gelände – in den New Territories, wie ich später erfuhr. Nach einiger Zeit hielt Rocky am Straßenrand, und wir stiegen alle aus. Ich war mir schon seit einiger Zeit sicher, dass das Überwachungsteam uns verloren hatte und wir daher auf uns allein gestellt waren. Die Reaktion meines Partners hatte ich allerdings nicht erwartet. Als Rocky und Davey auf einen staubigen Weg zugingen, flüsterte Pineault mir aufgeregt zu: »Wir müssen sofort fliehen!«

Selbst wenn ich seiner Meinung gewesen wäre, wäre es dafür jetzt viel zu spät gewesen. Denn inzwischen waren zwei weitere Chinesen aus dem Nichts aufgetaucht und gingen hinter uns.

»Wenn du das machst, erschieße ich dich«, antwortete ich mit einer Stimme, die viel ruhiger war, als ich mich fühlte. »Wenn die uns umbringen wollten, dann wären wir schon längst tot.«

Der schmale Pfad schlängelte sich durch einen Wald voller Unterholz bergaufwärts. Schließlich bogen wir um eine Ecke und erreichten einen offenen Platz, auf dem weitere vier Chinesen neben einem VW-Lieferwagen auf Schaufeln lehnten. Vor ihnen befanden sich zwei frisch ausgehobene Löcher, die mich sehr an Gräber erinnerten.

Der Drang, zu kämpfen oder wegzulaufen, wurde stärker. Fieberhaft versuchte ich mir einen Plan auszudenken. Rocky und Davey konnten wir sicher ausschalten und vielleicht noch zwei der Schaufelburschen. Aber würde Pineault kämpfen oder fliehen? Natürlich hatte er wenig Erfahrung mit solchen Situationen, aber immerhin war er Polizist. Also musste ich ihm vertrauen. Meine Beine begannen jedoch zu zittern, als wir uns den Typen näherten. Aber die Männer taten gar nichts, es wurde auch kein Wort gewechselt. Rocky und Davey gingen einfach an den Chinesen mit den Schaufeln vorbei, und wir folgten ihnen. Ein paar Schritte weiter setzte Rocky sich auf die Hügelkuppe, und die beiden Männer hinter uns verschwanden.

Jetzt nahmen wir unser Gespräch vom Vortag wieder auf. Natürlich einigten wir uns. Pineault und ich feilschten auch nicht zu hart, und bald war der Handel abgeschlossen. Auf dem Weg nach unten überquerten wir erneut die Lichtung. Der Lieferwagen war weg und die Gruben waren gefüllt. Die leeren Gräber waren also eine Warnung oder ein Bluff gewesen. Niemand sprach je darüber, aber die Wirkung war nicht zu leugnen.

Pineault und ich wollten während dieses Aufenthalts 500 Gramm hochwertiges Heroin als Warenprobe kaufen und den Transport nach Vancouver regeln. Wenn alles gut ablief, wollten wir nach Hongkong zurückkehren und die erste der regelmäßigen Lieferungen kaufen, wie Hobo es geplant hatte. Vietnamesische Bootsflüchtlinge, die Rocky »gehörten«, wie er es ausdrückte, sollten die Drogen dann als Kuriere mit falschen Pässen nach Kanada bringen.

Kapitel zwei Hobo und die chinesischen Triaden

Im Hotelzimmer übergab ich Rocky 7500 Dollar, den halben Betrag für die Probe. Den Rest solle er nach der Lieferung bekommen, die, wie Davey uns versprach, für Freitag geplant war, also in drei Tagen. Am Mittwoch klopfte es allerdings plötzlich an meiner Tür. Ein junges asiatisches Mädchen, kaum älter als sechzehn oder siebzehn, stand davor und sah mich ängstlich an. Sie reichte mir einen braunen Briefumschlag und rannte dann zum Aufzug. Als sie fort war, rief ich im Nachbarzimmer an, und das Team kam durch die Verbindungstür herein. Scott öffnete den Umschlag, der einen Plastikbeutel voller Heroin enthielt.

Als Nächstes klingelte das Telefon. Davey teilte mir mit, dass er am nächsten Tag das restliche Geld abholen würde. Um zehn Uhr am nächsten Morgen kam er und nahm wieder 7500 Dollar in Empfang. Dann fragte er mich, ob ich vor der Heimreise noch ein paar Sehenswürdigkeiten besichtigen und später das Nachtleben genießen wolle. Da er so viel Zeit in Vancouver verbracht hatte, vermisste er wohl die westliche Lebensweise und wollte auch gerne etwas Englisch sprechen. Ich wusste, dass die Polizisten zu einem Empfang der Hongkonger Polizei eingeladen waren. Auf das Sightseeing verzichtete ich allerdings, versprach Davey aber, ihn um neun Uhr abends zu treffen und mich von ihm durch die Unterwelt der Stadt führen zu lassen.

Er kannte sich wirklich gut aus. Und ich habe seitdem an keinem anderen Abend so viel Verderbtheit gesehen, und vorher schon überhaupt nicht. Wir zogen von einer winzigen, rauchigen Bar in die nächste – Glücksspiel, live Sexshows, Vollkontaktkämpfe. Ich genoss die Nacht, brauchte danach aber eine lange Dusche.

Einen oder zwei Tage später kehrten wir nach Vancouver zurück, zumindest diejenigen von uns, die keinen Urlaub in Hawaii machten. Nach dem Auspacken rief ich gleich Hobos Eltern an. Denn ich hatte von der Polizei erfahren, dass er während meiner Abwesenheit festgenommen und wieder ins Gefängnis gesperrt worden war. Der Grund für seine Festnahme war ein Verstoß gegen die Bewährungsauflagen, in Wirklichkeit ging es natürlich um das Heroin, das wir mitgebracht hatten. Denn die Polizei konnte schließlich nicht zulassen, dass er es in Besitz nahm und verteilte. Wenn er aber in Freiheit war, konnte ihm niemand die Ware vorenthalten, ohne das ganze Unternehmen zu gefährden. Er hatte mir vor einiger Zeit schon die Telefonnummer seiner Eltern gegeben, damit ich sie anrufen konnte, falls er selbst sich nicht meldete. Von ihnen hörte ich, dass er im Oakalla-Gefängnis in Burnaby saß.

Kurze Zeit später unterhielt ich mich mit Hobo durch eine dicke Glasscheibe hindurch. Er hatte sich schwungvoll wie immer hingesetzt und sah gesund und fit aus. Sein Haar war zu einem langen Zopf geflochten, der über den Rücken hing, und er trug gebügelte grüne Gefängniskleidung. Er stand eindeutig nicht ganz unten in der Gefängnishierarchie. Mit breitem Lächeln versicherte er mir, dass der Vorwurf, gegen seine Bewährungsauflagen verstoßen zu haben, reine Schikane sei.

»Mein Anwalt wird mich hier bald rausholen«, sagte er zuversichtlich.

Mit unverfänglichen Worten und ohne verdächtige Aussagen oder Details berichtete ich vom Ergebnis der Reise. Er freute sich über den gelungenen Deal und deutete an, dass er Rocky Chiu nie getroffen, aber mehrmals mit ihm telefoniert habe. Rockys Spezialgebiet seien Kredite sowie Gold- und Menschenschmuggel, der Handel mit Heroin sei für ihn wohl ziemlich neu.

Dann presste Hobo eine Handfläche an das Glas, darauf standen der Name Al Lim und eine Telefonnummer. Mit der anderen Hand zeigte er auf mich und legte dann die beschriebene Hand ans Ohr. Ich sollte also Al anrufen, damit dieser das Heroin für ihn vertreiben konnte. Ich prägte mir die Nummer rasch ein. Der Erlös, fügte Hobo dann hinzu, solle bei seiner Schwester Lucy hinterlegt werden. Ein Teil sollte jedoch auf sein Gefängniskonto eingezahlt werden, wenn ihn sein Anwalt doch nicht so schnell wie erwartet herausholen würde.

Nach ungefähr fünfzehn Minuten verabschiedete ich mich und ging. Ich konnte es kaum erwarten, wieder die Luft der Freiheit zu atmen.

Was das Provozieren einer Straftat durch die Polizei oder einen ihrer Helfer betraf, war meine Auffassung ziemlich altmodisch: Es bedeutete, eine Straftat herbeizuführen oder zu begünstigen und dann einen anderen dafür zu verhaften. Aber ein Verbrechen war meiner Meinung nach nur dann ein Verbrechen, wenn es auch ohne mein Zutun geschehen wäre. Wenn ich also Al Lim anrief und ihm das Heroin verkaufte und die Polizei ihn anschließend mit dem Stoff schnappte – war er dann wirklich ein Straftäter? Darüber dachte ich noch nach, als ich von der nächsten Telefonzelle aus Scott Paterson, meinen Hauptbetreuer, anrief. Unser Verhältnis hatte sich inzwischen erheblich verbessert. Er hatte gelernt, mich nicht wie einen kriminellen Informanten zu behandeln, und ich hatte akzeptiert, dass er wie viele Polizisten dazu neigte, die Dinge schematisch und hierarchisch zu beurteilen.

Ich erzählte ihm von meinem Besuch bei Hobo, und Scott versprach mir, Al Lim zu überprüfen und mich dann zurückzurufen. Zuerst nahm er jedoch mit dem Gefängnis Kontakt auf, um zu verhindern, dass Al mit Hobo oder einem anderen Häftling in Oakalla sprach.

Der Name Al Lim tauchte in den Polizeiakten nicht auf, und keiner der Beamten, die in Chinatown arbeiteten, wusste etwas über ihn. Wir hatten also keine Ahnung, was uns erwartete. Deshalb ordnete Scott eine »Überwachung aus kurzer Distanz« an, als Pineault und ich uns kurz darauf im schäbigen Restaurant »Knight & Day« am Commercial Drive am Südrand von Chinatown mit Al trafen.

Er war mit Sicherheit der unauffälligste Drogenhändler, den ich je erlebt hatte, ein ziemlich großer, magerer Bursche Ende zwanzig, der mit seiner schwarzen Brille, einem Seitenscheitel und einer blauen Nylonjacke eher wie ein Highschool-Streber aussah. Das sollte der Mann sein, der eine solche Menge Heroin verteilen konnte? Ich hätte ihn eher für einen Kellner oder Verkäufer in einem Elektronikladen gehalten.

Seine zurückhaltende Art verstärkte meinen Eindruck noch. Ich gab mein Bestes, um sein Vertrauen zu gewinnen, fragte ihn, ob er oft in dieses Restaurant gehe und Ähnliches. Nach einer Weile erzählte ich ihm von meinem Besuch bei Hobo im Gefängnis und fügte hinzu, dass Hobo überzeugt sei, bald entlassen zu werden. Al schien nicht viel von oberflächlicher Konversation zu halten, und wenn er von dem Heroin wusste, das ich ihm im Auftrag von Hobo verkaufen sollte, dann verbarg er das sehr gut. Allerdings überraschte er mich mit der Ankündigung, dass Hobo aus dem Rennen sei. Denn die Triade wolle sich jetzt mit Pineaults und meiner Unterstützung nach Osten ausbreiten.

Al erklärte uns, dass er und Hobo direkt für Tommy Fong, den Paten der Red Eagles, arbeiteten. Dieser habe aber beschlossen, dass Geschäfte mit Hobo für alle Beteiligten zu riskant seien, zumindest solange der im Knast sitze. Wir bräuchten uns aber keine Sorgen darüber zu machen, fuhr er fort, vorausgesetzt, dass wir von nun an unmittelbar mit ihnen zusammenarbeiteten und uns von Hobo fernhielten. Eine Wahlmöglichkeit gebe es in diesem Fall jedoch nicht. Er versicherte uns, dass sich die Triade »um Hobos Wohlergehen kümmern« werde, aber ich glaubte ihm kein Wort. Das war unsere Chance, die Ermittlungen auszuweiten und vielleicht sogar jemanden zu schnappen, der in der Triade so wichtig war wie Tommy Fong.

Pineault sagte nicht viel, aber ich fürchtete die ganze Zeit über, dass er einen Fehler machen würde. Deshalb riet ich ihm auf Französisch mitzuspielen, jedoch keine abfälligen Bemerkungen über Hobo zu machen und sich auch nicht festzulegen – womöglich sei das Ganze nämlich nur ein Test.

Dann teilte uns Al mit, dass wir wieder nach Hongkong fliegen sollten, um Geschäfte mit einem Mann namens Philipp Yu zu machen. Da Yu sich aber derzeit in Vancouver aufhalte, könnten wir ihn schon vorher sprechen. Mir waren die neuen Pläne völlig unklar. Sollte Yu unser Lieferant oder ein Partner sein? Lebte er in Kanada oder in Hongkong? Sollten wir weiter mit Rocky und Davey zusammenarbeiten? Kristallklar war nur, dass Hobo aus dem Rennen war. Ich willigte ein, Yu kennenzulernen, und so vereinbarten wir für zwei Tage später ein Treffen im »Knight & Day«.

Später an diesem Abend folgte in einem Hotelzimmer eine Einsatzbesprechung mit Scott und einigen seiner Kollegen. Pineault und ich schrieben unsere Berichte, und dann begann die Debatte. Sollten wir auf die Reise nach Hongkong verzichten und Lim und seine Kumpanen so schnell wie möglich wegen Verabredung einer Straftat festnehmen? Oder sollten wir nach Hongkong fliegen und die Ermittlungen ausweiten? Jeder hatte seine eigene Meinung dazu, und irgendwann hatte ich keine Lust mehr, verabschiedete mich und bat um telefonische Anweisungen. Am nächsten Morgen erfuhr ich dann, dass sich das Team nur in einem Punkt geeinigt hatte: Pineault und ich sollten Yu treffen.

Also saßen wir am Freitagabend wieder im Restaurant am Commercial Drive in derselben Ecke und warteten auf Al und unseren neuen »Partner«. Als sie hereinkamen, musterte ich Phil genau. Ja, so stellte ich mir einen Gangster vor! Mittellanger Ledermantel, schwarzes Seidenhemd, Anzughose und glänzend polierte Stiefel. Sein kurzes Haar hatte er mit Gel nach hinten geklebt. Obwohl wir beide fast gleich groß und schwer waren, spielte er den starken Mann. Er wirkte auch durchaus bedrohlich. Als er sich unserem Tisch näherte, huschten seine Blicke durch den Raum und er musterte alle Sitzecken und sämtliche Gäste außer uns ganz genau.

Paterson hatte Yu überprüft. Er war, wie er sich ausdrückte, »polizeibekannt«. Bisher war er jedoch nur verdächtigt, aber nie verurteilt worden. Das kann spannend werden, dachte ich und versuchte, Yus Haltung zu imitieren. Jeder Anflug von Wärme verschwand aus meinem Gesicht. Er starrte mich an, ich starrte zurück, und wir überließen das Gespräch Al und Pineault. Meine Beiträge beschränkten sich auf ein schlichtes Ja oder Nein, wenn es nötig war. Und Yu sagte noch weniger, er nickte nur, wenn es unumgänglich war.

Phil sollte uns entweder direkt mit Heroin beliefern oder den Kontakt zu einem anderen Lieferanten herstellen, das Geschäft musste aber in Hongkong über die Bühne gehen. Schließlich stellte Pineault die entscheidende Frage: »Woher sollen wir wissen, dass Sie auch liefern können?« Al sah Phil an, und Phil nickte. Dann holte Al ein Päckchen aus der Tasche und reichte es Pineault unter dem Tisch. Der steckte es schnell weg. Es entpuppte sich als eine Unze drittklassiges Heroin – grob und braun, fast wie Reis. Es war von der Qualität her vergleichbar mit dem Heroin, das ich von Rocky gekauft hatte. Zu dieser Zeit verkauften die Chinesen es so und kümmerten sich nicht um den letzten Schritt im Verarbeitungsprozess, bei dem es zu feinem weißen Pulver wurde.

Phil stand auf, nickte uns mit den Händen in den Taschen zum Abschied zu und ging hinaus. Al meinte noch, dass er mich anrufen würde, um alles zu bestätigen, und eilte ihm nach. Die Absprache war klar: Phil würde in den nächsten Tagen nach Hongkong reisen, und wir sollten ihn dort treffen.

Da das Pulver im Päckchen sich als Heroin erwiesen hatte, ging ich davon aus, dass die Sache damit beendet war. Wir hatten sie bei der Verabredung einer Straftat und weiteren Delikten ertappt, die Falle konnte also zuschnappen. Darum war ich wirklich überrascht, als Scott mir am nächsten Tag telefonisch mitteilte, dass der Flug nach Hongkong genehmigt sei. Die Begründung lautete: Das würde Al in Sicherheit wiegen und somit den Hobo-Deal ermöglichen, und – wichtiger noch – wir hätten die Chance, nach unserer Rückkehr Tommy Fong zu überführen. In vier Tagen sollten wir abreisen.

Diesmal begleiteten uns nicht mehr so viele Polizisten – vielleicht zehn oder zwölf –, aber alle waren im Flugzeug bester Laune, da wir davon ausgingen, dass wir die Gangster schon so gut wie überführt hatten. Wie hätten wir auch ahnen können, dass Guan Yu, der Gott der Triaden, anderes plante?

Al hatte uns angewiesen, im Sheraton abzusteigen, wo wir auch während unseres ersten Besuchs gewohnt hatten, und ihn dann in Vancouver anzurufen. Er wollte dann ein Treffen mit Yu arrangieren.

Pineault erledigte die Anmeldeformalitäten, während ich mich in der Hotelhalle etwas ausruhte. Als er fertig war, gingen wir zum Aufzug, und er gab mir meinen Schlüssel. Während wir auspackten, verließ Scott das Hotel, um 20 000 kanadische Dollar in Hongkongdollar zu wechseln. Anstatt es im Hotel umzutauschen, das 4,5 Hongkongdollar für einen kanadischen Dollar bot, ging er zu einem Geldwechsler, wo er fast sechs Hongkongdollar für einen kanadischen Dollar bekam. In seine Abrechnung schrieb er natürlich den Kurs des Hotels. Immerhin wollten wir mit dem Geld Drogen kaufen, wer würde also je davon erfahren und wem würde es schaden?

Als er zurückkam, erklärte er uns seinen finanziellen Schachzug und versprach, uns alle mit dem Überschuss zu einem teuren Essen einzuladen. Dann begannen wir mit der Arbeit. Der Rekorder wurde eingeschaltet, und ich rief Al in Vancouver an. Er nahm sofort ab.

»Hallo, wir sind angekommen«, sagte ich. »Ich habe Zimmer 425.«

»Morgen Nachmittag um zwei Uhr« war alles, was er sagte, bevor er wieder auflegte.

Am nächsten Tag waren alle um halb zwei einsatzbereit. Wir warteten und warteten, es wurde zwei Uhr, zehn nach zwei, halb drei. Nichts geschah. Schließlich rief ich Al noch einmal an.

»He, was ist los?«, fragte ich.

»Der Deal ist geplatzt«, erklärte er knapp. »Wir reden darüber, wenn Sie zurück sind.« Dann legte er auf. Ich wählte seine Nummer erneut, aber er nahm nicht ab.

Es wäre zu milde ausgedrückt, wenn ich sagen würde, dass die Stimmung nach Al Lims Ankündigung düster war, vor allem im Vergleich zum Übermut während des Fluges. Wir waren gerade erst angekommen, und schon entpuppte sich die

Reise als Reinfall. Das einzig Vernünftige in dieser Situation schien die Rückkehr nach Vancouver zu sein – wir waren niedergeschlagen und total verwirrt.

Von der Hongkonger Polizei erfuhren wir, dass Phillip Yu einen Flug nach Taiwan gebucht hatte. Dort wolle er übernachten und am folgenden Tag nach Vancouver zurückkehren. Die Einsatzgruppe hielt daraufhin eine Besprechung ab. Die Reise hatte Zehntausende von Dollar gekostet, und der Einsatz hatte sich kein bisschen gelohnt. Die Beamten brauchten daher einen Plan oder wenigstens eine gute Ausrede, wenn sie mit leeren Händen zu ihren Vorgesetzten zurückkehrten. Meine Meinung war nicht gefragt, also machte ich diesmal einen Stadtrundgang.

Als ich am Abend wieder im Hotel war, rief ich Scott an und erfuhr, dass wir am nächsten Morgen nach Taiwan fliegen würden, um unseren unbeständigen Freund aufzuspüren. Wir sollten uns um sieben Uhr treffen und den Plan besprechen. Ich beschloss, mich wecken zu lassen, und versuchte zu schlafen. Da es mir aber nicht gelang, rief ich irgendwann Pineault an, und er kam zu mir. Ich erklärte ihm meine Bedenken, einen Kerl zu jagen, der nicht an uns verkaufen wollte. Er aber meinte, dass ich eben den Plan nicht kenne und ich am nächsten Morgen schon alles verstehen werde. Dann schauten wir uns noch einen Film an und er ging zurück in sein Zimmer.

Am nächsten Morgen gab es aber keine Besprechung, stattdessen stürmte Scott einfach um kurz vor sieben in mein Zimmer und sagte, dass es Zeit sei aufzubrechen. Das brachte mir nicht die erhoffte Erleuchtung, und auch in den folgenden Stunden änderte sich daran nichts. Vier von uns – Pineault, Paterson, ein Brite, der vermutlich für die Hongkonger Polizei arbeitete, und ich – flogen die knapp 500 Kilometer nach Taiwan in einem kleinen Charterflugzeug. In Taipeh wurden wir sofort in ein Hotel in der City gebracht. Der Brite hatte unsere Pässe, und wir mussten nicht einmal durch den Zoll. Wir gingen dann erst einmal frühstücken, und die Unterhaltung bei Tisch beschränkte sich auf lockeres Geplauder. Niemand erwähnte, warum wir eigentlich hier waren.

Inzwischen wusste ich, dass der Umgang mit Polizisten sich nicht sehr vom Umgang mit Verbrechern oder Marineoffizieren unterschied. Direkte Fragen vermied man am besten, und besprochen wurde nur das, was man ihrer Meinung nach unbedingt wissen musste.

Nach dem Essen und einer kurzen Ruhepause – vom Einchecken war nicht die Rede – verkündete Scott, dass ein Flugzeug auf uns warte. Wir fuhren also zurück zum Flughafen und flogen nach Vancouver. Ich erfuhr nicht, warum wir die nutzlose Reise nach Taiwan unternommen hatten. Erst Monate später, als ich bei der Voranhörung aussagte, bei der es um die Anklage auf der Grundlage unserer Ermittlungen ging, dämmerte mir, welches Spiel die Polizei gespielt hatte.

Inzwischen wussten wir auch, warum das Treffen in Hongkong so plötzlich abgesagt worden war. Verbrecher sind abergläubisch wie viele Menschen, und asiatische Gangster sind noch viel abergläubischer, vor allem wenn es um die Bedeutung von Zahlen geht. Meine Zimmernummer 425 war da so ungefähr das schlimmste aller Vorzeichen. Die Vier ist ein sogenannter Verstärker. Wenn sie zusammen mit einer guten Zahl auftritt, wird diese besonders günstig, wenn sie mit einer schlechten Zahl gepaart ist, macht sie diese allerdings noch schlimmer. Die Triaden benutzen mittlerweile oft Zahlenkombinationen, um den Rang und die Rolle von Bandenmitgliedern zu bezeichnen. Nur wenige Zahlen sind dabei so schlecht wie die 25, denn diese Zahl steht für jemanden, der die Gang bespitzelt. In Hongkong wurden auf jeden Fall diejenigen »25« genannt, die man für Verräter oder wenig vertrauenswürdige Menschen hielt.

Da ich Kampfsport trainiert und einige Zeit mit Hobo und seinen Kumpels verbracht hatte, wusste ich natürlich wofür die 25 stand, aber als Pineault mir den Zimmerschlüssel gegeben hatte, hatte ich überhaupt nicht daran gedacht. Doch Philipp Yu war das gleich aufgefallen.

Als wir nach Taiwan flogen, wussten die Polizisten nicht, warum Yu uns im Sheraton versetzt hatte. Aber ihnen war natürlich klar, dass sie mit der ganzen Unternehmung keinen guten Eindruck hinterließen. Deshalb gaben sie in ihrem offiziellen Bericht an, dass Yu das Treffen nach Taiwan verlegt habe. Wir waren also nur deshalb nach Taiwan geflogen, um diese Version der Ereignisse glaubhafter zu machen.

Das fand ich aber erst heraus, als man mich bei der Voranhörung fragte, warum wir den Handel in Taiwan nicht abgeschlossen, sondern bis zu den Verhandlungen in Vancouver gewartet hätten. Vor Gericht ging ich nur beiläufig darauf ein und wies darauf hin, dass ich für solche Entscheidungen nicht zuständig gewesen sei und nur Anweisungen befolgt hätte.

Am Tag nach unserer Rückkehr aus Taipeh traf sich das Team in einem Hotel in der Innenstadt von Vancouver. Von unserem Besprechungsraum aus rief ich Al Lim an und tat, als sei ich stocksauer. Ich verlangte, dass er und Phil mir noch an diesem Nachmittag 500 Gramm Heroin lieferten, und forderte, dass jemand meine Reisekosten bezahlte. Zu meiner Überraschung versprach Al, mit Phil in mein Hotelzimmer zu kommen.

Doch zwanzig Minuten nach der vereinbarten Zeit waren sie immer noch nicht da. Stattdessen kam Scott herein und sagte: »So, Jungs, schreibt eure Berichte. Es ist vorbei. Wir haben sie auf dem Weg hierher festgenommen.«

Die Polizei hatte eine routinemäßige Verkehrskontrolle vorgetäuscht und dabei das Heroin im Kofferraum gefunden. Al und Phil wurden daraufhin zahlreicher weiterer Delikte beschuldigt, auch der Verkauf von dreißig Gramm Heroin an uns im »Knight & Day« gehörte dazu.

»Aber fliegt denn jetzt nicht unsere Tarnung auf?«, fragte ich Scott, nachdem er mir erzählt hatte, dass sie die Anklageschrift wegen des Heroins verfasst hatten, obwohl wir die Operation Hobo noch abschließen mussten.

Hobo befand sich immer noch in Oakalla und schmorte dort vor sich hin. Ich besuchte ihn am nächsten Tag und fragte, ob er etwas von Al gehört habe. Hatte er nicht. Dann erzählte ich ihm, dass ich Al den Stoff gegeben hatte, aber noch kein Geld von ihm erhalten hatte.

»Keine Sorge«, antwortete er, »du kannst Al vertrauen.«

Ja, klar, dachte ich.

Bald sollte ich jedoch von meinen Partnern fast ebenso enttäuscht sein wie er wohl von den seinen. Eigentlich hatte ich gedacht, ich könne der kanadischen Polizei vertrauen.

Nachdem Al und Phil verhaftet worden waren, war uns klar, dass wir unseren Fall schnell unter Dach und Fach bringen mussten. Wir hatten Hobo schon mehrere Male überführt – zumindest der Verabredung einer Straftat –, aber die Beamten wollten anscheinend noch mehr Beweise. Das bedeutete aber, dass wir noch einmal nach Hongkong fliegen mussten.

Da Hobo immer noch in Oakalla saß, rief ich Davey Mah an, um unsere nächste Reise vorzubereiten. Er freute sich, von mir zu hören – das

Geld für die Warenprobe hatte offenbar seinen und Rockys Appetit geweckt.

Keiner von uns hatte es eilig, schon wieder loszufliegen. Schließlich hatten wir ziemlich turbulente und anstrengende Wochen hinter uns und fanden deshalb, dass uns ein wenig Erholung gut tun würde, ohne die Ermittlungen zu gefährden.

Ich blieb daher ein paar Wochen in Vancouver und verbrachte viel Zeit mit Liz. Sie war gut damit zurechtgekommen, dass mich der Fall in den vergangenen Monaten immer mehr beansprucht hatte, aber sie hatte auch nichts dagegen, dass er sich offenbar dem Ende zuneigte.

Am Dienstag, dem 19. September, kamen wir schließlich morgens in Hongkong an. Da Verhaftungen geplant waren, hielten die Polizisten sofort eine Besprechung ab und ich blieb wieder einmal mir selbst überlassen. Mir wurde abgeraten, durch die Stadt zu bummeln, da wir Davey und Rocky gesagt hatten, dass wir erst am nächsten Tag eintreffen würden. Daher wäre es schlecht gewesen, wenn mich jemand gesehen hätte. Also blieb ich im Touristenviertel und ging früh schlafen.

Am Mittwochmorgen rief ich Davey Mah an und teilte ihm mit, dass wir bereit seien. Er meinte, dass Rocky und er uns in einer halben Stunde abholen würden. Seine Eile überraschte mich ein wenig, trotzdem erklärte ich mich einverstanden, sie in der Hotelhalle zu treffen.

Diesmal gab es keine Umarmungen, kaum ein Hallo. Rocky, der auf dem Fahrersitz saß, schaute stur geradeaus und sagte gar nichts. Wir sausten die Stadtautobahn entlang, dann schlängelten wir uns durch schmale Straßen. Plötzlich wollte Davey unsere Pässe sehen. Das gefiel mir gar nicht, dennoch zeigte ich ihm meinen, verlangte aber eine Erklärung. Er stellte fest, dass das Einreisevisum von gestern war. »Na und?«, erwiderte ich.

Dann fing Pineault an zu plappern. Wir hätten einen Tag gebraucht, um uns auf den Deal vorzubereiten, um das Geld zu transferieren und dergleichen. Bevor er alles noch schlimmer machen konnte, unterbrach ich ihn.

»Es geht euch einen Dreck an, wann wir gekommen sind«, fuhr ich Davey barsch an.

Er wollte wissen, warum ich gelogen hatte.

»Habe ich nicht«, erwiderte ich, »ich habe euch nur gesagt, dass wir jetzt bereit sind, euch zu treffen. Glaubst du, wir binden es euch auf die Nase, wenn wir mit der ganzen Kohle herumlaufen? Was zum Teufel ist eigentlich los mit euch?«

Er erklärte Rocky, was ich gesagt hatte, aber es war schwer zu sagen, ob der mir glaubte. Ich schaute aus dem Fenster und tat so, als sei die Sache für mich erledigt. Niemand sprach, bis wir an einem Hafenkai ankamen. Dort stiegen wir aus und kletterten in einen kleinen Außenborder, der uns in einigen Minuten über das Wasser zu einer Gruppe von Schiffen brachte, die miteinander vertäut und durch Planken verbunden waren. Davey erklärte uns, dass dies die vietnamesischen Bootsflüchtlinge waren, die unter Rockys Schutz standen. Wir verließen unser Boot und gingen über die Planken von einem Schiff zum nächsten bis zum mittleren. Das Wasser war grün und trüb, stank nach ungeklärtem Abwasser und Müll trieb auf der Oberfläche. Ich hatte absolut keine Lust, in diese Brühe zu springen, außer wenn ich mein Leben retten musste.

Das Schiff in der Mitte des schwimmenden Dorfes war für eine Dschunke ziemlich groß und breit. Autoreifen dienten als Stoßdämpfer. Ich konnte keine Kabine entdecken, nur einen großen offenen Platz mit Wänden und einem Baldachin aus geflochtenem Bambus. Der Boden war rot und weiß gekachelt und sah fast wie ein Tanzboden aus. Ein Tisch stand umgeben von vier Stühlen mitten auf diesem Platz. In der Ecke stand ein Chinese mit einer Waffe in der Hand, die wie eine AK 47 aussah. Er starrte geradeaus. Das war kein Bluff.

Nachdem wir uns gesetzt hatten, sah Davey mich durchdringend an. »Wir haben aus Kanada gehört, dass ihr Polizisten seid. Stimmt das?«

Ich ging zum Angriff über, stand auf, schob den Tisch auf sie zu und knurrte: »Wer behauptet das, will ich wissen!«

Rocky sah Davey an, der rasch übersetzte. Nachdem Rocky genickt hatte, sagte Davey: »Mein Freund Joey Howden.«

Mist – ich kannte Howden aus dem Gefängnis. Er war ein aalglatter, gut aussehender, hartgesottener Krimineller, der seine ersten Erfahrungen in der Erziehungsanstalt Guelph gesammelt hatte, ehe er nach Westen gegangen war. In Vancouver hatte er sich einer Gang angeschlossen, die von einem anderen Ganoven namens Bobby Johnson angeführt wurde. Ihr Hauptgeschäft war der Handel mit Heroin.

Davey fuhr fort: »Howdens Gang kennt einen Polizisten, der es ihnen verraten hat, und Howden hat uns informiert, weil er Hobos Freund ist!«

Ich setzte mich wieder hin, hob beide Hände und zwang mich zu einem Lächeln.

»Mal sehen, ob ich das richtig verstanden habe«, sagte ich dann. »Ein korrupter Polizist hat es Howden gesagt, und ihr habt es von ihm erfahren?« Davey nickte, schien aber verwirrt zu sein. Ich spürte, dass ich ihn schon fast eingewickelt hatte. »Aber Hobo hat er nichts gesagt – obwohl er sein Freund ist und sich in Vancouver aufhält?«

Ich musste die Tatsache ausnutzen, dass Hobo selbst keinerlei Zweifel an uns geäußert hatte. Natürlich hatte ich Davey und Rocky nicht erzählt, dass er im Knast saß, und hoffte jetzt nur, dass sie das auch nicht wussten.

»Warum hat Hobo euch dann nicht gewarnt? Habt ihr irgendwelche Klagen von ihm gehört? Wenn ihr einen Vorwand sucht, weil ihr nicht liefern könnt, dann sagt es einfach und lasst uns mit diesem Quatsch in Ruhe.«

Davey sprach in schnellem Chinesisch auf Rocky ein. Ich stand wieder auf. Jetzt, da ich sie ins Zweifeln gebracht hatte, musste ich sie weiter in die Defensive drängen und dafür sorgen, dass ihre Gier die Oberhand über ihr Misstrauen gewann.

»Verdammter Mist«, schimpfte ich, »ich dachte wirklich, ihr Jungs wärt in Ordnung. Und was Howden betrifft – um diesen Dreckskerl werde ich mich kümmern, sobald ich zu Hause bin.«

Endlich sprach Davey die magischen Worte: Er entschuldigte sich und fügte noch hinzu, dass er auf ein erfolgreiches Geschäft hoffe. Ich ergriff schnell den Rettungsring, den er uns zugeworfen hatte, und änderte meinen Ton: »Eigentlich kann ich euch ja keinen Vorwurf machen. Ich würde mir sicher auch Gedanken machen, wenn mich jemand über den Ozean hinweg anruft und mir solchen Mist erzählt.«

Pineault hatte während der ganzen Auseinandersetzung kein Wort gesprochen. Er und Rocky saßen einfach da wie Zuschauer einer Theateraufführung. Plötzlich winkte Rocky mit der Hand, und der Bodyguard mit der Waffe verschwand hinter der Bambuswand. Inzwischen floss so viel Adrenalin durch meine Adern, dass meine Hände zu zittern begannen. Pineault merkte es und übernahm die Verhandlungen, als wir endlich zum geschäftlichen Teil kamen. Wir hatten uns bereits bereit erklärt, vier Kilogramm für etwa eine Million Hongkongdollar zu kaufen, die Hälfte wollten wir im Voraus bezahlen, die andere Hälfte nach der Übergabe durch Rockys Kuriere in Kanada. Das weitere Gespräch drehte sich nur um die Abwicklung des Geschäfts und um die Übergabe der ersten Rate. Wir versprachen, ihnen das Geld auszuhändigen, sobald wir die Ware gesehen und geprüft hatten. Endlich waren alle Einzelheiten zur allgemeinen Zufriedenheit geregelt. Das Geschäft sollte am nächsten Tag um ein Uhr nachmittags im Hotel über die Bühne gehen.

Wir schüttelten uns die Hände und gingen zurück zu dem äußersten Schiff, wo unser Boot darauf wartete, uns an Land zu bringen. Die Rückfahrt verlief stumm und angespannt. Rocky und Davey setzten uns vor dem Hotel ab. Sobald wir in der Empfangshalle waren, sagte Pineault: »Was für Penner!« Wir lachten ein wenig mehr als nötig.

Aber ich lachte nicht mehr, als wir den Beamten in ihrer Suite Bericht erstatteten und Paterson mir mitteilte, wie Davey Mah uns auf die Schliche gekommen war.

Howdens Boss, Bobby Johnson, war anscheinend zwei Gruppen verpflichtet: den Brüdern Palmer, die ihm seine Ware lieferten (sie bekamen es von der Dubois-Gang in Montreal, deren Lieferanten wiederum die Cotronis und die Mafia waren), und der kanadischen Polizei. Die Palmers belieferten Johnson mit Drogen, und die Polizei erlaubte ihm, sie zu verkaufen. Die einen bezahlte er mit Geld, die anderen mit Informationen.

Die Polizei hatte lange davon geträumt, mit Johnsons Hilfe an die wirklich großen Tiere heranzukommen, vielleicht sogar an die Bosse in Montreal, denn sie waren eng mit ihm verbandelt. Im Jahr 1978 war ihre zweifelhafte und komplizierte Beziehung schon sieben Jahre alt. Aber Bobby Johnson wurde immer mehr zur Belastung. Nachdem er sich als Informant verpflichtet hatte, verbrachten er, Howden und ein drittes Gangmitglied ein Jahr im Knast, weil sie einen anderen Drogendealer gefoltert und umgebracht hatten. In der Berufungsverhandlung war das Trio allerdings freigesprochen worden. Trotzdem hatte die Polizei Johnson ausgemustert – vielleicht verfügte er über zu viele Informationen, die sie belasten konnten. Seine Verstrickung in den Mordfall bedeutete auf jeden Fall, dass er nicht mehr für die Polizei aussagen konnte. Darum verlangte die, dass er jetzt einen neuen Mann einschleuste – angeblich einen echten Polizisten –, der sich hinaufarbeiten und eines Tages als Zeuge auftreten konnte.

Das Szenario, das die Polizei sich ausdachte, hätte eine elegante Unterwanderung sein können. Stattdessen hätte es uns fast umgebracht. Johnson sollte behaupten, dass der neue Mann ein korrupter Polizist war, der Insiderinformationen über polizeiliche Ermittlungen liefern konnte. Aber die Sache hatte einen Haken: Um zu beweisen, dass er es ernst meinte, musste der Spion Einzelheiten einer echten Undercoveraktion enthüllen, die Johnsons Verbündete betraf, am besten eine, die bald zur Festnahme krimineller Bosse führen würde. Können Sie sich vorstellen, welche Aktion dafür ausgewählt wurde?

Die Polizei hatte einen großen, wirklich dummen Fehler gemacht. Denn sie hatte angenommen, dass Johnsons Gang keine Geschäftsbeziehung zu asiatischen Gangstern unterhielt, weil sie ihr Heroin aus Europa und Montreal bekam. Aber Howden und Davey Mah waren gute Freunde, und Howden wusste, dass zwei Männer nach Hongkong gereist waren, um Stoff von Davey zu kaufen.

»Manchmal gewinnt man eben, und manchmal verliert man«, war alles, was Paterson zu unserem nicht ungefährlichen Missgeschick zu sagen hatte. »Hauptsache, alles ist gut gegangen.«

Es sollte fünfzehn Jahre dauern, bis ich einem kanadischen Polizisten wieder voll vertrauen konnte.

Wenn Pineault wütend war oder wenigstens etwas besorgt darüber, dass seine Kollegen ihn fast umgebracht hätten, dann ließ er sich zumindest nichts anmerken. Stattdessen saß er am nächsten Tag um zehn vor eins munter in meinem Hotelzimmer, las eine Zeitung und wartete darauf, Ermittlungen zu beenden, die zumindest aus meiner Sicht einen ziemlich unangenehmen Verlauf genommen hatten.

Der Plan war einfach. Wir sollten die Anzahlung von 500 000 Dollar in einem Zimmer des Hotels hinterlegen. Rocky und Davey würden das Heroin in einem anderen Zimmer deponieren. Wir würden ihnen den Schlüssel zum Geldzimmer übergeben, sie uns ihrerseits den Schlüssel zum Drogenzimmer aushändigen. Während Davey und Pineault überprüften, ob die jeweils andere Seite Wort gehalten hatte, würden Rocky und ich an beiden Seiten eines Tisches sitzen, mit einer geladenen Handfeuerwaffe zwischen uns. Eine Kanone, zwei Männer – die Garantie dafür, dass es Ärger gab, wenn eine Seite ihre Verpflichtungen nicht erfüllte.

Die Polizei hatte ihre Hausaufgaben gemacht und herausgefunden, dass etwa ein Dutzend Leute aus Rockys Bande in der Nähe des Hotels versteckt waren und dass zwei Fluchtfahrzeuge vor verschiedenen Ausgängen warteten. Das war einer der Gründe dafür, dass die Beamten beschlossen, die beiden nicht schon bei ihrer Ankunft festzunehmen. Außerdem wollten sie ihnen ein wirkliches Verbrechen nachweisen, nicht nur die Verabredung zu einer Straftat. Es war davon auszugehen, dass Rocky und Davey das Heroin nicht bei sich tragen würden, sondern jemand anderes es ins Hotel bringen würde. Aber wenn sie uns einen Schlüssel für ein Zimmer gaben, in dem sich Drogen befanden, würde das wohl reichen, um sie wegen Drogenbesitzes anzuklagen.

Zehn Minuten nach der Ankunft der beiden sollten Scott und seine Männer durch die Vordertür kommen, während eine britische Einsatzgruppe, die im Auftrag der Kanadier arbeitete, durch die Verbindungstür zwischen unserem Zimmer und dem Nachbarzimmer eindringen sollte. Während dieser zehn Minuten hatten wir genügend Zeit, belastende Aussagen aufzunehmen, und die Undercoveragenten – etwa ein Dutzend – hatten Zeit, Rockys Kumpane festzunehmen.

Zwei vor eins klopfte es an die Tür. Ich schaute durch den Spion und sah Davey, der mich seinerseits anstarrte. Kaum hatte ich Pineault zugenickt, setzte er den Zeitmesser seiner Armbanduhr in Gang. Als sie im Zimmer waren, legte Davey einen Finger an die Lippen und Rocky schaltete den Fernseher ein und stellte ihn laut. Pineault überließ ihm seinen Stuhl und setzte sich aufs Bett.

Ich lehnte mich neben Davey an die Kommmode. Wir waren beide sehr nervös, taten aber unser Bestes, es zu verbergen. Als Rocky Platz nahm, öffnete sich sein Hemd am Gürtel etwas und ich konnte den Griff der Waffe erkennen.

Ich plauderte mit Davey unverfänglich über einen Ring, den ich kürzlich gekauft hatte, und versuchte, Spannung abzubauen und Zeit zu schinden. Zehn Minuten kamen mir plötzlich wie eine Ewigkeit vor, und da ich zum ersten Mal an einer derartigen Aktion beteiligt war, malte ich mir aus, dass alles schiefgehen würde, schon wegen der Ereignisse am Vortag. Ich fragte ihn, ob der Ring seiner Meinung nach aus echtem Gold bestand. Er schaute ihn kurz an und reichte ihn an Rocky weiter. Nach einem kurzen Gespräch auf Chinesisch gab Davey mir den Ring zurück und bestätigte, dass er aus Gold war. Dann kamen wir zum Geschäft. Rocky holte seinen Schlüssel aus der Tasche, ich nahm meinen heraus, und wir tauschten.

Davey schrieb auf einen Notizblock: »Wann kommt ihr wieder und holt mehr?«

Ich schrieb »nächsten Monat« oder etwas Ähnliches und schob ihm den Zettel zu.

Irgendwann sagte Pineault: »Une et demi.« Wir mussten also nur noch neunzig Sekunden totschlagen. Unauffällig nahmen wir unsere Positionen ein, wobei ich darauf achtete, dass Davey sich zwischen mir und Rocky befand. Pineault schob sich langsam in Richtung Bett, er war bereit, sich auf den Boden zu werfen – das empfiehlt die Polizei ihren Undercoveragenten bei Festnahmen – oder sich auf Rocky zu werfen, falls etwas schiefgehen sollte.

Ich schüttelte Davey gerade die Hand, als die Hölle losbrach. Die Eingangstür wurde gewaltsam aufgestoßen. Leider hatte keiner von uns bemerkt, dass diese Tür nach links, die Verbindungstür aber nach rechts aufging. Die Türen befanden sich aber so nah beieinander, dass es unmöglich war, beide gleichzeitig vollständig zu öffnen. Scott – das sei lobend erwähnt – stürmte als Erster herein, seine drei Kollegen dicht hinter ihm. Aber noch bevor er ganz im Zimmer war, schmetterte der Anführer der anderen Einsatztruppe seine Tür gegen die Eingangstür, und Scott wurde zurückgestoßen. Deshalb konnten seine Kollegen nicht sehen, was geschah, und drängten weiter aus dem Flur ins Zimmer. Die Folge war, dass Scott ins Zimmer stürzte. Als er auf den Boden prallte, löste sich ein Schuss aus seinem Revolver, und das Geschoss zertrümmerte den Spiegel über dem Bett. Wie er es gelernt hatte, warf Pineault sich zu Boden, weshalb Scotts Team aber glaubte, dass er getroffen worden sei.

Ich sah, dass Rocky in diesem Chaos dabei war, aufzustehen und seine Waffe zu ziehen. Da ich immer noch Daveys Hand hielt, zog ich ihn zu mir und trat ihm gleichzeitig so fest wie möglich gegen den Brustkorb. Dann ließ ich seine Hand los, und er stürzte auf Rocky und warf ihn um.

Jetzt tauchte auch ich erst einmal ab, allerdings war diese Vorsichtsmaßnahme kaum nötig, denn die Jungs waren schon im Zimmer, und Scott hatte sich aufgerappelt. Pineault und ich wurden ins andere Zimmer gestoßen, während bei Rocky und Davey die Handschellen zuschnappten. Dann schloss sich die Tür hinter uns. Es hatte keinen Sinn mehr, unsere Tarnung aufrechtzuerhalten. Die Ermittlungen waren abgeschlossen.

KAPITEL DREI
DIE FAMILIE KOMMT ZUERST, DANN DIE SCHMUGGLER

Ja, die Ermittlungen waren abgeschlossen, aber die nächste Stufe des Falles, die Gerichtsverhandlungen, die zu gerechten Strafen führten (oder auch nicht), hatte erst begonnen. Mit der juristischen Seite der Verbrechensbekämpfung sollte ich bald schon ziemlich vertraut sein. Am Ende meiner Karriere hatte ich immerhin gegen 168 Kriminelle ausgesagt (darunter etwa ein Dutzend Frauen und vielleicht ebenso viele, die wohl eher Pechvögel waren).

Zum Glück waren die Prozesse wegen der Vancouver-Fälle kurz und ziemlich schmerzlos. Hobo gestand, dass er versucht hatte, Heroin zu importieren, und bekam dafür zehn Jahre. Al und Phil schlossen einen Handel. Sie bekannten sich nach den Voranhörungen schuldig und erhielten Strafen von elf und acht Jahren wegen Drogenhandels.

Die einzigen beiden Angeklagten, die sich zu wehren versuchten, waren Rocky und Davey. Wegen der Verhandlung gegen sie musste ich mehrere Monate nach ihrer Verhaftung noch einmal nach Hongkong reisen. Ich war etwa zehn Tage lang dort und sagte an drei Verhandlungstagen als Zeuge aus. Zwei Dinge fielen mir dabei besonders auf. Erstens brachte man die Angeklagten, die die ganze Zeit über Handschellen trugen, in einem Käfig in den Gerichtssaal, der durch ein Loch im Fußboden hochgezogen wurde. Und zweitens taugten ihre Anwälte nicht viel, trotz ihrer gepuderten Perücken und ihres affektierten englischen Akzents. Natürlich konnten sie auch wenig tun, denn wir hatten Rocky und Davey auf frischer Tat ertappt. Sie bekamen schließlich zwanzig Jahre wegen Verabredung einer Straftat und landeten in einem chinesischen Gefängnis. Sie taten mir fast ein wenig leid.

Als ihr Prozess beendet war, kehrte ich in mein altes Leben zurück, allerdings mit einigen Änderungen. Ich lehnte das Angebot der Polizei ab, innerhalb Kanadas an einen Ort meiner Wahl umzuziehen. Stattdessen gaben Liz und ich das Apartment im Haus von Frank und Louise auf und mieteten für ein paar Monate eine Hütte in Sechelt/British Columbia, an der Sunshine Coast, siebzig Kilometer nördlich von Vancouver. Ein Angebot der Polizei nahm ich allerdings an: einen Namenswechsel. Es sollte nicht der letzte sein. So wurde ich irgendwann Alex Caine und stellte fest, dass ein neuer Name sich in etwa anfühlt wie neue Kleider – er löst auf jeden Fall keine Existenzkrise aus.

Im Laufe der Ermittlungen hatte ich ein wenig Geld zurückgelegt, und ich stand weiter auf der Gehaltsliste der Polizei, bis alle Prozesse beendet waren. Daher musste ich nicht sofort wieder für Frank arbeiten. Er war ohnehin mehr mit Fischfang als mit Renovierungen beschäftigt und hielt sich häufig in unserem neuen Garten auf. Oft lud er seine Kumpels vom Osprey Fishing Club ein, die es gerne warm und bequem hatten, nachdem sie einige Stunden lang die Angeln ausgeworfen hatten. Einige von ihnen brachten sogar ihre Wohnmobile mit, parkten sie in der Einfahrt und nutzten unsere Steckdosen. Es war eine lustige Zeit.

Manchmal schlich sich der Gedanke in meinen Hinterkopf (oder sogar etwas weiter vor), welchen Beruf ich ergreifen sollte. Im Dezember 1978 wurde ich dreißig, und diese runde Zahl machte mich ein wenig unruhig. Liz und ich hatten auch schon über eine Heirat und Kinder gesprochen, und dafür brauchten wir ein festes Einkommen. Da ich wenig Interesse hatte, mit oder ohne Frank wieder ins Renovierungs- und Baugeschäft zurückzukehren, überlegte ich, ob ich eine Diskothek oder eine Kneipe kaufen oder als Musikveranstalter Shows anbieten sollte. Vielleicht sogar beides oder zumindest etwas Ähnliches.

Ich ging damals noch davon aus, dass ein Job wie das »Unternehmen Hobo« eine einmalige Angelegenheit gewesen war, die ich einer fragwürdigen Bekanntschaft, einer Freundin, die mich überredet hatte, die Polizei zu informieren, und einigen Polizisten zu verdanken hatte, die etwas Unterstützung brauchten. Damals war mir nicht bewusst, dass ein enger Kontakt zur Zielperson nicht unbedingt notwendig war, wenn man sich für diese Art Arbeit eignete. Ich wusste auch nicht, dass gute Undercoveragenten dünn gesät waren – auf beiden Seiten der Grenze.

Das Jahr 1979 war erst ein paar Monate alt, als Scott Paterson anrief und mich bat, mit dem FBI-Büro in Seattle Kontakt aufzunehmen. Ich war mehr als erfreut darüber, denn seit den Ereignissen in Hongkong waren rund sechs Monate ver-

Kapitel drei Die Familie kommt zuerst, dann die Schmuggler

gangen, und ich sehnte mich allmählich wieder nach etwas Nervenkitzel. Meine Pläne, in die Unterhaltungsbranche einzusteigen, hatte ich kaum weiterverfolgt, und meine Wut auf die kanadische Polizei, die mich fast geopfert hätte, war abgeflaut. Natürlich hatten die Beamten Pineault und mich in Gefahr gebracht, aber schließlich hatten sie es nicht absichtlich getan, es war nur Teil eines Spiels gewesen, nichts Persönliches. Außerdem wollte jetzt nicht die kanadische Polizei mit mir reden, sondern das FBI, das große Vorbild. Wer hätte da nicht die kurze Reise nach Seattle unternommen, um wenigstens zu erfahren, was sie wollten?

Wie sich herausstellte, ging es wieder um eine Bande, die mit Heroin handelte. Das FBI hatte erfahren, dass Besatzungsmitglieder der Thai Airlines kleine Drogenmengen in die USA schmuggelten und größere Lieferanten suchten. Das war alles. Ansonsten kannte das FBI nur den Namen des Hotels in Seattle, in dem die Leute einmal in der Woche übernachteten.

Ich übernahm den Auftrag, der mich drei oder vier Monate beschäftigen sollte und der, soweit es meine Arbeit betraf, erfolgreich lief. Um mit den Thais Kontakt aufzunehmen, engagierte ich ein paar Stripperinnen, die mit mir in der Hotelhalle herumhingen und an denen die Piloten großes Interesse zeigten. Bald bekam ich eine Telefonnummer, die mich zu einem Kontaktmann führte, der bereit war, mir so viel Heroin zu liefern, wie ich brauchte, sofern ich genug Geld hatte. Ich bekam sogar 400 Gramm Heroin als Warenprobe, die mir ein thailändischer Pilot persönlich aushändigte.

Aus mir unbekannten Gründen brach das FBI jedoch die Ermittlungen ab, bevor wir eindeutige Beweise hatten und jemanden festnehmen konnten. Das hinterließ bei mir einen bitteren Nachgeschmack, denn mir war klar, dass die Politik – die des FBI oder die internationale – dabei eine große Rolle gespielt hatte. Immerhin brachte mich dieser Fall auf die Idee, dass meine Zukunft vielleicht doch in dieser Branche lag, obwohl es sich nicht gerade um einen Beruf handelte, der auf der Liste der Berufsberater an der Highschool stand, und im Stellenmarkt der Zeitungen keine Anzeigen erschienen, deren Überschrift lautete: »Erfahrener Undercoveragent gesucht«.

Aber die Familie kommt zuerst, wie man zu sagen pflegt, und bevor ich bereit war, wieder undercover zu arbeiten, wollte ich erst selbst eine Familie gründen.

Liz und ich heirateten bald nach dem Ende des Thai-Falles und kurz nachdem sie schwanger geworden war. Wir lebten immer noch in Sechelt, und dort gefiel es uns. Das FBI hatte mir 4000 Dollar pro Monat bezahlt, was damals viel Geld war. Darum hatten wir einige Ersparnisse. Dann setzte sich bei mir die ebenso lächerliche wie fixe Idee fest, dass mein Baby im Osten zur Welt kommen müsse und dass meine Familie ein Teil seines Leben werden sollte. Liz und ich beschlossen daher, dass ich zunächst allein nach Hull gehen und eine Wohnung besorgen solle. Dann würden Liz und ihr langsam wachsender Bauch nachkommen. Also kaufte ich Anfang 1980 ein neues, elfeinhalb Meter langes Wohnmobil Marke Coachmen, parkte es auf Franks und Louises Grundstück im Norden von Vancouver und brachte Liz darin unter. So war sie in der Nähe ihrer Familie und hatte dennoch ihre Privatsphäre. Dann belud ich meinen 1965er Ford Econoline, rief Pepper, meinen australischen Treibhund, zu mir und fuhr die 4461 Kilometer nach Hull. Ohne mir wirklich darüber im Klaren zu sein, versuchte ich erneut, einem geradlinigen, vorgezeichneten Leben zu entkommen.

Bald nach meiner Ankunft mietete ich eine Wohnung und einen kleinen Laden in der Montcalm Street. In dem Laden eröffnete ich mein erstes Kampfsportstudio. Ich rechnete nicht damit, viel Geld damit zu verdienen, es war eher ein Hobby, das sich aber hoffentlich selbst tragen würde und mir zwischen meinen Jobs als Undercoveragent ein kleines Zusatzeinkommen verschaffen konnte.

Ich nannte das Studio »Dragon's Kung-Fu, School of Martial Arts« und schrieb das übliche Zeug ins Schaufenster – Selbstverteidigung, Gruppen- und Einzelkurse und dergleichen. Kurz darauf besuchte mich ein Beamter der Provinz und teilte mir mit, dass ich das alles neu schreiben müsse, und diesmal auf Französisch. Bill 101, Quebecs rigoroses Sprachengesetz, zeigte Wirkung. Fast jede Werbung in englischer Sprache (oder in einer anderen Sprache als Französisch) war verboten. Es hatte nicht lange gedauert, bis ich mich in meiner Heimatstadt wieder fremd fühlte. Aber die geforderte Übersetzung hatte auch eine unbeabsichtigte heitere Note. »Le Dragon Kung-Fu«, wie mein Geschäft jetzt hieß, wurde wie le dragon confus – »der verwirrte Drache« – ausgesprochen. Und »verwirrt« beschrieb meinen Zustand in Hull ziemlich gut. Niemand war feindselig, unfreundlich oder ablehnend, aber es war auch niemand von meiner Rückkehr begeistert, weder meine Familie noch die alten Freunde, die in der Stadt geblieben waren. Vielleicht war ich einfach zu oft aus ihrem Leben verschwunden und wieder aufgetaucht. Oder es war ihnen einfach egal. Eigentlich war es auch anmaßend und eingebildet von mir, mehr zu erwarten – womöglich ein Gemisch aus Respekt, Zuneigung, Bewunderung und Interesse. Doch damit sind die Menschen anscheinend nicht so freigiebig. Was mich betraf, schien ich allen auf jeden Fall eher gleichgültig zu sein.

Mein Geld interessierte meine Geschwister allerdings durchaus, obwohl ihnen ansonsten alles egal war, was mich betraf, und sie wollten etwas abhaben. Ich konnte schwerlich verbergen, dass ich etwas Geld hatte, konnte ihnen aber natürlich auch nicht verraten, woher es stammte oder wie ich meinen Lebensunterhalt verdiente. Darum nahmen sie zwangsläufig an, dass ich ein Verbrecher war. Wenn ich aber ein erfolgreicher Verbrecher war, dann musste ich auch reich sein. Meine Schwestern Louise und Pauline waren am schlimmsten. Sie hatten noch nie richtig gearbeitet oder feste Beziehungen gehabt und waren immer pleite. Also wollten sie mich ständig anpumpen, hundert Dollar hier, hundert Dollar da. Und ich konnte es ihnen nicht abschlagen, schließlich waren sie Teil meiner Familie.

Pete war ein Kapitel für sich. Jedes Mal, wenn ich nach Hull zurückgekehrt war, hatte er die gleichen Lieder in denselben schäbigen Kneipen gespielt. Immer wieder hatte ich ihn gedrängt, sich doch höhere Ziele zu setzen und etwas Werbung für sich zu machen. Um ihn weiter zu ermutigen, bezahlte ich die Produktion einer Kassette mit zehn Liedern, die er während seiner Auftritte und in Plattenläden verkaufen konnte. Und wenn er knapp bei Kasse war, bezahlte ich seine Miete oder ging mit ihm und seiner Freundin Lebensmittel einkaufen.

Liz kam etwa einen Monat früher als geplant nach Hull. Das machte mein Leben dort viel angenehmer, aber es erinnerte mich auch daran, wie unglücklich meine Mutter hier gewesen war. Mein Wunsch, dass mein Kind in derselben Stadt geboren würde wie ich, hatte dazu geführt, dass ich den gleichen Fehler gemacht hatte wie mein Vater vor 35 Jahren: Ich hatte verdrängt, wie einsam man sich in Hull fühlen konnte, wenn man kein Französisch sprach. Anfangs war das noch kein Problem, denn wir hatten genug zu tun, um uns auf das Baby vorbereiten, aber ich sah ein, dass es unweigerlich schwierig werden würde, wenn wir in Hull blieben.

Darum packten wir, nachdem unsere Tochter Charlotte in der Klinik Sacré Cœur, in der ich ebenfalls das Licht der Welt erblickt hatte, geboren war, erneut unsere Sachen. Die Wohnung und die Möbel überließen wir Pete, dann fuhren wir wieder nach Westen.

In Vancouver wurde das Wohnmobil zu unserem Hauptwohnsitz und die Hütte in Sechelt zum Ausweichquartier. Verständlicherweise wollte Liz in der Nähe ihrer Mutter sein, darum verbrachte sie den größten Teil des Tages mit dem Kind im Haus ihrer Eltern. Da ich so viel Zeit für mich hatte, griff ich zum Telefon und rief Scott Paterson an, um ihm mitzuteilen, dass ich zurück und wieder verfügbar sei. Er versprach, sich umzuhören, und es dauerte nicht lange, bis er sich meldete.

Wenn ich interessiert sei, sagte er, könne ich drei Monate für die Polizei von Toronto arbeiten. Es ging wieder um Heroin. Ich sprach mit Liz darüber und übernahm den Auftrag.

Was der Polizei Sorgen machte – vor allem Sergeant Tom Brown und seiner »Truppe der Ruhmreichen«, wie seine Einheit liebevoll genannt wurde, war das sogenannte »Schwarzteer-Heroin«, das sich immer mehr in Toronto verbreitete. Da es ziemlich unrein war, war seine Wirkung unberechenbar, was dazu führte, dass immer mehr Menschen an einer Überdosis starben.

Eine ausgeklügelte Inszenierung ermöglichte es mir, mit den Hauptverantwortlichen Bekanntschaft zu schließen. Zwei verdeckte Ermittler taten so, als wollten sie einen Dealer namens Bruce ausrauben. Wie zufällig kam ich in diesem Moment vorbei und half Bruce. Die Agenten wichen sofort zurück und sagten ehrfürchtig: »Oh Mann, tut uns echt leid. Wir wussten ja nicht, dass er zu Ihnen gehört.« Der ahnungslose Dealer war natürlich dankbar für mein Eingreifen und beeindruckt von dem Ruf, den ich anscheinend bei den Kleinkriminellen genoss. Nachdem ich ihn gespielt besorgt gefragt hatte, ob mit ihm alles in Ordnung sei, stellte ich mich vor und verabschiedete mich dann.

Einige Tage später betrat ich ein McDonald's in der Danforth Avenue, wo Bruce laut unseren Informationen einen Lieferanten namens Moe treffen wollte, einen der wichtigen Ganoven, hinter denen wir her waren. Ich sorgte dafür, dass er mich bemerkte. Er rief mich zu sich und erzählte Moe, was für ein cooler Typ ich sei. Von da an gehörte ich »als Freund« zu ihrem Kreis.

Moe und seine Partner waren überaus vorsichtig. Ich musste sie fast zwei Monate lang bearbeiten, bis sie endlich bereit waren, mir etwas zu verkaufen. Eines

Tages kam dann endlich ein Geschäft zustande. Ich hatte vorgegeben, 400 Gramm Heroin kaufen zu wollen. Dazu trafen wir uns an einem Nachmittag kurz vor Weihnachten auf einem Parkplatz im Osten von Toronto. Als die Dealer die Droge aus dem Kofferraum holen wollten, schlug die Polizei zu. Der Einsatz verlief so glatt wie jeder andere, an dem ich bisher beteiligt gewesen war. Die Polizisten beschlagnahmten das Heroin und nahmen die vier Hauptschuldigen fest, die wir gesucht hatten.

Leider war alles dann doch umsonst. Denn auf dem Weg zurück zum Revier in der Jarvis Street hielt sich der Beamte, der das Beweismittel transportierte, kurz an einer Imbissbude auf. Damit war die »Beweiskette« durchbrochen, weil die Drogen einige Minuten nicht beaufsichtigt gewesen waren, bevor man sie ins Labor zur Untersuchung gebracht hatte. Es wäre somit also möglich gewesen, dass jemand sich daran zu schaffen gemacht oder beispielsweise ein Päckchen Popcorn gegen ein Päckchen Heroin vertauscht hatte. Das hört sich vielleicht absurd an, ist aber ein wichtiger Rechtsgrundsatz. Bei der Voranhörung Anfang 1981 dachte der Richter ungefähr fünf Minuten nach und stellte dann das Verfahren ein.

Inzwischen war ich natürlich wieder im Westen bei Liz und Charlotte. Außerdem hatte ich Paterson Bericht erstattet, dem ich ohnehin mitteilen wollte, dass ich für einen neuen Auftrag bereitstand. Doch bevor ich dazu kam, unterbrach er mich.

»Gary Kilgore sucht Sie«, sagte er.

»Warum? Was ist los?«

Er verriet mir nichts, auch wenn er es vielleicht wusste. Also rief ich Kilgore an und traf ihn ein paar Tage später in einem Café. Es machte immer wieder Spaß, Gary, den Riesen, dabei zu beobachten, wie er versuchte, sich in einen dieser festgeschraubten Stühle aus Hartplastik zu quetschen – er war etwa 1,85 Meter groß und wog vermutlich 125 Kilogramm.

»Warum suchen Sie eigentlich immer solche Lokale aus?«, fragte er als Erstes.

»Weil mein Bauch kein Verbrechen gegen die Menschheit ist«, lautete meine prompte Antwort.

»Heutzutage will echt jeder ein Komiker sein!«

Kilgore trug Jeans und ein T-Shirt sowie seine übliche beige Nylonwindjacke und Cowboystiefel. Rote Haarlocken schauten unter seiner Baseballmütze hervor und er trug einen breiten, altmodisch wirkenden Schnurrbart.

An diesem Tag hatte er offiziell frei, was keinen wirklichen Unterschied machte, denn er war wieder zur Kripo zurückgekehrt und beschäftigte sich mit asiatischen Banden. Nachdem er mir ein Geschenk für mein Baby überreicht und mich über sein Leben und seine Arbeit unterrichtet hatte, kam er zur Sache. Man hatte ihn nach Bangkok versetzt, wo er in der kanadischen Botschaft arbeiten sollte. Seine Aufgabe bestand darin, mit der örtlichen Polizei den Drogenhandel zu bekämpfen, und er wollte, dass ich ihn dort bei einigen Ermittlungen unterstützte.

Ich stimmte sofort zu, denn mit Gary hatte ich besser zusammengearbeitet als mit allen nachfolgenden Betreuern, und wenn ich so etwas wie ein Fachgebiet hatte, dann waren es asiatische Verbrechen und Verbrecher. Außerdem hörte sich das Ganze nach Spaß an. Kilgore meinte, dass er mir zur Tarnung einen Job als Chauffeur, Koch oder etwas Ähnliches in der Botschaft verschaffen würde, damit ich einen glaubhaften Grund hatte, mich dort aufzuhalten. In Wirklichkeit sollte ich aber Dealer entlarven, vor allem jene, die Drogen nach Kanada brachten oder bringen wollten.

Kilgore freute sich sehr über meine Zustimmung, denn er fühlte sich bereits jetzt wie ein Fisch ohne Wasser, obwohl er noch gar nicht nach Bangkok abgereist war. Er warnte mich noch, dass es diesmal viel länger dauern könnte, alles vorzubereiten, mindestens ein paar Monate. Und bevor nicht alles fertig sei, würde ich nicht nach Bangkok reisen. Das war mir gerade recht, denn so konnte ich noch etwas Zeit mit meiner Familie verbringen.

Als ich wieder zu Hause war, rief ich Scott an und informierte ihn über das Vorhaben.

»Wollen Sie das wirklich machen?«, fragte er mit einem eigenartigen Unterton.

»Na reden Sie schon«, forderte ich ihn auf, »was meinen Sie damit?«

»Nun ja«, erwiderte er zögernd, »man kann schließlich nie wissen, welche Möglichkeiten sich Ihnen hier in der Nähe bieten. Immerhin haben Sie jetzt ein Kind.«

Kapitel drei Die Familie kommt zuerst, dann die Schmuggler

»Gutes Argument, aber sollte ich sonst noch etwas wissen?«

»Nein, nein«, versuchte er zu beschwichtigen, »ich meine ja nur.«

Ich glaubte ihm kein Wort, denn Paterson sagte nie etwas Belangloses. Auf den ersten Blick wirkte er immer durch und durch loyal, aber seine Beziehung zur Polizei war mittlerweile ziemlich angespannt und kompliziert. Nach der Geschichte in Hongkong war seine Schwindelei beim Geldumtausch aufgeflogen, und nun musste er zahlreiche Disziplinarverfahren, Schuldsprüche und Berufungsverhandlungen über sich ergehen lassen. War ihm plötzlich vielleicht mehr an meinem Wohlergehen gelegen als seiner Behörde? Schwer zu sagen.

Etwa einen Monat später rief Paterson mich wieder an und lud mich zum Kaffee ein. Er war nicht so stattlich wie Gary, darum überließ ich ihm die Wahl des Lokals. Er habe einen Job, der mich vielleicht interessieren könne, sagte er, und zwar gar nicht so weit entfernt – gleich jenseits der Grenze zu den USA.

»Ein Freund von mir arbeitet in Blaine in Washington bei der DEA und würde gerne mit Ihnen sprechen. Sein Name ist Andy Smith.«

Dass Scott mir einen neuen Auftrag vor die Nase hielt, machte mich misstrauisch, denn er wusste ja, dass ich den Job in Bangkok bereits angenommen hatte. Gleichzeitig war ich durchaus interessiert, obwohl ich keine Ahnung hatte, worum es ging, und fühlte mich auch geschmeichelt. Am nächsten Morgen rief ich daher Smith an und fuhr noch am selben Nachmittag zu ihm.

Blaine war nur eine halbe Autostunde von Vancouver entfernt. Ich hatte eigentlich ein lockeres, unverbindliches Gespräch erwartet, aber als ich im Büro der DEA ankam, brachte man mich sofort zum leitenden Beamten, Larry Brant. In seinem Zimmer wartete ein Empfangskomitee aus fünf oder sechs Polizisten auf mich. Die meisten gehörten zur DEA, aber auch Corky Cochrane vom FBI war anwesend. Da beide Behörden Vertreter entsandt hatten, sollte das Gespräch wohl formeller sein als erwartet.

Smith, der kürzlich von New York nach Blaine versetzt worden war, fragte mich gleich zu Beginn, was ich über Motorradfahrer im Allgemeinen und die Bandidos im Besonderen wisse.

»Nichts«, gestand ich und fügte hinzu, dass ich noch nie auf einem Motorrad gesessen und erst recht keines gefahren hätte. Das stimmte zwar nicht ganz, ich war ein- oder zweimal Beifahrer gewesen, aber ich hielt es für das Beste, mir eine Hintertür offen zu halten.

Smith schien das allerdings nicht weiter zu kümmern. Er begann, mir kurz das Problem und die Pläne der Polizei zu schildern. Mitglieder des Bellingham-Chapters der Bandidos, also der in Bellingham angesiedelten Ortsgruppe, arbeiteten mit den Hells Angels von Vancouver und White Rock zusammen und schmuggelten Drogen, Waffen und andere verbotene Waren über die Grenze. Die DEA wusste allerdings bisher nicht, ob es dabei um Geschäfte zwischen den einzelnen Gruppen ging oder ob nur ein paar Biker beteiligt waren – und genau das wollte sie unbedingt herausfinden. Wenn die Waren nämlich von einer Gruppe zur anderen geliefert wurden, dann galten die Biker als Mitglieder einer kriminellen Vereinigung, andernfalls wäre das Ganze nur ein Bagatelldelikt. An diesem Punkt kam ich ins Spiel. Die DEA wollte, dass ich mich bei den Bandidos einschlich, um herauszufinden, wie der Schmuggel organisiert wurde. Außerdem hofften die Beamten, dass ich ihnen eine Liste der Bandidos-Mitglieder und ihrer Helfer sowie ihre Anschriften und die Namen ihrer Auftraggeber beschaffen könnte.

Sie stünden ein wenig unter Druck, räumte Smith ein. »Der Präsident der Vereinigten Staaten«, deklamierte er ehrfürchtig und erwartete anscheinend, dass ich aufsprang und Haltung annahm, »hat den großen vier Motorradgangs den Krieg erklärt: den Hells Angels, den Bandidos, den Outlaws und den Pagans.«

Die DEA, das FBI und das ATF – allesamt Bundesbehörden – wurden also gedrängt, endlich Resultate zu liefern.

Der »Krieg« war ausgebrochen, weil die Bandidos im Verdacht standen, vor zwei Jahren einen Bundesrichter ermordet und auf einen Staatsanwalt in Texas geschossen zu haben. Offenbar hatte die Polizei im Pazifischen Nordwesten versagt.

Nachdem ich Smith aufmerksam zugehört hatte, sagte ich ihm, dass ich eigentlich schon auf dem Sprung nach Thailand sei. »Und wenn Sie Ihre Hausaufgaben gemacht haben, wissen Sie bestimmt, dass ich mich auf Asiaten spezialisiert habe«, fügte ich noch hinzu.

Denn ich war mir ziemlich sicher, dass ich trotz der Nöte, in der sich Ronald Reagan offenbar befand, nicht der richtige Mann für diesen Job war. Auch wenn ich nicht sehr viel Erfahrung als verdeckter Ermittler hatte, so wusste ich doch,

Kapitel drei Die Familie kommt zuerst, dann die Schmuggler

dass man in diesem Beruf nur überleben konnte, wenn man seine Grenzen kannte. Und was Biker betraf, fühlte ich mich absolut nicht in meinem Element. Außerdem machte mir – und fast jedem anderen – ihr übler Ruf doch ein wenig Angst.

Smith wusste über meinen Job in Bangkok Bescheid, aber er beharrte dennoch auf seinem Wunsch und meinte, dass ich der Polizei ja wenigstens kurzzeitig helfen könne, solange ich auf meine Abreise wartete.

An diesem Punkt gesellte sich ein anderer Polizist zu uns, der im Sheriffbüro des Countys Whatcom arbeitete. Andy unterrichtete ihn über den Stand der Diskussion. Der Typ tat so, als wäre ich gar nicht anwesend, und stellte nur eine einzige Frage: »Macht er nun mit oder nicht?«

Ich mochte ihn auf Anhieb nicht und fühlte mich irgendwie provoziert, daher sagte ich schließlich: »Okay, ich bin bereit, mich in dieser Sache einen Monat lang umzusehen.«

KAPITEL VIER
DIE BANDIDOS AN DER GRENZE

Nach dem Treffen in Blaine fuhr ich nach Vancouver zurück, um mir einen Plan zu überlegen, während die DEA als koordinierende Behörde den Papierkram erledigte, den mein Auftrag mit sich brachte.

Eines war mir klar: Ich konnte nicht vorgeben, ein Motorradfreak zu sein. Meine einzige Chance bestand also darin, mich als Gauner und Grenzgänger zu tarnen.

Trotzdem schien es mir ratsam, ein Motorrad zu besitzen, denn das würde mir zumindest einen Anlass liefern, um mit den Bandidos ins Gespräch zu kommen. Da eine Harley für Anfänger einfach zu schwer und zu stark ist, besorgte Andy mir erst einmal eine 900cc Norton Commando. Es war eine gute Wahl, denn damals galt alles, was nicht aus Amerika oder Europa kam, als »japanischer Schrott«. Mongo, einer der schillerndsten Bandidos, denen ich begegnen sollte, hatte beispielsweise einen Aufkleber auf seinem Motorrad, auf dem »Lieber eine Schwester im Puff als einen Bruder auf einer Honda« stand. Vielleicht hatte er dabei übersehen, dass seine Schwester tatsächlich in einem Bordell in Seattle arbeitete. Viele hartgesottene Biker hatten ihre Laufbahn auf Nortons, Triumphs und BSAs begonnen. Gegen eine 900cc Commando war also nichts einzuwenden.

Außerdem sorgte Andy dafür, dass Paterson mich für einen eintägigen Kurs anmeldete, den die Motorcycle Safety Association von British Columbia anbot. Er fand auf dem Flughafen von Richmond statt, und ich lernte Grundlagenwissen wie Schalten, Bremsen und Steuern, indem ich auf einer kleinen Honda eine stillgelegte Rollbahn entlangraste. Den Rest wollte ich mir dann nach und nach selbst aneignen. (Mongo habe ich nie von dieser Honda erzählt.)

In derselben Woche schickte mich Scott zudem in die »Baracke« der Polizei in Victoria, wo ich einen neuen Führerschein bekam, der auch für Motorräder galt. Jetzt war ich beinahe bereit zum Aufbruch.

Zum Schluss mussten wir noch das Wohnmobil in die USA bringen. Frank und einer seiner Kumpels vom Fischerclub kümmerten sich darum und brachten es auf einen Parkplatz an der A 5 zwischen Blaine und Ferndale. Frank wusste nicht genau, wie ich mein Geld verdiente, aber er begann etwas zu ahnen, als ihn Andy Smith am Grenzübergang Sumas erwartete und einfach durchwinkte, während er den Zollbeamten sein DEA-Abzeichen zeigte. Es war sicherlich eine Beruhigung für Frank, als er merkte, dass ich für die Guten arbeitete.

Liz und Charlotte sollten vorübergehend bei Frank und Louise wohnen. Ich blieb fast den ganzen ersten Monat bei ihnen und benutzte das Wohnmobil jenseits der Grenze nur an drei oder vier Nächten pro Woche. Ich wusste ja, dass man sich auf jeden Fall genügend Zeit lassen musste, wenn man sich an eine kriminelle Gruppe heranmachen wollte. Wenn ich ständig bei ihnen herumhing, dann würden sich die Typen sicherlich bald fragen, wovon ich eigentlich lebte und was ich wirklich von ihnen wollte. Die beste Methode war, sich von ihnen in ihre Welt einladen zu lassen. Ich musste also auf mich aufmerksam machen, ohne ihnen dabei auf die Nerven zu gehen.

Andy und Co. hatten mich darüber informiert, dass die Bellingham-Bandidos ihre »Gemeindetreffen« jeden Dienstagabend abhielten. Danach zogen sie in die »Pioneer Tavern« in Ferndale, um zu trinken. Soviel die Polizei wusste, war dies die einzige Veranstaltung, an der die ganze Gruppe regelmäßig teilnahm.

Also fuhr ich an einem Montag im Spätsommer ins »Pioneer«, um mich mit dem Lokal vertraut zu machen und mich dort schon einmal sehen zu lassen. Ich hatte mein neues Auto mitgebracht, einen aufgemotzten Firebird, um wenigstens in technischer Hinsicht etwas Eindruck zu schinden. Der hellrote Wagen mit den roten Lüftungsschlitzen auf der Motorhaube (die ich übrigens mit Vorhängeschlössern gesichert hatte) war alles andere als unauffällig. Luftunterstützte Stoßdämpfer hinten, breite Reifen, die wunderbar quietschen und nach verbranntem Gummi stinken konnten, sowie ein verchromtes Kettenlenkrad vervollständigten den Eindruck eines echten Angeberautos. Im Leerlauf vibrierte das Auto heftig und klang wie ein röhrendes Raubtier vor dem Sprung – sofern die ohrenbetäubend laute Stereoanlage nicht den Motorlärm übertönte.

Als ich in der Abenddämmerung mit dem Firebird nach Ferndale fuhr, fühlte ich mich wie ein Texas Ranger, der in eine Stadt reitet, um einen bösen Buben zu schnappen. Bevor ich auf den Parkplatz der Kneipe einbog, drehte ich noch eine kleine Runde durch die Stadt, die verschlafen und still wirkte. Im »Pioneer« war auch nicht viel mehr los, was mich aber keineswegs störte. Ich bestellte ein Cola und hing eine Weile dort herum. Zwischendurch spielte ich allein Billard, bis ein anderer Gast hereinkam und mich herausforderte. Er war ein Riese namens Chuck, von dem ich bald erfuhr, dass er Motorräder reparierte. Das war schon einmal ein guter Anfang, denn ich ging davon aus, dass er ein solches Geschäft nur betreiben konnte, wenn er mit den Bikern in der Stadt auf gutem Fuß stand. Ich erzählte ihm nichts von mir, versuchte aber den Eindruck zu erwecken, irgendwelche zwielichtigen Geschäfte am Laufen zu haben.

Irgendwann fragte er mich direkt: »Sag mal, was machst du eigentlich so?«

»Vor allem kümmere ich mich um meine eigenen Angelegenheiten«, antwortete ich knapp. Und nachdem ich ihm quasi die Tür vor der Nase zugeschlagen hatte, öffnete ich wieder ein Fensterchen, indem ich freundlich »guter Stoß« oder »Na los, Mann, du bist an der Reihe« sagte.

Allmählich füllte sich das Lokal, denn jeden Montag fand hier ein kleines Billardturnier statt, Truthahnschießen genannt. Da Chucks Partner nicht auftauchte, bildeten er und ich ein Team. Wir spielten ganz ordentlich, aber als wir ausschieden, brach ich auf.

Am nächsten Abend war ich kurz nach acht wieder da, trank Cola und spielte allein Billard. Ab neun oder halb zehn kamen die Bandidos in kleinen Gruppen herein und gegen zehn befanden sich fast ein Dutzend Mitglieder in der Kneipe. Ich blieb allein im hinteren Teil des Lokals, wo ich mich plötzlich sehr einsam fühlte.

Als Chuck hereinkam, war ich richtig erleichtert. Er begrüßte die meisten Bandidos kurz, wurde aber nicht aufgefordert, sich zu ihnen zu setzen. Stattdessen kam er zu mir und wir spielten wieder ein bisschen Billard. Im Geiste machte ich mir eine Notiz über seine Position in Bezug auf die Biker oder besser gesagt darüber, dass sie ihn kaum beachtet hatten.

Da ich ständig fürchtete, dass einer der Biker zu uns kommen und mich anschnauzen würde, wer zum Teufel ich denn sei, versuchte ich, möglichst unauffällig zu bleiben, und ging nicht einmal zur Toilette. Denn gerade das war nicht unbedingt ein günstiger Ort, um zu erklären, was ich als Fremder in ihrem Revier zu suchen hatte. Aber sie hatten anscheinend beschlossen, erst einmal abzuwarten. Wenn sie wirklich wissen wollten, wer ich war, konnten sie ja später Chuck fragen. Vielleicht hatten sie auch das kanadische Nummernschild auf dem Firebird bemerkt und waren daher etwas zurückhaltend, denn ihre Beziehung zu den kanadischen Bikern und Ganoven sorgte schließlich für ihr finanzielles Auskommen. Freundlicher waren sie deshalb aber nicht unbedingt, und würden Blicke töten können, dann wäre ich an diesem Abend sicher einige Male gestorben.

Da ich mein Glück nicht überstrapazieren wollte, verließ ich die Kneipe, bevor einer von ihnen so betrunken war, dass er sich auf Kosten des Fremdlings amüsieren wollte. Immerhin hatten sie mich jetzt einmal gesehen. Andy jedenfalls war begeistert, dass ich mit so vielen Bandidos in einem Raum gewesen und diesen auch wieder verlassen hatte – obwohl er mit einem Kollegen gewettet hatte, dass ich den Abend nicht überstehen würde.

In diesem ersten Monat besuchte ich die Kneipe zwei- oder dreimal in der Woche, und auf jeden Fall immer dienstags. Ich hatte noch kein einziges Wort mit einem von den Bandidos gewechselt, sondern spielte nur Billard mit Chuck oder einem anderen Typen und hielt mich ansonsten sehr zurück. Während ich an meinem Cola nippte, plauderte ich höchstens mit dem Personal und den Stammgästen im hinteren Bereich der Kneipe. Die Gang saß vorne, ein paar Tische entfernt, und ignorierte mich voller Verachtung.

Tagsüber besuchte ich Chuck manchmal in seinem Geschäft und unterhielt mit ihm und mit jedem, der sich dort herumtrieb. Viele dieser Kerle waren Kumpels der Bandidos, daher konnte jeder freundschaftliche Kontakt mir helfen, in die Gang einzudringen. Einige Male lud ich jemanden zu einem Bier in mein Wohnmobil ein, und immer öfter ließ ich in Andeutungen über meinen Job durchblicken, dass ich mein Geld mit Schmuggeln verdiente. »Als ich mich vor ein paar Tagen über die Grenze geschlichen habe«, erzählte ich zum Beispiel, »ist dies und jenes passiert.« Es wäre dumm gewesen, mehr zu sagen – etwa, dass ich Drogen im Kofferraum meines Autos beförderte oder illegale Einwanderer über die Grenze brachte. Denn kein Ganove, der etwas auf sich hielt, hätte so etwas ausgeplaudert.

Nach ungefähr einem Monat hatte ich immer noch keine wirklichen Fortschritte gemacht. Etwas musste geschehen, schon deshalb, weil die Tatsache, dass ich nicht ständig in Ferndale war, für Corky allmählich zum Problem wurde. Theoretisch war ihm und seinen Kollegen zwar klar, dass es die verdeckte Ermitt-

Kapitel vier Die Bandidos an der Grenze

lung erschweren würde, wenn ich andauernd in der Stadt herumhing. Denn dann hätte es keine geheimnisvolle Abwesenheit gegeben und niemand hätte vermutet, dass ich in dieser Zeit meinen nebulösen Geschäften nachging. Aber da Corky von neun bis siebzehn Uhr arbeitete, erwartete er wohl, dass ich seinem Beispiel folgte, zumal ich ein Gehalt bekam, das seines wahrscheinlich überstieg.

Daher sagte er während einer Besprechung zu mir: »Uns ist aufgefallen, dass Sie ziemlich oft über die Grenze gehen und lange in Kanada bleiben. Sie wissen aber schon, dass das kein Teilzeitjob ist?«

»Ich kann sofort aufhören, wenn es Ihnen nicht passt«, schnauzte ich ihn an und hoffte, dass er nun ein für alle Mal ruhig sein würde. Denn schließlich war ich alles, was sie hatten, und selbst wenn meine Arbeit bis dahin noch keine nützlichen Resultate geliefert hatte, so konnten sie es sich doch nicht leisten, mich zu verlieren.

Im Allgemeinen konnte ich jedoch mit meinen Betreuern, auch mit Corky, gut zusammenarbeiten. Und einer der Gründe dafür war, dass wir alle Vietnamveteranen waren.

Andy Smith hatte als Hauptmann bei den Rangern unter anderem bei Überfällen aus dem Hinterhalt mitgewirkt und Kriegsgefangene aus den Händen des Vietcong gerettet. Er hatte sogar einen Platz in der Geschichte des Krieges bekommen, denn er war einer der letzten elf Personen gewesen, die man nach dem Fall Saigons am 30. April 1975 mit Hubschraubern vom Dach der amerikanischen Botschaft geholt hatte. Beweis dafür war seine kaputte Hand, denn eine schwere Tür, durch die es auf das Dach ging, hatte sie zerquetscht. Andy war ein aggressiver Macher, der vorwärtsstürmen konnte wie ein Güterzug. Man hatte ihn erst vor Kurzem von New York nach Ferndale versetzt, und sein Tatendrang stieß bei den eher lässigen Nordwestlern nicht immer auf Verständnis. Aber mir gefiel er.

Corky Cochrane war Hubschrauberpilot in einer Panzeraufklärungseinheit gewesen und hatte Munition und Leichensäcke transportiert. Das hatte seine Nerven dauerhaft geschädigt und ihn sogar an den Rand einer Kriegsneurose gebracht. Einmal, als er das Büro verlassen hatte, um sich einen Kaffee zu holen, versteckte ich mich hinter der Tür. Als er zurückkam, schrie ich: »Deckung!« Er schleuderte sofort seinen Kaffee in die Luft und tauchte unter den Schreibtisch. Ich lachte mich natürlich kaputt.

Larry Brant war der perfekte Verwalter und Vermittler. Seine Manieren und sein Erscheinungsbild waren derart vorbildlich, dass man in ihm sofort den Offizier erkannte, der hinter der Front stationiert gewesen war. Trotzdem spielte er für uns eine wichtige Rolle, weil er eine Brücke zwischen der Straße und dem Hauptquartier war, und zwar eine sehr gute.

Bald musste ich allerdings erkennen, dass nicht alle Veteranen auf der Seite der Guten standen und dass man sich sogar mit den furchtbarsten Menschen irgendwie eng verbunden fühlen konnte, wenn man dieselbe Kriegsluft eingeatmet hatte wie sie.

Meine dreißigtägige Probezeit näherte sich dem Ende, und ich war den Bandidos noch kein Stückchen näher gekommen als an jenem ersten Dienstagabend. Meine Jobbeschreibung war ziemlich vage, wir hatten lediglich vereinbart, dass wir die Sachlage nach einem Monat neu bewerten würden. Natürlich ging ich immer noch davon aus, dass ich bald nach Bangkok zu Gary Kilgore reisen würde und die Bandidos sofort und ohne finanzielle Sorgen hinter mir lassen konnte. Aber ich hatte auch meinen Stolz und wollte die Amerikaner gern beeindrucken. Daher ärgerte es mich durchaus, dass mir das noch nicht gelungen war.

Als ich eines Spätnachmittags mit Chuck im »Pioneer« saß, beschloss ich daher, einen Vorstoß zu wagen, und fragte ihn, was die Gang von mir halte. Er meinte, dass das abschließende Urteil noch nicht gesprochen sei.

»Einigen ist es einfach egal, andere meinen, du könntest ein Bulle sein.«

Ich fuhr ihn wütend an: »Ich ein Bulle? Wer zum Teufel sagt das?«

Chuck zuckte erschrocken zusammen und versicherte, dass er das nicht behauptet habe. Er sei überhaupt nicht auf so eine Idee gekommen und habe keine Sekunde an mir gezweifelt.

Ich spielte weiter Theater und wollte wissen, wo ich die Bandidos jetzt sofort finden könne.

Chuck antwortete, dass einige der Jungs gerade in seiner Werkstatt seien. Deshalb sei er auch in der Kneipe, denn sie hätten ihn weggeschickt, um an ihren Motorrädern herumbasteln zu können.

Ich sprang in meinen Firebird, fuhr mit dröhnendem Motor los und legte die anderthalb Straßenblöcke bis zum Laden in Sekunden zurück. Chucks Geschäft

Kapitel vier Die Bandidos an der Grenze

bestand aus zwei Bereichen: Vorne befand sich ein Verkaufsraum und hinten die Werkstatt. Ich bog lärmend um die Ecke, fuhr durch die offene Tür und bremste mit quietschenden Reifen. Drei Bandidos standen herum und unterhielten sich. Es wäre eine Untertreibung zu behaupten, dass sie nur überrascht waren. Dann sprang ich aus dem Auto und ging direkt auf sie zu.

»Chuck hat erzählt, dass ihr mich für eine verdammte Ratte oder sogar für ein Schwein haltet.«

Sie sahen mich an, als hätte ich den Verstand verloren. Da keine Antwort kam, fuhr ich fort.

»Dort, wo ich herkomme, regelt man so etwas von Mann zu Mann!«

Diese Methode der direkten Konfrontation hatte sich in Hongkong bewährt, sie wirkte allerdings nur, wenn die Angesprochenen auch reagierten. In diesem Fall schwiegen sie jedoch zunächst. Erst nach einer Weile kam einer der Kerle – wie ich später erfuhr sollte, war es Vinny Mann, der Präsident der Gruppe – drohend ein paar Schritte auf mich zu. Er war etwa 1,85 Meter groß und stämmig, sein Bart war struppig und sein Haar ungepflegt.

»Wenn ich dich für einen Bullen halten würde«, knurrte er und zeigte mit einem Finger auf mich, »dann würdest du schon längst tot in einem Graben liegen.«

Obwohl mir das nicht weiterhalf, war es wenigstens eine Reaktion, also ging ich darauf ein.

»Ich weiß, ich habe schon gehört, dass ihr Jungs nicht gerade zimperlich seid. Deshalb war ich auch echt überrascht, als Chuck mir das gesagt hat.«

Wieder Stille. Ich wusste, dass ich zu viel redete, aber da sie keine Anstalten machten, etwas zu sagen, fügte ich betont ruhig hinzu: »Mag ja sein, dass ich das alles zu eng sehe, aber in meiner Branche bedeutet ein guter Ruf eben alles!«

Vinny murmelte, dass Chuck ein loses Maul habe, dann meinte er: »Man braucht ganz schön Mut dazu, das zu tun, was du eben getan hast. Aber ich hätte wahrscheinlich dasselbe gemacht.« Wieder eine Pause. »Übrigens, ich bin tatsächlich gerade dabei, dich zu überprüfen. In der Zwischenzeit – bleib cool.«

Ein Biker, den ich später als Karate-Bob kennenlernen sollte und der noch ein paar Zentimeter größer war als Vinny und damit deutlich größer als ich, fügte drohend hinzu: »Wer weiß, vielleicht landest du dann doch noch im Graben.«

»Das ist Berufsrisiko«, erwiderte ich lässig und brachte sie damit zum Grinsen. Dann ging ich zu meinem Auto, ohne mich umzuschauen, stieg ein, fuhr wieder auf die Straße – diesmal langsam – und dann nach Hause.

Vielleicht hatte ich ja ein paar Punkte gesammelt, auf jeden Fall war ich froh, mit heiler Haut davongekommen zu sein. Leider musste ich mir eingestehen, dass meine Hände zitterten.

Im Wohnmobil machte ich Notizen über die Begegnung und warf sie später in den Nachtbriefkasten hinter dem DEA-Gebäude in Blaine. Auf diese Prozedur hatten wir uns bei der Auftragsübernahme geeinigt, da sie in der damals noch eher unbekümmerten Zeit als wenig riskant erschien.

Die Reaktion meiner Betreuer am nächsten Tag war zwiespältig. Alle hatten meinen Bericht schon gelesen, als wir uns trafen, und ihre Meinungen gingen weit auseinander. Corky war wütend und davon überzeugt, dass ich das ganze Unternehmen unnötig gefährdet hatte. Zu meiner Verteidigung wies ich darauf hin, dass Chuck mir keine andere Wahl gelassen hatte, ich hatte das tun müssen, was ein böser Junge eben tat. Alles andere wäre feige gewesen. Andy hingegen fand mein Erlebnis nicht nur höchst amüsant, sondern hielt es womöglich sogar für den Durchbruch, den wir dringend brauchten. Als eher burschikoser Typ schätzte er ungestümes Vorgehen.

»Ich hätte wirklich gerne ihren Gesichtsausdruck gesehen«, meinte er lachend.

Tatsächlich stellte sich die Konfrontation letztlich als Eisbrecher heraus. Als ich das nächste Mal ins »Pioneer« kam, wechselte Vinny immerhin ein paar Worte mit mir. Und sobald er mich anerkannt hatte, folgten die anderen seinem Beispiel.

Nicht lange danach punktete ich erneut bei Vinny, wenn auch unabsichtlich. Eines Abends standen wir kurz vor der Sperrstunde an der Bar, als er sagte, dass ich ihn nach Hause fahren müsse, da seine Frau das Auto habe und sein Haus sich ganz in der Nähe des Wohnwagenplatzes befinde. Ich hatte eine Marty-Robbins-Kassette im Auto, und das Lied, das erklang, als wir losfuhren, war die *Ballad of the Alamo*, einer meiner Lieblingssongs. Die Geschichte von den knapp 200 Männern, die eine zwanzigmal größere Streitmacht abwehrten, fand ich unheimlich faszinierend. Ich kannte beinahe jede Einzelheit darüber. Was ich damals allerdings nicht wusste, war, dass Alamo für die Bandidos etwas ganz Besonderes war.

Vinny war erst einmal überrascht, als er das Lied hörte, sagte aber nichts. Ich sang mit und behauptete dann: »Wenn die Schlacht von Alamo heute stattfände, wären wir die Jungs, die bis zum bitteren Ende durchhalten – und zwar gegen jede Übermacht!«

Ich trug ziemlich dick auf, und Vinnys Reaktion war schwer zu durchschauen. Er sah mich nur leicht verdutzt, aber nicht feindselig an. Wahrscheinlich versuchte er, mich einzuschätzen. Ich hatte das Ganze ja nicht inszenieren können, weil ich nicht hatte ahnen können, dass er mitfahren würde. Er verlor jedoch kein Wort darüber, und als wir an seinem Haus ankamen, stieg er einfach aus und schloss die Tür, nachdem er kaum hörbar »Danke« gemurmelt hatte. Wie ich zwei Jahre später in Sturgis in South Dakota erfahren sollte, sprach sich die Geschichte allerdings herum.

Die ersten dreißig Tage waren also vorbei, ohne dass ich etwas von dem Job in Thailand gehört hatte, daher beschlossen wir gemeinsam, den Bandidos weitere dreißig Tage zu widmen. Ich kam langsam in Fahrt, und die Polizisten erfuhren allmählich einiges über die Gruppierung vor Ort, was sie bisher nicht gewusst hatten. Sie erhöhten mein Gehalt um 500 Dollar im Monat und ersetzten meine Norton, mit der ich immer öfter herumgefahren war, durch eine Sportster, die kleinste Maschine der Harley-Familie.

Kurze Zeit später machte ich zu Hause eine Woche Urlaub. In Vancouver rief mich Scott an und gratulierte mir zu meiner Arbeit. Außerdem informierte er mich über Diskussionen in der DEA, denn offenbar hielt ein FBI-Agent (nicht Corky) die ganze Unternehmung für nutzlos und war davon überzeugt, dass ich nie an die Bandidos herankommen würde. Eines war daher sicher: In den nächsten dreißig Tagen musste ich echte Fortschritte machen und Erfolge vorweisen. Es war also an der Zeit, mit einem Bandido Geschäfte zu machen.

Ich wählte Karate-Bob aus, denn ich hatte erfahren, dass er in seinem Bundesstaat die Meisterschaft im Schwergewicht gewonnen hatte. Unser gemeinsames Interesse für den Kampfsport war also schon einmal ein verbindendes Element. Als ich wieder in Ferndale war, wartete ich, bis ich ihn alleine in der Kneipe antraf, und schritt zur Tat. Nachdem ich mich zu ihm gesetzt hatte, erklärte ich ihm meinen Plan: Er sollte Geld dafür bekommen, dass er im benachbarten Bellingham ein erstklassiges Kampfsportstudio eröffnete. Dabei sollte er als Aushängeschild dienen, und ich würde mich um das Geschäft kümmern. Sein Vorteil war, dass er ohne Kapitaleinsatz gutes Geld als Lehrer verdienen konnte. Mir gehe es allerdings gar nicht ums Geld, gab ich zu, sondern der Club sei hauptsächlich eine Möglichkeit zur Geldwäsche.

Karate-Bob hörte mir zwar zu, doch zu meiner Überraschung biss er nicht an. Wie sich herausstellte, war er in dieser Beziehung ein Idealist, der fand, dass man Kampfsport nicht nur des Profites wegen betreiben dürfe. Ich war verblüfft und, um die Wahrheit zu sagen, auch ein wenig beschämt. Und in gewisser Weise war diese Aktion auch ein kleiner Rückschlag, weil mein Ansehen bei einem prominenten Mitglied gesunken war. Immerhin war Bob von da an gesprächiger.

Mein nächstes Ziel war ein Bandido namens George Sherman, den alle nur Gunk – »Schmiere« – nannten. Der Name passte zu ihm, denn er war ein stets ölverschmierter Affe, obwohl er keine feste Arbeit als Mechaniker gefunden hatte, nachdem er vor einigen Jahren von Florida nach Washington umgezogen war. Wir freundeten uns im »Pioneer« bei einem Flipperspiel an, das »Schwarzer Ritter« hieß und das er ständig spielte. Ich erfuhr, dass er bei Jersey Jerry, einem anderen Bandido, wohnte, sich aber eine eigene Wohnung mieten wollte, sobald er genug Geld hatte.

Eines Abends zog ich ihn beiseite und fragte ihn, ob er auf die Schnelle etwas Geld verdienen wolle. Er war sofort ganz Ohr, also erzählte ich ihm, dass ich einen Deal plane und sicher sein wolle, dass dabei nichts schiefgehe. Wenn er mich begleiten und unterstützen würde, seien 200 Dollar für ihn drin. Er war sofort einverstanden.

Einige Tage später saßen wir auf einem Parkplatz an der A 5 zwischen Ferndale und Blaine in meinem Auto. Ich hatte dafür gesorgt, dass ein nicht gekennzeichnetes Auto der DEA aus der einen und ein ebenso unauffälliges Auto der kanadischen Polizei aus der anderen Richtung auftauchen würden. Beide erschienen pünktlich, und eine Frau stieg aus dem kanadischen Auto in das DEA-Fahrzeug um.

»Wenn sie länger als zwei Minuten bleibt«, hatte ich Gunk instruiert, »dann haben wir ein Problem und müssen sie da rausholen. Dann kriegst du natürlich mehr Geld.« Gunk nahm das Ganze offenbar sehr ernst, denn er zog einen Revolver aus der Innentasche seines Mantels und wartete angespannt. Verdammt, dachte ich, der Kerl tickt nicht richtig.

Es waren zwei lange Minuten, und die Polizistin nutzte sie fast ganz aus. Erst fünf Sekunden vor Ablauf der Frist stieg sie aus, ging zu ihrem Auto und holte ein großes Paket aus dem Kofferraum, das sie dann im Kofferraum des amerikanischen Wagens verstaute. Anschließend fuhren beide Autos wieder weg. So leicht hatte Gunk noch nie 200 Mäuse verdient, und ich wusste, dass er bald Appetit auf mehr bekommen würde.

Es dauerte nicht lange, bis Gunk mir seinerseits ein geschäftliches Angebot machte. Chuck wollte angeblich wegen mangelnder Nachfrage seinen Laden schließen. In Wahrheit hatte die Gang beschlossen, die Werkstatt zu übernehmen, und deshalb hatten die Bandidos sie boykottiert und andere Biker in der Gegend aufgefordert, es ihnen gleichzutun. Chuck erkannte zum Glück rechtzeitig, wie die Sache stand, schloss sein Geschäft und verließ die Stadt. Jetzt war Gunk dran. Er hatte seinen Kumpels von unserer Unternehmung berichtet und ihnen versichert, dass ich als Ganove ein großes Tier sei. Darum schlug Jerry ihm vor, mich um die Finanzierung des Geschäfts mit der Werkstatt zu bitten. Das tat er auch, und ich stimmte natürlich zu.

Es kostete die DEA fünf Riesen, aber das Geld war gut angelegt. Innerhalb einer Woche füllte sich der Laden mit gestohlenen Teilen, und Gunk hatte seine eigene Werkstatt und so viel Arbeit, wie er als Mechaniker gerade bewältigen konnte. Die Strategie der Bandidos war bisweilen fast schon komisch: Gunk bezahlte Kleinkriminelle dafür, dass sie Motorradteile stahlen, die er dann in seinem Geschäft an ihre rechtmäßigen Besitzer zurückverkaufte.

Ich spielte den stillen Teilhaber und mischte mich nicht ein. Bald begannen auch andere Gangmitglieder meine Nähe zu suchen – Geier, die einen Goldesel umschwirrten. So wurden unsere Kontakte enger, und nach einiger Zeit luden mich immer mehr Gangmitglieder zu kleinen Ausflügen ein – meist Grillabende, Partys oder Kneipentouren in der Umgebung. Ich hatte eindeutig an Ansehen gewonnen. Bei solchen Anlässen wurden nicht mehr als zwei oder drei Außenstehende eingeladen, und das waren meist Leute, die als Neumitglieder in Frage kamen.

Viele Anwärter fielen irgendwann in Ungnade, weil sie ein Gangmitglied verärgerten. Dabei reichten meist schon lächerliche Kleinigkeiten aus. Ein Kerl trug zum Beispiel auf seinem Motorrad einen Helm. Nach einem Trinkgelage auf einem Campingplatz befahl Dr. Jack – ein Bandido, der so genannt wurde, weil er in einem medizinischen Labor Blut untersuchte und ziemlich kultiviert und intelligent war – dem armen Teufel, ihm den Helm zu geben. Dann pinkelte er hinein, gab ihn dem Burschen zurück und befahl: »Jetzt setz deinen Helm auf, wenn du ihn so sehr liebst.«

Der Typ lachte eingeschüchtert und hoffte, dass Jack nur scherzte. Aber der scherzte nicht.

»Setz ihn auf«, wiederholte Jack, »sofort!«

Schließlich gehorchte der Mann und nahm nie wieder an einer Fahrt teil.

Bei all diesen Ausflügen und Versammlungen kam mir zugute, dass ich die Fähigkeit besaß, vorauszuahnen, wann ich mich besser unbemerkt verdrückte, bevor die Feier ungemütlich wurde. Wenn Vinny beispielsweise anfing, mit einer Flasche Pfirsichschnaps in einer Hand und einem Revolver in der anderen am Lagerfeuer zu tanzen, war es Zeit, sich zu verkriechen. Da Mitglieder sich nicht mit anderen Mitgliedern prügeln durften, war die Gefahr groß, dass Nichtmitglieder als Boxsäcke herhalten mussten. Da ich noch nicht zur Gruppe gehörte, praktizierte ich in solchen Fällen die »Aus den Augen, aus dem Sinn«-Taktik, was sich bestens bewährte.

Weil ich nichts trank, fielen mir Veränderungen in der Atmosphäre sehr schnell auf. Außerdem konnte ich so vieles gut beobachten, selbst aus größerer Entfernung. Mich interessierte vor allem der Umgang mit den »Anwärtern«, nicht so sehr, weil ich selbst einer werden wollte, sondern eher, weil sie häufig meine beste Informationsquelle waren. Sie wurden oft schikaniert, um herauszufinden, ob sie wirklich das Zeug zum Vollmitglied hatten. Natürlich reizte es mich irgendwie auch, selbst Anwärter zu werden, als ich immer öfter eingeladen wurde. Das hatten Andy, Corky und Co. nicht einmal zu hoffen gewagt, als sie mich angeheuert hatten – schließlich war es schon schwierig genug, sich mit den Jungs aus der Gang ein wenig anzufreunden. Aber nun war es durchaus realistisch, dass die Bandidos mich auffordern würden, Anwärter zu werden, und diese Vorstellung faszinierte meine Betreuer.

Inzwischen ermittelten wir seit zweieinhalb oder drei Monaten. Im Herbst 1981 berichtete Scott, dass wegen der Thailand-Sache immer noch ein Papierkrieg geführt werde, und Andy redete mir zu, dass ich mich weiter für meine Arbeit in

Ferndale verpflichten müsse, damit die entsprechenden Gelder für unser Unternehmen bewilligt würden. Also sagte ich zu, weitere drei Monate für die DEA zu arbeiten. Heute glaube ich, dass die Sache mit den Finanzen nur ein Vorwand war – man wollte, dass ich am Ball blieb und Thailand vergaß.

Ehrlich gesagt wäre es mir auch sehr schwergefallen, zu diesem Zeitpunkt nach Bangkok abzureisen, selbst wenn ich die Gelegenheit dazu gehabt hätte. Denn je besser ich die Bandidos kennenlernte, desto mehr faszinierten sie mich und desto mehr interessierte mich auch der Fall. Wie Andy, Corky, Larry und ich hatten die meisten von ihnen in Vietnam gedient. Und wie die Hells Angels, ihre Rivalen und gelegentlichen Geschäftspartner, war der Club von desillusionierten, vor Kurzem entlassenen Veteranen gegründet worden. Doch während die Hells Angels nach dem Zweiten Weltkrieg in Kalifornien entstanden waren, hatten sich die Bandidos während der Vietnamkatastrophe und auf den Docks von San Leon in Texas gebildet. In dieser Beziehung stand ich, gerade wenn man meine kriminelle Jugend berücksichtigte, den meisten Bandidos eigentlich näher als den Polizisten.

Selbstverständlich war ich mir nicht sicher, ob ich die Behandlung, die den Anwärtern zuteilwurde, auch durchstehen würde. Sie war nämlich nicht nur anstrengend und demütigend, sondern auch ausgesprochen gefährlich. Zu den Aufgaben gehörte es, nächtelang vor Clubs und bei Partys Wache zu schieben und den Vollmitgliedern Bier zu holen. Zu meinem eigenen Schutz versuchte ich daher herauszufinden, welche Mitglieder man am besten mied und welche umgänglicher waren. Doch es gab auch Hoffnung. Denn Ronnie Hodge, der Präsident aller Bandidos, hatte kürzlich erst alle Untergruppen angewiesen, die Brutalität gegenüber den Anwärtern auf ein Mindestmaß zu beschränken, um nicht zahlreiche gute Männer abzuschrecken. Trotzdem hielten viele Altmitglieder die traditionellen Methoden für die beste Möglichkeit, den Mut und die Einsatzbereitschaft eines Mannes zu prüfen. Die Prügel beschränkten sich dabei immerhin meist auf ein paar Boxhiebe, und Fußtritte waren verboten. Immer häufiger mussten Anwärter die Keller der Mitglieder putzen und sogar Einkäufe für sie erledigen.

Je enger meine Kontakte mit der Gang wurden, desto fremder kam mir mein Leben in Vancouver vor. Daher fuhr ich viel seltener nach Hause, nur noch alle paar Wochen statt mehrere Male in der Woche. Zu Liz sagte ich, dass ich zu wenig Zeit hätte, aber das war eigentlich nur die halbe Wahrheit. Denn der weitaus wichtigere Grund war, dass ich es zunehmend schwierig fand, von einem Leben in das andere umzuschalten. Und bei den Bandidos konnte mich schon der kleinste Patzer das Leben kosten.

Liz gehörte nicht zu den Frauen, die nörgeln oder jammern, aber sie war natürlich über meine langen Abwesenheiten nicht erfreut. Außerdem war sie zum zweiten Mal schwanger, was die Situation noch unangenehmer machte. Und kurz vor Weihnachten 1981, als die kanadische Polizei den Plan, mich nach Thailand zu schicken, schließlich aufgab, weil ich ja offenbar sowieso nicht mehr zur Verfügung stand, wurde unsere Beziehung noch mehr belastet. Obwohl Liz nie wirklich Lust gehabt hatte, nach Bangkok zu ziehen, und Ferndale unserem Wohnort doch sehr viel näher war als Thailand, war sie der Meinung, dass ich den Job in Bangkok hätte annehmen sollen, denn Biker machten ihr Angst.

Aber wir telefonierten fast jeden Abend, vor allem nachdem die DEA mich vom Wohnwagen in ein Haus in Blaine umquartiert hatte. Das Haus war buchstäblich einen Steinwurf von der Grenze entfernt und stand unmittelbar neben dem Peace Arch Park – perfekt, fast zu perfekt für einen angeblichen Schmuggler. Liz war natürlich auch froh, dass ich ein regelmäßiges Einkommen hatte. Die DEA bezahlte mich in bar – rund 4000 Dollar im Monat. Da sie zudem alle meine Auslagen übernahm, brauchte ich kaum etwas von dem Geld, sodass Liz fast vollständig über den Betrag verfügen konnte. Irgendwann stellten wir sogar fest, dass allein der Betrag, den wir durch den Umtausch verdienten, für unsere Haushaltsausgaben reichte.

Da ich nun öfter mit der Gang unterwegs war und mich mit den Mitgliedern traf, bot sich mir die Möglichkeit, Beweise gegen sie zu sammeln. Ich fing an, Drogen von ihnen zu kaufen. Nicht viel und nicht oft – jedenfalls nicht sofort –, sondern immer mal wieder eine kleine Menge von unterschiedlichen Mitgliedern.

Der erste Bandido, von dem ich kaufte, war Craig, ein alter, aber rangniedriger Biker, der in Blaines kleinem Hafen Fischerboote entlud. Er war ständig im »Pioneer« und verkaufte immer Drogen, keine zu kleinen, aber auch keine großen Mengen – alles zwischen einer Achtelunze und einer ganzen Unze (3,5 bis 28,35 Gramm) Kokain. Er gab sich auch gar keine Mühe, das Ganze heimlich zu betreiben, was einer meiner Hauptgründe dafür war, ihn auszuwählen. Als ich ihn eines Tages an der Bar stehen sah, tat ich so, als hätte ich ihn bereits überall gesucht.

»He, ich hab dich schon gesucht«, rief ich. »Ich brauche ein Achtel. Oder was kostet eigentlich ein Viertel?«

Ich hatte mir überlegt, ihn gar nicht erst zu fragen, ob er mir etwas verkaufen wolle, sondern mich gleich nach dem Preis zu erkundigen, damit es ihm schwerer fallen würde, nein zu sagen. Wahrscheinlich hätte er es sowieso nicht getan. Er griff einfach in die Tasche, holte eine Viertelunze heraus und sagte: »Vierhundertfünfzig.«

Einige Wochen später ging ich in eine andere Bikerkneipe in Blaine und entdeckte dort Bobby Lund, ein Mitglied der Bremerton Bandidos, in Gesellschaft einiger Mitglieder aus Bellingham. Obwohl er der anderen Gruppe aus Washington angehörte, hielt er sich anscheinend lieber bei uns auf und verbrachte den größten Teil seiner Zeit in der Region Ferndale. Er war als Dealer bekannt, der eher kleine Mengen verkaufte. Ich zog ihn in eine Ecke und fragte: »Ist Craig bei euch?«

Natürlich wusste ich, dass er nicht da war.

»Hast du ihn gesehen?«

Er verneinte.

»Ich suche ihn, weil ich Nachschub brauche«, fuhr ich fort, »oder kannst du mir aushelfen?«

Am Ende kaufte ich ihm eine halbe Unze ab.

Der nächste Bandido, mit dem ich ins Geschäft kam, war Terry Jones, das einzige Mitglied des Bellingham-Chapters, das tatsächlich in Bellingham wohnte. Der Rest lebte in Ferndale, in Blaine, in der winzigen Stadt Custer auf halbem Weg zwischen diesen beiden oder irgendwo auf dem Land im County Whatcom.

An einem frühen Sommerabend schaute ich bei Terry vorbei, wir plauderten ein wenig, und ich spielte mit Binky, seinem gutmütigen Pitbull. Dann sagte ich beiläufig: »Ich wollte dich fragen, ob du etwas Stoff für mich hast.«

Er blinzelte nicht einmal. Ich war mir ziemlich sicher, dass er keinerlei Misstrauen gegen mich hegte, da ich sehr vorsichtig und zurückhaltend vorgegangen war. Hätte ich eine Menge Fragen gestellt und versucht, von jedem, der meinen Weg kreuzte, Drogen zu kaufen, wäre das wahrscheinlich ziemlich verdächtig gewesen. Aber ich redete nie über meine Geschäfte und vermied alles, was man mir als Neugier hätte auslegen können. Darum fragte Terry nur: »Wie viel brauchst du?«, und ich kaufte eine Unze Kokain.

Im Laufe des Sommers kaufte ich von Craig, Bobby und Terry, und jedes Mal hatte ich eine Wanze bei mir. Die Polizei bestand darauf, dass ich jeweils mindestens zweimal bei derselben Person kaufte, für den Fall, dass ein Kauf aus juristischen Gründen als unzulässiges Beweismittel gelten würde, und vor allem deshalb, weil wir beweisen mussten, dass ein Verdächtiger wiederholt und geschäftsmäßig Drogen verkaufte und nicht nur etwas Stoff abgab, um einem Freund auszuhelfen.

Ich bemühte mich weiterhin freundlich und unaufdringlich, der Gang näherzukommen. An den meisten kleineren Ausfahrten in die Umgebung hatte ich bereits teilgenommen, zu den Pflichtveranstaltungen der Bandidos war ich aber noch nicht eingeladen worden, so etwa zum Four Corners Run, einem im Sommer regelmäßig stattfindenden Ausflug nach Texas, oder zu Treffen mit anderen Ortsgruppen. Diese Veranstaltungen waren ausschließlich Mitgliedern und Anwärtern vorbehalten. Von vielen Ausflügen erfuhr ich nicht einmal etwas, die Jungs sagten dann einfach zu mir: »Nächste Woche sind wir nicht in der Stadt.«

Das war dann immer eine gute Gelegenheit für mich, nach Norden zu fahren und Liz und die Kinder zu besuchen. Ende März war mein Sohn geboren worden. Ich war nicht dabei gewesen, da Liz mich nicht rechtzeitig hatte benachrichtigen können, als ihre Wehen einsetzten. Stattdessen war Frank nach Blaine gekommen und hatte mich abgeholt.

»Los, komm schon, du Vogel – jetzt gibt es Wichtigeres«, sagte er und fuhr mich zum Lions Gate Hospital im Norden von Vancouver, in dem Liz lag.

An einem großen Treffen nahm ich in diesem Sommer allerdings doch teil, und zwar in Sturgis in South Dakota. Diese jährliche Versammlung lockt Zehntausende von Bikern an – alle großen Gangs sowie zahlreiche Unabhängige, darunter Clubs wie Bikers for Christ und die Blue Knights, deren Mitglieder ausschließlich aktive und pensionierte Polizisten sind. Ich fuhr die ganze Strecke mit verschiedenen Bandidos-Gruppen, wurde aber nicht aufgefordert, mit ihnen auf dem separaten und abgeschotteten Campingplatz der Gang zu bleiben. Das war mir nur recht, obwohl meine Betreuer sicherlich davon begeistert gewesen wären. Denn mit den Bandidos aus Bellingham und Bremerton herumzuhängen war eine Sache – sie kannten mich alle und hatten im Wesentlichen einen guten Eindruck von mir. Aber ich hatte keinen Aufnäher und war nicht einmal Anwärter.

Hätte ich mich da wirklich unter Hunderte von wild feiernden, unberechenbaren, womöglich psychopathischen, gesetzlosen Bikern mischen sollen? Dieses Risiko wollte ich nicht eingehen.

Obwohl ich also nicht zum Zeltplatz der Bandidos vordringen konnte, was die Chance verringerte, nützliche Informationen zu sammeln, ließen Andy, Corky und drei oder vier Hinterzimmer-Polizisten es sich nicht nehmen, spaßeshalber mitzukommen. Polizisten mögen kostenlose Vergnügungsfahrten. Manche Dinge ändern sich eben nie.

Im Laufe des Sommers war allen Gangmitgliedern klar, dass ich mich langsam dem Status eines Anwärters näherte, obwohl dieses Thema nie angesprochen wurde. Natürlich hielt ich ebenfalls den Mund, sonst hätte ich meine Chancen fast so schnell zunichte gemacht, als wenn ich ein Polizeiabzeichen vorgezeigt oder eine Vorliebe für kleine Jungs gestanden hätte. Wer cool genug war, um ein Bandido zu sein, musste auch so cool sein, nicht zu drängeln, zu jammern oder zu nörgeln.

Allerdings begann ich die Mitglieder zu bearbeiten, die ich für die einflussreichsten hielt. Ein Anwärter muss von allen Vollmitgliedern einer Gruppe akzeptiert werden, darum hat theoretisch jeder eine gleichwertige Stimme. Aber wie in jeder Organisation haben manche eben doch mehr zu sagen als andere, und das waren die Jungs, die ich sehr behutsam auf meine Seite ziehen musste.

Vinny Mann war der Präsident und offensichtlich einer derjenigen, die ich für mich einnehmen musste, aber um ihn machte ich mir keine großen Sorgen. Erstens glaubte ich, dass er bereits auf meiner Seite stand, zweitens hielt ich ihn nicht für den Wichtigsten in der Gruppe, denn Jersey Jerry – John Jerome Francis – hatte noch einen höheren Rang, weil er Offizier der Region Nordwesten und Schatzmeister der Bandidos-Zentrale war. Aber Jerry kümmerte sich kaum um die Vorgänge in der Ortsgruppe, ihn interessierten mehr das größere, nationale Bild und seine verschiedenen Geschäfte, zu denen eine Videothek namens Village Vidiot gehörte. Außerdem handelte er in ziemlich großem Umfang mit Kokain und Speed.

Der wahre Leiter der Gruppe – und der Mann, den ich in diesem Sommer am intensivsten umwarb – war George Wegers. Er war Vizepräsident und jemand, den man keinesfalls unterschätzen durfte. Der ausgelassene, kontaktfreudige, eigensinnige, überaus intelligente und sehr amüsante George hatte auch eine sehr dunkle Seite. Aus dem lachenden und charmanten Kumpel konnte in einem einzigen Augenblick ein wildes Tier werden. Darum war er der unberechenbarste und gewalttätigste Mann im Chapter – einer, der meist seinen Willen durchsetzte.

Ein anderer Grund, warum ich ihn unbedingt für mich gewinnen musste, war Mongo (Pete Price), sein bester Freund und Geschäftspartner. Denn wenn einer der Bellingham Bandidos mich nicht sonderlich mochte, dann war er es. Das wurde mir in diesem Sommer klar.

Anfangs war Mongo noch ziemlich freundlich zu mir gewesen, hatte mit mir an der Bar geplaudert und dergleichen. Dann hörte er von einem Tag auf den anderen auf zu grüßen und warf mir giftige Blicke zu, sofern er mich überhaupt wahrnahm. Der Wandel war so drastisch, dass ich eines Tages, als ich im Motorradladen herumhing, Gunk fragte, welches Problem Mongo habe. »Es ist, als hätte ich ihm in die Cornflakes gepinkelt«, sagte ich.

»Der Mann hatte einen Traum«, erklärte Gunk. »Er hat geträumt, dass du gekommen bist, um den Club zu vernichten. Für ihn bist du seitdem so eine Art Fluch, der über uns gekommen ist.«

Ich war sofort höchst alarmiert. »Was, hält er mich denn für einen Bullen?«

»Nein, aber er glaubt, dass du hier bist, um den Club zu zerstören. Geh ihm am besten aus dem Weg, dann regt er sich schon wieder ab.«

Dass Gunk nicht sonderlich beunruhigt wirkte, tröstete mich, denn es deutete darauf hin, dass Mongo schon früher solche Träume gehabt hatte und dass trotzdem niemand in einem flachen Grab gelandet war. Dennoch beschloss ich, Gunks Rat zu befolgen, was mir nicht besonders schwer fiel, denn Mongo war nicht zu übersehen. Das Bellingham-Chapter war wegen der Größe seiner Mitglieder als Chapter der Riesen bekannt, und keiner war so groß wie Mongo. Er wog 157 Kilogramm und war mindestens 1,93 Meter groß. Mit seiner Mähne aus flammend orangefarbenem Haar sah er äußerst imposant aus.

Kein Bellingham Bandido war so widersprüchlich wie Mongo. Er konnte manchmal beinahe knuddelig und wie ein Teddybär wirken, und wenige Mitglieder waren so loyal wie er. Außerdem war er der nachdenklichste Bandido, den ich kannte, und meines Wissens der einzige, der meditierte. Nur wenige hatten so große Fähigkeiten wie er – er arbeitete bei Boeing in Seattle in der Entwicklungsabteilung für Triebwerke. Gleichzeitig war er extrem irrational. Er hasste Farbige im Allgemeinen und Schwarze sowie gemischte Beziehungen im Besonderen. Er liebte die Farbe Gelb, aber ausschließlich an sich und an seinen Sachen. (Sein orangefarbenes Haar war das Ergebnis eines fehlgeschlagenen Färbeversuchs, denn eigentlich hätte es hellgelb werden sollen.) Und er verachtete jeden, der auf einem Motorrad Turnschuhe trug. All diese Aversionen sorgten für eine hässliche Szene, als wir während einer Ausfahrt einen Schwarzen auf einer gelben Honda sahen mit einem weißen Mädchen auf dem Rücksitz, das Turnschuhe anhatte. Es war ein großes Glück für die beiden, dass sich zwischen ihnen und Mongo ein Mittelstreifen aus Beton befand und dass ihn ein halbes Dutzend Bandidos zurückhielt.

In diesem Sommer machte ich einen weiten Bogen um Mongo und bemühte mich um George Wegers, um Dr. Jack – er war Jersey Jerrys Partner und zudem ein lustiger und vernünftiger Bursche – und natürlich um Gunk, den ich wegen des Ladens öfter sah als jeden anderen Bandido.

Alles schien sich ganz ordentlich zu entwickeln, als mich eines Abends kurz vor dem Labour Day Vinny anrief und mich zu sich bestellte. Sein schroffer Ton machte mir gleich klar, dass ich in dieser Angelegenheit nichts zu melden hatte. Die ganze Gruppe samt Bobby Lund und einigen anderen Mitgliedern aus Bremerton war anwesend, als ich gegen acht Uhr eintraf. Keiner sagte ein Wort, und das Unbehagen, das ich nach Vinnys Anruf empfunden hatte, verstärkte sich schnell. Mir fiel auf einmal ein, dass ich Andy und Corky hätte Bescheid sagen sollen, aber dafür war es jetzt zu spät.

Ich stand in der Mitte des Wohnzimmers und fragte mich, warum man mich wohl herzitiert hatte. Dann stand Vinny auf.

»Ich hab dir doch gesagt, dass ich dich überprüfe«, fuhr er mich barsch an. »Erinnerst du dich?«

»Ja, klar«, antwortete ich zögernd.

Nun ergriff Karate Bob das Wort. »Und ich hab dir gesagt, dass du vielleicht doch noch in einer Grube landest, weißt du noch?«

»Ja ...« Im Geiste begann ich, die Entfernung zur Tür abzuschätzen. Eine Flucht war kaum möglich.

Plötzlich warf Vinny mir eine Weste zu, auf deren Rücken sich der Aufnäher eines Anwärters befand. »Hier, zieh das an.«

Ich befolgte seinen Befehl in Rekordzeit. Dann standen alle auf und gratulierten mir. Alle außer Mongo. Er blieb auf dem Sofa und schaute grimmig. Wie Gunk mir empfohlen hatte, hielt ich mich fern von ihm. In den nächsten paar Stunden feierten wir, und die meisten anderen Jungs kamen zu mir, ermutigten mich und gaben mir Ratschläge für die nächsten zwölf Monate – so lange würde ich wahrscheinlich Anwärter bleiben.

»Ich werde dich richtig in die Mangel nehmen«, versprach George, »aber wenn du durchhältst, dann wirst du danach viel stärker sein.«

Auch Terry Jones kam zu mir und überreichte mir ein P 38, einen kleinen Dosenöffner, wie ihn auch die Leute im Marinecorps bekamen, knapp vier Zentimeter lang und mit einer einklappbaren scharfen Klinge und einem kleinen Loch für den Schlüsselring. Jeder Anwärter bekam so ein Ding. Er sagte, dass ich erst noch lernen müsse, damit umzugehen. Terry war nicht der Hellste und dachte deshalb nicht daran, dass ich in Vietnam gewesen war und so ein Ding schon kannte. Ich erwähnte es nicht. Terry führte mich daraufhin in die Küche, holte ein paar Dosen mit Erbsen hervor und öffnete sie innerhalb von Sekunden. Ich täuschte konzentriertes Interesse vor, denn manchmal kann man sich mehr Respekt verschaffen, wenn man schnell lernt, als wenn man mit bereits vorhandenen Fähigkeiten prahlt. Als er fertig war, reichte er mir eine Dose, damit ich sie öffnete. »Ist es so richtig?«, fragte ich ihn. Terry war begeistert und klopfte mir stolz auf den Rücken. »Du bist in Ordnung!«

Als ich wieder bei den anderen war, übergab mir Dr. Jack eine Maglite-Taschenlampe, wie sie jeder Bandido am Gürtel trug. Sie war eine wertvolle Unterstützung, wenn man nachts einen Motorschaden hatte und Licht brauchte, um ihn zu reparieren. Wahrscheinlich war so etwas allerdings nicht. Aber das Ding war auch eine gute Waffe, die ziemlich bedrohlich aussah. Alle Bellingham-Bandidos besaßen die lange, schwere Ausführung dieser Lampe, mir gab Dr. Jack eine kleinere Version, die besser in meiner Hand lag.

Dann gab Vinny mir ein ledernes Gürtelhalfter, in den die Taschenlampe passte. Es trug die Aufschrift BFFB: Bandidos forever – forever Bandidos. Als ich das Halfter an meinem Gürtel befestigte und die Taschenlampe hineinstecke, fühlte es sich an wie ein Revolvergurt mit einer echten Waffe. Irgendwie fühlte sich das gut an.

In dieser Nacht musste ich weder Befehle ausführen noch niedere Dienste verrichten. Es war meine Willkommensparty. Aber die Pflicht würde mich bald genug rufen.

Am nächsten Morgen rief ich Punkt neun Uhr Andy Smith an.
»Ich muss Sie sehen, und zwar sofort!«, sagte ich kurz.
Er fragte mich mit leichter Panik in der Stimme, was denn passiert sei.
»Nichts!«, erwiderte ich schroff, »aber ich muss Sie sofort sehen!«

Also bat er mich, in das DEA-Büro zu kommen, das sich etwa hundert Meter von meinem Haus am Peace Arch Park entfernt befand. Ich ging mit meinem neuen Aufnäher die Straße entlang und klopfte an die Hintertür. Die Sekretärin öffnete.

»Sie sind in Larrys Büro«, sagte sie.

Nachdem ich eingetreten war, staunten alle über den kleinen Aufnäher oberhalb der linken Tasche meiner Weste – oder Kutte, wie sie auch genannt wurde. Dann drehte ich mich um und schloss die Bürotür. Jetzt konnten sie auch das größere Abzeichen auf meinem Rücken sehen. Zum ersten Mal erlebte ich Andy sprachlos. Larry, Corky und er saßen einige Sekunden verdutzt da. Dann brach die Hölle los. An diesem Morgen verbrachte ich zwei Stunden im Büro, und wir diskutierten darüber, was diese neue Situation für uns zu bedeuten hatte.

Zwischendurch griff Andy zum Telefon und informierte die DEA-Büros in Seattle und Washington. Mein Status als Anwärter war ein enormer Erfolg und ein Beweis dafür, dass wir echte, greifbare Fortschritte machten und ein Durchbruch bevorstand. Von da an war es kein Problem mehr, Geld für die Ermittlungen zu bekommen.

Kaum war ich Anwärter, begann ich, von jedem in der Gang und in ihrem Umfeld alles Mögliche zu kaufen. Neben Drogen – Kokain und Crystal Meth, weil Marihuana und Haschisch nicht der Mühe wert waren – erstand ich Waffen, gestohlene Autos und sogar teure Möbel, die aus dem Haus eines Beamten der Einwanderungsbehörde entwendet worden waren. Als Grund dafür gab ich an, dass meine Kontaktleute in Kanada unersättlich waren.

Nachdem ich mich lange Zeit eher zurückgehalten hatte, wurde ich jetzt sehr aktiv, denn das Team war der Meinung, dass das Ende der Ermittlungen bevorstand. Als Sympathisant, Verbündeter, Freund oder wie man es auch immer nennen wollte hatte ich noch eine gewisse Distanz zur Gruppe bewahren können. Ich traf die Bandidos, wenn ich Lust hatte, und blieb, solange ich wollte. Aber als Anwärter musste ich ihnen zur Verfügung stehen, und meine Anwesenheit sowie meine Dienste waren bei jedem Zusammentreffen Pflicht. Die Gefahr, aufzufliegen oder einfach in Ungnade zu fallen, war dadurch natürlich größer geworden. Und wenn man mich als Anwärter aus dem Club verbannen sollte, dann musste ich verschwinden, denn es gab kein Zurück mehr zum früheren Status.

Da alles, was ich kaufte, im schwarzen Loch des Polizeilagers verschwand (oder in Kanada, wie die Biker dachten), war ich für die Dealer vor Ort keine Konkurrenz. Das war ein Vorteil, vor allem weil George Wegers einen Großteil des lokalen Handels abwickelte. Andererseits war es ein wenig eigenartig, dass alles verschwand, was ich kaufte (außer den modernen Möbeln, die auffällig in meinem Haus aufgestellt wurden). Das wirkte irgendwie sonderbar, vor allem auf Leute, die so misstrauisch und vorsichtig waren wie George. Und die Tatsache, dass ich kein Angeber war – ich protzte nicht mit dicken Geldbündeln oder vielen Frauen –, obwohl ich angeblich gute Geschäfte machte, konnte Georges Misstrauen nur noch vergrößern.

Dr. Jack machte mich auf dieses Problem aufmerksam, als wir in seinem Schuppen plauderten, während er sein Motorrad reparierte. Deshalb beschlossen Andy und ich, Jack und seinen Partner Jersey Jerry zu benutzen, um George zu beruhigen. Ich hatte bereits einmal Kokain von ihnen gekauft, und ein zweites Geschäft war vereinbart. Doch Jerry teilte mir mit, dass sie derzeit keine Ware hätten und er sogar bereit wäre, mir Drogen abzukaufen, wenn ich sie beschaffen könne.

Also wandte ich mich an George, und er willigte schließlich zögernd ein, mir die Drogen zu verkaufen, die ich brauchte. Wir vereinbarten dafür einen Termin bei mir im Haus. Andy folgte Georges Auto in einem Hubschrauber, während George auf Umwegen zu mir fuhr. Er benutzte sogar einen holprigen Feldweg und hielt dort an, um zu prüfen, ob ihm jemand folgte. Zum Glück schaute er nie nach oben. Bei mir angekommen kaufte ich ihm die Ware für 30 000 Dollar ab.

George zählte das Geld in meiner Gegenwart nicht nach, denn das wäre gegenüber einem Bruder eine echte Beleidigung gewesen. Das Geschäft wurde innerhalb von Minuten abgeschlossen, dann entschuldigte ich mich bei George, dass ich leider keine Zeit mehr hätte, weil mein Kunde auf dem Weg zu mir sei. George musste also gehen.

Mein Kunde erschien pünktlich, wenige Minuten, nachdem George aufgebrochen war – oder auch nicht. Von den observierenden Polizisten erfuhr ich, dass George nicht nach Hause gefahren war, sondern am anderen Ende der Gasse geparkt und auf meinen Kunden gewartet hatte. Sicher war er überrascht, als Dr. Jack bei mir erschien. Ich verkaufte dem Doktor den Stoff für 32 500 Dollar. Zehn Minuten später war er wieder weg. Jetzt wusste George, dass ich einen Profit gemacht hatte.

George hatte den Deal beobachtet und war, wie er mir später erzählte, sowohl von meinem Geschäftssinn als auch von der Abwicklung sehr beeindruckt. Dass ich von einem Mitglied gekauft und die Ware an ein anderes Mitglied weiterverkauft hatte, war für ihn und die anderen Bandidos kein Problem. Die Drogen waren weniger als eine halbe Stunde in meinem Haus, und ich hatte gut daran verdient. So begann meine geschäftliche Beziehung mit George. Es dauerte zwar lange, bis er jemandem vertraute, aber wenn es so weit war, dann galt das uneingeschränkt. Dank dieses Deals kam ich aber auch Dr. Jack näher, und ein Frauenhaus in Bellingham profitierte ebenfalls davon, denn das Team spendete ihm unseren Profit in Höhe von 2500 Dollar und heftete die Empfangsbescheinigung in der Akte ab.

Eine andere Geschichte, die die Gang hätte misstrauisch machen können, kostete mich meinen schönen Firebird. Eines Tages fuhr Jersey Jerry am Polizeirevier von Ferndale vorbei und sah genau so ein Auto auf dem Parkplatz stehen. Da mein Auto ziemlich ungewöhnlich war, fragte sich Jerry natürlich, wie wahrscheinlich es wohl war, dass es genau so eines noch einmal gab. Ich bemerkte, dass er seine Haltung mir gegenüber änderte, doch andere Mitglieder der Gang konnten ihn beruhigen. Wäre ein verdeckter Ermittler wirklich so blöd, sein auffälliges Auto für jeden sichtbar vor der Polizei zu parken? Witzigerweise hielt das Team die örtlichen Kollegen in Ferndale, Bellingham und Blaine nicht für vertrauenswürdig und hatte daher beschlossen, dass die von unseren Ermittlungen nichts zu wissen bräuchten.

Als Gunk mir von dieser Sache und Jerrys anfänglichem Verdacht erzählte, fragte er lachend: »Weißt du, woher wir wussten, dass du kein Bulle bist?« Er spielte dabei auf die Diskussionen an, die stattgefunden hatten, bevor ich zum Anwärter wurde.

»Nein, woher?«

»Na ja, wenn du wirklich ein Bulle wärst, dann wärst du der dämlichste Bulle aller Zeiten und man hätte dich mit Sicherheit längst gefeuert.«

Damit so etwas nicht wieder passierte und mein Auto den potenziell tödlichen Verdacht neu wecken konnte, musste ich mich von meinem Firebird verabschieden. Obwohl Ferndale keine große Stadt ist, habe ich nie erfahren, wem dieser Zwilling tatsächlich gehörte.

Nur Mongo misstraute mir wegen seines Traumes immer noch. Sein Vertrauen gewann ich erst, als wir eine unverschämte Gang in Seattle aufmischten.

Die Resurrection war ein unabhängiger Club, der sich in der Region allmählich etwas zu stark auszubreiten begann. Diese Biker gab es schon seit Jahren, aber Anfang der achtziger Jahre trafen sie einige Entscheidungen, die den Bandidos im Bundesstaat Washington missfielen. Zum Beispiel gingen sie von einem einzelnen Aufnäher – mit Logo, Clubnamen und Stadt – zu einem dreiteiligen Abzeichen über. Es mag sich lächerlich anhören, aber in der obskuren Welt der Biker, in der Symbole große Bedeutung haben, war dies eine ernste Angelegenheit. Denn drei Aufnäher – ein zentrales Logo, darüber ein Teil mit dem Clubnamen und darunter ein Teil mit dem Namen der Stadt – waren den sogenannten Einprozentern vorbehalten, also den gesetzlosen Gangs. Alle anderen mussten sich mit einem einzigen Aufnäher begnügen. Einprozenter konnten wunderbar mit Nicht-Einprozentern in einer Region zusammenleben, nicht aber mit einer anderen gesetzlosen Gang.

Ein weiterer Fehltritt war die simple Folge ihres Wachstums: Die Resurrection-Biker wollten sich in zwei Ortsgruppen aufteilen, eine im Süden von Seattle und eine im Norden. Diese Expansion konnten die Bandidos einfach nicht dulden.

Ihr letzter Patzer war eine unüberlegte Demonstration von Respektlosigkeit und Arroganz, die Vinny zu dem Kommentar veranlasste: »Wir müssen etwas

Kapitel vier Die Bandidos an der Grenze

gegen die Resurrection unternehmen, und zwar sofort.« Denn er hatte ihnen vorgeschlagen, ein Unterstützerclub zu werden, doch sie hatten darauf nicht einmal reagiert. Es war also höchste Zeit für einen Besuch, damit sie einsahen, dass eine begeisterte und vor allem höfliche Antwort geboten war.

Früh an einem kalten, dunstigen Novemberabend fuhren daher etwa dreißig Bandidos nebst Anwärtern auf der Autobahn nach Seattle, meist in Lkws und Autos. Zwanzig Mitglieder der Ghost Riders, eines Unterstützerclubs aus dem Südosten des Bundesstaates Washington, schlossen sich uns im Norden von Seattle an und bildeten die Nachhut der Prozession. Sogar der Präsident eines Unterstützerclubs hatte einen geringeren Rang als ein Anwärter der Bandidos und musste daher hinter ihm fahren. Mir vermittelte das Ganze einen Eindruck der Macht, die ein Bandido über andere Biker hatte.

Das Clubhaus der Resurrection war eine Art Garage mitten in einem Industriegelände an der Südseite von Seattle. Dort konnten sie laut feiern und unter sich bleiben, waren aber auch gut zu packen. Vinny, der offenbar Spione in ihrer Mitte hatte, wusste, dass sie für diesen Abend eine Mitgliederversammlung einberufen hatten und dass die Teilung in zwei Chapter auf der Tagesordnung stand.

Nachdem wir dort angekommen waren, verloren wir keine Zeit. Mongo bildete unsere Vorhut. Er stieß die Tür auf, die sich genau in der Mitte des Clubhauses befand. Die Resurrection-Mitglieder – es waren mindestens so viele wie wir – lagen auf Sofas und in Sesseln oder saßen einfach auf dem Boden und starrten Mongo erschrocken an, während der Rest von uns sich hinter ihm aufreihte. Dann verteilten sich die Bandidos an den Wänden und umzingelten den Feind. Drei Anwärter aus Bremerton und ich standen in der offenen Tür, hinter uns die Ghost Riders, alle gut sichtbar. Sämtliche Bandidos zückten Waffen und richteten sie auf die Gruppe. Die fremden Männer waren entsetzt, ich ebenfalls, denn ich befürchtete, dass sie die Kerle umlegen würden.

Terry Jones hatte mir nach unserer Ankunft einen Revolver gegeben, und nun stand ich mit gezogener Waffe da und schwitzte höllisch. Ich frage mich noch heute, was ich getan hätte, wenn ein Mitglied der Resurrection sich bewegt hätte und es zu einer Schießerei gekommen wäre. Mit der Kanone in der Hand fühlte ich mich nicht mehr wie ein Schauspieler, verdeckter Ermittler oder Polizist – ich war ein Bandido. Ein sehr nervöser Bandido, aber ein Bandido.

Vinny ging in die Mitte des Raumes. »Ich habe hier eine Liste«, knurrte er. »Und alle, die darauf stehen, setzen sich hin. Das heißt, dass ihr alle erst mal aufsteht.«

Sie gehorchten, und Vinny begann, Namen vorzulesen. Etwa fünfzehn Mitglieder setzten sich, einer nach dem anderen.

»Okay, das war's. Der Rest haut ab, und zwar sofort. Lasst eure Kutten auf dem Boden liegen.« Die Einschüchterung hatte funktioniert. Diejenigen, die gehen durften, waren froh, das Ganze überlebt zu haben und verschwinden zu dürfen. Mit einer Ausnahme. Der Bursche sah Vinny eindringlich an und sagte: »Zur Hölle mit dir. Du kannst von mir aus mein Abzeichen haben, aber ich lasse meine Brüder nicht im Stich.« Daraufhin befahl ihm Vinny, sich ebenfalls zu setzen.

Nachdem die Aussortierten die Garage verlassen hatten, erklärte Vinny den Verbliebenen, dass sie von nun an ein Anwärter-Chapter der Bandidos seien. Und falls alles gut klappen würde, werde Seattle in einem Jahr sein eigenes Bandidos-Chapter haben.

George Wegers, der bis dahin geschwiegen hatte, zeigte auf den Burschen, der sich geweigert hatte zu gehen, und meinte. »Und du bist der neue Präsident.«

Innerhalb einer Stunde gehörte der Motorradclub Resurrection somit der Vergangenheit an. Die mit Aufnähern versehenen Jacken und Kutten, die die abgelehnten Mitglieder zurückgelassen hatten, wurden bis auf zwei ausnahmslos verbrannt. Eine sollte das Hauptquartier der Bandidos in Lubbock in Texas bekommen, und die andere würde in Vinnys Haus an der Wand hängen. Die Auserwählten bekamen nun ihre Anwärter-Abzeichen, und die Ghost Riders wurden mit einem Dank nach Hause geschickt. Auch die Bandidos aus Bremerton verabschiedeten sich bald. Übrig blieben nur noch die aus Bellingham. Wir standen ein wenig unsicher zwischen den ehemaligen Resurrection-Mitgliedern, die nicht wussten, ob sie dankbar oder feindselig sein sollten.

Nach einer Weile kam Vinny zu mir und sagte: »He, du warst unser einziger Anwärter hier, und du hast dich gut gehalten.«

»Mein Anwärter ist er nicht«, warf Mongo ein.

Das betrachtete Vinny als persönliche Herausforderung. »Er ist Anwärter der ganzen Gruppe, kapiert?« Dabei ging es ihm weniger darum, mich zu verteidigen, als seine Autorität zu behaupten.

Mongo nickte knurrend wie ein Kind, das von seinem Vater gescholten worden ist, aber das reichte Vinny nicht, er wollte die Angelegenheit ein für allemal geregelt haben.

»Ihr zwei geht jetzt raus und klärt die Sache. Und kommt ja nicht vorher zurück.«

Mongo sah mich an und befahl mir, ihm zu folgen. Ich stieg daraufhin in meinen Kleinlaster – vor dem Verkauf des Firebird hatte ich mir einen 1965er Ford Twin I-Beam gekauft – und folgte seinem Motorrad bis zum Ende des Industriegeländes. Ich fürchtete, dass dort einige Beamte, die zu meinem Schutz eingesetzt worden waren, herumlungerten, aber es war niemand zu sehen. Vielleicht hoffte ich auch nur, dass sie da waren. Immerhin war Mongo ein Ungeheuer von einem Mann mit wildem orangefarbenen Haar und Bart und so viel Leder an seinem Leib, dass man damit mehrere Kühe hätte einkleiden können. Die Kette, die an seinem Gürtel befestigt war, war eine richtige Kette, mit der man normalerweise Zäune absperrte. Und diesem Riesen stand ich gegenüber: ein 61 Kilogramm schwerer, 1,68 Meter großer Kümmerling. Wie zum Teufel war ich da nur hineingeraten?

Wir parkten, und Mongo erklärte mir, dass meine einzige Chance wäre wegzufahren und nie mehr zurückzukommen. Das musste ich natürlich ablehnen. »Wenn du dich prügeln willst, dann werde ich wahrscheinlich nicht gewinnen«, sagte ich, »aber kneifen werde ich trotzdem auf keinen Fall.« Er meinte nur: »Keine Kanonen, keine Messer.«

Ich schaute zu, wie Mongo zwei Revolver und zwei Messer aus mehreren Verstecken zog und auch die Kette abnahm. Dann zog ich meinen Mantel aus und hängte ihn an den Spiegel meines Autos. Plötzlich sagte er: »Oh, das hätte ich fast vergessen«, zog ein Hosenbein hoch und holte eine kleine Pistole aus einem Stiefel. Obwohl er jetzt keine Waffen mehr trug, war mir klar, dass ich mich in einer sehr ungünstigen Lage befand. Ich konnte nur gewinnen, wenn ich ihn sehr hart und sehr schnell traf, und ich hatte keine Ahnung, wie ich das schaffen sollte.

Er sah mich prüfend an. »Du weißt schon, dass ich dich in der Luft zerreißen könnte?«

Das musste ich leider zugestehen, dann fügte ich noch hinzu: »Das ist Berufsrisiko.« Mit diesem Satz hatte ich schon bei meiner ersten Begegnung mit Vinny und Karate Bob Erfolg gehabt, warum sollte ich es nicht noch einmal damit versuchen?

Und tatsächlich hatte der Satz seinen Charme offenbar nicht verloren, denn Mongos Stimme klang jetzt weniger aggressiv.

»Da wir hier wahrscheinlich noch die Nacht über bleiben werden, haben wir es eigentlich nicht eilig«, meinte er. »Lass uns erst mal ein Bier trinken, dann können wir über die ganze Sache reden.«

»Hört sich gut an«, erwiderte ich mit unverhohlener Erleichterung.

Also gingen wir in die nächste Kneipe. Mongo hatte seinen Traum offenbar verdaut, aber er hatte neue Bedenken. Seiner Meinung nach waren die Bandidos für mich nur Kriminelle und kein Motorradclub, der auf Brüderschaft beruhte. Das traf mich völlig unvorbereitet wie damals, als Karate Bob nicht wollte, dass ich ein Kampfsportstudio für ihn finanzierte. Wieder einmal musste ich einsehen, dass die Bandidos nicht einfach nur Kriminelle waren. Ich setzte mich also und hörte mir Mongos Predigt an.

Nach ein paar Stunden kehrten wir in das Resurrection-Clubhaus zurück. Einige Gangmitglieder schliefen, andere tranken, und die Überbleibsel des ehemaligen Clubs brachten ihnen Bier. Als Vinny uns kommen sah, machte er ein sehr zufriedenes Gesicht. Gunk war immer noch mein Bürge als Anwärter, aber von da an war Mongo mein Mentor.

Am nächsten Tag rief mich Andy zu sich, und ich berichtete ihm und Corky, was Mongo gesagt hatte. Die Ermittler fanden das lustig und nahmen das Gesagte nicht ernst. Doch ich konnte, obwohl ich schwieg, Mongo sehr gut verstehen. Allmählich hatte ich bemerkt, dass hinter all dieser Gewalt und dem vielen Leder eine gewisse Moral verborgen war. Heute weiß ich, dass diese Gedanken für mich ein Warnsignal hätten sein sollen.

Doch das war noch nicht alles, Andy redete mir zu, mich mehr um Liz zu kümmern. Anscheinend hatte sie ihn angerufen und ihm erzählt, was die Ermittlungen – vor allem seit meiner Ernennung zum Anwärter – für unser Familienleben bedeuteten. Denn ich hatte seit einer Woche nicht mehr mit ihr gesprochen und auch keine Zeit gehabt, Geld nach Hause zu schicken. Und ich war seit mindestens zwei Wochen nicht mehr zu Hause gewesen. Mein Leben in Vancouver schien mir zu entgleiten. Ich könnte nun sagen, dass mein Privatleben unter meiner Arbeit gelitten habe, aber in Wahrheit begann meine neue Bandidos-Familie die echte Familie zu verdrängen.

Immer öfter suchte ich nach Ausreden wie: »Sie weiß doch gar nicht, was ich durchmache.« Nun, sie wusste es vor allem deshalb nicht, weil ich nicht mit ihr über meinen Beruf sprechen wollte, weder über irgendwelche Einzelheiten noch allgemein über den Stress. Heute weiß ich, wie hart das für sie war und wie unfair von mir. Obwohl ich mich wirklich bemühte, sie regelmäßig anzurufen und Geld zu schicken, ging ich einfach zu sehr in meiner Arbeit auf.

Anfang Dezember, einige Wochen nach der Übernahme des Resurrection-Clubs, sollte ich einen oder zwei Tage zu Hause verbringen. Mein 34. Geburtstag stand an, und Liz hatte etwas vorbereitet. Gegen Mittag rief mich allerdings Vinny an und meinte, dass er an diesem Abend eine Party geben würde, an der ich unbedingt teilnehmen müsse. Ich dachte kurz daran, mit einer vorgetäuschten Begründung abzusagen, stattdessen antwortete ich: »Ich werde da sein.« Dann rief ich Liz an und enttäuschte sie erneut. Allerdings hatte ich den Eindruck, dass sie so etwas fast schon erwartet hatte. Anschließend informierte ich Andy über die Party. Er fragte mich, ob ich mit Ärger rechne. Da ich verneinte, entschied er, auf Personenschutz zu verzichten, zumal ich als Anwärter womöglich die ganze Nacht anwesend sein würde. Ich war damit einverstanden.

Als ich bei Vinny ankam, half ich ihm bei den Vorbereitungen, schob Möbel beiseite, um Platz zu schaffen, und dergleichen. Kurz vor neun befahl Vinny mir dann, Bier zu holen, also sprang ich in sein Auto und fuhr zum Getränkehändler.

Doch als ich dort ankam, machten die Angestellten gerade Feierabend – das Geschäft war schon geschlossen. Also kehrte ich mit leeren Händen zu Vinny zurück. Die meisten Gäste waren inzwischen eingetroffen.

»Wo ist das Bier?«, fragte Vinny.

Ich erklärte ihm, dass ich zu spät gekommen war, was Vinny nicht gerade erfreute. Plötzlich verstummten alle Gespräche.

»Du verdienst dein Anwärter-Abzeichen nicht. Gib mir deine Kutte«, knurrte er.

Ich erschrak, denn ich hatte zwar Ärger erwartet, aber nicht gleich den Verlust meiner Anwärterschaft. Dennoch zog ich meine Weste aus und reichte sie Vinny.

Dann kam George aus der Küche und auf mich zu. Verdammt, jetzt geht's los, dachte ich und wartete sorgenvoll, was als Nächstes passieren würde.

Er sagte: »Wie ich sehe, hast du keine Kutte an. Na los, probier mal die hier.« Damit reichte er mir eine Kutte mit den Farben der Vollmitglieder.

Ich stand nur da, hielt meine Weste in der Hand und schaute von einem der Männer zum anderen.

»Zieh das verdammte Ding an, bevor wir unsere Meinung ändern«, schrie Vinny.

Daraufhin umringten mich alle, gratulierten mir und umarmten mich. Obwohl ich Umarmungen nie besonders leiden konnte, fühlten sie sich diesmal großartig an. Vinny fragte mich, ob ich etwas sagen wolle.

»Anwärterrrrr! Hol mir ein Cola, aber ein bisschen plötzlich!«, bellte ich daraufhin einen der Anwärter im Zimmer an. Die anderen lachten sich kaputt.

KAPITEL FÜNF
MEINE FARBEN WERDEN NATIONAL

Wie in den meisten gesetzlosen Motorradgangs müssen sich Anwärter auch bei den Bandidos meist ein Jahr lang bewähren – und für die Mitglieder Drinks holen –, ehe sie für eine Beförderung in Betracht kommen. Ausnahmen sind da sehr selten. Ich hatte eigentlich nicht damit gerechnet, Vollmitglied zu werden, denn angesichts meiner vielen Käufe und Verkäufe im Bellingham-Chapter war ich davon ausgegangen, dass die Ermittlungen bald abgeschlossen sein würden und mit Festnahmen enden würden, noch bevor mein Jahr als Anwärter um wäre.

Und ich hatte erst recht nicht erwartet, schon nach drei Monaten Vollmitglied zu werden. Meines Erachtens gab es mehrere Gründe dafür, dass ich bevorzugt wurde. Erstens war ich kein besonders guter Anwärter. Da ich nichts von Motorrädern verstand und einen Vergaser kaum von einer Hupe unterscheiden konnte, war ich für die Mitglieder, die einen Mechaniker brauchten, von geringem Nutzen. Ich konnte gerade noch Chromteile polieren, aber das war dann auch schon so ziemlich alles.

Außerdem gewannen einige einflussreiche Mitglieder wohl den Eindruck, dass ihnen eine Einnahmequelle entging, wenn ich Anwärter blieb. Eine meiner Strategien, die mir diskrete Dankbarkeit eintrugen, bestand darin, mit Vinny, George, Dr. Jack und Jersey Jerry Geschäfte zu machen, an denen sie gut verdienten. Manchmal konnte ich mich auf diese Weise sogar unangenehmen Anwärterpflichten entziehen. Einmal rief mich beispielsweise Vinny an und wollte 300 Gramm Kokain loswerden. Als er fragte, ob ich daran interessiert sei, erwiderte ich, dass ich ihm gerne behilflich sein würde, aber leider gerade für ein anderes Mitglied den Keller putzen musste. Raten Sie mal, wie schnell dieser Job gestrichen war! Und wenn ein Mitglied darauf bestand, dass ich seine Hecke schnitt, in seinem Garten arbeitete oder sonst etwas für ihn erledigte, ärgerte sich immer jemand, der mit mir einen Deal machen wollte.

Und schließlich – das war vielleicht am wichtigsten – hatte ich während meiner Zeit als Freund der Gang und in meinen drei Monaten als Anwärter keine groben Fehler gemacht und sogar Mongo auf meine Seite gezogen. Es gefiel den Jungs, dass ich mich um meine eigenen Angelegenheiten kümmerte und doch ziemlich umgänglich war. Dass ich keinen Alkohol trank, störte sie nicht im Geringsten.

Meine kurze Anwärterphase und die Tatsache, dass die drei Monate in eine Jahreszeit fielen, in der es nur wenige Ausfahrten und Zeltlager gab, hatten es mir leicht gemacht. Aber das minderte nicht meine aufrichtige Freude und meinen Stolz, als ich das Abzeichen in Empfang nahm. Das Beste an allem war der Respekt, den mir alle von diesem Abend an entgegenbrachten. Jetzt gehörte ich dazu. Ich feierte Partys bis zum frühen Morgen und ging, wann immer es mir beliebte – was einem Anwärter verwehrt war.

Als ich meine Kutte anzog, entpuppte sich Vinny als Babysitter. »Hier ist ein Geburtstagsgeschenk für dich. Bring sie morgen früh zurück.«

Das Mädchen war höchstens vierzehn Jahre alt, aber ich wusste, dass ich nicht ablehnen durfte. Sie setzte sich auf den Rücksitz meines Motorrads, und ich fuhr nach Hause. Als wir ankamen, sagte ich: »Tut mir leid, aber ich bin müde und möchte schlafen.« Dann warf ich eine Decke und ein Kissen auf das Sofa und fügte hinzu: »Du schläfst hier.«

Als Nächstes hängte ich meine Kutte auf die Lehne des Küchenstuhls und ging ins Bett.

Am nächsten Morgen kam Andy wie üblich um acht ins Büro. Mein Haus war kurz nach meinem Umzug gründlich verwanzt worden. In allen Räumen, außer im Schlafzimmer und im Bad, befanden sich Mikrofone, und zwei versteckte Kameras überwachten die Küche, das Wohnzimmer und das Esszimmer. Andy hatte sich angewöhnt, gleich nach seiner Ankunft einen Kaffee zu holen und einen Blick auf die beiden Monitore zu werfen. Er sah das Mädchen auf dem Sofa schlafen und eine Jacke an einem Küchenstuhl hängen. Natürlich dachte er, dass ich Besuch hatte, und rief bei mir an.

Wie an den meisten Vormittagen meldete er sich, um sich zu vergewissern, das alles in Ordnung war, und um zu fragen, ob die Bänder vom Abend zuvor etwas Nützliches enthielten. Wenn ja, hörte er sie ab und legte sie beiseite; wenn nicht, spulte er sie einfach zurück und benutzte das Band noch einmal. (Diese Gewohnheit brachte Andy vor Gericht in große Schwierigkeiten. Denn die Verteidigung behauptete, er habe womöglich Beweismittel zerstört, die diese Bänder enthalten hatten. Das war ein gewichtiges Argument.)

Als ich den Hörer abnahm, fragte Andy nach dem Mädchen.

»Sie ist eine Freundin von Vinny«, erwiderte ich für den Fall, dass sie zuhörte.

Er wollte wissen, wer sonst noch da sei.

»Niemand«, antwortete ich, »nur wir.«

»Wem gehört dann diese Jacke?«

Ich brach das Gespräch ab und vertröstete Andy auf später. Wohl wissend, dass er zuschaute, zog ich dann die Kutte an und weckte das Mädchen. Nachdem ich sie bei Vinny abgesetzt hatte, fuhr ich mit meiner Kutte zum Büro der DEA. Das war fast so aufregend wie eine Fahrt mit dem tollsten Auto in der Innenstadt am Samstagabend. Alle starrten mich an und wichen mir aus. Dass ich ein verdeckter Ermittler war, machte das Ganze noch aufregender.

Ich betrat das DEA-Gebäude immer durch die Hintertür. Als ich in Andys Büro ging, war die Kamera bereit, um Fotos für die Chefs aufzunehmen. Ich bat Andy noch, das Band des vorigen Abends aufzubewahren, damit ich mich gegen mögliche Anschuldigungen der Verteidigung wegen des Mädchens wehren konnte.

Wie sich herausstellte, war das unnötig. Aber mein Umgang mit dem Mädchen verschaffte mir eine wichtige Verbündete. Denn als ich am nächsten Tag Vinny besuchte, nahm mich seine Frau beiseite.

»Danke«, flüsterte sie mir zu.

»Wofür?«

»Dafür, wie du das Mädchen behandelt hast.«

»Keine Ursache«, sagte ich. »Aber erzähl es bitte nicht weiter.«

Von da an hatte ich in Vinnys Haus eine einflussreiche Freundin, was sich in den nächsten paar Monaten als nützlich erweisen sollte, vor allem wenn ich Informationen über das Verhältnis unseres Chapters zur nationalen Führung der Bandidos haben wollte. Hätte ich Vinny danach gefragt, wäre er sofort misstrauisch geworden. Seine Frau plauderte hingegen gerne aus, was sie wusste. Und da die meisten Anrufe des Hauptquartiers Vinny galten, wusste sie eine Menge.

Mein neuer Aufnäher bedeutete allerdings nicht nur einen höheren Rang bei den Bandidos, er veranlasste die DEA auch dazu, mir ein neues Motorrad zu kaufen. Das war zum Teil eine Belohnung, aber es hatte auch ganz praktische Gründe. Meine Sportster eignete sich zwar für kleinere Rundfahrten, nicht aber für längere Reisen, da man den winzigen Benzintank mindestens doppelt so oft füllen musste wie den der größeren Harleys. Da ich als Vollmitglied aber an diesen langen Ausfahrten teilnehmen musste, brauchte ich eine ausgewachsene Harley.

Die Maschine, die ich mir anschaffte, eine FXRT, hatte noch einen anderen großen Vorteil: Sie stammte von Jersey Jerry. Weil ich aber sein altes Motorrad kaufte, kamen wir uns etwas näher. Und als Landesschatzmeister der Bandidos und Regionaloffizier im Nordwesten stand er ganz oben auf der Liste der DEA. Wie das FBI, das ATF, die kanadische Polizei und andere Behörden pflegte auch die DEA Ermittlungsakten nach der ranghöchsten Zielperson zu benennen. In unserem Fall war das Jersey Jerry. Darum war es eine gute Idee, sich bei ihm einzuschmeicheln.

Das FXRT war ein tolles Motorrad. Jerry hatte es nur sechs Monate besessen und überließ es mir zum Spottpreis von 5500 Dollar. Die Maschine hatte fünf Gänge, einen gummigelagerten Motor, luftunterstützte Stoßdämpfer, Packtaschen aus Glasfasern und eine Windschutzscheibe. Ich war begeistert, obwohl sie für mich eigentlich viel zu groß war. Ich musste erst die gesamte Luft aus den Stoßdämpfern herauslassen, um sie abzusenken, und dann den Sitz aufschneiden und die Hälfte des Schaumstoffs herausnehmen, damit ich mit den Füßen auf den Boden kam.

Aber das waren nicht die einzigen Veränderungen, die ich vornahm. Eine meiner ersten Fahrten auf der Autobahn unternahm ich mit George Wegers. Wir fuhren auf der A 5 nach Seattle. Als wir zwei Hondas überholten, die nordwärts fuhren, winkten mir die Fahrer zu. Das ärgerte mich so, dass ich George signalisierte, am Straßenrand zu halten. Dort besprachen wir den Vorfall. Er kannte eine Werkstatt in Bellingham, die sich meines Problems annehmen konnte. Also fuhren wir sofort hin, und ich ließ die Glasfasertaschen gegen alte Ledertaschen austauschen. Dann steckte ich eine Stahlstange in den Auspuff, und George hämmerte so lange darauf, bis sie alle Schalldämpfer durchstoßen hatte. Die Windschutzscheibe behielt ich, machte sie aber kürzer. Als wir ein paar Schritte zurücktraten, mussten wir zugeben, dass die Maschine jetzt großartig aussah. Ich schaltete den Motor ein, und er dröhnte mit einer Lautstärke von rund 100 Dezibel los, was gerade noch zulässig war. Jetzt würde mir mit Sicherheit kein Hondafahrer mehr zuwinken.

Ich wusste nicht, warum George mich gebeten hatte, ihn nach Seattle zu begleiten. Brauchte er Verstärkung? Als wir an einem alten Haus im Süden der Stadt ankamen, parkten wir und klopften an die Hintertür. Eine Frau öffnete, und George fragte, ob ihr Mann zu Hause sei.

»Er schläft noch«, antwortete sie starr vor Angst.

Als George ihr befahl, sich in die Küche zu setzen und kein Wort zu sprechen, gehorchte sie widerspruchslos. Dann ging George durch den kurzen Flur ins Schlafzimmer, wobei er einen Golfschläger mitnahm, der an der Wand lehnte. Ich folgte ihm und blieb im Flur stehen, sodass ich George sah und gleichzeitig die Frau in der Küche im Auge behalten konnte. Wortlos begann George damit, mit dem Golfschläger auf den Mann einzuprügeln. Keine besonders angenehme Art, geweckt zu werden! Es dauerte nur wenige Sekunden, bis der Mann am ganzen Körper blutete und wimmernd die Hände vors Gesicht hielt.

Irgendwie gelang es ihm, sich aufzurappeln und zur Tür zu schleppen, immer noch in Unterwäsche. Ich verpasste ihm einen kräftigen Tritt gegen den Brustkorb, woraufhin er zurück ins Zimmer fiel. Die Frau begann hysterisch hin und her zu schaukeln, und George beugte sich über den Mann und schrie: »Wenn du bis morgen nicht gezahlt hast, dann kommen wir wieder!«

Als George sich umdrehte, warf ich einen Blick in sein Gesicht. Es war vor Wut verzerrt und sah einfach nur böse aus. Ich schwor mir, nichts zu tun, um diesen Gesichtsausdruck gegen mich gerichtet zu erleben, außer wenn ich eine sehr große Kanone in der Hand hatte.

Doch der Sturm legte sich so schnell, wie er gekommen war. Als wir aus dem Haus gingen, lächelte George bereits wieder fröhlich. Auf dem Weg zurück nach Ferndale machten wir auf einem Parkplatz Halt und stiegen ab. Er kam zu mir und gab mir einen kleinen, diamantförmigen Aufnäher, auf dem 1 % stand.

Dieses Abzeichen tragen die meisten kriminellen Biker, es soll aussagen, dass sie zu dem einen Prozent der Biker gehören, denen die Bruderschaft ihren schlechten Ruf verdankt. Das Abzeichen geht auf das berühmte Hollister-Wochenende im Jahr 1947 zurück, als kriminelle Biker nach zahlreichen sensationellen Medienberichten zum ersten Mal ins kollektive Bewusstsein der Vereinigten Staaten rückten. Ein Sprecher der American Motorcycle Association sagte danach, 99 Prozent der Biker seien verantwortungsbewusste Bürger und nur 1 Prozent echte Barbaren. Seither gilt das Ein-Prozent-Emblem in entsprechenden Gangs als Ehrenabzeichen. Die meisten Gangs überreichen dieses Emblem allen Mitgliedern, die ihre Anwärterphase erfolgreich hinter sich gebracht haben, automatisch. Bei den Bandidos muss es hingegen von einem Mitglied verliehen werden, was eine besondere Beziehung zwischen den beiden Männern zur Folge hat.

»Hast du jemanden, der dir das annähen kann?«, fragte George nur.

Da ich immer mehr Zeit mit George und anderen einflussreichen Bandidos verbrachte, verschlechterte sich mein Verhältnis zu Gunk. Denn er betrachtete sich als meinen Förderer und fühlte sich von mir vernachlässigt. Damit hatte er auch recht, denn wir konnten ihm mindestens drei Deals nachweisen, was für eine Verurteilung vollkommen ausreichte. Deshalb musste ich an anderer Stelle weitermachen. Aber das wusste Gunk natürlich nicht, und es gefiel ihm nicht, dass er mit mir kein Geld mehr verdiente. Er hielt meine Freundschaft zu George für einen ehrgeizigen Versuch, meinen Status in der Gang zu verbessern. Auch damit hatte er natürlich recht.

Zudem war George ein viel interessanterer und vielschichtigerer Typ. Während Gunk viel redete, aber wenig zu sagen hatte, konnte man sich mit George über fast alles unterhalten. Er las nicht nur Zeitung, sondern auch Bücher, was für einen Bandido eher ungewöhnlich war. Auch wenn er kaum Schulbildung genossen hatte, war er intelligent, neugierig und ehrgeizig. Wir verbrachten viele Abende damit, auf der hinteren Veranda meines Hauses zu sitzen, unsere Blicke die Straße entlang in Richtung Südkalifornien schweifen zu lassen und darüber zu reden, was wir mit unserem Leben anfangen wollten. Schon damals wollte er unbedingt nationaler und Weltpräsident der Bandidos werden – ein Ziel, das er sechzehn Jahre später auch erreichte.

George hasste die Hells Angels, die New York Yankees der Bikerwelt, von ganzem Herzen, und er hasst sie immer noch. Das ist meistens so: Entweder sie werden geliebt oder gehasst, dazwischen gibt es eigentlich nichts. Aber George

Kapitel fünf Meine Farben werden national

hasste sie nicht nur, er verabscheute sie, verachtete sie, er konnte nicht einmal den Gedanken an sie ertragen. Als die Satan's Slaves of White Rock in British Columbia – die engen Geschäftspartner der Bellingham Bandidos beim Schmuggeln – zu den Hells Angels überliefen, wollte George nie wieder mit einem von ihnen direkte Geschäfte machen. Das bedeutete zwar finanzielle Einbußen für ihn, aber das brachte ihn nicht davon ab.

»Ein Haufen verdammter Waschlappen«, sagte er jedes Mal, wenn ihr Name fiel.

Was andere Themen betraf, war George vernünftiger. Er konnte lange über Astronomie, Physik und amerikanische Geschichte reden, ebenso über die neuesten Nachrichten. Nach meinen abendlichen Gesprächen mit George musste ich meine Berichte für Andy und seine Kollegen schreiben. Anfangs fasste ich auch den Inhalt unserer Gespräche zusammen. Aber irgendwann fand ich es sehr unangenehm, dass die Betreuer herumsaßen und sich über unsere Gespräche lustig machten. Sie benahmen sich wie Kinder, die heimlich ein fremdes Tagebuch lesen und schlüpfrige Witze darüber reißen. Andy, Corky und Larry verstanden nicht, dass diese Augenblicke – dieses Geplauder mit George oder mit dem ebenso intelligenten, aber gebildeteren Dr. Jack – für mich eine Art Waffenstillstand waren. Wie Weihnachten an der Somme während des Ersten Weltkrieges, als kanadische und deutsche Soldaten im Niemandsland Feiertagsrationen und Zigaretten tauschten. Nachdem die Polizisten mehrere Male über die Biker, ihre Gedanken, Gefühle und Ambitionen gelästert hatten, hörte ich auf, Einzelheiten zu notieren. Ich schrieb einfach »allgemeines Gespräch« und beließ es dabei.

Ich ging mit der Zeit wohl zu sehr in meiner Rolle auf und wurde allmählich zu dem, was ich nur vortäuschen sollte. Dann geschah etwas, das mich wieder ernüchterte.

Im Frühjahr oder Frühsommer 1983 veranstaltete das Bremerton-Chapter eine einwöchige Party. Die Jungs bereiteten sich monatelang darauf vor, und ich erwartete voller Spannung das Ereignis. Bei dieser Party sollte ich zum ersten Mal Bandidos aus anderen Teilen der USA kennenlernen, vor allem Biker aus Texas und Louisiana, die im Ruf standen, besonders brutal und unberechenbar zu sein.

Wie ich herausfinden sollte, stellte im Zusammensein mit ihnen nicht einmal der Bandidos-Aufnäher eine Sicherheitsgarantie dar.

Die Bandidos reisten selten in großen Gruppen. Meist legten sie ein Ziel fest und teilten sich dann entweder in Chapter oder Kleingruppen unter der Führung eines Road Captains auf, der unterwegs sogar dem Chapter-Präsidenten übergeordnet war. Er plante die Routen und Ruhepausen und reservierte Motelzimmer oder Zelte auf Campingplätzen.

Auch für den Waffenwagen war er verantwortlich, einen Lieferwagen, den meist zwei Frauen fuhren (keine Freundinnen, sondern Frauen mit Abzeichen) und in dem Waffen, Drogen, Zelte, Werkzeug und Ersatzteile transportiert wurden, die während einer Ausfahrt benötigt wurden. Auf längeren Fahrten, zum Beispiel nach Sturgis, fuhr noch ein Kleinlaster mit Motorradanhänger mit, falls ein Motorrad ausfiel und unterwegs nicht repariert werden konnte.

Der Road Captain musste sich auch mit der Polizei auseinandersetzen. Er informierte sie darüber, dass die Biker entweder ohne Zwischenstopp oder mit Übernachtung durch ihr Gebiet fuhren. Das war in Staaten wie Texas und New Mexico besonders wichtig, weil die Polizei dort zu Überreaktionen neigte, wenn sie eine Gruppe von Bikern entdeckte. Dieses System funktionierte ziemlich gut. In manchen Städten sperrte die Polizei sogar den Verkehr auf der Hauptkreuzung und winkte uns einfach durch. Falls sie uns stoppte, oblag es dem Road Captain, die Führerscheine und Fahrzeugscheine einzusammeln, um den unmittelbaren Kontakt zwischen Polizei und Bikern auf ein Minimum zu beschränken. Dr. Jack war der Road Captain unserer Abteilung. Wie alle Road Captains war er an dem kleinen Aufnäher über der linken Tasche seiner Kutte zu erkennen.

Als Erste der Bandidos-Gruppen, die quer durchs Land nach Norden oder Westen gefahren waren, kamen die South-Texas-Nomaden in Bremerton an. Unter den gesetzlosen Bikergangs – Bandidos, Outlaws, Hells Angels und Pagans – stellten die Nomaden immer so eine Art Elitetruppe dar, sowohl innerhalb als auch außerhalb des Clubs. Ihre Beziehung zum Rest der Gang war in etwa vergleichbar mit der eines Spezialkommandos in einer regulären Armee. Wenn die Texas-Bandidos hart waren, dann waren die Texas-Nomaden noch härter. Angeführt von Hammer (Thomas Lloyd Gerry), dem Präsidenten aller Texas-Nomaden, waren sie etwa zwanzig Mann stark und strahlten eine enorme Autorität aus. Gewöhnliche

Mitglieder wurden schon nervös, wenn sie nur mit ihnen redeten. Sie waren als Killer bekannt und machten nicht viel Federlesens. »Wenn der Hammer über dir schwebt, ist alles aus«, hieß es damals oft. Die Tatsache, dass sie so gefürchtet waren, verstärkte natürlich die Macht der Nomaden, Gnade ließen sie selten walten.

Die South-Texas-Nomaden fuhren schnurstracks zu ihrem Zeltplatz, einem großen Gelände, das dem Bremerton-Chapter gehörte. Ein Cocktailempfang nach Bikerart erwartete sie und alle anderen Bandidos, die im Laufe des Tages und Abends eintrafen. Ich musste dafür sorgen, dass genügend Bier und Spirituosen vorhanden waren. Da ich nicht trank und nicht einmal wusste, wie viele Leute kommen würden, konnte ich den Bedarf nur in etwa schätzen. Nachdem Gunk, unser Schriftführer und Schatzmeister, mir Geld gegeben hatte, schickte ich die Anwärter los, um die Vorräte aufzufüllen. Am Ende des ersten Tages waren rund hundert Bandidos eingetroffen, was in etwa meinen Erwartungen entsprach. Daher war ich vielleicht ein wenig zu selbstsicher, als ich den Stoff für den zweiten Tag bestellte.

Am Ende des nächsten Tages waren über 300 Bandidos da, und die Party lief bestens, bis uns um drei Uhr morgens der Alkohol ausging. Das Fest endete abrupt, und einige Mitglieder waren stinksauer auf mich, weil ich ihnen den Hahn zugedreht hatte.

Am Morgen des dritten Tages teilte mir der Präsident des Bremerton-Chapters mit, dass nun jemand anderes für den Nachschub zuständig sei und ich mich später am Tag vor einem Disziplinarausschuss der Bandidos für meine Fehlkalkulation verantworten müsse. Das überraschte mich nicht sonderlich, denn ich wusste, dass die Washington-State-Bandidos ihre knallharten Gäste unbedingt beeindrucken wollten. Und mir war auch klar, dass ich Mist gebaut hatte. Ich hatte zwar keine Ahnung, was mich erwarten würde, aber ich war auf einiges gefasst.

Am selben Nachmittag stand ich dann in einer Ecke des Geländes, in einiger Entfernung von der Party und dem extrabreiten Wohnmobil des Präsidenten, vor einem dreiköpfigen Bandidos-Gericht. Es bestand aus dem Präsidenten (den ich nur als Pog kannte), Jersey Jerry und, wenn ich mich recht erinnere, Milo, einem Mitglied des Bremerton-Chapters. Milo gehörte zu einem der wichtigen Bandidos im Bundesstaat Washington. Sie saßen alle auf einem kleinen Podest und musterten mich.

Der Prozess begann mit einigen einfachen Fragen, die jeder hätte beantworten können.

»Du weißt, warum du hier bist?«, fragte Pog.

»Ja.«

»Wann hast du gemerkt, dass uns der Sprit ausgeht?«

»Irgendwann am späten Abend.«

»Und du hattest für diesen Fall nicht vorgesorgt?«

»Nein.«

»Hast du noch etwas zu deiner Verteidigung zu sagen?«

Ich hätte mich natürlich darauf berufen können, dass ich keine Ahnung hatte, wie viel eine Person an einem Abend trinken konnte, aber das erschien mir wie eine schwache Ausrede.

»Nein«, antwortete ich.

»Tja, du weißt, dass wir dich dafür bestrafen müssen?«

»Klar.«

In diesem Moment kamen zwei Männer – Gunk und Dean aus Bremerton – von hinten und begannen, mich mit Fäusten und Stiefeln zu bearbeiten. Ich legte die Hände an die Seiten und versuchte, so lange aufrecht stehen zu bleiben, wie ich konnte – also nicht allzu lange. Nach den Maßstäben der Bandidos war das Ganze nur eine leichte körperliche Bestrafung, aber ich musste eine Menge Hiebe einstecken. Immerhin brachen sie mir keine Knochen, das war Bestandteil härterer Strafen. Als ich wieder zu mir kam, lag meine Kutte neben mir und ein unteres Abzeichen war abgetrennt.

Als ich an diesem Abend in den Spiegel schaute, erschrak ich. Ich sah aus, als hätte mich ein Lkw angefahren. Ein Auge war ganz zugeschwollen, und mein Gesicht war blutverschmiert. Ich säuberte mich, so gut es ging, und machte einen großen Bogen um das Lagerfeuer. Eigentlich hatte ich gedacht, dass alle Bescheid wüssten, aber anscheinend wurden die Gäste nie informiert. Ich zögerte, Andy und die Jungs anzurufen, da ich keine Lust auf ihren Spott hatte.

Am vierten Tag fuhren etwa hundert von uns durch die Cascades nach Wenatchee. Unterwegs machten wir in einer Kneipe Rast, die »Three-Fingered Jack's Saloon« hieß. Als ich über die Veranda zur Tür ging, rief Hammer mich zu sich. Er stand mit Sir Spanky (Glen Alan Wilhelm), dem nationalen Sergeant at Arms

– der für die innere und äußere Sicherheit eines Clans zuständig war –, vor der Tür. Spanky sah aus wie Tom Berenger in Platoon. Er trug immer ein Kopftuch und roch geradezu nach Gewalt und schwerer Körperverletzung. Ich sah ihn niemals lächeln und jeder, den er anschaute, bekam Gänsehaut. Alles in allem war er ein böser Dreckskerl. Und dass er neben Hammer stand, der mich gerufen hatte, war nicht gerade beruhigend.

»Was ist mit deinem unteren Abzeichen passiert?«, fragte Hammer.

»Das ist eine lange Geschichte«, erwiderte ich, ohne stehen zu bleiben.

»Dann nimm dir Zeit, und erzähl sie mir, verdammt noch mal!«

Also gab ich zu, dass ich dafür verantwortlich war, dass der Alkohol ausgegangen war, und erwähnte auch die Strafe dafür. Er nickte nur und winkte mich in das Lokal, ohne sich anmerken zu lassen, ob er seiner Meinung nach Schlimmeres verdient oder genug gelitten hatte.

Am nächsten Morgen begann die zweite Phase der Party. Das Hauptlager wurde aufgelöst, und einzelne Gruppen suchten die Häuser der örtlichen Mitglieder auf. Jetzt konnte ich Punkte sammeln.

Hammer und seine Freundin kamen nachmittags zu mir, begleitet von einer Gruppe Bandidos, die im Peace Arch Park gezeltet hatten. Sie blieben zwei Nächte lang. Da mein Haus sauberer war als die meisten anderen und ich die hübschen Ledermöbel des Einwanderungsbeamten besaß, hielt Hammer es wohl für die geeignetste Unterkunft. Weil er da war, füllte sich mein Haus schnell mit Gästen, die kamen und gingen, und ich lernte viele einflussreiche Bandidos aus anderen Bundesstaaten kennen. Zwei Frauen aus Blaine kümmerten sich um den Herd und den Grill, und die Freundinnen der Besucher halfen ihnen. Es gab Steaks, Hamburger und Hotdogs für alle. Und im Kühlschrank war immer genug Bier, denn ich hatte meine Lektion gelernt und den Schuppen hinter dem Haus mit Dutzenden von Kisten gefüllt.

Damals traf ich Sly Willie (William Boring), ein äußerst bösartiges Mitglied des Lubbock-Chapters, der später unwissentlich dazu beitrug, dass die Ermittlungen nach Texas ausgeweitet wurden. Willie war einer der ersten anerkannten Opfer einer Agent-Orange-Vergiftung unter den Vietnamveteranen. Er starb langsam, und soweit ich es beurteilen konnte, machte ihn das nur noch gemeiner. Außerdem schloss ich Bekanntschaft mit einem Brüderpaar aus Louisiana namens

Lejeune, das französisch sprach und Akkordeon spielte. Henry alias Coon-Ass, der Ältere, war ein Nomade; David, der Jüngere und Dümmere, war Mitglied des Shreveport-Chapters. Als sie zum ersten Mal kamen, fiel mir sofort ihr Akzent auf und ich sprach sie auf Französisch an. Natürlich waren sie begeistert.

Sechs Monate oder ein Jahr später wurde Coon-Ass dafür berühmt, dass er sich selbst übel zugerichtet hatte. Beim Clubtreffen in Lubbock hatte er den neuen Revolver seines Chapter-Präsidenten bewundert und dabei einen Schuss ausgelöst, der den Präsidenten am Fuß traf. Als er daraufhin vor dem Disziplinarausschuss gefragt wurde, ob er vor seiner unausweichlichen Bestrafung noch etwas sagen wolle, erwiderte er nur: »Ich kümmere mich selbst darum.« Dann begann er, sich selbst zu boxen und den Kopf gegen Wände, Tische und andere Gegenstände zu knallen. Vor ein paar Dutzend Bandidos schlug er sich selbst so lange zu Brei, bis ihn zwei Männer festhielten.

Am zweitletzten Tag der Zusammenkunft war mein Haus ohne Zweifel der Mittelpunkt der Party. An diesem Abend tauchten Vinny und einige Mitglieder unseres Chapters auf, und Vinny erklärte vor allen Anwesenden, dass er etwas anzukündigen habe.

»Bandido Alex hat sich in den letzten Tagen sehr anständig und gastfreundlich verhalten«, sagte er. »Darum finden wir, dass er das hier zurückbekommen sollte.«

Dann zog er mein fehlendes Abzeichen aus der Tasche. Offenbar war das Ganze geplant gewesen, denn Vinnys Frau hatte Nadel und Faden dabei und nähte das Abzeichen innerhalb weniger Minuten an meine Kutte. Gunk gab sich keine Mühe, seinen Unwillen zu verbergen, aber das tat meiner Freude keinen Abbruch. Später erfuhr ich, dass die Idee von den Jungs aus Texas stammte. Und den Wunsch eines Mannes wie Hammer durfte man nicht ignorieren.

Während der Partywoche hatte ich meine Betreuer nicht getroffen, sondern nur kurz mit ihnen telefoniert. Sie hingegen hatten die Feier – und mich – mit versteckten Kameras und Mikrofonen im Haus ständig überwacht. Andy hatte bemerkt, dass ich zerschunden aussah und dass mein unteres Abzeichen fehlte. Doch er und das Team kamen zu dem Schluss, dass die Sache wohl ausgestanden war und zwischen mir und der Gang wieder vollkommene Harmonie herrschte. Wichtig war, dass ich noch lebte und dass es mir gut zu gehen schien – sonst wären nicht so viele Mitglieder bei mir ein und aus gegangen. Später wurde die DEA vor Gericht gerügt, weil sie mich auf der Party nicht ausreichend beschützt und so lange keinen Kontakt mit mir aufgenommen hatte. Damals fand ich, dass Andy richtig gehandelt hatte, aber heute bin ich der Meinung, dass sie mir wenigstens nach Bremerton hätten folgen sollen.

Allerdings wurde der Schaden, den diese Entscheidung dem Fall möglicherweise zugefügt hat, von den Videobeweisen mehr als wettgemacht. Viele meiner Gäste unterhielten sich vor dem Haus über Geschäfte. Zu ihrem Pech nicht unbemerkt, denn an der vorderen und hinteren Tür waren Kameras und Mikrofone angebracht. Obwohl die Biker leise sprachen, waren ihre Worte meist gut zu verstehen, und die so gewonnenen Informationen gaben der Gang später den Rest. Unter anderem erfuhr die Polizei, dass Hammer ein Jahr zuvor in einen Mord in Arizona verwickelt gewesen war.

Am wertvollsten für die Ermittlungen waren jedoch die freundschaftlichen und geschäftlichen Beziehungen, die ich mit Bandidos aus anderen Bundesstaaten geknüpft hatte. Sie führten dazu, dass Terry Jones und ich wenige Wochen später, Mitte Juni, quer durchs Land fuhren. Denn ich wollte von Sly Willie ein paar Waffen kaufen – er hatte mir eine Ingram MAC 11 und ein A 15 angeboten. Wir hatten in meinem Haus in Blaine über den Verkauf gesprochen, und ich hatte Willie sogar eine Vorauszahlung gegeben, die im Grunde ein Kredit war, da er pleite war und Geld brauchte, um nach Lubbock zurückzukommen.

Bevor Terry und ich aufbrechen konnten, mussten wir erst noch mit den Hells Angels eine sichere Fahrt durch Kalifornien aushandeln. Zwischen den großen Bikergangs herrschte damals eine angespannte Ruhe. Die Outlaws, in Chicago entstanden und in einem breiten Landstreifen von Illinois bis Florida stark vertreten, sowie die Angels mit ihrem Stammland Kalifornien gingen einander seit Jahrzehnten an die Kehle. Was ihre Feinde im Westen anbelangte, lautete die Devise der Outlaws Anfang der achtziger Jahre: »Schieß, wenn du einen siehst.« Die Bandidos verdankten ihr erstaunliches Wachstum Mitte der siebziger Jahre vor allem der Feindschaft zwischen den Outlaws und den Angels. Die Bandidos waren so schlau gewesen, sich als Puffer zwischen den Gangs anzubieten, und breiteten sich von Texas nordwärts nach Colorado, Montana, South Dakota und New Mexico aus.

Aber Anfang der achtziger Jahre begann es die Hells Angels zu stören, dass die Bandidos sich so sehr ausweiteten, vor allem im Bundesstaat Washington. Denn ohne diese Kerle in Bellingham und Bremerton hätten die Angels freie Bahn von der mexikanischen Grenze bis nach Alaska gehabt.

Zu allem Überfluss wütete eine andere Gang aus Texas, die Banshees, im Südwesten und hatte in Arizona und Kalifornien mehrere Angels ermordet. Das wäre nicht auf die Bandidos zurückgefallen, wären nicht einige Banshees – wenn auch nur in Texas und Louisiana, soweit ich wusste – abtrünnige Bandidos gewesen.

Obendrein waren die Angels damals besonders verärgert, weil die Outlaws und die Pagans (ebenfalls eine große Gang im Osten) vor Kurzem ein Bündnis eingegangen waren und eine neue Gang, die Mongols, den Angels in L. A., ihrem eigenen Gebiet, Konkurrenz machte.

Deshalb brauchten Terry und ich eine Sicherheitsgarantie. Also besuchten wir Jersey Jerry. Als Regionaloffizier im Nordwesten musste er für uns die notwendigen Telefongespräche mit den Angels in Kalifornien führen. Außerdem gab er uns Visitenkarten mit mehreren verschlüsselten Telefonnummern, die wir jedem Hells Angel vorzeigen sollten, der uns belästigte. Keine Verhandlungen gab es mit den Gypsy Jokers in Oregon. Die Jokers wollten es sich zwar nicht mit den Hells Angels verderben, aber mit den Bandidos gingen sie viel weniger diplomatisch um, weil diese sie Anfang der siebziger Jahre aus Washington vertrieben hatten. Jerry konnte uns also nur raten, die Köpfe einzuziehen und zu hoffen, dass sie uns nicht bemerkten.

Andy, der sich vielleicht ein wenig schuldig fühlte, weil er mich während der Partywoche ziemlich mir selbst überlassen hatte, wollte sicherstellen, dass ich während der Fahrt durch Oregon nicht ums Leben kam. Deshalb organisierte die DEA an dem Tag, als wir Oregon durchquerten, mehrere Razzien und Durchsuchungen bei den Jokers, um sie zu beschäftigen. Alle ihre Motorräder und Autos wurden inspiziert, und sie mussten ihre Hunde zum Tierarzt bringen, um zu überprüfen, ob sie ausreichend geimpft waren. Das Jugendamt und das Gesundheitsamt machten Hausbesuche. Das war typisch Andy, und es lohnte sich – man fand verbotene Waffen, Drogen und Diebesgut, was die Polizeiaktion rechtfertigte. So hatten Andy und seine Kollegen einen amüsanten Tag, während Terry und ich durch Oregon rauschen konnten, ohne einem einzigen Joker zu begegnen.

Die erste Nacht verbrachten wir in einem Motel in Nordkalifornien, dann fuhren wir ohne Pause weiter nach Phoenix. Dort mieteten wir Zimmer am Stadtrand. Nachdem wir unsere Motorräder in einem abgeschlossenen Raum untergestellt hatten, bestellten wir eine Pizza und zogen uns zurück. Etwa eine Stunde später hörte ich das Dröhnen von Harleys im Hof des Motels. Ich schaute aus dem Fenster und sah vier grimmig dreinblickende Biker, die auf den Abstellraum zugingen. Sofort rannte ich mit einer Kanone in der Hand in Terrys Zimmer und informierte ihn darüber, dass wir möglicherweise Ärger bekommen würden. Aber er blieb gelassen. »Keine Sorge, das sind Freunde«, versicherte er.

Die Biker stellten sich als Banshees heraus, und wir verbrachten mit ihnen den Abend und feierten, als wären wir Brüder – was wir in der Tat waren, wie ich bald erfahren sollte. Als sie uns in ein Privathaus mitnahmen, entdeckte ich überall die Utensilien der Bandidos. Anfangs verwirrte mich das etwas, denn man konnte dieses Zeug nicht in irgendeinem Harley-Geschäft oder auf dem Flohmarkt kaufen. Die Bikergangs bemühten sich nach besten Kräften darum, dass ihre Insignien – Gürtel, Jacken, offizielle T-Shirts, sogar Tätowierungsvorlagen – nicht in die Hände von Unbefugten gelangten. Wer eine Gang verließ, ohne diese Sachen zurückzugeben, oder wer sie trug, ohne Mitglied zu sein, beging in der Bikerwelt ein schweres Verbrechen.

Dann gestand mir einer der Banshees, dass er sich darauf freue, mit diesem Theater aufhören und wieder den dicken Mexikaner – ein liebevoller Ausdruck für den Aufnäher der Bandidos – tragen zu können. Jetzt fiel bei mir der Groschen: Die randalierenden Banshees waren in Wirklichkeit Undercover-Bandidos, die die Hells Angels offenbar an ihrer Ostflanke provozierten, um zu verhindern, dass sie sich anderswo, vor allem im Norden, ausbreiteten. Später erfuhr ich auch die Hintergründe dafür: Etwa ein Jahr zuvor hatte eine Gruppe von Bandidos in New Mexico die Arizona-Banshees ausgerottet, aber ihre Kutten behalten, um sie bei Aktivitäten anzuziehen, mit denen man die Bandidos nicht in Verbindung bringen durfte. Für mich war das eine sehr aufschlussreiche Erklärung.

Terry beeindruckte das wohl weniger, auf jeden Fall trank er zu viel und kippte irgendwann um. Daher bat ich die Jungs, ihn bei sich zu behalten. Ich aber wollte zurück zum Motel gehen und ihn dann am nächsten Morgen abholen. Sie zeichneten mir eine Karte, damit ich den Weg fand. Nachdem ich angekommen war, rief ich Andy an und wir trafen uns hinter einem Fastfood-Restaurant. Ich erzählte ihm die Neuigkeit und überreichte ihm die Karte, damit er das Haus finden konnte.

Um vier Uhr in der Früh schlief ich endlich fest. Vor dem Einschlafen hatte ich noch daran gedacht, zu Hause anzurufen, aber da Liz und die Kinder bestimmt schliefen, hielt ich es für vernünftiger, am nächsten Tag anzurufen. An diesem Tag hatte Andy bereits Liz angerufen, angeblich in meinem Auftrag, und ihr mitgeteilt, dass ich mich gerade in einer heiklen Situation befände und mich daher nicht selbst melden könne. Außerdem hatte er ihr in meinem Namen 500 Dollar geschickt. Natürlich hatte ich ihn weder um den Anruf noch um die Überweisung des Geldes gebeten, denn ich war viel zu sehr mit meinem Job beschäftigt, um an so etwas zu denken. Das Leben musste wohl erst schlimmer werden, ehe es wieder besser werden konnte. Ich konnte mir zu diesem Zeitpunkt keinen freien Tag leisten und wollte es auch nicht. Der Fall nahm mich zu sehr in Anspruch. Aber ich machte nicht einfach nur Jagd auf die Bandidos, um sie zu erledigen, sie faszinierten mich auch. So sehr ich Liz und die Kinder liebte, die Bandidos ermöglichten es mir, so zu sein, wie ich wirklich sein wollte.

Das nächste Mal machten wir in Albuquerque Halt. Das war – zumindest offiziell – heimisches Gelände. Wie die meisten durchreisenden Bandidos schliefen wir im Haus von Chuck, der eigentlich Charles David Gilles hieß, aber wegen seines merkwürdigen Humors Ha-Ha genannt wurde. Als wir ankamen, stand die Haustür offen, nur ein Fliegengitter hielt die Insekten fern. Chuck kniete auf allen vieren im Wohnzimmer und fummelte mit einer Taschenlampe unter dem Sofa herum. Der Raum war mit etwa einem Dutzend Terrarien gefüllt, die jeweils eine oder mehrere exotische Schlangen enthielten, von denen einige erschreckend groß waren. Er suchte weiter. Nach ein paar Minuten fragte ich ihn: »Was suchst du denn?«

»Meine verdammte One-Step ist ausgebrochen, und ich will sie einfangen, bevor mein Frettchen sie erwischt«, antwortete er ruhig.

Noch ehe Ha-Ha seinen Satz beendet hatte, saßen Terry und ich auf Stühlen und hoben die Füße hoch. Wir beide kannten diese Schlangenart aus Vietnam. Es sind kurze, sehr dünne und extrem giftige Dschungelschlangen. Sie klettern gerne in Stiefel, und wenn man so dumm ist, einen solchen Stiefel anzuziehen, ohne vorher die Schlange herauszuschütteln, bricht man wahrscheinlich schon nach einem oder zwei Schritten zusammen. Der Tod tritt nach etwa zwanzig Minuten ein, wenn kein Gegengift vorhanden ist.

Schließlich gab Ha-Ha die Suche auf.

Terry kannte Chuck schon gut, aber ich befand mich zum ersten Mal in seiner etwas gewöhnungsbedürftigen Gesellschaft. Nachdem wir ein paar Höflichkeiten ausgetauscht hatten, sagte er zu mir: »Du bist ein kleiner Bursche, also musst du ziemlich schnell sein.«

»Wie meinst du das?«, fragte ich.

Er beugte sich vor und meinte laut: »Bist du schnell?«

»Klar, schnell genug!«, schrie ich zurück.

»Schnapp ihn dir, Thor!«, brüllte er.

In diesem Augenblick sprang ein großer Dobermann aus der Küche und stürzte sich auf mich.

»Verdammter Mist!«, rief ich, sprang vom Stuhl und rannte nach draußen, wobei ich mir die Hand am Riegel des Fliegengitters verletzte.

Hinter mir schlugen sich Ha-Ha, der Thor freundlicherweise zurückgerufen hatte, und Terry vor Lachen auf die Schenkel. »Ja, er ist wirklich schnell!«, stieß Ha-Ha prustend hervor.

Am nächsten Tag kamen Chilly Willie (James T. Chilton), der Präsident des Denver-Chapters, und eines seiner Mitglieder vorbei, und unser Aufenthalt entwickelte sich zu einer Party. Als Drogen verteilt wurden, zog ich Ha-Ha beiseite und sagte, dass ich von der Qualität seines Stoffs beeindruckt sei. Ich bat ihn, mir ein paar Unzen für unsere Reise zu verkaufen. Er versprach, den Handel später an diesem Tag abzuschließen.

Als ich mich irgendwann unbemerkt fortschleichen konnte, traf ich Andy und das Team hinter einem nahegelegenen Restaurant und ließ mir eine Wanze und Geld geben. Nachdem ich wieder bei Ha-Ha war, ging ich mit ihm in einen Schuppen, wo er einen kleinen Teppich hochhob, ein paar Bodenbretter entfernte und zwei Unzen Speed herausholte. Es lagen noch etwa dreißig oder vierzig Beutel unter dem Fußboden. Ich bat ihn noch, unser Geschäft vertraulich zu behandeln, da das Ganze niemanden etwas angehe. Chuck war einverstanden. Dann verabschiedete ich mich und traf erneut Andy. Ich gab ihm das Rauschgift und legte die Wanze ab. Zum ersten Mal hatten wir einen Drogenhändler außerhalb unseres Staates überführt. Der Fall war somit offiziell überregional geworden.

Als ich wieder bei Ha-Ha war, waren Terry und Chilly gerade dabei, draußen im Schuppen einen Motor zu zerlegen. Ich erinnerte Terry daran, dass wir bald nach Texas aufbrechen mussten. Er nickte und ging mit Ha-Ha ins Haus zurück, um irgendwelche privaten Geschäfte abzuschließen.

Kaum war ich mit Chilly allein, fragte er mich, ob ich nicht eine Waffe kaufen wolle. Es war eine halbautomatische .380. Chilly fand, dass sie für ihn zu klein war, aber für mich genau richtig. Ich sagte »Klar doch« und gab ihm 400 Dollar. Die Waffe selbst war legal, und ein solcher Verkauf ohne allen möglichen Papierkram wäre in New Mexico nur ein geringfügiges Delikt gewesen, hätte nicht ein Gericht Chilly vor Kurzem verurteilt und ihm die Auflage erteilt, keine Waffen zu kaufen und zu verkaufen. Ich nahm an, dass man ihn jetzt anklagen konnte.

Ich hatte allerdings keine Zeit, die Waffe weiterzugeben, weil Terry abfahrbereit war. Aber als wir hielten, um zu tanken, gelang es mir, Andy kurz anzurufen. Seiner Einschätzung nach lohnte sich eine Anklage wegen des Waffenverkaufs nicht. Allerdings konnte es helfen, einer späteren Anklage gegen Chilly mehr Gewicht zu verleihen, viel mehr aber auch nicht.

»Sie haben also soeben eine Waffe gekauft«, stellte er fest und fügte noch hinzu, dass er die Ausgabe irgendwie so abrechnen würde, dass ich mein Geld zurückbekäme. Damit konnte ich leben.

Bevor wir Albuquerque verließen, hielten wir noch einmal an, um etwas zu essen. Bei dieser Gelegenheit offenbarte mir Terry, dass wir nicht alleine nach Texas fahren würden, da wir Chilly einen Gefallen tun müssten. Auf dem Weg aus der Stadt würden wir an einem Haus am Rande von Albuquerque halten, um zwei Stripperinnen mitzunehmen. Chilly hatte die Mädchen aus New Mexico geholt und wollte sie einem Bandido namens Frio (William Jerry Pruett) in Lubbock als Geschenk aus Colorado schicken.

Frio war ein Vizepräsident der Texas-Nomaden und mit Sicherheit einer der gefährlichsten Männer des Clubs. Unter den Bandidos erzählte man sich, dass Frio einmal derart betrunken auf einem Zeltplatz erschienen sei, dass er vom Motorrad gefallen sei. Kid, ein Bandido aus Montgomery in Alabama, fand das lustig und lachte. Aber Frio hatte keinen Humor, er stand auf, zog seine Kanone und schoss Kid in die Stirn. Sie begruben seine Leiche an Ort und Stelle. Ich weiß nicht, ob diese Geschichte wahr ist, auf jeden Fall wurde Kid nie wieder gesehen.

Die Mädchen warteten schon auf uns und freuten sich auf die Fahrt. Da sie ihr Gepäck einen Tag vorher mit dem Bus vorausgeschickt hatten, begnügten sie sich mit kleinen Taschen. Sie trugen eng anliegende Jeans mit Rissen an den richtigen Stellen und ärmellose Hemden. Ich zeigte auf die Kleinere, die taillenlanges pechschwarzes Haar hatte, und sagte: »Du fährst mit mir.«

Aus heutiger Sicht war das eine heikle Situation für mich. Denn wir begingen ein Verbrechen, weil wir »Frauen mit unmoralischen Absichten in einen anderen Bundesstaat« brachten. Wenn das vor Gericht herauskäme, würde es meiner Glaubwürdigkeit schaden. Aber daran dachte ich damals nicht.

Jasmine griff in ihre Handtasche und holte ein Geldbündel heraus. »Chilly hat gesagt, dass ich euch das für die Fahrt geben soll.«

Ich zählte die Scheine – es waren 2000 Dollar – und reichte Terry die Hälfte. Mir kam das sehr eigenartig vor, denn es war eindeutig viel zu viel Geld für Benzin und Essen. Aber Terry machte sich keinerlei Gedanken darüber. Er erkundigte sich nur, ob die Mädchen ihre Flaschen bei sich trugen, die sie für eine Fahrt durch die Wüste dringend brauchten. Denn der Beifahrer sprüht einen Wassernebel vor den Fahrer, um Sonnenbrand und Hitzschlag vorzubeugen. Sie nickten und stiegen nach einem Zeichen Terrys auf die Maschinen. Dann brausten wir los.

Es war einer jener Tage, von denen Biker träumen. Seite an Seite fuhren wir mit Jeans und Kutten, aber ohne Helme auf einer Autobahn durch die Wüste. Der Chrom unserer Harleys funkelte unter dem wolkenlosen blauen Himmel. Und dann waren da noch die beiden spärlich bekleideten Damen auf dem Soziussitz. Ich fand viele Aspekte der Bandidos-Kultur verführerisch, aber das übertraf alles.

Doch ich war nicht der Einzige, der diesen Tag genoss. Familien in Kombiwagen fotografierten uns, als sie vorbeifuhren, ebenso einzelne Männer und ältere Paare. Einmal knipste uns sogar Andy, als er in einem Zivilfahrzeug vorbeisauste, das eine Polizistin steuerte. Ich war wirklich dankbar für den Wassernebel, aber da Jasmin die ganze Zeit ihre Hände auf meinen Oberschenkel liegen hatte, wäre ich, als wir an einer Fernfahrerkneipe hielten, um Mittag zu essen, eigentlich reif gewesen für eine Dusche unter einem Wasserschlauch.

Wir parkten im Schatten und gaben den Mädchen Geld, damit sie uns etwas zu essen holen konnten. Terry und ich legten uns währenddessen ins Gras und entspannten uns. Etwa eine Viertelstunde später kam Terrys Mädchen allein zurück.

»He Jungs, wir haben da im Laden ein Paar getroffen, und der Mann trägt Farben.« Das machte uns natürlich neugierig.

»Welcher Club?«, fragte Terry.

Das wusste das Mädchen nicht. Daher fragte ich sie, ob der Bursche ein Abzeichen unten auf seiner Kutte habe. »Ja, da steht ›Texas‹.«

Terry wies sie an, zurückzugehen und die beiden zu holen, ohne ihnen zu verraten, dass wir Bandidos waren. Nachdem sie gegangen war, fragte Terry mich, ob ich eine Waffe bei mir hätte. Ich klopfte auf meine Tasche. Eigentlich hatte ich sogar zwei Waffen dabei: die .380 und eine kleine Derringer, Kaliber 22, die stets hinten im Gürtel steckte. Die idyllische Stimmung war dahin, es wunderte mich immer wieder, wie schnell eine Situation in der Bikerwelt von einem Extrem ins andere umschlagen konnte.

Kurze Zeit später kamen unsere Mädchen mit Taschen voller Essen und Getränken zurück. Zwei Fremde begleiteten sie, der Mann war etwa vierzig, seine Begleiterin ungefähr zehn Jahre jünger. Sie ging langsamer als er und schien etwas zu wanken, als sie näherkamen. Der Typ wirkte überhaupt nicht nervös. Er war etwa 1,83 Meter groß und hatte langes Haar und einen Bart. Die Sonne hatte seine tätowierten Arme braun gebrannt. Ich bemerkte ein großes Messer an seinem Gürtel. »Aces and Eights«, raunte Terry mir zu.

Aus Assen und Achten bestand das Blatt, das Wild Bill Hickok in der Hand hielt, als ihm jemand in den Rücken schoss, während er in einer Kneipe in Deadwood Poker spielte. Das Blatt wurde als »Todesblatt« berühmt und wurde auch zum Namen eines unabhängigen Motorradclubs in Levelland in Texas. Er hatte nur etwa vierzig Mitglieder, die allerdings ziemlich zäh sein mussten, um mitten im Territorium der Bandidos zu überleben. Mir war nicht bekannt, wie die Bandidos zu diesen Leuten standen, aber Terry wusste natürlich Bescheid. Er war zwar sicherlich nicht der Klügste, aber er war immer gut informiert, gerade auch über die Beziehungen zwischen den verschiedenen Club.

Der Mann stellte sich als Ratchet vor und schüttelte uns die Hand, ehe er sich ins Gras setzte. Seine Begleiterin nahm neben den Mädchen Platz, die schlau genug waren, zu begreifen, wie heikel die Situation war, und sich daher in sicherer Entfernung niederließen. Terry kam gleich zur Sache.

»Hör mal, Ratchet, dir ist doch wohl klar, dass du außerhalb deines Reviers ohne Erlaubnis der Bandidos keine Farben tragen darfst. Hast du eine Erlaubnis?«

Ratchet sagte, dass er die Regeln kenne und keine Erlaubnis habe. Es war so, als ertappe ein Polizist einen Autofahrer beim Zuschnellfahren. Ratchet hatte sogar an den Verhandlungen teilgenommen, die seinem Club vor zwei Jahren das Überleben ermöglicht hatten. Er wusste, dass er Mist gebaut hatte und schien sich widerstandslos in sein Schicksal zu fügen.

»Das ist ein klarer Verstoß gegen das Abkommen«, erklärte Terry.

»Wir sind nicht sehr weit gefahren, deshalb habe ich mir nichts dabei gedacht.«

»Tja, das hättest du mal lieber tun sollen«, erwiderte Terry ernst.

Ratchet war immer noch erstaunlich ruhig. »Klar, aber was machen wir jetzt?«

»Eines ist sicher: Mit diesem Aufnäher können wir dich nicht weiterfahren lassen.«

Ratchet starrte Terry an. »Du weißt doch, dass ich nicht zulassen kann, dass ihr ihn mir abnehmt.«

Terry seufzte. »Weiß ich.«

Es war eine wirklich absurde Situation, weder Terry noch Ratchet wollten Streit, aber beide hielten ihn anscheinend für unvermeidlich.

An diesem Punkt griff ich ein. »Betrachten wir die Sache mal aus einem anderen Blickwinkel. Angenommen, du hast vor deinem Aufbruch einfach vergessen, deine Farben zu Hause zu lassen. Dann wäre es ein Glück für dich, uns getroffen zu haben, denn jetzt kannst du uns bitten, deine Kutte für dich nach Hause zu bringen. Ich bin sicher, dass wir das für dich tun würden.«

Ratchet sah mich eindringlich an und ich konnte ihn förmlich denken sehen. Nur zur Klarstellung fügte Terry hinzu: »He, Mann, er bietet dir einen Rettungsanker an, also nutze ihn.«

Als Ratchet langsam nickte, waren alle erleichtert. Dann zog er seine Jacke aus und reichte sie Terry, der sie mit übertriebenem Respekt zusammenlegte. »Keine Sorge, wir passen auf deine Farben auf und lassen sie in Lubbock zurück, wo du sie abholen kannst.«

Ratchet stand auf, gab seiner Freundin ein Zeichen, dann gingen die beiden und das Problem war gelöst. Terry warf die Kutte seinem Mädchen zu. »Steck sie in deinen Beutel«, befahl er ihr, und an mich gewandt, fügte er hinzu: »Die kriegt der nie zurück.«

Das erwies sich als prophetische Aussage, denn sechs Monate später waren die Aces and Eights zwar ein Unterstützerclub der Bandidos, aber die Kutte hing umgekehrt in unserem Clubhaus in Lubbock und Ratchet lag mit dem Gesicht nach unten in einem Graben, wie wir von einem Bandido erfuhren.

Jasmine fragte, ob wir die Nacht in der Fernfahrerkneipe verbringen könnten. Das gefiel mir, denn nachts war es in der Wüste kalt und gefährlich, weil alle Schlangen und Eidechsen auf dem Asphalt schliefen. Da machte das Fahren keinen großen Spaß. Also beauftragten wir die Mädchen, ein paar Zimmer zu mieten. Da wir ihnen diesen Job überließen, konnten sie ein eigenes Zimmer belegen, wenn sie wollten. Nicht, dass wir plötzlich Kavaliere geworden wären, aber die Mädchen gehörten Frio und wir waren nur Kuriere, trotz unserer Aufnäher. Die Mädchen kamen mit jeweils einem Schlüssel zurück. Offenbar hatten sie sich entschieden.

»Wir haben Zimmer 14«, sagte Jasmine und nahm mich beim Arm. Ich leistete keinerlei Widerstand – was ich hinterher mit allerlei sehr vernünftigen Begründungen erklärte. Denn eine attraktive und willige Frau abzuweisen, hätte gegen die Bikernormen verstoßen und Verdacht erregt.

Am nächsten Tag trödelten wir noch etwas herum, aber trotzdem endete die Fahrt viel zu früh. Am Spätnachmittag waren wir dann in Lubbock, das aus drei Gründen bekannt ist: Die Stadt ist der Geburtsort von Buddy Holly, sie war die am längsten alkoholfreie Stadt der USA – erst seit 1972 ist der Verkauf von Alkohol innerhalb der Stadtgrenzen erlaubt – und sie ist die eigentliche Heimat der Bandidos, obwohl der Club 800 Kilometer entfernt an der Küste entstanden ist. Niemand weiß genau, warum das so ist.

Anfang der achtziger Jahre hatten die Bandidos fast jedes Haus in einer Straße im mexikanischen Viertel von Lubbock gekauft. In diesem »Ganovenblock«, wie Polizei und die Einwohner den Bereich nannten, wohnten aber keine Mitglieder, die Häuser wurden meist nur für Partys und als Nachtquartiere für Gäste benutzt.

Nach unserer Ankunft fuhren wir aber nicht gleich dorthin, sondern erst zu Frio, um die Mädchen abzuliefern. Da Frio sehr gastfreundlich war, blieben wir eine Weile und ich fühlte mich durchaus wohl – bis Frios Gastfreundlichkeit eine perverse Wendung nahm. Zum Dank für das Überbringen der Stripperinnen bot er Terry eine seiner Töchter an, die etwa vierzehn Jahre alt war, vielleicht sogar jünger. Terry lehnte mit der Begründung ab, dass wir noch etwas zu erledigen hätten. Später gestand er mir, dass er befürchtet habe, dass Frio seine Ablehnung als Affront auffassen würde, was für uns beide übel hätte enden können. Aber Frio sagte nur: »Dein Pech. Sie ist echt gut, ich hab sie selbst ausgebildet.«

Wir gingen, sobald wir konnten. Sogar Terry fand das abstoßend.

Dann fuhren wir zum Haus des Gimp-Chapters im Ganovenblock. Jedes Mitglied dieser Gruppe hatte einen Arm oder ein Bein verloren, manche bei Verkehrsunfällen, andere im Krieg. Eigentlich gehörten sie verschiedenen Gruppen an, aber man gestand ihnen eine eigene Untergruppe zu. Sie hatten sogar ihr eigenes kleines Abzeichen auf der unteren linken Seite ihrer Kutten. Darauf stand »Cripple Crew«.

Wir platzten in eine wilde Party, die aus einem merkwürdigen Anlass initiiert worden war: Alle waren angewiesen worden, möglichst zügig zu ihren Heimatclubs zurückzukehren. Das galt auch für uns, wie wir erfuhren, obwohl wir eben erst eingetroffen waren. Es war also eine Art Abschiedsfeier. Eine Erklärung dafür gab es nicht, und wir hüteten uns auch, danach zu fragen. Anstatt uns also zu entspannen oder herumzuhängen, erledigten wir sofort, was noch zu tun war. Wir brachten die erbeutete Kutte zu Sir Spanky, dem nationalen Sergeant at Arms. Dann kaufte Terry für uns beide Flugtickets und beauftragte Anwärter, unsere Motorräder zurück nach Washington zu bringen.

In der Zwischenzeit ging ich hinaus und rief die Nummer an, die Andy mir gegeben hatte. Nachdem ich ihm berichtet hatte, dass wir am nächsten Tag zurück nach Washington fliegen würden, wollte er mich sofort sehen. Als wir uns trafen, gab er mir eine Wanze und 7000 Dollar. Ich sollte versuchen, vor meiner Abreise ein oder zwei Geschäfte abzuschließen.

Zuerst fuhr ich noch einmal zu Frio, denn ich war mir sicher, dass er etwas zu verkaufen hatte. Sein Haus wirkte eher wie ein Lager als wie ein Heim. Im Wohnzimmer lagen zum Beispiel alle möglichen originalverpackten elektronischen Geräte herum. Frio war gut gelaunt, nicht betrunken, aber leicht angesäuselt, und ein Bandido namens Killer Kelly war bei ihm.

Kelly war ein Psychopath ersten Ranges und überall als gewissenloser Mörder bekannt. Ich hatte daher keine große Lust, lange in seiner Gesellschaft zu bleiben. Darum fragte ich Frio bald nach meiner Ankunft, ob er in der Gegend jemanden kenne, der mir Drogen zum Mitnehmen verkaufen könne. Er antwortete mir, dass ich nicht weiter suchen müsse, denn er habe zufällig 200 Gramm Speed im Haus. Ich kaufte es für 5000 Dollar und dank der Wanze hatte ich das ganze Gespräch mit Frio und Kelly auf Band. Die beiden waren erledigt, da wir ihnen einen direkten Verkauf nachweisen konnten. Zufrieden verabschiedete ich mich, denn diese Typen – der Vizepräsident der Nomaden und ein mehrmaliger Mörder – waren echte Schweine, und ihre Überführung war für mich ein Vergnügen und für die Polizei ein großer Erfolg.

Dann besuchte ich Sly Willie, allerdings nicht, ohne ihn vorher anzurufen. Denn Willie war unter den Bandidos dafür bekannt, dass er um sein Haus herum Minen verlegt und das ganze Grundstück mit Sprengstoff gesichert hatte. Wir hatten eigentlich abgesprochen, dass ich Maschinengewehre kaufen und mitnehmen würde. Dann erzählte ich ihm allerdings, dass ich zwar immer noch an den Waffen interessiert sei, sie aber nicht abholen könne, weil ich am nächsten Tag nach Hause fliegen müsse und sie nicht in einem Flugzeug bei mir haben wolle. Wir vereinbarten daher, den Handel bei meinem nächsten Besuch abzuschließen. Aber weil ich nun einmal da war, drängte er mich, wenigstens die Ingram MAC 11 auszuprobieren, was ich auch tat. Mit einem kurzen Druck auf den Abzug feuerte ich eine Salve in ein Kiefernbrett, das Willie an eine Wand in seinem Geheimzimmer genagelt hatte.

KAPITEL SECHS
DAS ENDE DER BANDIDOS

Erst Jahre später erfuhr ich, warum wir die Anweisung erhalten hatten, Lubbock so abrupt gleich nach unserer Ankunft wieder zu verlassen. Es hatte etwas mit den Banshees zu tun – mit den übrig gebliebenen echten, nicht mit den verkleideten Bandidos.

Obwohl die Gang in Arizona, in Alabama und im größten Teil Louisianas von der Landkarte getilgt worden war, hatte sie immer noch großen Einfluss in Texas, vor allem in den Regionen Houston und Dallas. Und weil Texas die Heimat der Bandidos war, galten die überlebenden Banshees als unangenehmes Ärgernis. Darum war ein Gewaltausbruch unvermeidlich, als eine Gruppe von Bandidos am 1. Mai 1983 auf einer Rennstrecke mit einer Gruppe von Banshees zusammentraf. Der Streit endete mit zwei toten Bikern – dem Präsidenten der Banshees schnitt jemand die Kehle durch und ein Bandido aus der texanischen Stadt Longview bekam einen Schuss ins Gesicht ab – und vielen Verwundeten.

Die Auseinandersetzung veranlasste den Bandidos-Präsidenten Ronnie Hodge, am 6. Mai ein Treffen der Offiziere einzuberufen, um einen Rachefeldzug zu planen. Man beschloss, die Banshees auszuspionieren, um herauszufinden, wo sie wohnten, wo sie sich aufhielten und wer ihre Verbündeten waren. Die Kundschafter erstatteten am 13. Juni bei einem zweiten Treffen Bericht. Dann schmiedeten die Bandidos mit gewohnt militärischer Präzision weitere Pläne. Um keinen Verdacht zu erregen, mussten einige Bandidos an ganz verschiedenen Orten Einzelteile zum Bombenbau sammeln – Zeitzünder, Sprengkapseln, Drähte, Sprengstoff. Gleichzeitig wurde in einem sicheren Haus in Texas jede Menge medizinisches Material für den Fall gelagert, dass es Verwundete geben würde.

Die letzte Besprechung wurde am 20. und 21. Juni in Lubbock abgehalten und war eben zu Ende, als Terry und ich in die Stadt kamen. Da die texanischen Bandidos sich auf dem Kriegspfad befanden, wollten sie sich nicht von Besuchern ablenken lassen, darum schickten sie uns und alle anderen Gäste nach Hause. Zwei Wochen später, am Unabhängigkeitstag, schritten sie dann zur Tat. Doch das Ergebnis war demütigend. Anstatt die texanischen Banshees auszurotten, schafften es die Bandidos gerade einmal, einen Lieferwagen in die Luft zu jagen und das Clubhaus der Banshees ein wenig zu beschädigen. Schlimmer noch: Jahre später, lange nach meiner Zeit, wurde der vermasselte Angriff auf die Banshees für die Bandidos erst recht zur Katastrophe, als die Polizei ein Mitglied als Informanten gewann. 23 Bandidos wurden daraufhin festgenommen, und viele von ihnen landeten im Knast.

Als Terry und ich auf dem Flughafen Sea-Tac in Seattle landeten, hatte ich natürlich keine Ahnung von den Ereignissen im fernen Texas. Der Nordwesten war eine andere Welt. Kurz nach unserer Rückkehr gelang es mir sogar, fünf Tage frei zu bekommen, um ein wenig Zeit in Vancouver zu verbringen und Liz und die Kinder wieder einmal zu sehen.

Anschließend ging alles wieder seinen gewohnten Gang. Ich kaufte Drogen und Waffen und sammelte Beweise gegen die Bandidos und ihre Verbündeten. Eines meiner Ziele war ein Waffenhändler aus Bellingham namens Rex Endicott. Er verkaufte an alle Bandidos in der Umgebung – und auch an alle Polizisten, was sich als Problem erwies. Einige seiner Verkäufe waren legal, aber viele waren es nicht, da der Bundesstaat Washington ziemlich zurückhaltend ist, was Waffenscheine anbelangt. Und obwohl seine Verkäufe an Polizisten meist legal und jene an Bandidos meist illegal waren, gab es doch Ausnahmen. Viele Polizisten kauften bei Rex ihre »Wegwerfkanone«, die zusätzliche Waffe, die jeder von ihnen bei sich trug, für den Fall, dass er schießen musste.

Terry Jones hatte mich Rex vor unserer Fahrt nach Texas vorgestellt, und als wir wieder daheim waren, rief ich ihn an. Ich hatte mittlerweile den Ruf erworben, an Waffen fast aller Art interessiert zu sein, je übler, desto besser, und Rex hatte da durchaus etwas für mich. Unter anderem bot er mir ein Maschinengewehr mit Gurtzuführung Marke Bren nebst Zweibein an. Diese Maschinengewehre sieht man oft in Filmen über den Zweiten Weltkrieg (damals wurden sie hinten auf einen Lastwagen montiert).

Obwohl die Knarre 2000 Dollar kosten sollte, wollten Andy und Larry unbedingt, dass ich sie kaufte. Vor allem Larry hielt Rex und sein Haus für eine Bedrohung der öffentlichen Sicherheit. Denn das alte Gebäude im Zentrum von Bellingham war mit Waffen vollgestopft: Gewehre, Patronen, Granaten, Mörsergranaten,

Kapitel sechs Das Ende der Bandidos

Leuchtbomben. Es war nicht nur ein äußerst attraktives Ziel für Diebe, sondern hätte den ganzen Straßenblock verwüstet, wenn es je abgebrannt wäre. Obwohl Rex gegen zahlreiche Gesetze und Vorschriften verstieß, hatten ihn seine guten Kontakte zur Ortspolizei und zur Polizei des Bundesstaates bisher vor Ermittlungen oder Anklagen bewahrt.

Nach meiner Besprechung mit den Beamten von der DEA schrieb ich meinen Bericht und fuhr nach Hause in der Erwartung, grünes Licht für den Kauf der Waffe zu bekommen. Am nächsten Tag rief mich jedoch Andy an und bat mich, ins Büro zu kommen. Irgendwas war da faul.

Als ich eintraf, herrschte dicke Luft, aber niemand wollte etwas sagen, bevor das FBI eingetroffen war. Schließlich kam Corky mit seinem Partner, einem Mann, den ich ein paar Mal getroffen hatte und der die Ermittlungen gegen die Bandidos bisher nur am Rande unterstützt hatte. An diesem Nachmittag spielte er nicht länger den Unbeteiligten. Ohne auch nur zu grüßen, sah er mich eindringlich an und sagte: »Ich glaube, Sie lügen, nur um sich hier wichtig zu machen!«

Ich warf Andy einen Blick zu und fragte: »Was zum Teufel meint er damit?«

Die DEA war damals noch eine ziemlich junge Behörde – sie wurde erst 1973 gegründet – und spielte in den Augen des FBI in der zweiten Liga. Ich hatte den Eindruck, dass der FBI-Beamte nicht nur mich, sondern auch Andy und Larry einschüchtern wollte.

»Ich kenne Rex«, fuhr er fort, »er ist mein Nachbar. Seine Frau und er waren erst vor ein paar Tagen bei uns zum Abendessen. Er ist kein Verbrecher. Und mit dieser Meinung stehe ich nicht allein da. Die Hälfte der Polizisten in der Umgebung würde genauso wie ich für ihn bürgen. Rex ist ein guter Mann, und Sie wollen nur bei der DEA Eindruck schinden, indem Sie ihn anschwärzen.«

Der Bandido in mir gewann schnell die Oberhand, ich sprang vom Stuhl auf und schrie den Kerl an: »Mach doch Nägel mit Köpfen, statt zu quatschen, du Arschloch! Gebt mir einfach 2000 Dollar, dann bekommt ihr diese Kanone noch heute Abend!«

Larry stand auf und versuchte, die Gemüter etwas zu beruhigen und mich zu unterstützen. »Abgemacht – ich rufe das ATF an und fordere einen Beamten an, damit er das Beweismittel in Empfang nimmt.«

Ich bat Andy um ein Telefon, um mich sofort mit Rex verabreden zu können, denn ich wollte, dass der Idiot vom FBI alles mitanhören konnte. Während ich Rex versprach, ihn an diesem Abend auf einem Supermarktparkplatz in Bellingham zu treffen und die Waffe zu kaufen, saßen die anderen mucksmäuschenstill daneben. Nachdem Andy dann das Gespräch noch einmal vom Band abgespielt hatte, verlor der FBI-Typ kein Wort mehr. Ich sah ihn nur kurz an, ging zur Tür und sagte an Andy gewendet: »Ich rufe Sie dann später an.«

Mit einem alten Lieferwagen, der eine Abhöranlage enthielt, fuhr ich zum Parkplatz. Nachdem ich das Maschinengewehr aus Rex' Auto zu meinem getragen hatte, begann ich ein Gespräch mit ihm, in dem ich ihn fragte, wie er denn mit der Polizei auskomme und ob er manchmal Informationen bekomme, die der Gang nutzen könnten. Er verriet mir, dass die Polizisten ihm gegenüber sehr gesprächig seien, und versprach, alles, was den Bandidos nützlich sein könne, an uns weiterzugeben. Dann ließ ich ihn vor den Mikrofonen das Geld zählen. Jetzt hatten wir ihn im Sack.

Der Kauf ging reibungslos über die Bühne, und wir bekamen unerwarteterweise noch einen Bonus auf Tonband: Denn Rex hatte kein Problem damit, die Polizisten zu verraten, die ihn so sehr mochten. Nach dem Kauf ging ich in ein Motelzimmer, das Andy für diesen Zweck gemietet hatte, übergab das Beweisstück dem ATF und schrieb meinen Bericht. Der Typ vom FBI war nicht da. Es brach mir nicht gerade das Herz, als ich später erfuhr, dass das FBI intern gegen ihn ermittelte, weil er mit Rex und mehreren anderen Verbrechern befreundet war.

Ich war nun schon eine ganze Weile Mitglied bei den Bandidos und keiner hegte noch irgendeinen Verdacht gegen mich oder meine Geschäfte. Wenn überhaupt, dann war es die Polizei, die langsam Zweifel an meiner Einstellung bekam, weil ich mich ihrer Meinung nach ein wenig zu sehr wie ein echter Bandido benahm. Allerdings gab es einen gravierenden Unterschied zwischen mir und meinen Bandidos-Brüdern: Alle waren mit mindestens einer Frau zusammen, meist sogar mit mehreren, aber ich war Single aus Überzeugung.

Das war zwar kein Problem, aber ich wusste, dass einige Mitglieder sich darüber wunderten, dass ein einigermaßen gut aussehender Bursche mit genügend

Geld kein Interesse an Frauen hatte. Ich hatte auch nie von einer Frau oder Freundin in Kanada gesprochen, was den Bandidos ohnehin egal gewesen wäre, denn Monogamie war etwas für Angepasste, aber nichts für Biker. Bereitwillige Kandidatinnen gab es genug, denn Biker schienen bei Groupies ebenso beliebt zu sein wie Profisportler und Rockstars. Einige Male hatten Mitglieder in meiner Gegenwart meine zölibatäre Lebensweise bereits erwähnt, und zweifellos redeten sie noch offener darüber, wenn ich nicht dabei war. Ein oder zweimal war ich bei irgendwelchen Anlässen mit einer Frau erschienen, hauptsächlich um einen guten Eindruck zu machen, anschließend hatte ich sie einfach nach Hause gebracht. Im Sommer 1983 war ich fast zwei Jahre bei den Bandidos, und weil inzwischen zu viele die Stirn runzelten oder spöttische Bemerkungen machten, hielt ich die Zeit für gekommen, mir eine »Alte« anzuschaffen, wie die Biker sagten. Oder wenigstens eine Freundin. Als ich Vollmitglied geworden war, hatte ich einen Aufnäher mit den Worten »Eigentum von Bandido Alex« erhalten. Den holte ich jetzt aus den Tiefen meiner untersten Schublade heraus.

Ich konnte eine Begleiterin bei Ausfahrten und eine Hilfe im Haushalt und auf dem Campingplatz gut gebrauchen, zumal sie bei anderen Frauen manchen nützlichen Klatsch aufschnappen würde. Aber natürlich war es nicht ungefährlich, jemanden so nahe bei mir zu haben. Ich musste bei meinen Kontakten mit der Polizei noch vorsichtiger sein, und Andy konnte mich nicht mehr zwanglos anrufen, um meinen Bericht zu hören, was er bisher fast jeden Morgen getan hatte. Auch die Abhöranlage im Haus würde zum Risiko werden, wenn meine Freundin mich regelmäßig besuchte und womöglich einen Blick auf den Dachboden werfen wollte.

Das waren aber nur die Probleme auf der beruflichen Seite, auf der privaten Ebene gab es mindestens ebenso viele. Eine Freundin würde eines Tages die Trennung von den Bandidos noch schwerer machen, besonders wenn Gefühle im Spiel sein sollten. Und würde ich sie nicht in Gefahr bringen, wenn ich sie nach dem Ende der Ermittlungen zurückließ?

Eine ernste Sache, aber nach längeren Gesprächen mit Andy und Liz kamen wir überein, dass die Vorteile die Risiken überwogen, vor allem weil die Gang mich dann nicht mehr für ganz so sonderbar halten würde. Liz war erstaunlich ruhig – wir verpackten das Ganze einfach so, dass nicht ich eine Geliebte haben würde, sondern »Bandido Alex«. Andy war ziemlich skeptisch, was mir eigenartig erschien. Vielleicht zweifelte er daran, dass ich meine Rolle weiterspielen konnte, wenn ich mit einer Frau ins Bett ging und neben ihr aufwachte (was, wenn ich im Schlaf sprach?). Erst später begriff ich, was ihm wirklich Sorgen machte. Denn er fand, dass ich mich zu sehr mit den Bandidos identifizierte, und befürchtete, dass eine Freundin mich endgültig auf die andere Seite ziehen würde. Wahrscheinlich hatte er erkannt, dass die Trennlinie zwischen mir als Alex Caine und mir als Bandido Alex immer dünner wurde.

Eine der vielen Freundinnen von George Weger hatte eine attraktive ältere Schwester, die Single war. Eines Abends im Sommer lud George mich zu sich ein. Seine beiden Schwestern waren ebenfalls da und amüsierten sich prächtig. George trank Wodka pur, wie es damals seine Art war, und die Mädchen tranken etwas Braunes – Bourbon, Rum oder dergleichen. Ich begnügte mich mit Cola. Schon bevor George sich wegen irgendwelcher Geschäfte verabschiedete und mich mit den Mädchen allein ließ, war mir klar, dass er mich mit seiner älteren Schwester verkuppeln wollte. Wir feierten weiter, aber die Frau interessierte mich nicht wirklich, obwohl sie gut aussah. Ich wusste, dass sie kurze Zeit Vinnys zweite Freundin gewesen war und dass sie sich im Streit getrennt hatten. Mit ihr anzubandeln hätte daher wahrscheinlich mehr Probleme hervorgerufen als gelöst.

Stattdessen beschloss ich, Vickie nachzusteigen, einer Bardame aus dem »Pioneer«. Obwohl viele Männer sie umwarben, war meines Wissens noch keiner erfolgreich gewesen. Ich stürzte mich auf sie wie ein Tornado, und bald saß sie regelmäßig auf dem Rücksitz meines Motorrads und besuchte mich in meinem Haus in Blaine. Da sie bei ihrer Mutter in Ferndale wohnte, hielten wir uns dort selten auf.

Vickies gutes Aussehen und ihr heiteres und lässiges Wesen vergrößerte mein Ansehen bei den anderen Mitgliedern. Da sie im »Pioneer« viel Zeit in Gesellschaft von Bandidos verbracht hatte, wusste sie, wann sie laut und ungestüm sein durfte und wann sie besser den Mund hielt oder den Raum verließ, weil über Interna gesprochen wurde. Die Tatsache, dass viele ihr ohne Erfolg nachgestellt hatten, trug mir ebenfalls Punkte ein, aber auch einigen Groll. Vickie freute sich darüber, mit einem Bandido liiert zu sein, der nicht ganz so ungehobelt war wie die anderen. Außerdem bedeutete das, dass sie jetzt tabu und daher auf Partys und Versammlungen sicherer war – und im »Pioneer« erst recht.

Die Frauen spielten in vieler Hinsicht eine wichtige Rolle. Manche verdienten das Geld, andere organisierten Veranstaltungen und beförderten Drogen oder Waffen. Sie mussten natürlich absolut zuverlässig sein und wurden auch eine Zeitlang ausgebildet. Vickie war da eine Ausnahme, weil sie die Bandidos schon gut kannte und genau wusste, was erlaubt und was verboten war. Die meisten anderen mussten da erst hineinwachsen, deshalb bekamen sie einen Mentor und machten eine einfache Anwartschaftsphase durch. Es gab aber durchaus auch einige, die diese Probezeit nicht überstanden, was dann dazu führte, dass ein Mitglied angewiesen wurde, sich eine neue Hauptfreundin zu suchen. Bei Vickie war die Anerkennung eine reine Formsache.

Eine Frau, die ein Abzeichen trug, musste ein paar Grundregeln befolgen. Sie durfte nicht flirten oder herumspielen und ihren »Mann« nie vor seinen Brüdern bloßstellen. Dafür wurde ihr auch durchaus Respekt entgegengebracht. In all der Zeit, die ich bei den Bandidos verbrachte, habe ich es nie erlebt, dass ein Mitglied respektlos mit einer Frau umgegangen wäre, die den Aufnäher trug – es sei denn, sie war seine eigene Freundin. In dieser Hinsicht verhielten sich alle wie ein Wolfsrudel: Jeder kannte seinen Platz. Die alten Geschichten über Frauen, die mehrere Bandidos gleichzeitig sexuell befriedigen mussten und herumgereicht wurden, waren nichts weiter als Märchen. Bei Partys und auf Campingplätzen waren eher diejenigen Mädchen in Gefahr, die kein Abzeichen trugen. Das hatte auch Vickie erfahren müssen.

Vickie begleitete mich in diesem Sommer bei mehreren Ausfahrten, aber nicht nach Sturgis in South Dakota, das wegen der riesigen Teilnehmerzahl und der mehrwöchigen Party jeden August zum Mekka der Biker und Harley-Fans wird. Doch auch ohne Vickie war Sturgis in jenem Jahr ein denkwürdiges Ereignis, hauptsächlich wegen eines ganz bestimmten Vorfalls. Ich saß mit etwa einem Dutzend Bandidos an einem Lagerfeuer, als Steve, ein nationaler Vizepräsident, der aus Washington kam, aber nach Texas umgezogen war, zu mir sagte: »Ich hab gehört, du weißt etwas über Alamo.«

»Stimmt«, erwiderte ich, ohne vom Feuer aufzublicken. Es überraschte mich, dass jener Abend mit Vinny vor fast zwei Jahren jetzt seine Folgen zeigte.

»Erzähl mir davon«, forderte Steve mich auf. Alle am Feuer verstummten und warteten.

»Im Jahr 1836 sagte Houston zu Travis: ›Suchen Sie ein paar Freiwillige, und verteidigen Sie den Alamo‹«, begann ich. Dann redete ich mindestens zwanzig Minuten lang weiter. Abgesehen von meiner Stimme hörte man nur das Knacken des Holzes im Feuer, das ich ab und zu schürte, um die Dramatik zu steigern. Zum Schluss erklärte ich, dass ich Wache schieben müsse, warf meinen Stock ins Feuer und verschwand in der Nacht. Niemand sagte ein Wort. Es war meine beste Vorstellung. Was mir wirklich Sorgen machte, war das Gefühl der Nähe, das mich an diesem Abend mit diesen Männern verband. Ich fühlte mich wirklich wie einer von ihnen.

Irgendwann in den folgenden Wochen kehrten wir nach Hause zurück und die Offiziere des Chapters setzten sich zusammen, um einen neuen Road Captain und einen neuen Schatzmeister zu wählen. Das waren die einzigen zeitlich befristeten Ämter. Was den Road Captain anbelangte, fürchteten die Mitglieder, dass seine Kontakte mit der Polizei ihn kompromittieren könnten, wenn er sein Amt zu lange ausübte, und der Schatzmeister hatte immerhin das Geld der Gang in den Händen. Bei der nächsten regulären Vollversammlung wurden die Nominierten vorgestellt, da sie die Zustimmung aller Mitglieder brauchten. Ich war als Schatzmeister vorgeschlagen worden, und da niemand etwas dagegen einzuwenden hatte, bekam ich den Job.

Am nächsten Tag kam Gunk zu mir und übergab mir die Bücher, die Kontoauszüge, einige tausend Dollar in bar und die Aufzeichnungen über die einzelnen Mitglieder – Darlehen, die der Club ihnen gegeben hatte, ausstehende Beiträge und so weiter. Außerdem erklärte er mir meine Pflichten. Ich musste mich um die Ausgaben des Clubs kümmern, die Beiträge einsammeln – von jedem Mitglied hundert Dollar im Monat – und alle zwei Wochen Vinny und George treffen. Außerdem musste ich für die gesamte Gruppe jeden Monat einen vollständigen Bericht erstellen und mit dem nationalen Club abrechnen. Das bedeutete unter anderem, dass ich Jersey Jerry einmal im Monat einen Scheck mit dem Beitrag unserer Ortsgruppe schicken musste. Es überraschte mich nicht sonderlich, dass man mir diese Aufgaben übertragen hatte, denn irgendjemand musste die Sache übernehmen und am besten ein Mitglied mit ein wenig Grips im Hirn. Über die viele zusätzliche Arbeit war ich natürlich nicht sehr erfreut.

Andy und seine Kollegen hingegen waren begeistert, weil sie nun zum ersten Mal genauere Informationen über die Finanzen des Clubs bekamen. Zwar betreute ich nur die Konten unserer Gruppe, aber die Schatzmeister des ganzen Landes trafen sich mindestens einmal im Jahr, um über die Finanzen des nationalen Clubs zu diskutieren. Einerseits sammelte ich bei diesen Besprechungen nützliche Informationen, andererseits töteten sie mir den letzten Nerv. Jeder Schatzmeister musste sich unter der Aufsicht eines Mitglieds, das in Vietnam beim militärischen Geheimdienst gewesen war, einem Lügendetektortest unterziehen.

Bei den meisten Fragen ging es darum, ob man Geld veruntreut hatte, und da konnte ich wahrheitsgemäß antworten. Aber wir wurden auch gefragt, ob wir die Bücher jemandem außerhalb des Clubs gezeigt hatten. Natürlich hatte ich das getan, dennoch bestand ich den Test.

Dank meines Jobs als Schatzmeister bekam die Polizei Einblick in die Bürokratie und Verwaltung des Clubs. Doch das war leider nicht die Goldgrube, auf die sie gehofft hatte. Denn ich lieferte eine Menge Informationen, die zwar sehr interessant waren, aber juristisch nicht relevant. Diese Art Informationen halfen der Polizei, sich ein genaues Bild vom Clubleben zu machen, aber vieles war auch ziemlich nebensächlich, etwa die Rituale und die Marotten der einzelnen Mitglieder.

Mongo machte es beispielsweise Spaß, immer wieder den gleichen langen Witz zu erzählen, der ordinär und nicht besonders lustig war. Aber das hielt ihn nicht davon ab. Deshalb gingen George und Karate Bob jedes Mal, wenn er den Drang dazu verspürte, hinaus auf die Straße und zogen einen bedauernswerten Passanten ins »Pioneer«, der Mongo dann zuhören musste. Sie setzten den Gast, der starr vor Schreck war, auf einen Stuhl und stellten sich mit verschränkten Armen dahinter, während Mongo seinen Witz mit wilder Gestik und Falsettstimme zum Besten gab. Es ging um einen Mann, eine Frau, einen Hund, perversen Sex und einen Hundehaufen in einer Handtasche. Der Zuhörer war meist so nervös, dass er an den falschen Stellen lachte oder am Ende nur vor sich hin starrte. Dann beugte sich Mongo zu ihm und fragte: »Du findest ihn wohl nicht lustig, oder?«

Das habe ich mindestens dreimal beobachtet, und es war jedes Mal ein großer Spaß. Der Gast verließ das Lokal stets unversehrt, wenn auch etwas zittrig.

Die Bandidos waren immer schnell dazu bereit, andere einzuschüchtern und gelegentlich sogar gewalttätig zu werden, und das war nicht immer leicht zu ertragen. George Wegers war das beste psychopathische Beispiel dafür. Als er eines Abends mit Mongo unterwegs war, sahen sie an einer Ecke ein Pärchen stehen, das sich küsste. Das machte ihn derart wütend, dass er hinging, den Burschen zusammenschlug und das Mädchen mehrere Male ohrfeigte. Dann stieg er wieder in sein Auto und fuhr davon. Einmal beobachtete ich, wie Steve – der Vizepräsident, der mich auf Alamo angesprochen hatte – einen Anwärter mit einer Pistole verprügelte, weil dieser eine Frage zu langsam beantwortet hatte.

Wie dieser Vorfall zeigt, waren bisweilen auch Mitglieder das Ziel brüderlicher Gewalt, obwohl das eigentlich verboten war. Verboten war auch, die Farben in einem Auto oder Lkw zu tragen – sie waren dem Motorrad vorbehalten. In vierrädrigen Fahrzeugen mussten Mitglieder ihre Kutten auf den Beifahrer- oder Rücksitz legen. Als Gung einmal vergaß, seine Jacke auszuziehen und dabei beobachtet wurde, sprachen ihn Vinny und Jersey Jerry im »Pioneer« darauf an und befanden dann, dass der ziemlich angetrunkene Gunk zu wenig Reue zeigte. Daraufhin holten Vinny und Jerry gleichzeitig aus und versetzten ihm einen Schlag auf beide Seiten des Kopfes. Gunk plumpste zu Boden wie ein Sack Kartoffeln. Falls er vor seiner Bestrafung ein Hirn im Kopf hatte, war es danach bestimmt nicht mehr vorhanden.

All diese Vorfälle erzeugten eine Atmosphäre, in der es schnell zu Gewaltausbrüchen kam. Und da die Lebensweise der Bandidos mir in vieler Hinsicht gefiel, war auch ich nicht immun gegen die Versuchung, Probleme mit den Fäusten zu lösen. An einem kalten, feuchten Abend Ende 1983 hingen etwa zehn Mitglieder und mehrere Mädchen im »Pioneer« herum. Bei unserer Ankunft war das Lokal leer gewesen, abgesehen von zwei Cowboytypen, die an der Bar standen. Ich und ein anderes Mitglied scherzten und lachten mit der Bardame. Vickie stand bei zwei anderen Mädchen in einer Ecke und spielte Flipper. Gunk und einige andere saßen auf der anderen Seite des Ganges, ganz in der Nähe und in Hörweite. Alle waren entspannt und friedlich, bis einer der Cowboys begann, die Bardame zu nerven.

»He, wo ist mein Wechselgeld?«, fragte er vorwurfsvoll. »Ich habe hier fünfzig Cent hingelegt, und jetzt sind sie weg.«

»Sie haben mir die Münzen zugeschoben, also hab ich sie ins Glas geworfen«, erwiderte das Mädchen empört.

Der Wortwechsel war so laut, dass alle aufmerksam wurden. Da ich ebenfalls Geld auf der Bar liegen hatte, schob ich dem Cowboy fünfzig Cent zu und sagte: »Hier, und jetzt zieh Leine!«

Aber das tat er nicht, stattdessen drehte er sich zu mir um, beugte sich so weit vor, dass sein Gesicht nur zwei Handbreit von meinem entfernt war und zischte drohend: »Scher dich zum Teufel, du Arschloch.«

Ich konnte es nicht fassen. Alle hatten ihn gehört und darum verlangte unser Ehrenkodex, dass ich mich wehrte. Aber daran dachte ich eigentlich gar nicht, jedenfalls nicht bewusst. Vielmehr reagierte ich ganz instinktiv, zog blitzschnell meine Taschenlampe aus ihrem Halfter und knallte sie ihm seitlich gegen den Kopf. Er fing sofort zu bluten an. Dann trat ich zurück, ging in Kampfstellung und forderte ihn auf: »Komm her, du Arsch, ich reiß dir deinen verdammten Kopf ab.«

Aber er hatte bereits genug, und sein Freund war so schlau, nicht zu loyal oder zu tapfer zu sein. »Tut mir leid«, murmelte der blutende Cowboy, während er taumelnd versuchte, auf den Beinen zu bleiben. Gunk, der nicht bemerkt hatte, dass ich dem Kerl bereits einen Schlag verpasst hatte, wollte ihn wohl auch für sein Benehmen maßregeln, daher packte er ihn mit zwei anderen. Aber als sie ihn umdrehten und sahen, dass er bereits blutete, ließen sie ihn gehen.

Inzwischen hatten alle ganz automatisch in den Vertuschungsmodus umgeschaltet. Ein Mitglied hatte sofort die Eingangstür gesichert, damit kein neuer Gast hereinkommen konnte. Die Mädchen räumten unsere Gläser von den Tischen und binnen fünf Minuten waren wir aus dem Lokal verschwunden. Einige Männer fuhren nach Hause und ein paar von uns rasten auf der A 5 nach Bellingham, um eine andere Kneipe zu besuchen. Dort blieben wir dann und unterhielten uns über den Vorfall, ähnlich wie Leute, die ein Fußballspiel kommentieren.

Die Ortspolizei erfuhr natürlich schnell, dass Bandidos beteiligt gewesen waren, aber sie wusste nicht, welche. Die Bundespolizisten saßen dagegen nicht im Dunkeln, denn am Morgen danach erzählte ich Andy von der Sache und musste einen detaillierten Bericht über den ganzen Vorfall abliefern.

In meinem Bericht und später vor Gericht stellten wir das Geschehen als Rettungsversuch dar: Ich hatte angeblich verhindern wollen, dass die anderen Mitglieder den Cowboy noch schlimmer verprügelten. Mit anderen Worten: Ich hatte den Mann mit der Taschenlampe geschlagen, um ihn vor Schlimmerem zu bewahren. Eine interessante Ausrede, die natürlich keineswegs der Wahrheit entsprach, denn er hatte mich beleidigt und dafür hatte ich ihn bestraft, wie jeder Bandido es getan hätte.

Die Frauen und Freundinnen der Gangmitglieder waren alle ziemlich überrascht, als sie hörten, dass ich der Täter gewesen war. So hatten sie mich noch nie zuvor erlebt. »Hör mal, er ist ein Bandido und obendrein ein verrückter Franzose«, erklärte Vinny seiner Frau. »Dieser Dreckskerl hat Glück, dass er noch lebt.«

Später an diesem Abend kamen Dr. Jack und Jersey Jerry in die Kneipe. »Hat mich beeindruckt, was ich von dir gehört habe«, sagte Jack, »aber dann habe ich erfahren, dass der Bursche geistig etwas zurückgeblieben war.«

»Ich dachte, dafür bekomme ich noch Bonuspunkte«, erwiderte ich, und wir lachten beide.

Sowohl Vickie als auch die Bardame sagten später vor Gericht aus, dass die Eskalation unnötig gewesen und von mir ausgegangen sei. Und damit logen sie nicht. Es war ein weiterer Beweis dafür, dass ich die Rolle des Mannes, den ich spielte, langsam erschreckend gut beherrschte.

Im Jahr 1984 hatte ich längst genügend Beweismaterial gegen die Bandidos im Bundesstaat Washington gesammelt, bestimmt doppelt so viel wie nötig. Also begann ich meine Kontakte und Geschäfte auf die Bandidos in anderen Regionen auszuweiten. Darum war ich viel unterwegs: in Texas, Louisiana, New Mexico und Colorado. Ein paar Mal fuhr ich sogar zum Chapter in Rapid City in South Dakota, bisweilen mit dem Kleinlaster, meist aber mit dem Motorrad. Manchmal war ich mit einer ganzen Gruppe unterwegs, ein andermal nur mit einigen wenigen, mit oder ohne Freundinnen. Und immer machte ich mit möglichst vielen Mitgliedern Geschäfte. Es waren umfangreiche Ermittlungen, und wenn das Gesetz zuschlagen würde, dann hart.

Bei einem meiner Abstecher nach Texas kaufte ich etwas, was nichts zu den Ermittlungen beitrug, mir aber half, ein wenig Wiedergutmachung zu betreiben. Diese Wiedergutmachung war seit dem Weihnachtsmorgen 1970 überfällig.

Kapitel sechs Das Ende der Bandidos

Es war Frühsommer, und ich war mit Dr. Jack, Terry Jones und Bobby Lund von Bremerton nach Lubbock gefahren. Eines Abends hingen wir in einem Haus im Ganovenblock herum, als ein Mädchen im Teenageralter hereinkam. Ich erkannte sie als das Indianermädchen, das Sly Willie ihrer betrunkenen oder bekifften Mutter abgekauft hatte, als er vor mehr als einem Jahr am Partywochenende in Bremerton teilgenommen hatte. Er hatte sie auch in mein Haus in Blaine mitgenommen, bevor er abgereist war. Ich hatte Andy und seinen Kollegen davon berichtet und gehofft, dass sie möglichst schnell etwas unternehmen würden.

»Stoppt ihn einfach wegen des Rücklichts oder so. Er hat eine Waffe – und eine Minderjährige auf dem Beifahrersitz!«, hatte ich gesagt.

Sie hatten darüber nachgedacht, das Ganze aber schließlich doch verworfen. Denn selbst wenn der Zugriff wie eine routinemäßige Verkehrskontrolle aussah, konnte er die gesamten Ermittlungen gefährden. Und auf jeden Fall, argumentierten sie, würde er mich meinen einzigen guten Kontakt in Texas kosten und den Waffenkauf vermasseln. Wahrscheinlich vergaßen sie das Mädchen nach diesem Anruf sofort wieder, genauso wie ich.

Jetzt, mehr als ein Jahr später, stand sie in einem langen chinesischen Kleid mit seitlichem Schlitz vor mir, zurechtgemacht wie eine Asiatin. Das dicke Make-up konnte ein blaues Auge nicht ganz verbergen. Es war klar, dass ihr eine lange Nacht als Prostituierte bevorstand.

Ich erschrak ein wenig, als ich sie sah, und vielleicht merkte sie es. Ihr leerer Blick verschwand für eine Sekunde, und auch sie schien mich wiederzuerkennen. »Ich will nach Hause«, flüsterte sie mir zu, zumindest glaube ich, dass sie es sagte, aber – so verrückt es auch klingen mag – es kann auch sein, dass ich diese Botschaft ihrem Gesichtsausruck entnahm. Wie dem auch sei, ich war erschüttert.

Als ich sie fragte, wem sie gehöre, nannte sie einen Bandido namens Wheeler, der sie von Sly Willie gekauft hatte.

»Zieh dich um und komm in einer halben Stunde zurück«, sagte ich. »Ich bringe dich nach Hause.« Daraufhin verschwand sie blitzschnell.

Wheeler war in einem anderen Zimmer. Ich ging hinein und rief ihn nach draußen, entschlossen, mein Versprechen zu halten, selbst wenn es das Ende des gesamten Falles bedeuten würde.

»Ich will dieses Indianermädchen haben«, sagte ich.

Er musterte mich, sah meine Entschlossenheit und verstand wohl, dass ein »Nein« nicht in Frage kam. Meine Augen und mein Ton gaben ihm zu verstehen, dass die Situation sehr schnell sehr unangenehm werden konnte, falls er sich weigerte, sie zu verkaufen. Offenbar überlegte er, ob sie den Ärger wert war.

»Hast du Geld?«, fragte er.

»Klar.«

»1000 Dollar. Und du bezahlst den Generator, den ich morgen holen muss.«

»Abgemacht«, antwortete ich.

Dann schaute er nach unten. »Ich finde deine Stiefel echt stark. Sind das Brooks?«

Ich zog sie aus und warf sie ihm vor die Füße. Fast hätte er noch etwas gesagt, aber dann überlegte er es sich anders.

Ich holte daraufhin ein Geldbündel aus der Tasche, zählte 1000 Dollar plus 200 für den Generator ab und reichte ihm die Scheine. Das Geld hatte mir Andy eigentlich für Drogen und Waffen gegeben, aber jetzt hatte ich eine bessere Verwendung dafür.

Auf dem Weg nach draußen sagte ich zu Dr. Jack, dass mir etwas dazwischengekommen sei und dass ich nach Hause fahren müsse. Er sah mich neugierig an und meinte nur: »In Ordnung, ich erledige alles für dich.«

Als ich zu meinem Motorrad ging, wartete das Mädchen schon auf mich. Sie trug Jeans und ein T-Shirt und neben ihr stand ein kleiner Rucksack. »Gehen wir«, forderte ich sie auf. Sie stieg auf, und wir fuhren los.

Ich weiß, dass ich Andy hätte anrufen oder das Problem irgendwie anders hätte lösen sollen, aber ich hatte mir etwas vorgenommen und alles andere war mir in dem Moment egal. Ich musste an das fliehende Mädchen in dem vietnamesischen Dorf denken, das ich vor so langer Zeit erschossen hatte. Vielleicht, aber nur vielleicht hatte ich angefangen, meinen schrecklichen Fehler ein kleines bisschen wiedergutzumachen.

Während ich weiter Beweise sammelte und versuchte, mein Gewissen zu beruhigen, taktierten und verhandelten die höheren Ränge der gesetzlosen Biker und bereiteten große Veränderungen vor. Die niederen Ränge wussten davon natürlich nichts, sogar die Chapter-Offiziere waren ahnungslos. Geheimnisse werden in Bikergangs meist gut bewahrt.

Den ersten Hinweis darauf, dass etwas bevorstand, erhielt ich auf einer Vollversammlung gleich nach einer meiner Reisen nach Texas. Sie wurde bei Vinny abgehalten, in einem ausladenden einstöckigen Holzhaus auf einem großen, sehr abgeschiedenen Grundstück außerhalb der Stadt. Es war ideal für solche Treffen. Als ich ankam, waren bereits eine Menge Leute da: das Bremerton Chapter samt dem Resurrection-Anwärter-Chapter und erstaunlicherweise das Yakima-Chapter der Ghost Riders, insgesamt etwa sechzig Männer sowie Dutzende von Frauen mit ihren Aufnähern, die sie als »Eigentum« eines Bandidos auswiesen.

Nachdem Vinny erschienen und den Beginn angekündigt hatte, gingen sämtliche Vollmitglieder hinein, nur die Anwärter blieben draußen. Dann ergriff Jersey Jerry das Wort.

»Ihr wisst alle, dass wir demnächst mit den Hells Angels verhandeln werden, und zwar in Sturgis auf unserem Campingplatz. Das wird eine gefährliche Sache, trotz des Waffenstillstands. Wenn etwas schiefgeht, könnte es richtig unangenehm werden. Darum müssen wir auf alle denkbaren Situationen gefasst sein. Die Zentrale wird uns entsprechende Anweisungen geben.

Wir im Nordwesten müssen uns noch mit anderen Problemen herumschlagen, denn wir sind die Lücke in der Kette der Hells Angels. Wenn wir aber unangreifbar bleiben wollen, dann reicht eine kleine Gruppe in Bellingham dafür nicht aus. Die Zentrale denkt deshalb darüber nach, das ganze Chapter nach Bremerton oder sogar in einen anderen Bundesstaat zu verlegen und unser Territorium den Hells Angels zu überlassen, damit klare Verhältnisse bis hinauf nach Alaska bestehen. Das gefällt mir persönlich natürlich nicht, aber die Zentrale meint anscheinend, dass es für den Club als Ganzes sinnvoll wäre.«

Diese Neuigkeit löste sofort ein aufgeregtes Stimmengewirr im Raum aus. Offenbar hatte die nationale Führung der Bandidos mit ihren Kollegen bei den Angels und Outlaws über die Aufteilung des ganzen Landes verhandelt. Und es schien, als stehe das Bellingham-Chapter als Teil des Kuhhandels auf der Kippe. Obendrein sah es danach aus, dass die Angels und Outlaws ihren Streit ausgerechnet mithilfe der Bandidos in Sturgis beilegen würden.

Mehrere Männer standen auf und äußerten ihre Meinung dazu. Bald herrschte Übereinstimmung darüber, dass wir nirgendwohin gehen würden, wenn es sich irgendwie vermeiden ließe. George hatte einen Plan. Er schlug vor, das beste Chapter der Ghost Riders einzugliedern und die ehemaligen Mitglieder der Resurrection in Seattle probeweise aufzunehmen. Daraufhin folgte eine lebhafte Debatte, an der sich vor allem Leute wie Bobby Lund und Milo aus Bremerton beteiligten. Sie gehörten zur alten Schule und hatten wenig zu verlieren, da ihre Motorräder und ihr Lebensstil im Grunde genommen alles war, was sie besaßen. Regeln und Traditionen waren ihnen wichtig, daher lehnten sie den Probestatus für die ehemaligen Resurrection-Biker ab. Es schien mir so, als hätte es zwischen ihnen und den Resurrection-Leuten Streit gegeben.

Nach einer gut einstündigen Diskussion machten wir Pause, um ein Bier zu trinken. Ich sah es den Leuten draußen an, dass sie unbedingt wissen wollten, was los war, aber wir verrieten nichts, sondern setzten die Besprechung nach einem schnellen Drink fort.

Schließlich wurden alle Vorschläge von George Wegers angenommen – ein Indiz für seine zunehmende Macht. Die Ghost Riders konnten sofort übertreten, durften das Ein-Prozent-Abzeichen jedoch ein Jahr lang nicht tragen. Die Burschen aus Seattle wurden probeweise aufgenommen, aber ohne das untere Abzeichen und natürlich auch ohne Ein-Prozent-Abzeichen. Auf ihrem unteren Aufnäher stand »zur Probe«, aber ein kleiner Washington-Aufnäher unter der linken Tasche war immerhin erlaubt. Beide Gruppen durften ihren Frauen oder Freundinnen mindestens ein Jahr lang kein Eigentumsabzeichen verleihen. Allerdings wurde ihnen nach sechs Monaten ein Eigentumsgürtel zugestanden, sofern die Bikerfrauen aus Bellingham und Bremerton einverstanden waren. Damit sollte vermieden werden, dass eine Frau den Aufnäher bekam, die nicht gründlich geprüft worden war oder Unruhe stiftete.

Die große Konferenz in Sturgis sollte erst in einigen Wochen stattfinden, aber schon die Vorbereitungen waren äußerst kompliziert, nicht zuletzt wegen der Eitelkeiten und des Misstrauens der großen Tiere unter den Hells Angels und den Outlaws. Die Grundregeln waren einfach: Die Bandidos waren Gastgeber und Vermittler. Die zwei verfeindeten Gruppen sollten ihre höchsten Repräsentanten schicken, also Männer, die Entscheidungen treffen konnten, nicht Leute aus dem zweiten Glied, deren Beschlüsse erst von anderen bestätigt werden mussten. Jede Gruppe durfte höchstens fünfzig Vollmitglieder als Begleitung mitbringen, keine Anwärter und keine Frauen.

Die Outlaws waren davon überzeugt, dass Sonny Barger, der Präsident der Hells Angels, nicht erscheinen würde. George Christie, der Verhandlungsführer der Hells Angels, hatte auch in der Tat mit den Bandidos besprochen, dass Barger nicht kommen solle, da er bei dem Treffen nur für wütende Reaktionen sorgen und so die Verhandlungen stören würde. Die Angels boten stattdessen an, eine Telefonverbindung mit Barger aufrechtzuerhalten, damit er sofort Entscheidungen treffen könne. Aber der Gründer und ehemalige Präsident der Bandidos, Don Chambers, der seit Kurzem auf Bewährung aus dem Gefängnis entlassen worden war, nachdem er zehn Jahre wegen Mordes abgesessen hatte, wollte davon nichts wissen. Denn eine ständige Telefonleitung wäre für die Polizei eine Einladung zum Lauschen gewesen.

Die Outlaws, die ihr gesamtes nationales Chapter schickten, deuteten die Nichtteilnahme Bargers als Beweis dafür, dass er ein feiges Huhn war – und das erzählten sie fröhlich allen, die es hören wollten. »Er lebt jetzt in Hollywood«, sagten sie und meinten damit, dass er weich geworden sei und sich nur um sein Image kümmere. Unter den Bandidos wurde unterdessen gemunkelt, dass Barger Angst habe, ermordet zu werden. Aber auch wir dachten, dass er grundsätzlich mehr an seinem Image als an Angelegenheiten des Clubs interessiert sei. Natürlich kam dieses Gerede auch den Angels in Kalifornien zu Ohren und brachte sie in eine peinliche Lage.

Dann taten die Angels etwas Sonderbares. Seit einigen Jahren hatten sie aus unerfindlichen Gründen darauf verzichtet, an dem Treffen in Sturgis teilzunehmen. Vor zwei Jahren, also 1982, hatten die Outlaws dann behauptet, die Angels kämen wegen ihnen nicht nach Sturgis. Daraufhin hatten die Angels, einschließlich Barger, die Herausforderung angenommen und waren erschienen, nur um im folgenden Jahr erneut auszubleiben. Jetzt, im Jahr 1984, als die Outlaws wieder behaupteten, dass die Angels Angst hätten, dachten die Hells Angels sich eine andere, etwas eigenartig anmutende Antwort aus: Sie veröffentlichten einen Newsletter, in dem es vor allem um die Veranstaltung in Sturgis ging. Auch die Behauptung der Outlaws, die Angels würden nicht teilnehmen, wurde zitiert.

Der Newsletter erwähnte zwar das geheime Gipfeltreffen nicht, trotzdem waren die Bandidos und die Outlaws empört. Niemand wusste, was die Angels damit bezweckten. Die Bandidos glaubten, dass Barger so im Vorfeld dafür sorgen wollte, dass genügend Polizisten nach Sturgis kamen, damit er sicherer war oder einen guten Grund hatte, nicht zu erscheinen. Für die Outlaws war das der Beweis dafür, dass die Angels keine echten Einprozenter mehr waren, denn ein Newsletter war für sie in etwa vergleichbar mit einer Pressemitteilung, und der nächste Schritt wäre dann wohl, dass die Angels Pressekonferenzen abhielten und Manager anheuerten.

Auf jeden Fall verschlechterten all diese Geschehnisse die Atmosphäre noch, die ohnehin schon von Misstrauen und Intrigen geprägt war. Doch als der August näher rückte, verhandelten die großen Tiere weiter. Und bald war es Zeit, die Motorräder zu starten und nach South Dakota aufzubrechen. Niemand wusste, ob Barger – oder andere Angels – auftauchen würden.

Das Fest in Sturgis beginnt immer montags, aber Einprozenter-Clubs treffen normalerweise selten ganz früh oder auch nur pünktlich ein – sie lieben dramatische Auftritte. Aber diesmal machten wir uns darüber keine Gedanken. Eine Vorhut der Bandidos traf sogar schon am Sonntagabend ein. Wir errichteten unser Lager auf einem Grundstück, das den Bandidos gehörte und zwanzig Minuten außerhalb der Stadt lag. Am nächsten Tag trafen wir uns in Deadwood mit einigen Vertretern der Outlaws. Die Outlaws waren zahlreich und sollten ebenfalls auf dem Gelände der Bandidos zelten. Während sie sonst kamen, um zu feiern – mit Frauen, Alkohol und Drogen –, ging es in diesem Jahr allein um Politik. Sie wollten gleich nach dem Ende der Verhandlungen wieder aufbrechen. Wir beschrieben den Abgesandten den Weg zu unserem Lager, und nachdem sie weggefahren waren, um sich ihrer Gruppe anzuschließen, kehrten wir ebenfalls auf unser Grundstück zurück.

Die Outlaws hielten Wort, es waren insgesamt etwa 75 Männer: die nationale Führung und ihre 50 Begleiter. Sie bauten ihre Zelte an einem kleinen künstlichen See auf, der die Grenze unseres Besitzes bildete. Zwischen ihnen und der Straße befanden sich rund 400 Bandidos aus dem ganzen Land, viele mit Frauen und Freundinnen. So waren die Outlaws gut geschützt.

Das schien auch notwendig zu sein, denn die Hells Angels hielten sich nicht an die Absprache, die nur 50 Begleiter erlaubte. Sie trafen am selben Tag nach und nach auf einem separaten Zeltplatz ein, etwa 15 bis 25 Kilometer von uns entfernt, und es wurden immer mehr – insgesamt ungefähr 600 Mitglieder und Verbündete.

Mit jeder Hells-Angels-Gruppe, die ankam, wuchs unser Misstrauen. Betrachteten sie das Gipfeltreffen womöglich als gute Gelegenheit, alle Konkurrenten auf einen Schlag auszulöschen? Die Machtdemonstration der Angels veranlasste die Führer der Bandidos auf jeden Fall, die Zahl der Wachen rund um unser Gelände zu verdreifachen. Niemand traute den Angels, und das war der Beweis, dass unsere Skepsis auch begründet war. Die Outlaws und wir verabscheuen die Angels von Herzen. Obwohl wir an diesem Montagnachmittag äußerst wachsam blieben, nahmen wir uns dennoch die Zeit, herumzuhängen und mit den Outlaws zu feiern, die uns immer mehr als natürliche Verbündete erschienen.

Das große Treffen war für Dienstagmittag anberaumt worden. Sir Spanky, der nationale Sergeant at Arms der Bandidos und Sicherheitschef des Gipfeltreffens, hatte einen Wohnwagen mitten auf unserem Grundstück geparkt. Zwei Reihen Bandidos-Nomaden umringten ihn mit verschränkten Armen, ihre Augen waren dem Zeltplatz zugewandt. Sie würden jedem Unbefugten den Zutritt verwehren. Niemand im Lager durfte an diesem Tag Alkohol trinken oder Drogen konsumieren, alle waren daher stocknüchtern.

Zusammen mit einem Dutzend anderer Mitglieder aus Bellingham hatte ich die Aufgabe, das Eingangstor zu bewachen, das 50 bis 75 Meter vom Wohnwagen entfernt war. Das Tor erreichte man über einen mehrere Hundert Meter langen Feldweg, der von einer Nebenstraße abzweigte. Wenn wir in Sturgis waren, verteilten sich die Polizisten oft entlang der befestigten Straße und beobachteten uns durch Ferngläser, denn den Feldweg durften sie nicht befahren, weil er zum Privatgrundstück der Bandidos gehörte. Die Polizei befuhr zudem den kleinen See mit Booten und schoss Fotos. Manchmal warfen Biker, die sich langweilten, Steine nach den Booten. Aber diesmal hatten wir keine Zeit, uns zu amüsieren, denn die Situation war äußerst gespannt.

Ich hörte sie schon, noch bevor sie zu sehen waren. Es klang wie Donnergrollen, und ich bekam am ganzen Rücken Gänsehaut. Als ich mich umschaute, bemerkte ich, dass die anderen ebenfalls nervös wurden. Schließlich kamen sie in Sichtweite, eine endlose Schlange von Hells Angels und Verbündeten, die langsam die Nebenstraße entlangfuhren. Sie hatten es offenbar nicht eilig und fuhren in Zweierreihen gemächlich dahin. Als sie auf den Feldweg einbogen, drosselten sie das Tempo sogar noch weiter und eine Staubwolke bildete sich, die alle vorderen Fahrer verhüllte. Es war eine gespenstische Szene, und der Lärm nahm von Sekunde zu Sekunde zu. Als sie noch näher kamen, tauchte das vorderste Motorrad plötzlich wieder aus der Staubwolke auf. Zwei Fahrer gleich dahinter hielten jeweils eine Fahne in der Hand: eine mit dem Totenkopf der Hells Angels und die kalifornische Fahne. Der einzelne Fahrer an der Spitze der Kolonne trug eine Brille, aber keinen Helm. Er saß auf einem Motorrad mit allen Schikanen – Windschutzscheibe, Satteltaschen, das ganze Drum und Dran. Als er näher kam, wirkte er wie ein Riese, und das aus gutem Grund: Es war Sonny Barger.

Etwa zehn Meter vor dem Tor hob Barger die Hand und ließ die Maschine ausrollen. Als hätten sie das einstudiert, blieb die ganze Kolonne im gleichen Moment stehen, und alle schalteten ihre Motoren gleichzeitig aus. Dann nichts. Keiner rührte sich, es waren nur die Laute der Insekten und Vögel zu hören. Die Hells Angels blieben einfach auf ihren Motorrädern sitzen und sahen uns an, während wir sie ansahen. Die Zeit stand still. Ich gebe zu, dass ich beeindruckt war. So sehr ich die Hells Angels auch verabscheute, sie wussten auf jeden Fall, wie man eine Show abzog.

Dann bemerkte ich, dass Spanky hinter uns stand. Er hatte fünfzig oder sechzig Nomaden zur Verstärkung mitgebracht. Wir alle schauten zu, wie Barger abstieg und den langen Weg zum Tor ging. Die etwa zwanzig Männer seiner Führungsclique folgten ihm. Die anderen Angels stiegen nun auch ab, blieben aber bei ihren Motorrädern.

Spanky befahl, das Tor zu öffnen. Daraufhin wurden die Angels, einschließlich Barger, von den Bandido-Nomaden abgetastet, als sie einzeln den Campingplatz betraten. Als alle auf dem Gelände waren, rief Spanky: »Schließt das Tor!«, und forderte Barger auf, ihm zu folgen. Alle traten zurück, um sie vorbeizulassen. Eskortiert von den Nomaden machte sich die Gruppe dann auf zum Wohnwagen.

Bargers Begleiter wirkten nicht allzu selbstsicher, während sie durch das Lager gingen. Sie schauten sich immer wieder um, weil sie uns vermutlich ebenso misstrauten wie wir ihnen. Aber jetzt waren die Würfel sowieso gefallen. Was auch immer geschehen mochte, es war nicht mehr aufzuhalten. Wir nahmen nun wieder unsere Position am Tor ein.

Fünf Angels und fünf Outlaws sowie ein oder zwei Bandidos betraten den Wohnwagen, um Vorgespräche zu führen, die zwischen einer halben und einer Dreiviertelstunde dauerten. Dann wurde das Treffen im Freien fortgesetzt, und andere führende Männer der beiden Clubs kamen hinzu. Größere Streitereien gab es nicht – jedenfalls keine physischen, außer einer kurzen Rauferei zwischen einem Outlaw und einem Angel. Der Angel hatte sich ein wenig zu weit von seiner Gruppe entfernt und war den Outlaws etwas zu nahe auf die Pelle gerückt. Die beiden berührten sich fast mit den Nasenspitzen und schubsten einander mit vorgestreckten Brustkästen. Die Wachen der Bandidos konnten das Gerangel innerhalb von Sekunden beenden, aber trotzdem erhöhte der Vorfall die Spannung noch weiter.

Als das Amarillo-Chapter uns am Tor ablöste, zogen wir uns in unseren Teil des Lagers zurück. Wir saßen zu zweit oder zu dritt vor unseren Zelten und spekulierten darüber, was wohl dort unten vor sich gehen mochte. Selbst aus einiger Entfernung konnten wir erkennen, dass die Leute vor dem Wohnwagen nervös gestikulierten und die Fäuste ballten. Aber wir konnten nur raten, was gesprochen wurde, und begannen uns daher ein wenig zu langweilen – wozu sicher auch der Umstand beitrug, dass alle Frauen an diesem Tag in die Stadt geschickt worden waren.

Da ich wusste, dass uns eine unruhige Nacht bevorstehen würde, bat ich Terry, mich zu rufen, wenn etwas passieren sollte, und kroch in mein Zelt, um ein wenig zu schlafen. Kurz darauf war ich für die Welt gestorben – bis Terry gegen meinen Stiefel trat.

Wer je in einem Zelt eingeschlafen ist, das in der Sonne stand, weiß, wie es sich anfühlt, ausgedörrt, schweißbedeckt und nicht in bester Stimmung aufzuwachen. Mein kleines Zelt bot wenig Schutz vor irgendetwas – es stammte aus Armeebeständen und ich hatte es gebraucht gekauft. (»Es war die beste und die schlimmste Zeit«, erzählte ich in diesem Sommer meinen Bandido-Brüdern. »Es war die Zeit meines Discount-Zeltes.« Das amüsierte Dr. Jack sehr, während die meisten anderen mich nur verständnislos anstarrten. Terry Jones sagte bloß: »Du hättest mich fragen sollen. Ich habe noch ein Zelt in meiner Garage. Das hätte ich dir borgen können.«)

Nach ein paar Sekunden konnte ich wieder klar denken. Es war etwa vier Uhr morgens und die Hells Angels waren unterwegs zum Tor, die Outlaws zu ihrem Lager. Von unseren Zelten auf der Hügelkuppe aus beobachteten wir, wie die Angels durchgelassen wurden und draußen auf ihre Motorräder stiegen. Nun gab Sonny ein Zeichen, und alle starteten ihre Motoren. Dann hob er erneut eine Hand und senkte sie wieder ab. Das Grollen war ohrenbetäubend. Er machte eine Kehrtwende und fuhr an der Kolonne vorbei. Alle anderen folgten ihm, sie fuhren auf das Tor zu und drehten erst in letzter Sekunde um. Das Ganze glich einer militärischen Übung.

Als sie auf die befestigte Straße einbogen, hielten die Polizisten – inzwischen waren ziemlich viele vor Ort – sie ungefähr eine Stunde lang auf, überprüften die Papiere und notierten Namen. Kaum war die Straße leer, stiegen auch die Outlaws auf ihre Maschinen und brachen auf. Sie hatten sich ja vorgenommen, gleich nach dem Treffen zu verschwinden. Die Polizisten stoppten auch sie und unterzogen sie der gleichen Prozedur. In den folgenden Tagen sah ich ein paar Outlaws in Sturgis und Deadwood herumlaufen, aber nur zu zweit oder zu dritt. Die Hauptgruppe war nach Florida unterwegs – für sie gab es keine Feier.

Nach dem Gipfeltreffen gab es weder Verlautbarungen noch Erklärungen, das war bei Bikern nicht üblich. Aber wir hatten den Eindruck, dass das Ziel des Treffens – ein Waffenstillstand zwischen Outlaws und Hells Angels – erreicht worden war. Und die Bandidos waren ebenfalls zufrieden. Sie hatten für Ordnung gesorgt, niemand war umgebracht worden, und die Gespräche waren glatt über die Bühne gegangen. Das freute uns natürlich, und nach der Anspannung des Gipfeltreffens hatten wir noch größere Lust auf eine Party als üblicherweise in Sturgis.

Wenn die Wörter »Sturgis« und »Party« in einem Satz auftauchen, dann muss man meist auch »Buffalo Chip Campground« hinzufügen. Dem würde zumindest jeder zustimmen, der an diesem Wochenende im August dort war. Action und Spaß waren angesagt, und das Bier floss in Strömen. Aus den Außenlautsprechern donnerte Rock-'n'-Roll-Musik, die im Getöse der dröhnenden und knatternden Auspuffrohre fast unterging. Knallhart wirkende Männer in Lederklamotten tran-

Links: Mein Vater (links) und Onkel Alfred (oder »mon'onc Fred«, wie ich ihn meist nannte). Im Zweiten Weltkrieg kämpften beide in der kanadischen Marine und nahmen an der Invasion in der Normandie teil.

Rechts: Die Polizei von Hongkong litt während unseres gemeinsamen Einsatzes nicht an Personalmangel. Auch dieser merkwürdig aussehende Typ mit Hut war beteiligt.

Rocky wollte mithilfe dieser vietnamesischen Bootsflüchtlinge Heroin nach Kanada schmuggeln. Zum Glück und dank eines erfolgreichen Einsatzes kamen die Drogen nie aus Hongkong heraus.

Ich auf meinem ersten Motorrad, einer alten Norton 900, die ich von der Polizei bekam, damit ich zu den Bandidos von Blaine passte. Mit einer Harley Davidson wäre ein Anfänger wie ich überfordert gewesen. Aber später bekam ich eine kleine Harley.

Auf diese Maschine konnte sogar ein echter Bandido stolz sein. Sie bot Platz für eine oder zwei Freundinnen.

Links: Mein DEA-Betreuer Andy Smith in Blaine. Nach Abschluss der Ermittlungen und vielen Festnahmen wurde er befördert und nach Washington versetzt.

Rechts: Intelligenz und ein Job in einem medizinischen Labor sorgen selbst in der Bikerwelt für höheres Ansehen. Aber ein Raubein wie Dr. Jack zögerte auch nie, sich auf altmodische Weise Respekt zu verschaffen.

George Wegers, der Vizepräsident der Bellingham-Bandidos, und Mongo (Pete Price). Mongo war einer der wenigen, die ihre Gang als Bruderschaft der alten Schule betrachteten, nicht als Tor zum organisierten Verbrechen. Heute, einige Jahrzehnte später, ist George Präsident des Bandidos-Weltverbandes.

400 Bandidos mit Freundinnen auf dem Weg nach Sturgis in South Dakota zur größten Bikerparty des Jahres. Da wir schon unterwegs feierten, brauchten wir fünf Tage für die Reise.

Karate-Bob wollte aus Idealismus kein Kampfsportstudio mit mir eröffnen. Eines Tages verschwand er spurlos und ließ seine Frau, sein Motorrad und seine Kutte zurück. Ich habe keine Ahnung, wer oder was der Grund dafür war.

Hier sehe ich wie ein echter Bandido aus.
Ich traf in Texas einen Kontaktmann der Bandidos und knipste zwischendurch dieses Foto.

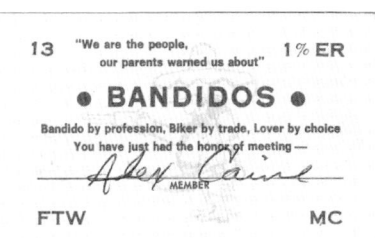

Meine Bandidos-Mitgliedskarte.
Ich wurde in Rekordzeit Mitglied.

Für die Bandidos war es seltsam genug, dass ich nicht trank. Aber wenn ich keine Freundin angeschleppt hätte, wären sie misstrauisch geworden. Vicki (links, mit Terri und einer anderen Freundin) war eine begehrte Begleitung, die in unserer Lieblingskneipe arbeitete. Zu schade, dass ich verheiratet war und für die Polizei arbeitete.

Andy Smith sieht als Anführer der DEA-Weihnachtsgang ziemlich übel aus. Ohne Humor kann das Leben ziemlich hart sein.

Mitte links: Brandon Kent (lächelnd, Zweiter von links) mit einem Freund, einem Anwärter und Christian Tate (Zweiter von rechts), dessen Begräbnis mir an dem Tag, als dieser Fall abgeschlossen wurde, den Hals rettete.

Mitte rechts: Chris Devon prahlt vor Anwärtern mit seinen Tattoos. Es war nicht leicht, unter solchen Kerlen ein Winzling zu sein.

Links: Chris Devon kommt zu einer Versammlung. Da er ein bisschen eitel war, wollte er unbedingt vor mir posieren, als er merkte, dass ich Fotos machte.

Die Dago Hells Angels posieren für mich vor ihrem Clubhaus in El Cajon. Auf Brandon Kents Kutte (Zweiter von links, kniend) ist das Abzeichen gut zu sehen. Ganz rechts zeigt Bobby Perez der Kamera seine Kutte.

Links: Ramona Petes Kneipe in El Cajon, der wahren Heimat der Dago Hells Angels. Als ich diesen Parkplatz in meinem kleinen Pick-up verließ, sah ich sie zum letzten Mal.

Rechts: Brandon Kent (Taz) war Statist in der Fernsehserie *Oz*. Er führte mich bei den San Diego Hells Angels ein.

Ramona Pete posiert für eines der coolen Fotos, die ich für die Hells Angels immer wieder schießen musste. Wichtig waren die Farben, das Motorrad und das Lieblingsaccessoire, ein Mädchen.

Je größer sie sind …
Guy Castiglione, der Präsident des Dago-Chapters. Er sitzt jetzt wegen Mord lebenslang ein.

Ja, das bin ich mit dem unvergleichlichen Sonny Barger, dem legendären Präsidenten des Hells-Angels-Weltverbandes. Kennen Sie sonst noch jemanden, der sowohl George Wegers, dem Chef der Bandidos, als auch Barger nahestand? Wohl kaum.

ken, lachten und tranken noch mehr. Coole Frauen, die außer Lederhosen nicht viel anhatten, saßen auf Harleys oder spazierten zwischen zahllosen geparkten Motorrädern herum und sahen einfach nur heiß aus.

Man könnte durchaus sagen, dass die enorme Fixierung der Amerikaner auf Brüste in Sturgis ihren Höhepunkt erreicht. Nach »klasse Bike« hört man die Worte »Zeig uns deine Titten« dort wohl am häufigsten. Was allerdings nicht heißen soll, dass man Bikermädchen erst lange dazu auffordern müsste, ihre ausgefransten Leder-BHs hochzuschieben. Selbst voll bekleidet zeigen sie ziemlich viel nackte Haut.

In Sturgis ein Bandido zu sein ist immer etwas ganz Besonderes, denn man gehört quasi zum Biker-Adel. Aber in diesem Jahr war es noch viel besser, denn wir hatten eine schwierige und heikle Aufgabe gelöst und konnten nun so richtig feiern. Und genau das taten wir auch ohne Hemmungen drei oder vier Tage lang. Als wir dann genug davon hatten, packten wir unsere Sachen und machten uns auf den Weg nach Hause. Ich fuhr mit Dr. Jack und ein paar anderen, und wir nahmen uns unterwegs Zeit, Freunde zu besuchen und die Aussicht zu genießen. Auf dieser Heimreise, vor allem während meiner Gespräche mit Dr. Jack am Lagerfeuer, begann ich zu verstehen, worum es in den Gipfelgesprächen wirklich gegangen war.

Der Friedensvertrag zwischen den Angels und den Outlaws war eigentlich nur ein ziemlich kleiner Teil der Vereinbarungen. Das wirklich wichtige Ergebnis war die Aufteilung des ganzen Landes zwischen diesen beiden Clubs und natürlich uns und dem vierten, allerdings nicht anwesenden, Konkurrenten, den Pagans.

Unabhängig von ihren Meinungsverschiedenheiten hatten die vier größten Gangs ein gemeinsames Problem: die unabhängigen Einprozenter-Clubs, von denen die meisten nur regional, einige aber in mehreren Bundesstaaten vertreten waren. Diese Gruppen beanspruchten unserer Meinung nach zu viel Platz. Nicht, dass sie gewachsen wären, aber die expandierenden größeren Clubs stießen immer wieder auf diese kleineren, und das gefiel ihnen nicht. Die Liste dieser unabhängigen Gangs war lang: Dirty Dozen, Chosen Few, Hessians, Iron Horsemen, Coffin Cheaters, Mad Hatters, Ching-a-lings, Vargas, Mongols, Rebels, Henchmen, Booze Fighters sowie alte Freunde (und Feinde) wie Gypsy Jokers, Ghost Riders, Banshees und Aces and Eights.

Dem Abkommen zufolge galten die Hochburgen der großen Clubs von nun an als deren exklusive Domänen: Kalifornien, Alaska und Hawaii gehörten den Hells Angels, Texas, New Mexico, South Dakota und Washington den Bandidos, Florida und Illinois den Outlaws, Pennsylvania, Maryland, Delaware und Connecticut den Pagans. In diesen Bundesstaaten erhielten die großen Clubs nicht nur grünes Licht für die Beseitigung der Unabhängigen, sondern sie verpflichteten sich sogar dazu.

Dann gab es noch Bundesstaaten wie Oregon, Arizona, Louisiana und einige andere, in denen die Unabhängigen traditionell stark vertreten waren. Sie bildeten Pufferzonen zwischen den Bereichen der großen Clubs und waren daher für die Unabhängigen reserviert – die allerdings ihre dreiteiligen Abzeichen aufgeben und in einteilige umtauschen mussten. Außerdem hatten sie alle Ein-Prozent-Aufnäher zu entfernen. Den großen Clubs war es nicht erlaubt, in diesen Staaten eine Untergruppe zu eröffnen, sie konnten einen unabhängigen Club aber zum Unterstützerclub machen. In der Praxis sah das so aus, dass von jedem unabhängigen Club, der groß genug war, um überhaupt bemerkt zu werden – etwa von den Gypsy Jokers in Oregon –, verlangt wurde, sich einzugliedern oder aufzulösen. In diesen Pufferstaaten war es allerdings verboten, aus einem Unterstützerclub ein Chapter auf Probe zu machen.

Der Rest des Landes war im Grunde potenzielles Neuland, was zu hastigen expansionistischen Bestrebungen der vier großen Gangs und plötzlichen Aufnahmeanträgen Dutzender unabhängiger Clubs führte. Manche gingen den einfachen Weg und schlossen sich einem der großen vier Clubs an, aus ihnen wurden dann zunächst Chapter auf Probe und später Vollmitglieder. Andere Unabhängige blieben stur und leisteten Widerstand, einige lösten sich ganz auf. Manche sahen ihre Zukunft außerhalb des Landes und wanderten aus: die Coffin Cheaters nach Südafrika und Australien, die Rebels ebenfalls nach Australien und zum Schluss die eingefleischten Gypsy Jokers nach England, Irland und Australien.

Zwei Ausnahmen waren Idaho und Montana. Obwohl sie eigentlich keine Pufferzonen zwischen den Großen waren, wurden sie zu solchen erklärt. Das war eine Forderung der Hells Angels gewesen: Denn wenn sie sich nicht nach Washington ausbreiten durften, um ihre Nord-Süd-Achse zu vervollständigen, dann sollten die Bandidos ihrerseits auch keine Ost-West-Achse von South Dakota nach Seattle haben. Wir in Bellingham hatten natürlich nichts dagegen, immerhin hatten wir vor wenigen Wochen noch auf der Liste der gefährdeten Arten gestanden und mussten damit rechnen, von der nationalen Führung der Bandidos geopfert zu werden.

Insofern glich der Sturgis-Gipfel dem berühmten Mafia-Gipfel in Apalachin im Bundesstaat New York im Jahr 1957. Abgesehen davon, dass das organisierte Verbrechen damals nur New York City aufteilte, während in Sturgis die gesamten Vereinigten Staaten in Parzellen zerlegt wurden.

Einige Aspekte der Vereinbarung waren leichter in die Tat umzusetzen als andere. Beispielsweise bereiteten die Banshees den Angels im Süden von Kalifornien immer noch Kummer. Also erklärten sich die Bandidos selbstlos dazu bereit, das Problem zu lösen – natürlich ohne zu verraten, dass die Banshees in Wahrheit Undercover-Bandidos waren. Andere Absprachen führten zu jahrelangen Feindseligkeiten und Blutvergießen, besonders in den Staaten, die allen offenstanden. Manchmal brach Streit zwischen Mitgliedern der großen vier Gangs und den sturen Unabhängigen aus, ein andermal kämpften die großen vier um die Vorherrschaft.

Betrogen wurde natürlich ebenfalls. Die Bandidos hatten den Angels zwar Kalifornien als exklusiven Bereich zugestanden, aber das bedeutete nicht, dass sie es den Rivalen leicht machen wollten. Darum verbündeten sie sich heimlich mit den Mongols in L. A. und halfen ihnen nach Kräften, den Ausrottungsplan der Angels zu vereiteln.

Die Outlaws gründeten ihrerseits in Florida eine Gang namens Black Pistons und taten dann so, als würden sie ihren Hinterhof pflichtgemäß säubern, indem sie die Black Pistons nach Norden zurückdrängten, wo sie selbstverständlich die Vorhut des Expansionsstrebens der Outlaws bildeten.

Es war keine allzu große Überraschung, dass der »Puffervertrag«, wie wir ihn nannten, sich eigentlich schon aufzulösen begann, als die Ersten Sturgis wieder verließen. Innerhalb von zwei Jahren brach der Frieden dann völlig zusammen. Aber bis dahin hatte die Vereinbarung die Bikerwelt bereits gründlich verändert, die Macht der vier großen Clubs war gefestigt, viele unabhängige Clubs ausgelöscht und die Polizei des ganzen Landes total verwirrt.

Ich folge dem Beispiel vieler unabhängiger Biker und seilte mich ab, solange es noch möglich war.

Als ich nach dem Sturgis-Gipfel wieder in Washington war, stand ich vor einem Problem, das sich in den letzten Monaten zunehmend verschärft hatte. Da wir gegen jeden Bandido in Bellingham und Bremerton eine Fülle von Beweisen gesammelt hatten, machte ich jetzt keine Geschäfte mehr mit ihnen. Anfangs war es noch einfach, eine Ausrede zu finden, wenn ich Drogen oder ein gestohlenes Auto nicht kaufen wollte. Aber mit der Zeit wurde es immer schwieriger, vor allem wenn Vince oder Gunk mich im Laufe einer Woche mehrere Male anriefen und mir Deals anboten, die ich ablehnen musste.

Sechs oder acht Wochen nach Sturgis bot sich eine Lösung für mein Problem an, denn Steve, der nationale Vizepräsident aus Lubbock, rief mich unerwartet aus Texas an.

»Sag mal, erinnerst du dich an meinen Wohnwagen?«, fragte er. Ich bejahte. »Kennst du vielleicht jemanden im Norden« – damit meinte er Kanada –, »der ihn mir abkaufen würde?«

Das Ganze erschien mir sonderbar, denn selbst wenn der Wohnwagen gestohlen war, gab es keinen Grund, ihn quer durchs Land zu fahren, nur um ihn loszuwerden. Schließlich gab es in Texas genügend Leute, die in Wohnwagen hausten.

»Sicher könnte ich jemanden finden, das hängt natürlich auch vom Preis ab, den du verlangst. Aber warum die Mühe?« Eigentlich hatte ich absolut keine Lust, einen alten Wohnwagen zu kaufen, wollte aber auch nicht gleich Nein sagen. »Hör mal, wenn du Geld brauchst, könnte ich etwas arrangieren«, fügte ich noch hinzu.

»Nein, kein Problem, ich hab genug Geld«, antwortete er. Dann kam er endlich auf den wahren Grund seines Anrufs zu sprechen. »Wir eröffnen hier eine Bar und wollten dich fragen, ob du Interesse an einer Beteiligung hättest.«

»Tja, das klingt schon besser. Lass mich darüber nachdenken, ich melde mich dann.«

Ich erkundigte mich nicht nach weiteren Einzelheiten, denn in der Welt der Biker und der Ganoven ist es üblich, das Pferd von hinten aufzuzäumen: Man fragt erst nach Details, wenn man Ja gesagt hat. Der Grund dafür ist einfach: Wenn jemand die Einzelheiten kennt und dann doch Nein sagt, weiß er zu viel. Weil ich zu viel wusste und dann ablehnte, wurde ich in Hobos Machenschaften verwickelt.

Wenn es nur nach mir gegangen wäre, hätte ich sofort zugestimmt. Das war eine großartige Chance, die Ermittlungen auszuweiten und Washington mit intaktem Ruf zu verlassen. Aber die Investition musste von meinen Betreuern bei der Polizei und deren Vorgesetzten genehmigt werden. Und auf keinen Fall konnte ich zusagen und dann meine Meinung ändern, schon gar nicht gegenüber den harten Kerlen aus Texas.

Kaum hatte ich aufgelegt, rief ich im Büro an und erläuterte die Situation. »Ich muss möglichst schnell wissen, ob es klappt oder nicht«, sagte ich und schlug eine sofortige Besprechung vor, aber sie vertrösteten mich auf den nächsten Tag und meinten, es seien noch die »rechtliche Seite« und andere Fragen zu prüfen.

Als wir uns endlich trafen, waren wir uns darüber einig, dass das Angebot aus Texas ein Geschenk des Himmels war. Ich würde wahrscheinlich zum Chapter in Dallas oder San Antonio wechseln, denn Lubbock hatte erstaunlicherweise kein eigenes Chapter, obwohl sich dort das Hauptquartier der Bandidos befand. So wäre es mir möglich, die Führungsspitze der Gang auszuspionieren.

»Wir arbeiten daran, aber wir brauchen noch ein bisschen Zeit«, teilte Larry Brant mir mit.

»Wenn ich weiß, dass es klappt, sage ich zu. Aber erst möchte ich ganz sicher sein«, erwiderte ich.

Brant wich mir ein wenig aus. »Zusagen können Sie auf jeden Fall, denn entweder ziehen wir die Sache durch oder wir beenden den Fall. Das ist sicher.«

Das war durchaus sinnvoll, aber ich hatte keine Ahnung, dass Larry, Andy, Corky und der Rest des Teams erhebliche Zweifel an einem wichtigen Teil der Ermittlungen hatten: an mir.

Zwei oder drei Monate zuvor hatten wir im Büro über einen FBI-Agenten gesprochen, der zwei Jahre lang die Hells Angels unterwandert hatte. Er war der Gang ziemlich nahe gekommen, aber nie Mitglied geworden. Dennoch war es ein erfolgreicher Fall gewesen, der zu zahlreichen Festnahmen und Anklagen geführt hatte. Der Agent hätte damit zufrieden sein und nach Hause gehen sollen. Das tat er auch für eine Weile, aber anscheinend konnte er dann doch seine Undercover-Identität nicht so einfach hinter sich lassen – offenbar war er mit ihr glücklicher als mit seiner echten. Wir sprachen darüber, weil man ihn gerade wegen Ladendiebstahls verhaftet hatte. Seine Frau berichtete, dass er pleite sei und seit Wochen nicht mehr zu Hause gewesen war. Entweder war er nicht bereit oder nicht mehr fähig, in sein altes Leben zurückzukehren. Als man ihn festnahm, zeigte er seine alten Papiere aus der Zeit als verdeckter Ermittler, obwohl er vielleicht davongekommen wäre, wenn er seinen Polizeiausweis gezückt hätte.

Ich hatte den Mann ein bisschen verteidigt und gesagt, dass er auf jeden Fall psychologische Hilfe brauche. Dann hatte ich nachgefragt, ob die DEA denn über solche psychologischen Berater verfüge. Daraufhin hatte sich Andy ziemlich aufgeregt und gemeint: »Ach was, ein guter Polizist braucht so einen Quatsch nicht. Der Kerl ist einfach eine Niete.«

Das brachte mich zum Schweigen, aber Larry hatte meine Bedenken anscheinend nicht vergessen. Und es gab noch mehr Warnzeichen: mein Wutanfall gegenüber dem FBI-Beamten, als es um das Maschinengewehr gegangen war, mein Übergriff auf den Cowboy, meine immer spärlicher werdenden Kontakte zu meiner Familie und die Tatsache, dass ich oft mit meiner Kutte ins Büro kam. Larrys Zögern, was meinen Umzug nach Texas anbelangte, war für mich der erste echte Hinweis darauf, dass er und die anderen fürchteten, ich sei schon zu sehr Bandido geworden.

Trotzdem bekam ich grünes Licht für meine Beteiligung an der Bar. Also rief ich am nächsten Tag Steve an und teilte ihm mit, dass ich mitmachen wolle. Jetzt erzählte er mir, dass es sich um ein Striplokal handelte, was mich nicht besonders überraschte, weil die Biker sich kaum für andere Bars interessierten.

»Wie viel Kohle stellst du dir vor?«, fragte ich.

»Fünfzig Riesen«, antwortete er. Das war weniger, als ich erwartet hatte, ich hatte mit mindestens 100 000 Dollar gerechnet. Aber das hielt mich nicht davon ab, meinerseits etwas zu fordern.

»Hör mal, ich will nicht bloß stiller Teilhaber sein«, fuhr ich fort. »Wenn ich mitmache, dann richtig. Ich will ein Büro im Club und Einblick ins Geschäft haben.« Damit meinte ich Einblick in die Bücher und ein Mitspracherecht bei der Führung des Lokals. Das war eine ziemlich weitgehende Forderung, aber als stiller Teilhaber hätte ich in dem Ganzen keine Rolle gespielt und auch keinen Grund gehabt, nach Texas zu ziehen.

»Kein Problem«, erwiderte Steve. Vielleicht war er nur so zuvorkommend, weil er unbedingt mein Geld haben wollte, vielleicht hielt er meine Bedingungen aber auch für selbstverständlich. Ein Biker-Geschäftsmann folgt nämlich gerne seinem Geld, und wenn es irgendwelche Möglichkeiten zu Nebeneinkünften gibt, wie das in Striplokalen oft der Fall ist, dann will er natürlich davon profitieren.

Nachdem sich alles so entwickelt hatte, wie wir es uns vorgestellt hatten, teilte ich Andy die gute Nachricht mit: »Wir können loslegen, Steve ist damit einverstanden, dass ich in Texas voll miteinsteige. Ich muss ihm nur in ein oder zwei Tagen das Geld bringen.«

»Großartig. Aber vorher müssen wir uns noch einmal unter vier Augen unterhalten.«

Am nächsten Morgen im Büro informierte Andy mich, bevor der Rest des Teams eintraf, darüber, dass die Zentrale den Umzug nach Texas genehmigt hatte, gleichzeitig aber gefordert hatte, dass er aus dem Fall ausstieg. Das habe bürokratische Gründe, erklärte er. Er sei in Washington stationiert und eine Versetzung nach Texas sei wohl zu kompliziert. Natürlich sei er darüber ganz und gar nicht erfreut.

»Wir haben den Fall zusammen vorangebracht, und ich möchte bis zum Ende dabei sein«, fuhr er fort und appellierte an meine Loyalität: »Es gibt nur eine Möglichkeit, meine Chefs umzustimmen. Sagen Sie ihnen, dass Sie ohne mich nicht nach Texas gehen.«

Dazu war ich gerne bereit, denn Andy und ich arbeiteten hervorragend zusammen. Nach mehr als drei Jahren kannten wir einander durch und durch und ich hatte überhaupt keine Lust, eine neue Arbeitsbeziehung mit einem unbekannten Beamten aufzubauen, schon gar nicht mit einem texanischen Hinterwäldler, der wahrscheinlich mehr Testosteron als Verstand besaß.

Andy lächelte breit, als ich ihm versprach, mit seinen Vorgesetzten Klartext zu reden. »Gut, sie wollen morgen mit Ihnen reden.«

Dadurch würde sich alles um einen Tag verzögern, aber das war mir egal, den Texanern allerdings nicht. Am Abend zuvor war ich nach Vancouver gefahren, um meinen Umzug mit Liz zu besprechen. Ich hatte ihn ihr als Chance präsentiert, den Fall endlich abzuschließen, außerdem machte ich ihr das Ganze dadurch schmackhaft, dass ich ihr vorschlug, solange ich in Texas war mit den Kindern bei Louise und Frank, ihren Eltern, zu wohnen, die vor etwa sechs Monaten nach Florida umgezogen waren. Immerhin war die Entfernung zwischen Texas und

Florida viel geringer als zwischen Texas und British Columbia. Da ich in Vancouver gewesen war, hatte Steve mich telefonisch nicht erreicht und deshalb bei Vinny nachgefragt, wo ich steckte.

»Steve hat wegen dir angerufen«, erzählte mir Vinny später an diesem Tag, als ich bei ihm vorbeischaute. »Wo zum Teufel bist du denn gewesen?«

»Ich kümmere mich darum«, versprach ich. Aber ich wollte Steve nicht anrufen, ohne ihm den Tag meiner Abreise und die Flugnummer zu nennen. Biker wie Steve schätzten zu viele Unklarheiten gar nicht.

Der einzige Bandido in Washington, dem ich von meinen geschäftlichen Plänen in Texas erzählt hatte, war Dr. Jack. Selbstverständlich hätte ich auch George informiert, aber der saß gerade wegen eines Delikts im Gefängnis, das er vor meiner Ankunft begangen hatte. Mir war wichtig, dass ein einflussreiches Mitglied des Bellingham-Chapters wusste, dass ich mich an dieser Bar beteiligte, weil man mich dazu aufgefordert hatte – nicht etwa, weil ich hinter dem Rücken meiner Brüder in Bellingham nach Möglichkeiten zu irgendwelchen Geschäften suchte. Jack hatte mich ermuntert, aber gleichzeitig auch vor den texanischen Bandidos gewarnt, da sie wohl gerne Betrügereien durchzogen, wie er mir an einem Beispiel zeigte. Einige Jahre zuvor hatten ein paar Bandidos in Texas einen reichen Geschäftsmann kennengelernt, der gerne ein böser, böser Biker werden wollte. Sie hatten sein Interesse geweckt und ihn mit der Chance geködert, Mitglied zu werden. Dann erzählten sie ihm, dass er zunächst das tun müsse, was für alle Mitglieder selbstverständlich sei: den Club zu seinem Alleinerben machen. Der Dummkopf willigte ein, und natürlich fand man ihn bald tot in der Wüste. Mit mir würden sie sicher nicht so verfahren, denn schließlich war ich ein Mitglied mit Abzeichen, aber ich verstand durchaus, was Jack meinte.

Eines war mir allerdings zu diesem Zeitpunkt nicht klar: dass Andy und Co. ebenso falsch sein konnten, auch wenn es wahrscheinlich nur zu meinem Besten sein sollte.

Bewaffnet und mit Kutte ging ich zu der Besprechung, in der ich das Andy-Ultimatum stellen wollte – aus heutiger Sicht kein besonders guter Plan. Ich hatte nicht vor, auf den Tisch zu hauen oder dergleichen, sondern wollte nur ganz ruhig meine Meinung vortragen und es dabei belassen.

Die örtlichen Beamten – Andy, Larry, Corky – sowie zwei hohe Tiere aus dem DEA-Büro in Seattle und ein Regionaldirektor des FBI waren ebenfalls anwesend. Zuerst plauderten wir ein wenig über den Umzug nach Texas und die Chancen, die er eröffnen würde. Dann sagte Corky oder Larry: »Schade, dass Andy Sie nicht begleiten kann.«

Ich tat überrascht. »Was meinen Sie damit?«

»Wie? Hat Andy es Ihnen nicht erzählt? Andy ist hier wichtiger, deshalb bekommen Sie einen texanischen Beamten als Betreuer.«

Zuerst stellte ich Fragen – warum Andy nicht mitgehen könne, ob diese Entscheidung endgültig sei, wer mein neuer Betreuer werden würde. Dann tat ich so, als müsse ich die Nachricht erst einmal verdauen – ich starrte zu Boden, überlegte, grübelte. Und schließlich meinte ich störrisch: »Tut mir leid, aber wenn Andy nicht mitkommt, dann gehe ich auch nicht.« Es war eine echt gute schauspielerische Leistung, fand ich zumindest. Ich hatte jedoch keine Ahnung, dass ich derjenige war, dem etwas vorgespielt wurde.

Die hohen Herren erklärten mir nun, dass sie ihre Entscheidung nicht nur aus bürokratischen Gründen getroffen hätten, sondern auch an Andys Eignung und Leistung als Betreuer zweifelten.

»Wenn Sie nicht glauben, dass er geeignet ist, warum sind Sie sich dann bei mir so sicher?«, rief ich laut.

»Wir sind uns ja nicht sicher«, erwiderte einer der Anzugträger. »Aber wir haben schließlich nur Sie.«

Das gab mir den Rest, der Bandido in mir brach mit voller Wucht hervor. Ich sprang vom Stuhl auf, stieß mit einem Finger drohend in Richtung der Wichtigtuer, brüllte sie an, provozierte sie und versuchte sie sicher auch physisch einzuschüchtern. Ich war so wütend, dass ich nicht mehr weiß, was ich sagte. Ich erinnere mich nur noch daran, dass ich schrie und fluchte – bis mir plötzlich ein Licht aufging. Sofort hörte ich auf und schaute mich um, keiner von ihnen war aufgestanden und niemand sagte etwas. Verwirrt und bestürzt drehte ich mich um, ging in Andys Büro und blieb wie betäubt sitzen, erschrocken über das, was aus mir geworden war.

Nach etwa fünf Minuten kamen Andy und Larry zu mir. Ich gab zu, dass ich Hilfe brauchte und allmählich zu sehr in meiner Rolle aufging. Sie waren der gleichen Ansicht und erklärten mir dann behutsam, dass eines der hohen Tiere ein Deprogrammierer vom FBI sei, der zahlreiche Anhänger von Kulten behandelt habe. Das ganze Treffen war ein Test gewesen, um herauszufinden, wie ich mit meinem Doppelleben zurechtkam. Andy sollte in Wahrheit gar nicht von dem Fall abgezogen werden. Man wollte mich lediglich aus dem Gleichgewicht bringen und meine Reaktionen testen, um meinen psychischen Zustand beurteilen zu können. Im Grunde ging es darum, ob ich noch in der Lage war, Anweisungen zu befolgen, und für wen ich eigentlich arbeitete – für die Polizei oder für mich. Ich hatte den Test nicht bestanden.

Wir waren uns darüber einig, dass ich jetzt vor allem Ruhe und Zeit zum Nachdenken brauchte. Also ging ich nach Hause, zog mich um und mietete ein Zimmer in einem Motel in der mondänsten Straße von Blaine. Zwei Tage lang blieb ich die ganze Zeit im Zimmer und versuchte mich vom Leben eines Bandidos zu lösen. Der Deprogrammierer, ein Zivilangestellter des FBI, besuchte mich drei- oder viermal. Es waren keine richtigen Therapiesitzungen, er wollte sich nur mit mir unterhalten und brachte manchmal etwas zu essen mit. Außerdem telefonierte ich stundenlang mit Liz, und wir kamen uns wieder näher. Diese Gespräche taten mir unheimlich gut, aber ebenso wichtig war die Zeit, in der ich lediglich an die Decke starrte, nachdachte und mich sammelte.

Am Abend des zweiten Tages hatte ich mich wieder im Griff. Jetzt wollte ich schnellstmöglich weitermachen und den Fall endlich zu Ende bringen. Allerdings ahnte ich da noch nicht, wie schnell das Ende kommen würde.

Wenn ich heute zurückblicke, scheint mir, dass mein Wutanfall nicht nur mir, sondern dem ganzen Team die Kraft raubte, um den Fall noch weiter auszudehnen und für die Bandidos möglichst verheerend enden zu lassen. Trotz der Szene hatten Andy, Corky und Larry nicht den Respekt vor mir verloren, im Gegenteil, sie hatte ihnen anscheinend die Augen geöffnet. Jetzt verstanden sie, unter welchem Druck ich gearbeitet hatte, und dafür bewunderten sie mich sogar ein wenig. Aber ich glaube, dass der Vorfall uns auch realistischer machte. Wir waren mit unseren Ermittlungen weit über das Ziel hinausgeschossen, das wir uns ursprünglich gesetzt oder auch nur zu erhoffen gewagt hatten, aber so konnte es nicht ewig weitergehen. Wir konnten nicht jeden Bandido und jeden kriminellen Biker im Land festnageln, es war also an der Zeit aufzuhören.

Kapitel sechs Das Ende der Bandidos

Für Larry war es bestimmt nicht einfach gewesen, einen Deprogrammierer einzuschalten, immerhin ging es hier um den größten Fall, den er je bearbeitet hatte. Die Ermittlungen waren sehr erfolgreich verlaufen, und wenn sie die Bundesebene erreicht hätten, wäre dies Larrys Karriere sicherlich zugute gekommen. Er hätte also einfach weitermachen und mich in der Hoffnung auf weitere Informationen nach Texas schicken können. Stattdessen rettete er mir das Leben, dessen bin ich mir ziemlich sicher. Und dadurch rettete er vielleicht sogar den ganzen Fall. Denn hätte ich nicht als Zeuge auftreten können, wäre es schwieriger gewesen, die bereits überführten Bandidos anzuklagen und zu verurteilen.

Am Nachmittag meines dritten Tages im Motel rief ich Vinny an, um mich mal wieder zu melden. Die Reaktion war ziemlich kühl.

»Verdammt, wo warst du die ganze Zeit?«, fragte er. Offenbar hatten einige Leute aus unsere Gruppe und natürlich auch unsere Freunde aus Lubbock seit Tagen versucht, mich zu erreichen. »In Texas warten sie schon auf dich«, fuhr er fort. »Du musst bald hinfahren und dich ums Geschäft kümmern.«

»Ich weiß, ich weiß, aber ich habe noch einiges zu regeln. Ich fahre sobald wie möglich hin.«

»Es ist alles vorbereitet«, meinte Vinny. »Ein paar Jungs aus Texas sind gerade in Seattle und nehmen dich mit.«

Er nannte mir den Namen eines Motels in einem schäbigen Stadtteil von Seattle und eine Telefonnummer. »Fahr heute Abend dorthin«, befahl er.

Meine Alarmglocken schrillten, und das nicht nur, weil ich zum ersten Mal hörte, dass texanische Bandidos bei uns aufgetaucht waren. Ich rief sofort Andy an und teilte ihm mit, dass ich das Ganze merkwürdig fand, aber er meinte, dass ich überreagieren würde. Außerdem würden er und das Team mich beschützen, wenn etwas schiefgehen sollte, ich hätte also nichts zu befürchten. Das beruhigte mich nicht sonderlich, denn ich hatte bei diesen Ermittlungen nur deshalb so viel erreicht, weil ich mich immer auf meinen Instinkt verlassen hatte, und jetzt hatte ich ein äußerst mulmiges Gefühl.

Besorgt fuhr ich als Nächstes nach Seattle, Andy und seine Kollegen waren mir angeblich dicht auf den Fersen. Dort mietete ich in dem besagten Motel ein Zimmer und rief die Nummer an, die Vinny mir gegeben hatte. Ich kannte die Stimme nicht, die sich meldete, aber wer auch immer es war, er schien auf mich gewartet zu haben. Er sagte, dass jemand mich sofort abholen und zu den Texanern bringen würde. Hier war eindeutig etwas faul.

Keine zehn Minuten später standen zwei Männer vor meiner Tür. Einer von ihnen war ein ehemaliges Resurrection-Mitglied, jetzt allerdings ein Bandido mit allen Aufnähern. Den anderen hatte ich noch nie gesehen. Neben dem Auto schob ein anderes Exmitglied des Resurrection-Clubs Wache.

Am Auto zögerte ich kurz, bevor ich einstieg. Diese Sekunde reichte aus, um meine schlimmsten Befürchtungen zu bestätigen: Denn der Typ, den ich nicht kannte, zog sofort eine halbautomatische Neun-Millimeter-Pistole aus der Tasche und befahl: »Steig ein.« Das war unmissverständlich, also tat ich, was er gesagt hatte.

Wäre ich nicht eingestiegen, hätten sie mich vielleicht bewusstlos geschlagen und in den Kofferraum gesteckt. Stattdessen saß ich links auf dem Rücksitz und wartete darauf, dass Andy und das Team eingriffen. Ich bemerkte, dass der Fahrer die vordere Tür nicht verriegelte, was möglicherweise eine Chance zur Flucht darstellte, wenn es unbedingt notwendig werden sollte. Aber ich war mir nicht sicher, ob es so weit kommen würde. Neben der unverriegelten Tür gab es nämlich ein weiteres Indiz dafür, dass diese Kerle keine echten Profis waren: Der Typ mit der Waffe setzte sich neben den Fahrer – von dort aus war ich kein gutes Ziel für ihn.

Ich weiß nicht, wie lange wir durch Seattle fuhren, und mir war nicht einmal klar, in welche Richtung es ging. Anfangs überlegte ich noch, ob diese drei Clowns sich wohl wehren würden, wenn Andy und das Team sie schnappten. Dann fragte ich mich nur noch, wie lange Andy noch brauchen würde. Ich wartete und wartete, bis ich nicht mehr länger warten wollte, denn früher oder später würden wir unser Ziel erreichen, und das würde meine Chancen nur verringern.

Als wir nach rechts abbogen und der Kerl mit der Waffe geradeaus blickte, war das meine Chance. Ich öffnete blitzschnell die Tür und ließ mich hinausfallen. Der Aufprall tat verdammt weh, aber ich stand sofort auf und rannte in eine dunkle Gasse. Ohne mich umzudrehen, probierte ich jede Tür aus, an der ich vorbeikam. Ich hörte niemanden hinter mir, aber wenn sie mich verfolgten, dann wollte ich das offen gestanden gar nicht wissen. Endlich gab eine Tür nach. Ich stürzte in eine pechschwarze Finsternis hinein und knallte die Tür hinter mir zu. Dann stand ich etwa anderthalb Meter von der Tür entfernt einfach nur da und wartete mit klopfendem Herzen.

Fünf Minuten vergingen, zehn Minuten, zwanzig Minuten, und jede Minute quälend langsam. Keine Schritte waren zu hören, und niemand stieß die Tür auf. Allmählich entspannte ich mich ein wenig, setzte mich auf den Boden und lehnte mich an die Wand. Aber ich traute mich noch nicht hinaus.

Ich blieb mindestens eine Stunde dort, vielleicht sogar zwei oder mehr. Es kann auch sein, dass ich ein paar Minuten einschlief, aber das weiß ich nicht genau. Auf jeden Fall tat mir alles weh, und die Kälte des Bodens drang mir ebenso in die Knochen wie die spätherbstliche Feuchtigkeit Seattles. Irgendwann hatte ich die Warterei dann satt. Untätigkeit führt zur Niederlage, sagte ich mir, zog die Füße an und rappelte mich auf.

Ich horchte an der Tür. Nur das Geräusch meiner eigenen Atmung war zu hören. Behutsam öffnete ich die Tür einen Spalt breit und warf einen Blick in die Gasse. Feiner Nieselregen hatte das Pflaster in einen Spiegel verwandelt, der das Licht der Straßenlampen reflektierte.

Nichts, keine Bewegung, kein Zeichen, dass da jemand war.

Also öffnete ich die Tür weiter und trat hinaus in die Nacht. Niemand kam aus dem Schatten und nichts regte sich. Ich war tatsächlich allein. Rasch lief ich zur Straße, wo ich ein paar Stunden zuvor so unelegant aus dem Auto gestiegen war. Auch sie lag verlassen da. Daher ging ich auf die Lichter der Innenstadt zu. Als sich ein Taxi näherte, winkte ich es heran, aber es fuhr nicht einmal langsamer. Kein Wunder: Meine Kleider waren zerrissen, und ich war voller Beulen, Kratzer und Blut.

Schließlich erreichte ich eine Telefonzelle und wählte die Notrufnummer, die ich zu Beginn der Ermittlungen erhalten hatte. Inzwischen wusste ich, dass ich mich in der Südstadt befand, und konnte auch die Straßenkreuzung benennen. Eine Stimme wies mich an, dort zu warten. Nach ungefähr fünfzehn Minuten trafen drei Polizeiautos mit heulenden Sirenen ein. Ich kletterte auf den Rücksitz eines Wagens, diesmal ohne von einer halbautomatischen Waffe dazu aufgefordert werden zu müssen. Einige Polizisten fuhren mit mir zum nächsten Polizeirevier, andere zum Motel, um mein Auto zu holen.

Andy, Corky und die Einsatzgruppe waren schon vor Ort, als ich ankam. Sie sagten, dass sie die ganze Zeit hinter dem Auto gewesen wären, meine Flucht aber nicht bemerkt hätten. Aus irgendeinem Grund hatten die Biker nicht angehalten, um mich zu verfolgen. Vielleicht war ihnen inzwischen aufgefallen, dass sie beschattet wurden. Kurz nachdem ich aus dem Wagen gesprungen war, hatten Andy und seine Kollegen das Auto gestoppt. Natürlich sagten die drei Typen nichts, und Andy, der ziemlich überrascht war, dass ich nicht im Auto saß, wollte sie auch nicht direkt nach mir fragen – das hätte mich den Rest meiner Tarnung gekostet. Also hielt man die drei erst einmal unter einem Vorwand fest. Später wurden sie wegen Entführung und Freiheitsberaubung verurteilt.

Als meine Wunden versorgt waren, fuhr mich ein Beamter zurück nach Blaine, während ein anderer in meinem Lieferwagen folgte. Wir fuhren direkt zum DEA-Büro, wo wir über die nächsten Schritte diskutierten.

Corky meinte, dass der Fall nun definitiv beendet sei. »Wir bringen Sie sofort weg und über die Grenze nach Kanada«, sagte er.

Andy war nicht seiner Meinung. Natürlich war ich von den Texanern bedroht worden, das war unbestreitbar, aber würden die örtlichen Bandidos mich deshalb fallen lassen? Ich wollte jetzt eigentlich nur meine Ruhe haben, doch gleichzeitig musste ich Andy auch zustimmen. Soweit wir wussten, vermutete niemand, dass ich Polizeiinformant war. In den Augen der Bandidos hatte ich einfach ein Geschäft vermasselt, weil ich einem Mitglied der nationalen Führung Geld versprochen und es nicht so schnell wie erwartet herbeigeschafft hatte. Vielleicht hatte er sich dadurch ein wenig blamiert, aber es war keine große Sache.

Sie hatten mir zwar ein Killerkommando auf den Hals gehetzt, aber zu meinem Glück war es nur eine B-Mannschaft gewesen. Hätten sie Milo oder Leute aus Texas geschickt, hätte ich wahrscheinlich nicht so schnell die Gefahr gewittert. Doch das bedeutete nicht unbedingt, dass es mir nicht gelingen würde, mich herauszureden, indem ich an die Vernunft und Loyalität einflussreicher Mitglieder in Bellingham appellierte.

Rückblickend betrachtet, hätte ich genau das bereits tun sollen, als Vinny mir befahl, nach Seattle zu fahren. Ich hätte ihn überraschend besuchen, mein kurzes Verschwinden mit Ärger an der Grenze begründen und ihn dazu überreden sollen, mich gegen die Texaner zu verteidigen. Anscheinend hatten wir zu diesem Zeitpunkt nicht richtig nachgedacht, vielleicht hatte uns unsere nachlassende Motivation auch so unüberlegt handeln lassen.

Obwohl Vinny mich in Seattle in die Falle hatte laufen lassen, beschlossen Andy und ich, dass sich ein Gespräch mit ihm lohnen würde. Und wenn sich dabei herausstellen sollte, dass für unseren Fall nichts mehr zu erreichen war, dann hatten wir wenigstens Gewissheit.

Außerdem könnten wir Vinny, wenn er sich verplappern und beispielsweise »Du müsstest doch tot sein!« oder »Was? Du lebst noch?« sagen würde, die Beteiligung an einem Mordversuch nachweisen.

Also kehrte ich streng bewacht in mein Haus zurück. Dank der Kameras und Mikrofone wussten wir, dass niemand draußen oder hinter der Tür auf mich wartete, um mich zu ermorden. Wir hatten uns gegen einen Anruf aus dem Büro entschieden, weil man sich dort wegen der fünfzehn oder zwanzig Mitglieder der Einsatzgruppe nur schwer konzentrieren konnte. Außerdem musste ich erst einmal tief durchatmen, mich etwas entspannen und meine Gedanken ordnen. Denn sollte es zum Bruch mit Vinny kommen, dann blieben mir nur einige Minuten Zeit, um ein paar Sachen zu packen, ehe man mich wegbringen würde.

Ich setzte mich ins Wohnzimmer, schaltete den Fernseher ein und sammelte mich. Es war kurz nach Mitternacht, und ich hatte einen ziemlich anstrengenden Abend hinter mir. Nach einer Weile rief ich dann Vinny an. Als er meine Stimme hörte, war seine Überraschung unverkennbar. Eine kurze Pause trat ein, aber er fasste sich ziemlich schnell wieder und sagte nichts, was ihn hätte belasten können.

»Ich dachte, du bist nach Texas gefahren«, meinte er. »Wo bist du denn jetzt?«

»Zu Hause, ich bin noch nicht abgereist«, antwortete ich.

»Gut, bevor du losfährst, musst du aber noch bei mir vorbeikommen und deine Anhängerkupplung auswechseln«, fuhr er dann fort.

Das kam mir sehr seltsam vor. Hatte ich ihn geweckt? Träumte er vielleicht noch? Ganz verrückt war seine Bemerkung allerdings nicht, denn wenn wir nach Texas fuhren, nahmen wir oft unsere Motorräder auf einem Anhänger mit, und dessen Kupplungen hatten meist einen kleinen Kugelkopf. Aber ich wollte nichts mit nach Texas nehmen – wenn ich dorthin fuhr, dann wollte ich fliegen, und das wusste Vinny auch.

»Neeeeee«, erwiderte ich.

Er verlor sofort die Beherrschung. »Egal, ich will, dass du sofort herkommst«, bellte er.

In diesem Augenblick wusste ich, dass es vorbei war.

»Ja klar«, antwortete ich, »aber nicht in diesem Leben.«

Dann legte ich auf und rief Andy an. Er hatte das ganze Gespräch mitgehört und wir waren uns einig, dass es Zeit war auszusteigen. Ich griff nach meiner Kutte, dem Geschäftsbuch des Clubs, ein paar Kleidern, drei Waffen und einigen Kleinigkeiten, dann lief ich zu Fuß zurück zum Büro.

Dort sahen wir zu, wie etwa ein halbes Dutzend Bandidos vor meinem Haus eintraf. Zwei kamen mit dem Motorrad, der Rest in einem Auto und in einem Lieferwagen. Vinny, Gunk, Craig und ein paar andere erschienen auf unseren vier kleinen Bildschirmen. Sie traten die Haustür ein, woraufhin Grinder angriff. Den Hund hatte ich Mongo vor einem Jahr gegeben und wieder zurückbekommen, weil er festgestellt hatte, dass das Tier kein reinrassiger Rottweiler, sondern zur Hälfte ein Schäferhund war. Vinny erschoss ihn im Sprung. Ich war außer mir vor Wut und bereute es furchtbar, den Hund nicht mitgenommen zu haben. Dann durchsuchten sie das Haus nach allem, was den Schriftzug »Bandidos« trug oder irgendetwas mit dem Club zu tun hatte. Viel fanden sie allerdings nicht.

Für die Einsatzgruppe war der Schuss das Signal zum Losschlagen. Gunk war gerade im Begriff die Leiter zum Dachboden hochzusteigen, wo sich die gesamte Abhöranlage befand, als die Polizisten hereinstürmten. Die Bandidos behaupteten, dass eines ihrer Mitglieder im Haus wohne und sie nur ein wenig zu wild gefeiert hätten, wobei sich der Schuss versehentlich gelöst habe. Nachdem die Polizei sie mehrere Stunden lang festgehalten und verhört hatte, wurden sie freigelassen. Das war am 3. November 1984. Es war noch zu früh für den großen Schlag, und sie durften noch nicht wissen, dass ich für die Polizei arbeitete. Aber für mich war es Zeit abzuhauen.

KAPITEL SIEBEN
VOM KU-KLUX-KLAN ZUR INSEL

In dieser Nacht fuhr ich endlich nach Hause nach Nordvancouver, genauer gesagt, ein Polizist fuhr mich, nicht nur, damit ich mit meinen Waffen über die Grenze kam, sondern auch, damit ich heil und gesund blieb. Am frühen Abend hatte ich mit Liz telefoniert und sie war noch nicht zu Bett gegangen, sondern wartete auf mich und war ebenso erleichtert wie ich, dass die Ermittlungen endlich abgeschlossen waren.

Ich blieb gerade so lange in Vancouver, um zu duschen und meine Wäsche zu waschen, denn während meiner »Therapiepause« vor einigen Tagen hatten wir vereinbart, dass ich mit meiner Familie auf Kosten der DEA eine Woche Urlaub auf Hawaii machen durfte, sobald ich Blaine verlassen hatte. Das war jetzt alles schneller gegangen als erwartet, aber wir beklagten uns nicht. Die Zeit am Strand war genau so, wie sie sein soll – heiß und sonnig, aber ich war noch nie besonders scharf auf Urlaub in den Tropen gewesen. Ich schwimme, wenn ich muss – wenn ich ins Wasser falle oder geschubst werde –, aber man wird mich kaum dabei ertappen, dass ich begeistert hineinspringe oder ausgelassen in der Brandung herumhüpfe. Den Kindern und Liz machte es allerdings großen Spaß.

Wenige Tage nach unserer Rückkehr nach Vancouver genossen Liz und die Kinder erneut Sonne und Sand, diesmal während eines Besuchs bei Louise und Frank in Homestead in Florida. Wir hatten den Aufenthalt schon geplant, als ich noch hoffen durfte, einen texanischen Aufnäher zu bekommen. Das Thema war jetzt zwar abgeschlossen, aber weil die Kinder, Liz und ihre Eltern sich schon so sehr auf ein Wiedersehen gefreut hatten, wollten sie nicht auf den Besuch verzichten. Und ich konnte das Alleinsein nutzen, um wieder ganz ich selbst zu werden. Ich war noch nie sonderlich emotional, und meine Zeit bei den Bandidos hatte das noch verstärkt. Obwohl zwischen mir und Liz an der Oberfläche alles in Ordnung war, spürten wir beide eine Distanz, eine Kluft, die ich unbedingt wieder überbrücken wollte.

Etwa eine Woche lang hatte ich ziemlich wenig Kontakt zur Außenwelt. Ich telefonierte allerdings jeden Tag mit Andy und seinen Kollegen, um zu erfahren, wie weit die Vorbereitungen für die Festnahmen gediehen waren. Der Rest des Teams hatte eine Menge Papierkram zu erledigen: Anklageschriften verfassen, eidesstattliche Erklärungen niederschreiben oder abgeben, Haftbefehle beantragen, entscheiden, ob Verstöße gegen bundes- oder gesamtstaatliche Gesetze vorlagen und so weiter. Das erforderte ein ständiges Hin und Her zwischen meinen Betreuern und dem stellvertretenden Staatsanwalt des Distrikts. Ich war dabei nur Zuschauer.

Da die Ermittlungen so langwierig gewesen waren, hatte ich keine Freunde mehr in Vancouver, und Liz' Freunde kamen natürlich nicht vorbei, solange sie nicht da war. Außerdem wirkte ich immer noch wie ein Biker, und das schreckte normale Menschen selbstverständlich ab. Die einzigen Ausnahmen waren Liz' Schwester Sue und ihr Mann Phil, die nur ein paar Straßen entfernt wohnten und mich fast jeden Tag besuchten. Wahrscheinlich taten sie damit Liz einen Gefallen, die ich jeden Tag anrief und die zweifellos fand, dass mich jemand im Auge behalten musste. Das störte mich aber nicht. Phil war ein Möchtegern-Bob-Dylan und spielte manchmal Gitarre.

Mit der Zeit wurde ich wieder normal oder konnte zumindest so tun als ob. Eines Morgens wachte ich auf, frühstückte und häufte alle meine Bikerutensilien mitten im Wohnzimmer auf. Dann packte ich sie in zwei Kartons, klebte sie mit Packband zu und verstaute sie hinten im Schrank. Mit dieser Aktion wollte ich meine Bandidos-Altlasten endlich loswerden, im wörtlichen wie im übertragenen Sinne.

Die Bandidos kamen offenbar nicht so leicht über mich hinweg. Das fand ich eines Abends heraus, als Sue und Phil vorbeischauten.

Der Bruder eines Polizisten, den ich kannte, war Eigentümer einer Sicherheitsfirma, die einige Wachhunde hielt. Nachdem Liz mit den Kindern abgereist war, lieh ich mir von ihm einen Dobermann. Ich rechnete zwar nicht unbedingt mit Ärger und war offen gestanden vor allem der Ansicht, dass ich ein wenig Gesellschaft brauchen konnte, aber ich wusste natürlich auch, dass Bikergangs nicht gerade zimperlich mit Mitgliedern umgingen, die sich absetzten, zumal wenn sie ihre Abzeichen nicht abgaben. Der Hund war letztlich mit daran schuld, dass Phil fast umgebracht worden wäre, andererseits rettete er mir irgendwie auch das Leben.

Jeden Abend gegen acht Uhr brachte ich den Hund in den Garten und kettete ihn an, damit er sein Geschäft verrichten konnte. Das Haus, das wir gemietet hatten, stand auf einem Eckgrundstück und war abgesehen von einer dicken Hecke, die den Hinterhof säumte, zur Straße hin offen. Da Phil eines Tages noch etwas frische Luft tanken wollte, bot er mir an, den Hund hinauszubringen. Kaum hatte er das Tier angebunden, gab es einen Schuss und Phil stürzte zu Boden. Zu seinem Glück durchschlug die Kugel nur seinen Oberschenkel, nicht seine Brust. Dummerweise war der Hund schon an der Kette befestigt, sonst hätte er den Schützen sicher gleich gepackt. Der Kerl hatte auf der anderen Seite der Hecke gestanden, nur etwa viereinhalb Meter von Phil entfernt, und aus einem 38er-Revolver gefeuert.

Die Polizei war wenige Minuten später zur Stelle, aber sie fand den Täter nie. Am nächsten Tag brachten mich Polizeibeamte im Auftrag der DEA zum Flughafen, schleusten mich durch die Sicherheitskontrolle und setzten mich in ein Flugzeug nach Florida. Ich fühlte mich ziemlich schlecht, zumal ich den armen Phil im Krankenhaus zurücklassen musste, wo sein Bein behandelt wurde.

In Florida mieteten Liz und ich ein Haus direkt gegenüber von Frank und Louise – wir hatten nämlich beschlossen, ganz dorthin zu ziehen. Immer noch rief ich Andy und Co. regelmäßig an und half ihnen, so gut ich konnte, die Festnahmen vorzubereiten. Ein- oder zweimal flog ich auch nach Seattle und Texas, um mit Polizeibeamten und Staatsanwälten zu sprechen. Als der große Tag nahte und die Haft- und Durchsuchungsbefehle erlassen waren, mussten sich die DEA-Beamten alle möglichen Gedanken über die Durchführung der Aktionen machen: Wer besaß das größte Waffenarsenal oder die bissigsten Hunde? Wer würde sich wahrscheinlich ohne Widerstand festnehmen lassen, und wer würde auf dumme und gefährliche Gedanken kommen? Ich saß stundenlang mit den Leitern verschiedener Einsatzgruppen zusammen und fertigte Skizzen an, aus denen die Lage von Türen, Schlafzimmern – wie üblich sollten die Festnahmen früh am Morgen erfolgen –, möglichen Verstecken und dergleichen hervorgingen. Ich war froh, dass die kanadische Polizei mir beigebracht hatte, wann und wie man am besten Notizen macht. In meinen Notizbüchern befanden sich Skizzen aller Häuser, die ich betreten hatte.

Am frühen Morgen des 21. Februars 1985 schlugen dann mehr als 1000 Polizisten in neun Bundesstaaten und in einer kanadischen Provinz zu.

Die große Show fand außerhalb von Lubbock statt, wo die Gang eine kleine Siedlung aus Wohnmobilen angelegt hatte. Sie war von zwei Maschendrahtzäunen umgeben, zwischen denen sich Stacheldraht türmte. Andy trug eine Tarnhose, ein orangefarbenes Hemd, das ihn als Freund der Bandidos auswies (es war aus diesem Anlass speziell bedruckt worden), einen weißen Seidenschal und eine Brille. Er fuhr, gefolgt von zahlreichen Polizisten, in einem geliehenen Schützenpanzer schnurstracks durch die Zäune hindurch. Hinter der Polizei kamen natürlich gleich die Journalisten. Und wessen Bild erschien wohl in den Abendnachrichten? Noch lange danach sagten wir »Rommel«, wenn wir von Andy sprachen.

In Lubbock und an den anderen Orten verlief alles erstaunlich gut. Die meisten Biker leisteten wenig Widerstand, und diejenigen, die es taten, wurden überwältigt.

Dem Kommando, das für das Bellingham-Chapter zuständig war, hatte ich einige zusätzliche Tipps gegeben. Ich hatte ihnen gesagt, dass Terry Jones wahrscheinlich mit einer entsicherten Waffe aus dem Schlafzimmer und durch das Wohnzimmer laufen würde, sein Pitbull Binky allerdings harmlos sei und sich wohl verstecken würde. Um nicht auf Terry schießen zu müssen, drangen die Polizisten daher so in sein Haus ein, dass er sofort umzingelt war und aufgab. Und Binky verkroch sich tatsächlich, nachdem er auf den Boden gepinkelt hatte.

Ich wies sie auch darauf hin, dass Dr. Jack wohl keinen Widerstand leisten werde, sofern die Beamten seine Frau respektvoll behandelten. Nachdem sie in sein Haus gestürmt waren, benahmen sie sich daher sehr höflich und betraten das Schlafzimmer erst, als Jacks Frau sich angezogen hatte. Dort und an den meisten anderen Orten verlief alles nach Plan. Es gab ein paar Schnittwunden und blaue Flecken, und in Forth Worth in Texas wurde ein Polizist von einem besonders hitzköpfigen Biker angeschossen, aber zum Glück nur leicht verwundet. Ernsthafte Zwischenfälle blieben aus, es gab auch keine Toten unter den Bikern. Abgesehen von Binky hatten die Hunde allerdings nicht so viel Glück.

Am Ende der Aktion waren 93 Bandidos, zwei Hells Angels aus British Columbia und Dutzende von Helfershelfern in Polizeigewahrsam. Außerdem waren einige Drogen und ein eindrucksvolles Waffenarsenal beschlagnahmt worden: mehr als 100 Maschinengewehre, 300 andere Schusswaffen und eine Menge Sprengstoff. Was die Festnahmen und Anklagen betrifft, war und ist dies die größte Aktion gegen kriminelle Biker in der amerikanischen Geschichte.

Alle Biker wurden mehrfach angeklagt, teils wegen nationaler, teils wegen bundesstaatlicher Delikte, einige wegen Bandenkriminalität. In manchen Staaten, darunter Washington, Texas und Louisiana, hat ein Angeklagter das Recht, mit der Person konfrontiert zu werden, die ihn überführt hat. Das war in diesem Fall ich. Also verbrachte ich nach der Großaktion etwa eine Woche damit, quer durchs Land zu fliegen und in kleinen Vernehmungszimmern meinen alten Freunden gegenüberzutreten. Sie oder ihre Anwälte durften mir Fragen stellen, die mit der Anklage zusammenhingen.

Vinny war der Erste. Er starrte mich drohend an, während sein Verteidiger dumme Fragen stellte wie:»Sind Sie sicher, dass dies der Mann ist, der Ihnen Kokain verkauft hat?« Einmal griff Vinny plötzlich nach dem Aschenbecher, und die zwei Polizisten im Raum sprangen überrascht auf. Ich fand das Ganze nur jämmerlich. Ich schaute meinen einstigen Chapter-Präsidenten an und empfand gar nichts – kein Mitleid, keine Loyalität, keine Wut. Er hatte zwar versucht, mich umzubringen, aber das hatte er schließlich nur getan, weil man es von ihm erwartet hatte. Daher nahm ich es nicht persönlich. Vinny selbst sagte kein Wort, sondern starrte mich die ganze Zeit nur zornig an.

Als Dr. Jack an der Reihe war, wollte er nur wissen, warum ich zum Spitzel geworden war, obwohl mir der Club doch bei all meinen Problemen geholfen hatte.

»Jack, ich hatte von Anfang an den Auftrag, euch auszuspionieren. Ich war nie der, für den du mich gehalten hast. Dieser Mann hat nie existiert.« Während ich das sagte, wurde mir bewusst, dass ich damit nicht nur ihn, sondern auch mich selbst überzeugen wollte. Das merkte er offenbar.

»Doch, dieser Mann existiert«, sagte er, »irgendwo da drinnen bist du immer noch ein Bandido und wirst es immer bleiben.«

Jack legte ein Geständnis ab und bekam vier Jahre. Ich musste nicht gegen ihn aussagen. Die meisten anderen gingen ebenfalls den einfacheren Weg und erklärten sich vor oder nach der ersten Anhörung für schuldig, um eine Strafmilderung zu erreichen. Sie wurden zu ähnlichen Strafen verurteilt: Vinny, George Wegers (der bereits im Gefängnis saß), Jersey Jerry, Terry Jones und Sly Willie.

Wie in den meisten Fällen dieser Art waren die doch eher milden Urteile nach all der Arbeit für uns etwas enttäuschend. Sogar Leute wie Gunk, der auf »unschuldig« plädiert hatte, kamen mit geringen Strafen davon. Fast alle Betroffenen waren 1988 oder 1989 wieder frei.

Aber es gab auch erfreuliche Ergebnisse. Schließlich kamen alle Angeklagten ins Gefängnis, abgesehen von Rex Endicotts Frau, was nicht weiter schlimm war, weil sie meines Wissens unschuldig war. Während ihres Prozesses fragte mich ihr Verteidiger, ob sie meiner Meinung nach in Straftaten verwickelt gewesen sei. Ich sagte aus, dass ich in ihrer Anwesenheit immer den Mund gehalten hatte und überzeugt sei, dass sie nichts gewusst habe.

Es gefiel mir auch, dass Mongo nie angeklagt wurde. Als er einmal Geld brauchte, hatte er mir ein wenig Kokain zum Kauf angeboten, das George ihm gegeben hatte. Ich hatte abgelehnt und ihm stattdessen etwas Geld geliehen. Er hatte zwar psychopathische Züge, aber ich wusste, dass er wegen der »Bruderschaft« Bandido geworden war, nicht wegen der kriminellen Chancen, die sich ihm im Club boten. Außerdem mochte ich ihn, obwohl er rassistisch und manchmal heimtückisch war.

Die Ermittlungen waren also aus fast jedem Blickwinkel ein voller Erfolg. Wir hatten vielleicht nicht die Richtung eingeschlagen, die wir ursprünglich festgelegt hatten – anstatt die Geschäfte zwischen den Bandidos in Washington und den Bikern in Kanada ins Visier zu nehmen, hatten wir die amerikanische Gang landesweit unterwandert –, aber wir hatten alle anfänglichen Erwartungen weit übertroffen. Alle verhafteten Ganoven wurden verurteilt und ins Gefängnis geschickt. Und obendrein war niemand getötet oder schwer verletzt worden.

Aber haben wir den Bandidos wirklich einen harten Schlag versetzt? Das lässt sich so wohl kaum sagen. Als ich auf der Szene erschien, gab es im Bundesstaat Washington zwei Chapter, Billingham und Bremerton, und während meiner Mitgliedschaft wurden durch die Zwangsaufnahme der Resurrection-Biker und der Ghost Riders zwei weitere gegründet, nämlich Seattle und Yakima. Heute haben die Bandidos mindestens ein Dutzend Chapter in Washington, und anderswo ist ihre Expansion ebenso eindrucksvoll. Unsere Bemühungen haben sie also bestenfalls ein wenig gebremst – das ist alles.

Für mich war der Fall Segen und Fluch zugleich. Ich habe dabei gut verdient und aufregende, verrückte Erfahrungen gemacht, die für ein Leben reichen sollten. Ich werde daher meinen Enkeln – falls ich je welche haben sollte – oder meinen Nachbarn an der Bar – falls ich je zu trinken anfangen sollte – spannende Geschichten erzählen können. Aber ich habe meinen »Sieg« über die Bandidos nie als Triumph des Guten über das Böse betrachtet. Sie haben mich sicherlich mehr verändert als ich sie. In vieler Hinsicht war diese Gemeinschaft für mich so etwas wie eine Familie. Vielleicht ist das der Grund dafür, dass ich heute, nach über zwanzig Jahren, immer noch mein Abzeichen und meine Mitgliedskarte habe. Also hatte Dr. Jack wohl recht.

Ich blieb 1985 und 1986 Mitarbeiter der DEA, bis die letzte Gerichtsverhandlung beendet war. Damals musste ich mein Gehalt im DEA-Büro in Miami abholen, weil es nicht überwiesen wurde. Dort lernte ich Frank Eaton und Tom Rice kennen, zwei Polizisten, die alle Hände voll zu tun hatten, um zu verhindern, dass Florida dank der kolumbianischen Drogenkartelle unter einer Schneedecke verschwand.

Sie erkannten sehr schnell, was auf der Hand lag: dass mir weder Florida noch Untätigkeit lagen. Also versuchten sie, mich als Mitarbeiter im Kampf gegen die Kolumbianer zu gewinnen. Aber obwohl der Strand und die Einkaufsmeile mich langweilten, biss ich nicht an. Denn ich hatte einige ziemlich schlimme Dinge über diese Verbrecher gehört. Den Flammen der Bandidos war ich gerade noch entkommen, aber für die kolumbianische Feuersbrunst war ich noch nicht bereit.

Dann boten mir das FBI und das ATF an, den Ku-Klux-Klan (KKK) in Mobile in Alabama zu unterwandern und herauszufinden, ob seine Mitglieder wirklich nicht nur in den illegalen Waffen- und Drogenhandel verwickelt waren, sondern auch »Subversion« – heute würde man wohl von Terrorismus sprechen – im Sinn hatten. Ein Haufen braver Bürger mit weißen Kapuzen, die Bourbon kippten, war eher nach meinem Geschmack als lebensgefährliche Kolumbianer. Also nahm ich den Auftrag an. Ich fragte Liz nicht erst, was sie davon hielt, aber sie war sicher nicht allzu traurig darüber, mich nicht mehr ständig am Hals zu haben.

Alles, was ich bekam, war die Anschrift einer Pfandleihe in der Dauphin Street in Mobile und den Namen ihres Inhabers, Willie Marshall, der als prominentes Mitglied der KKK-Ortsgruppe galt. Also mietete ich zwei Straßen weiter unter falschem Namen ein Zimmer in einem Motel und hielt mich immer öfter in der Gegend auf. Vor allem besuchte ich regelmäßig ein kleines, billiges Restaurant neben Marshalls Laden. Nach ungefähr zwei Wochen war ich mir ziemlich sicher, dass Marshall mich wahrgenommen hatte. Dann ging ich endlich in sein Pfandhaus. Es war ein kleiner, aber sauberer Laden, und der Inhaber hatte anscheinend eine ausgeprägte Vorliebe für Gewehre und andere Waffen, darunter Armbrüste, Bajonette und Messer. Außerdem gab es die üblichen Gitarren, Lautsprecherboxen und andere Elektrogeräte sowie eine Vitrine mit Schmuck. Sein Geld verdiente Marshall aber offensichtlich mit Waffen. Eine Menge Militaria – meist Abzeichen – enthüllten seine ganz persönlichen Vorlieben.

Willie war ein freundlicher Südstaatler und ein aufmerksamer Geschäftsmann, aber er war auch vorsichtig. Anfangs waren unsere Gespräche nur oberflächlich und kaum aufschlussreicher als irgendwelche Plaudereien über das Wetter. Wir unterhielten uns über Angeln, Waffen und Musik. Außerdem stellte ich gleich zu Beginn klar, dass ich ein verbissener Rassist war, was ihm eindeutig gefiel.

»In dieser Stadt gibt es verdammt viele Nigger«, war eine meiner ersten Bemerkungen.

»Ja, das stimmt«, erwiderte er. »Man kann ihnen nicht aus dem Weg gehen.«

Danach nutzte ich fast jede Gelegenheit, um meinen Hass auf Schwarze zu betonen. Wenn ein Schulbus mit gemischtrassigen Kindern vorbeifuhr, sagte ich abschätzig: »Ihr habt hier wohl ein Programm zur Rassenintegration, oder?«

Manchmal unterhielten wir uns auch über Autos, dabei erzählte ich, dass ich einmal einen Delta 88 gehabt hätte.

»Ein guter Wagen«, sagte er.

»Und groß. Da könnte man zehn Nigger aneinandergebunden im Kofferraum befördern.«

Nach drei Besuchen, deren Länge jedes Mal zunahm, glaubte er mich gut genug zu kennen, um seine eigenen rassistischen Ansichten zu enthüllen. Offenbar gehörte er nicht zu den Spinnern, die immer noch den Ehrgeiz hatten, die USA zu »säubern«. Er sah das – aus seiner Sicht – ziemlich pessimistisch: Schwarze lebten überall und so würde es wohl auch bleiben. Weiße konnten sich lediglich von ihnen fernhalten und ihr Revier verteidigen.

Hinten im Laden stand ein Fernseher und auf der Verkäuferseite der Theke ein Stuhl, auf der anderen Thekenseite gab es ein paar Stühle für die Kunden. Dort saß ich oft mit ihm. Willie war nicht sehr neugierig, was meine Herkunft oder die Gründe für meinen Aufenthalt in Mobile anbelangte. Ich deutete daher nur an, dass ich ein Herumtreiber sei, einer, dem nichts so richtig gelang und der nirgendwo wirklich dazugehörte. Da ich vor Kurzem noch Bandido gewesen war, strahlte ich wohl so viel Härte aus, dass ich Willie nicht erst groß von meinen Qualitäten überzeugen musste.

Nach ein paar Wochen setzten wir uns bisweilen auch draußen vor den Laden. Inzwischen hatte er zugegeben, KKK-Mitglied zu sein. Aber im Gegensatz zu dem, was die Polizisten gesagt hatten, gehörte er nicht zu den wichtigen Leuten. Er war Anfang dreißig und daher noch zu jung dafür. Er wirkte dennoch, als habe er bereits ein schweres Leben hinter sich, war klein und dünn, ging gebückt und hatte schiefe gelbe Zähne. So sah ein Mensch aus, der in einer armen Familie irgendwo auf dem Land aufgewachsen war. Willie war für die Ortsgruppe des Klans wichtig, weil er die Aufgabe hatte, neues, jüngeres Blut anzuwerben. Darum begann er, mich zu Grillabenden und Einkaufsfahrten mitzunehmen, manchmal auch zu seinen Freunden vom KKK. Die meisten von ihnen waren so anständig und aufrecht, wie man nur sein kann – echte »Säulen der Gemeinde«. Und oft sehr wohlhabend. Mehrere von ihnen besaßen Schiffe im örtlichen Jachtclub, und gelegentlich machten wir mit ihnen Picknicks auf Inseln in der Polecat-Bucht.

Nach gut einem Monat in Mobile wurde ich endlich zu einem Klantreffen eingeladen, wo ich zusammen mit rund zwanzig anderen Neumitgliedern den »Eid der Initiierten« ablegte, wie Willie es ausdrückte. Wir trafen uns auf einer Wiese außerhalb der Stadt, auf der einige schäbige Wohnanhänger herumstanden, in denen die meist älteren, grauhaarigen Mitglieder ihre Kapuzen und Umhänge anzogen. Ich borgte mir auch so ein Kostüm. Willie hatte mich nicht direkt gefragt, ob ich mitmachen wollte, aber ich wusste, was hier vor sich gehen würde. Denn vor ein oder zwei Wochen war ich bei ihm gewesen, und da hatten wir *Die Geburt einer Nation* angeschaut, einen absoluten Klanklassiker aus dem Jahr 1915. Und er hatte mir einen Zettel mit dem Eid gegeben, damit ich ihn auswendig lernen konnte.

»Im Namen Gottes und meines Landes verspreche ich, tapfer und redlich die Ziele des Ordens zu verteidigen«, deklamierte ich pflichtgemäß, »seine Geheimnisse zu wahren, seinen Befehlen zu gehorchen, den Mitgliedern in Gefahr und Not zu helfen, die Autorität seiner Führer anzuerkennen und seine Gebote nicht zu verletzen.« Mich erinnerte das Ganze an ein Pfadfinderbekenntnis, aber durch diesen öffentlichen Schwur erschien ich der Gruppe als vertrauenswürdig und kam so in Kontakt mit anderen Klanmitgliedern.

Bald nach der Initiation begann ich mit meiner eigentlichen Arbeit. Mein erstes Geschäft machte ich gleich mit Willie. Ich ließ durchblicken, dass ich Verbindungen zu Bikern in Florida hätte, die richtige Waffen haben wollten. Daraufhin verkaufte er mir für 1500 Dollar ein umgebautes AR-15-Gewehr mit Granatwerfer, das ich sofort meinen ATF-Betreuern übergab, die ich jede Woche in Pensacola traf, jenseits der Grenze zwischen Alabama und Florida.

Kurz nach diesem Handel kaufte ich einem Freund von Willie eine Maschinenpistole MAC 10 ab. Wieder behauptete ich, dass die Waffe für einen Biker bestimmt sei. In den folgenden zwei oder drei Wochen kaufte ich etwa ein Dutzend weitere Waffen von verschiedenen Leuten, die irgendwie mit dem Klan in Verbindung standen. Ich hatte auch anklingen lassen, dass ich an Drogen interessiert sei, war damit aber nicht weitergekommen. Auch die Befürchtung, dass diese Leute zu terroristischen Aktionen fähig oder bereit waren, schien mir übertrieben zu sein. Darum entschieden das FBI und das ATF nach einigen Monaten, dass wir erreicht hatten, was wir wollten. Denn immerhin genügten die Beweise, um den örtlichen Klan zu zerschlagen. Ich wurde also abgezogen, und das ATF legte den Fall zu den Akten.

Die Polizisten hatten meine Berichte und Fotos, vielleicht auch Videos von den Beamten, die mich geschützt hatten. Dennoch erwartete ich, vor Gericht aussagen zu müssen, zumindest bei einer ersten Anhörung. Aber es geschah nichts. Ich weiß nicht, ob Willie und seine Freunde sich schuldig bekannten oder ob die Anklagen aus irgendeinem Grund fallengelassen wurden. Für mich war das Ganze ein kurzer, netter und mäßig erfolgreicher Fall in meiner Laufbahn als verdeckter Ermittler. Inzwischen handelte es sich bei meiner Tätigkeit zweifellos nicht mehr nur um gelegentliche Jobs, sondern um einen echten Beruf.

Während meiner zwei Monate in Mobile hatte ich Liz und die Kinder kein einziges Mal in Homestead besucht. Ich rief sie jeden zweiten Tag an, aber nicht so oft wie Andy und sein Team. Jedes Mal, wenn ich die Umgebung von Mobile verließ, ging es um die Bandidos, denn der große Schlag war nur wenige Tage vor Beginn der Ermittlungen gegen den KKK erfolgt, sodass es in der Zeit viel zu erledigen gab.

Als ich Mobile verlassen hatte, fuhr ich sofort nach Florida, aber nicht, um dort zu bleiben. Stattdessen flogen Liz, die Kinder und ich wieder nach Norden. Wir nahmen uns kaum Zeit zum Packen. Nicht, dass Willie und seine Freunde mir Angst eingejagt hätten – ich hatte nicht den Eindruck, dass sie einflussreich oder böse genug waren, um mich zu verfolgen, zumal ich ein Weißer war. Aber ich hatte erzählt, dass ich häufig in der Region Miami war und wollte schon allein wegen der Kinder nichts riskieren. Außerdem lag mir das Leben in Florida ohnehin nicht, ich hasste es sogar, denn dort war es immer heiß und feucht und wimmelte von Ungeziefer. Die Kaufhäuser und das Fernsehen waren die einzigen Attraktionen.

Auch Liz hatte nichts gegen den erneuten Umzug einzuwenden. Sie fand es zwar angenehm, in der Nähe ihrer Eltern zu wohnen, die bei Bedarf auf die Kinder aufpassen konnten, aber auch sie fand Florida öde. Wir sehnten uns nach Kanada zurück, das einfach besser zu uns zu passen schien. Vancouver kam natürlich nicht mehr in Frage, Ontario fiel weg, weil dort Ottawa liegt, das ich noch nie gemocht hatte, und Quebec hatten wir schon ausprobiert, und es hatte Liz nicht gefallen. Also entschieden wir uns für Ostkanada und zogen nach Saint John in New Brunswick. Ein Grund war, dass es der amerikanischen Grenze am nächsten lag. Als wir uns außerhalb von Miami auf der A 95 befanden, mussten wir nur noch geradeaus fahren bis zu unserem Ziel.

Weder Liz noch ich waren jemals in Saint John gewesen, und wir kannten dort niemanden, was uns gerade recht war. Wir trafen an einem späten Maiabend 1985 ein. Es war noch unangenehm kühl, und auf einmal kam uns die Hitze in Florida gar nicht mehr so schlimm vor. Trotzdem benahmen sich die Einheimischen so, als hätte der Hochsommer schon begonnen, und saßen mit hochgerollten Hosenbeinen auf ihren Terrassen.

Wir mieteten ein Zimmer in einem Motel am Stadtrand, kauften am nächsten Morgen eine Zeitung und schauten uns nach einer Wohnung um. Bald fanden wir eine, die uns gefiel und nicht zu viel kostete: das Obergeschoss eines Zweifamilienhauses in einer grünen, zentral gelegenen Gegend voller alter, viktorianischer Häuser. Die Eigentümer, eine freundliche libanesische Familie mit mehreren größeren Kindern, wohnten gleich um die Ecke.

Mahmoud, der Vater, führte uns zusammen mit einem jungen Mann, den er als Bashir, seinen künftigen Schwiegersohn vorstellte, durch die Wohnung. Der Rottweilerwelpe, den ich in Florida gekauft hatte, war ein kleines Problem, aber schließlich einigten wir uns darauf, dass ich Mahmoud eine Kaution zahlen würde, um mögliche Schäden abzudecken. Wir kamen auf Anhieb gut miteinander aus und ahnten nicht, welche Schwierigkeiten es in den kommenden Jahren noch geben sollte.

Liz und ich hatten in unserem Lieferwagen mit Anhänger eine Menge Dinge aus Florida mitgebracht und verbrachten die ersten paar Tage mit Auspacken. Sobald das Telefon installiert war, rief ich Scott Paterson an, um ihm mitzuteilen, dass ich für neue Aufträge zur Verfügung stand. Einige Monate später, nachdem Liz, die Kinder und ich einen entspannten Sommer genossen hatten, rief er zurück und meinte, dass ein Kollege aus Neufundland – wie die Provinz Neufundland und Labrador damals noch hieß – mit mir sprechen wolle.

Ohne nähere Angaben über den Auftrag oder dessen mögliche Dauer zu machen, bat mich ein Corporal Pete Peterson um ein Treffen in Halifax in zwei Tagen. Für mich bedeutete das eine etwa dreistündige Fahrt und für ihn einen Flug von St. John's in Neufundland aus. Ich war einverstanden, was Liz überhaupt nicht gefiel, denn sie mochte Saint John und wollte nicht schon wieder umziehen. Sie überlegte, auf jeden Fall in der Stadt zu bleiben, die Kinder dort großzuziehen und vielleicht sogar zu versuchen, beruflich Fuß zu fassen.

Auch ich hatte die Anspannung, Unruhe und Unbeständigkeit meines Berufes allmählich satt, aber die Arbeit gefiel mir. Also diskutierten wir bis spät in die Nacht darüber und kamen überein, dass ich nur noch kleine Fälle übernehmen und dazwischen lange Pausen einlegen sollte, während Liz ihre beruflichen Qualifikationen auffrischte. Kein dreijähriger, vollständiger Persönlichkeitswandel mehr. Es standen auch noch mehrere Prozesse gegen Bandidos bevor, und ich bekam weiter mein Monatsgehalt, weshalb wir derzeit keine Geldsorgen hatten.

An einem warmen, hellen Herbstmorgen brach ich schließlich nach Halifax auf. Liz wollte währenddessen mit den Kindern die Kirche besuchen und mit dem Pfarrer reden. Sie war nicht religiös und deswegen entschied sie sich für die United Church of Canada, eine in vielerlei Hinsicht wenig dogmatische und nicht allzu strenge Kirche. Liz wollte sich in der etwas schläfrigen, traditionsbewussten Stadt einen neuen Bekanntenkreis aufbauen und allgemein in Saint John Wurzeln schlagen, dafür schien ihr die Eingliederung in eine Kirchengemeinde eine gute Möglichkeit zu sein.

Ich traf Peterson in einem Hotel in Halifax. Sein Begleiter war ein Beamter der Royal Newfoundland Constabulary (RNC), wie die wunderliche Bezeichnung für die Polizei des damaligen Neufundland lautete. Beide waren offenherzige, freundliche Männer, eben typische Neufundländer. In der Provinz gab es zehn größere Dealer, denen die Polizei das Handwerk legen wollte. Allerdings hatten die Ortspolizei und die RNC nur Geld für zehnwöchige Ermittlungen. Das hieß also ein Dealer pro Woche – ziemlich viel verlangt.

Trotzdem übernahm ich den Auftrag und kehrte schon am nächsten Morgen für zwei Wochen der Vorbereitung und Planung nach Hause zurück, während die Polizisten die notwendigen Vorkehrungen trafen. Doch so sehr ich mich auch bemühte, mir fiel keine überzeugende Geschichte ein. Neufundland war nicht groß – etwa eine halbe Million Einwohner –, und seine größte Stadt und Hauptstadt St. John's, die auf einer Halbinsel liegt, hatte damals nur rund 100 000 Einwohner und war ziemlich in sich geschlossen. Das bedeutete, dass die Leute einander kannten und neue Gesichter auf jeden Fall auffielen und das Thema endloser Gespräche waren. Hinzu kam, dass ich an einem trüben, grauen Oktobertag ankam, als die meisten Touristen längst abgereist waren. Ich musste also damit rechnen aufzufallen und konnte mich nicht erst langsam unter das Volk mischen. Da ich keinen Plan hatte und mir auch kein Grund einfiel, warum ich die Insel im Herbst besuchte, blieb mir nichts anderes übrig, als mich auf meine Intuition zu verlassen.

Nach meiner Ankunft auf dem Flughafen von St. John's ging ich gleich zu dem kleinen grünen Auto, das die Polizisten für mich auf dem Parkplatz abgestellt hatten. Der zweite Schritt war dann die Wohnungssuche. Zunächst mietete ich mir ein Motelzimmer am Stadtrand. Als ich in die Empfangshalle kam, legten

Arbeiter gerade letzte Hand an einen hübschen Springbrunnen, der die Lobby verschönern sollte und auf den die Eigentümerin, die am Empfang stand, sichtlich stolz war. Wir plauderten eine Weile, dann sagte sie, dass der Brunnen später eingeweiht werden solle und ich natürlich herzlich zu der kleinen Feier eingeladen sei.

»Ich komme gern«, erwiderte ich, bevor ich in mein Zimmer ging, auspackte und Peterson anrief, um ihm mitzuteilen, dass ich eingetroffen war. Wir vereinbarten ein Treffen am Abend. Als ich später durch die Motelhalle zum Ausgang ging, waren gerade alle möglichen mit Lappen und Eimern bewaffneten Leute dabei, eine größere Überschwemmung zu beseitigen. Offenbar hatte jemand Löcher in das Becken des Springbrunnens gebohrt, um Drähte für die Lampen durchzuführen, was dummerweise erst nach der Inbetriebnahme aufgefallen war.

Die ersten sieben bis zehn Tage auf der Insel – die Bewohner nennen sie schlicht »the Rock« – verbrachte ich damit, die Gegend zu erkunden und unsere Zielpersonen sowie die Kneipen, in denen sie sich normalerweise aufhielten, ausfindig zu machen. Mein erstes Opfer war ein Latino namens Carlos. Er brauchte wohl am dringendsten Geld und war ebenfalls ein Außenseiter auf der Insel. Ich hoffte, dass es ihn deshalb am wenigsten interessieren würde, wer ich war und woher ich kam. Er sah aus wie ein Strichjunge, war klein und dünn – wie ich vor fünfzehn Jahren – und teilte sich ein Apartment mit einer lateinamerikanischen Familie, die es irgendwie hierher verschlagen hatte. In der gleichen Straße mietete ich dann auch eine kleine Wohnung, die die Polizei mit Kameras und Mikrofonen ausstattete. Langsam versuchte ich, mich an Carlos heranzupirschen, und suchte nach einem geeigneten Vorwand, um mit ihm in Kontakt zu treten.

Eines Tages fuhr er in seinem alten rotweißen Auto, an dessen Heckfenster ein Schild mit der Aufschrift »zu verkaufen« und einer Telefonnummer befestigt war, an meiner Wohnung vorbei. Ich nutzte die Gelegenheit, rief ihn an und forderte ihn auf, bei mir vorbeizukommen. Mein einziges Requisit war ein leeres Kokainfläschchen mit Spuren eines weißen Pulvers am Rand und auf dem Boden (Backpulver natürlich). Als wir uns setzten, nahm ich das Fläschchen schnell vom Tisch und steckte es ein, wobei ich darauf achtete, dass Carlos es mitbekam. Dann erklärte ich ihm, dass ich nur für ein paar Wochen in der Gegend sei und ein Auto bräuchte, das aber nicht auf meinen Namen lief. Keinen tollen Schlitten, sondern einen Wagen, den ich ohne Bedauern hier zurücklassen konnte. Er wollte mir natürlich unbedingt sein Auto verkaufen, aber ich lehnte ab und behauptete, dass es für meine Zwecke zu auffällig sei.

»Warum verkaufen Sie es eigentlich?«, fragte ich.

»Ich brauche Geld.«

»Nun, wenn das so ist, könnten wir vielleicht einen anderen Handel abschließen«, versuchte ich ihn zu ködern. Ich improvisierte, aber einen Versuch war es auf jeden Fall wert.

»Kommt darauf an.«

»Nun, ich brauche eine Art Assistenten, jemanden, der mir zur Hand geht, mich herumführt, mich den Leuten vorstellt, die ich kennenlernen sollte, und mir die Leute vom Hals hält, mit denen ich nichts zu tun haben will. Das Letzte, was ich vor meinem großen Deal brauchen kann, ist eine Begegnung mit den falschen Leuten.«

Bei den Wörtern »großer Deal« horchte er sofort auf. Natürlich schloss er daraus, dass ich Geld hatte – schließlich hatte ich auch nicht gesagt, dass mir sein Auto zu teuer war –, und davon wollte er so viel wie möglich abbekommen.

»Ich kann Ihnen alles besorgen, was Sie haben wollen – wirklich alles«, versicherte er, obwohl ich mit keinem Wort angedeutet hatte, dass ich Drogen kaufen wollte.

Sobald ich mit Carlos gesprochen hatte, war ich kein Unbekannter mehr, hier kannte tatsächlich jeder jeden. Als Carlos mich den anderen Drogenhändlern in St. John's vorstellte, hatte ich mir eine gute Story ausgedacht: Ich behauptete, dass ich auf der Insel war, um den Transport einer großen Menge Haschisch nach Quebec zu organisieren. Das Schiff mit dem Stoff werde demnächst eintreffen, und die Ware würde dann mit einem Lkw und der Fähre zum Festland gebracht werden. Wenn Carlos oder seine Kollegen allerdings Bedarf hätten, dann könnte ich durchaus etwas davon abzweigen. Natürlich waren alle interessiert, und bald schon hatten fast alle Zielpersonen eine Bestellung aufgegeben oder zumindest ernsthaftes Interesse bekundet.

Als die Zeit verging und das Schiff mit dem Haschisch nicht kam, meinte ich zu Carlos und einigen meiner anderen neuen Bekannten, dass ich wohl etwas

Stoff von ihnen kaufen müsse, um die Leute, die für den Transport des Stoffes zuständig waren – Fahrer und dergleichen – bei Laune zu halten. Sie hätten sich über die ganze Stadt verteilt, hielten sich versteckt und seien gelangweilt und gereizt vom langen Warten.

Also kaufte ich bei verschiedenen Händlern kleinere Mengen Drogen. Nach vier Wochen auf der Insel nahm ich mir eine Woche Urlaub und fuhr nach Hause, um mich zu erholen. Als ich wieder zurück war, bereitete Pete Peterson die Festnahmen vor. Ich verbrachte weitere zwei Wochen damit, die letzten Beweise zu sammeln, den Dealern weiter den Mund mit dem bevorstehenden Drogentransport wässrig zu machen und Drogen in kleinen Mengen zu kaufen. Inzwischen hatte ich neun der zehn Dealer überführt. Der Zehnte war verreist und würde in absehbarer Zeit nicht auf die Insel zurückkehren.

Eines Tages teilte ich Carlos mit, dass das Drogenschiff endlich angekommen sei, und bat ihn, mit seinen Kollegen ins »Hotel Newfoundland« zu kommen, um die letzten Einzelheiten des Verkaufs und des Transports zu besprechen. Natürlich wollte ich auch eine Anzahlung haben. Die Polizei baute in den Fernseher über der Minibar des Hotelzimmers eine Videokamera ein.

»Bedient euch«, forderte ich die Drogenhändler auf, woraufhin sich alle Drinks einschenkten, was der Polizei erstklassige Videoaufnahmen lieferte. Nachdem wir uns gesetzt hatten, äußerte ich meine Zweifel daran, dass sie die Mengen, die sie bestellt hatten, auch verteilen konnten. »Ich will nicht unbedingt hundert Kilogramm abzuwiegen, um dann nur fünfzig zu verkaufen«, erklärte ich.

Das hatte die erhoffte Wirkung, denn sie prahlten sogleich mit ihrer großen Erfahrung als Drogendealer. Diese Typen waren vielleicht hart genug für einen abgelegenen Markt wie St. John's, aber in einem größeren kriminellen Umfeld wäre jeder Einzelne von ihnen gnadenlos untergegangen, während ich gelernt hatte, mich darin zurechtzufinden. Wir besprachen noch die Modalitäten der Lieferung, und sie gaben mir ihre Anschriften. Die Anzahlungen hatte ich bereits eingesammelt. Nachdem sie sich eine Stunde lang selbst belastet hatten, reichte es mir. Also gab ich das vereinbarte Zeichen, woraufhin die Polizisten hereinstürmten. Wie Jean-Yves Pineault vor sechs Jahren in Hongkong warf ich mich sofort zu Boden, aber es gab keine Probleme. Wir hatten sie, ihr Geld und ihre Aussagen auf Videoband.

Da wir unser Ziel drei Wochen früher als geplant erreicht hatten, fuhr ich nach Hause und wunderte mich nur über die Dummheit dieser Gauner. Die Frage, warum die Polizei sie nicht ohne meine Hilfe hatte schnappen können, stellte ich mir natürlich nicht. Dafür mochte ich Peterson und seine Kollegen zu sehr.

Als ich wieder in Saint John war, fiel mir auf, dass Liz sich immer mehr in der United Church engagierte. Sie war zwar nicht religiös geworden – dafür war sie zu rational –, aber die Leute und das Gemeindeleben gefielen ihr. Im Laufe des Winters und Frühlings spielte sie immer häufiger mit dem Gedanken, auch beruflich für die Kirche tätig zu werden. Sie war eigentlich Krankenschwester, aber dieser Beruf hatte für sie längst seinen Reiz verloren, und die United Church war ein angenehmer Arbeitgeber. Die Kirche hatte seit 1936 Pfarrerinnen in ihrem Dienst und war weit und breit die liberalste christliche Kirche in Nordamerika.

Wir beschlossen daher, dass Liz ab September 1986 an der St. Thomas University im nahegelegenen Fredericton Religionswissenschaften studieren sollte. Das war ein erster Schritt in Richtung Pfarramt. Zuerst musste sie jedoch von ihrer Ortskirche als Kandidatin nominiert werden, was nicht so einfach war, wie sie erwartet hatte. Einige eher chauvinistisch eingestellte Gemeindemitglieder sträubten sich grundsätzlich dagegen, obwohl es schon seit fünfzig Jahren Pfarrerinnen gab, und ebenso einige Leute, die sich über ihren häufig abwesenden Ehemann wunderten.

Ich verschwand immer noch ziemlich oft, um bei den letzten Prozessen gegen die Bandidos auszusagen, und das kam vielen Leuten sonderbar vor. Aber Liz war hartnäckig und überzeugte schließlich die meisten Gemeindemitglieder. Nur der ältere Pfarrer der großen Gemeinde, die zwei Pfarrer hatte, war offen gegen ihre Nominierung. Schließlich musste ich eingreifen, und da meine Überzeugungskraft seit meiner Zeit bei den Bandidos nicht kleiner geworden war – mehr möchte ich dazu nicht sagen –, gab der Geistliche letztlich seinen Widerstand auf, obwohl wir nur Worte gewechselt hatten.

Bis 1986 oder 1987 arbeitete ich überhaupt nicht, zumindest nicht in meinem Beruf als verdeckter Ermittler. Obwohl das Telefon einige Male klingelte – sowohl Scott Paterson aus Vancouver als auch Andy Smith aus Washington meldeten sich –, ließ ich mich auf nichts ein. Fast hätte ich allerdings einen Auftrag in Neufundland angenommen, den Pete mir anbot. Dabei ging es um das neu gegründete Chapter der Hells Angels in Halifax. Damit kannte ich mich aus, und der Einsatzort wäre auch ganz in der Nähe gewesen. Aber ich lehnte dennoch ab – ich hatte einfach keine Lust dazu. Die DEA bezahlte mich immer noch, und ich genoss es einfach, zur Abwechslung einmal ein aktiver, hingebungsvoller Vater zu sein. Ich wurde Pfadfinderführer, kochte und putzte, und im Großen und Ganzen gefiel mir meine neue Rolle als Hausmann, die ich natürlich nur übernommen hatte, weil Liz seit September Studentin war. Aber mir gefiel jede Minute.

Etwa um diese Zeit beteiligte sich mein damals vier- oder fünfjähriger Sohn am alljährlichen Regenwurmrennen in Fredericton. Die lokale CBC-Fernsehstation brachte einen Bericht über ihn, obwohl sein Wurm Squirm fast schon tot zu sein schien, bevor er endlich die Ziellinie – eine Tischkante – erreichte. »Ich habe mein Bestes gegeben und mein Wurm auch«, sagte mein Sohn todernst zu dem Reporter. Ich hatte zuerst zwar Bedenken, im Fernsehen aufzutreten, tat es dann aber doch, wenn auch mit dunkler Sonnenbrille und Hut. Wenn ein Ganove mich tatsächlich aufgrund des Regenwurms Squirm aufspüren sollte, dann hatte er es fast verdient, dachte ich.

Obwohl es uns nicht an Geld fehlte, hielt ich immer nach interessanten Angeboten Ausschau. Das lag mir einfach im Blut, und mein Instinkt hatte mir dabei immer gute Dienste geleistet, denn ich hatte nicht nur die Straßen von Hull überlebt, sondern auch die Zeit als Bandido erfolgreich hinter mich gebracht.

Eines Tages klopfte es an der Tür, als ich gerade fernsah. »Ihre Sachen sind da«, sagte der Mann, der vor der Tür stand, und zeigte auf einen Lkw vor dem Haus.

»Danke«, antwortete ich, ohne zu wissen, was er meinte.

Die DEA hatte mir alle meine Sachen aus Blaine und Vancouver geschickt, womit ich überhaupt nicht gerechnet hatte, denn ich hatte all das einfach abgeschrieben und wie eine abgestreifte Haut zurückgelassen. Nun besaß ich plötzlich vier Fernseher, drei Videorekorder und viel zu viele Möbel – einschließlich der Ledergarnitur, die dem Beamten der Einwanderungsbehörde gestohlen worden war. Es waren genug Sachen für einen großen Garagenflohmarkt – und für ein lukratives Geschäft mit der kanadischen Polizei.

Denn die DEA hatte mir auch die Harley FXRT, die sie für 6000 Dollar von Jersey Jerry gekauft hatte, überlassen. In meinem jetzigen Leben brauchte und wollte ich die Maschine aber gar nicht, denn solche Motorräder ziehen Ärger geradezu an. Einige Monate später rief mich Scott an und meinte, dass ein Undercoveragent, der sich demnächst im Westen bei den Hells Angels einschleichen sollte, eine passende Harley brauche. Ob ich vielleicht wisse, wo er eine besorgen könne. Klar wusste ich das. Da er und seine Kollegen das Geld für die Ermittlungen noch nicht vollständig bekommen hatten, willigte ich ein, ihnen das Motorrad gegen Ratenzahlung zu überlassen. 5000 Dollar bekam ich als Anzahlung, weitere 10 000 sollten dann nach dem Beginn der Ermittlungen folgen. Falls es dazu nicht kommen sollte, würde ich die Maschine zurückbekommen. Ich sah sie jedoch nie wieder, habe aber keine Ahnung, ob sie zu erfolgreichen Ermittlungen beitrug oder nicht.

Während der Zeit betätigte ich mich auch als Geschäftsmann. Nach dem Vorfall, als auf Phil geschossen worden war, hatten wir 1984 Weihnachten in Florida verbracht, und ich war wirklich schockiert über die lächerlich hohen Preise für echte Christbäume, die dort verlangt wurden. Darum beschloss ich nun, fast zwei Jahre später, daraus ein Geschäft zu machen. Ich borgte einen ziemlich großen Anhänger von meinem Hauswirt und fuhr nordwärts nach Brunswick, wo ich etwa 250 Bäume für jeweils zwei Dollar kaufte. Dann brachte ich sie auf der A 95 nach Homestead, wo Frank und ich vor dem Laden eines Waffenhändlers, den er kannte, einen Stand aufbauten. Einige Wochen später war ich rechtzeitig zu Weihnachten wieder in Saint John – mit mehr als 10 000 Dollar Profit.

Inzwischen waren wir seit achzehn Monaten in Saint John und hatten uns mit unserem Hauswirt Mahmoud und seiner Familie angefreundet. Alles andere wäre auch fast unmöglich gewesen, denn sie waren sehr gastfreundlich. Obwohl wir nur Mieter waren, hatten sie uns ein paar Monate nach unserer Ankunft zur Hochzeit ihrer ältesten Tochter Natalie eingeladen. Manchmal saßen wir sonntags zusammen, nachdem Liz und die Kinder in der United Church und Mahmouds Familie in der kleinen libanesisch-maronitischen Kirche gewesen waren.

In unserer Freundschaft gab es natürlich auch Krisen. Während ich die Bäume in Florida verkaufte, hatte Mahmoud Streit mit seiner zweiten Tochter April und schlug sie. Sie floh aus dem Haus, hatte aber als Teenager weder Geld noch ein

Auto und wusste nicht, wohin sie gehen sollte. Also kam sie zu uns. Wir waren inzwischen ins Erdgeschoss gezogen. Natürlich klopften Mahmoud, sein ältester Sohn, ein weiterer Verwandter und ein paar libanesische Freunde bei uns an, nachdem April bei uns Zuflucht gesucht hatte. Wütend verlangten sie die Herausgabe des Mädchens, aber Liz blieb standhaft und wurde dabei überzeugend von Thumper, dem Rottweiler, unterstützt, der mittlerweile kein Welpe mehr war.

Schließlich gab der Familienmob auf, und April blieb eine Woche bei uns. Nach meiner Rückkehr aus Homestead ging ich schnurstracks zu meinem Vermieter, um das Problem aus der Welt zu schaffen.

Mahmouds Erklärung lautete schlicht und ergreifend: »So regeln wir das in unserer Kultur.«

»Mag sein«, erwiderte ich, »aber wenn Sie Ihre Tochter noch einmal schlagen, rufe ich die Bullen.«

Im Grunde genommen war Mahmoud ein anständiger Kerl, der mir meine Einmischung in seine Familienangelegenheiten auch nicht lange nachtrug. Das war gut so, weil ich bald ein Teil dieser Familie werden sollte.

Liz legte im Frühling 1988 ihr Examen an der St. Thomas University ab. Ihr nächstes Ziel – und die letzte große Hürde, ehe sie Pfarrerin der United Church werden konnte – war ein Master-Diplom in Theologie. Dafür musste sie drei Jahre lang an der McGill University in Montreal studieren.

Wir gingen jetzt eindeutig völlig getrennte Wege. In den ersten sechs Jahren unserer Ehe war sie mit den Kindern meist allein gewesen und hatte ihren Bedarf an Häuslichkeit offenbar gedeckt. Nun war sie begierig darauf, mehr als nur Mutter zu sein, die große weite Welt zu erkunden und einen erfüllenden Beruf zu ergreifen. Das Studium in einer großen, lebendigen Stadt wie Montreal war da genau das Richtige. Nicht, dass sie ein wildes Studentenleben geführt hätte – immerhin wollte sie Pfarrerin werden und ihre Wohnung war für durchzechte Nächte und Partys kaum geeignet. Denn sie war bei einer älteren Frau im Stadtteil Verdun eingezogen, leistete ihr Gesellschaft und sorgte für ihr Wohlergehen. Dafür bekam sie Unterkunft und Verpflegung umsonst. Das, was Liz gerade begeisterte, war überhaupt nicht das, was mich zu diesem Zeitpunkt interessierte. Ich war schon als Kind abenteuerlustig gewesen und jetzt war ich bereit für die wichtige Rolle in einem ganz neuen, viel anspruchsvolleren Abenteuer, das ich bis dahin nie wirklich erlebt hatte: ein Leben in einer Familie.

Obwohl immer wieder Anrufe kamen und Liz und ich vereinbart hatten, dass ich ab und zu kleinere Undercover-Jobs übernehmen durfte, hatte ich keine Lust mehr dazu. Irgendwie war ich wohl ausgebrannt. Außerdem war ich an das Haus und an Saint John gebunden, seit Liz in Montreal studierte, zumindest während der Semester.

Die DEA schickte mir jetzt auch kein Geld mehr, trotzdem kamen wir gut über die Runden. Ich hatte ein kleines Einkommen als Kampfsportlehrer, aber das war im Grunde nur ein Hobby. Viel lukrativer war ein Job, den ich ab 1987 oder 1988 drei Jahre lang ausübte: Ich verkaufte Berufsunfähigkeitsversicherungen. Damit war ich so erfolgreich, dass wir unsere Wohnung aufgeben und ein geräumiges Haus außerhalb der City mieten konnten. Nach etwa einem Jahr kauften wir schließlich ein neues Haus, das einen oder zwei Straßenblocks entfernt lag. Früher war auf dem Grundstück ein Autokino betrieben worden. Da ich als Kind in recht beengten Verhältnissen gelebt hatte, war das Haus für mich ein Paradies: vorne und hinten ein großer Garten, mehrere Kellerräume, Erkerfenster, Doppelgarage – fast zu viel Platz. Auch meine Tochter liebte es. Denn sie hatte immer schon davon geträumt, ein eigenes Zimmer im ersten Stock zu haben, und jetzt hatten wir zum ersten Mal eine Unterkunft mit zwei Stockwerken.

Inzwischen war Liz in ihrem letzten Studienjahr und musste gar nicht mehr so oft an der Uni sein. Den größten Teil dieses Jahres füllte ein Praktikum aus, das Liz meist in einer Kirche mit einer kleinen oder armen Gemeinde verbrachte, die Hilfe brauchte. Eine dieser Kirchen befand sich in der winzigen Gemeinde Massey im Norden von Ontario. Montreal war schon weit von Saint John entfernt gewesen, aber Massey war mindestens doppelt so weit weg. Darum sahen wir einander noch seltener als bisher, nicht einmal an den zwei wichtigsten Feiertagen für mich und die Kinder – Weihnachten und Ostern – hatten wir viel gemeinsame Zeit, denn das sind für eine Pfarrerin die hektischsten Tage des Jahres.

Das tat unserer Ehe natürlich nicht gut, ebenso wenig wie die Tatsache, dass Liz allmählich an den ganzen religiösen Unsinn zu glauben begann. Das führte ständig zu Reibereien, aber es blieb bei kurzen Wortgefechten, denn wirklich heftige Auseinandersetzungen hatten wir nie – vielleicht war auch das Teil des Problems. Oft sagte ich zu ihr: »Es stört mich ja nicht, wenn du Pfarrerin wirst. Aber ich möchte nicht mit jemandem zusammenleben, der an diesen ganzen Quatsch glaubt.« Umgekehrt gefiel ihr natürlich mein entschiedener Atheismus auch nicht.

Als Liz im Februar 1990 wieder einmal kurz zu Hause war, setzten wir uns zusammen und führten endlich das längst überfällige Gespräch – nicht laut und nicht gemein, im Gegenteil. Aber das Ergebnis war letztlich nicht besser. Sie konnte es nicht mehr ertragen, dass ich nicht fähig war, meine Gefühle auszudrücken – daran hat sich bis heute nicht viel geändert –, und sie sah in mir nicht gerade den idealen Partner für eine angehende Pfarrerin. Mir widerstrebte es, zusammen mit den Kindern ständig die zweite Geige hinter Gott und ihrem neuen Beruf spielen zu müssen. Schließlich beschlossen wir, uns zu trennen.

In den nächsten paar Wochen besprachen wir die Einzelheiten. Das ging relativ schnell, weil ich ganz klare Forderungen stellte. Ich wollte die Kinder, die Katze und den Hund und dazu den Kombi, damit wir fahren konnten, wohin wir wollten, denn ich hatte keine Lust, in Saint John zu bleiben. Alles andere konnte sie haben: das Haus, die Möbel, die Bankkonten, die Ansprüche aus dem Pensionssparplan …

Im April packte ich dann die Kinder und die Tiere in den Kombi und brach zu dem einzigen Ort auf, der mir einfiel: Hull.

Tante Cécile hatte uns eine Wohnung in der Nordstadt besorgt. Ich wäre gerne in mein altes Viertel zurückgekehrt, aber das existierte wegen der vielen neuen Bürotürme und Straßen eigentlich nicht mehr. Als Nächstes meldete ich die Kinder in einer englischen Schule an und versuchte, unser Heim so gemütlich wie möglich zu machen. Arbeit suchte ich mir keine, dafür hatte ich zum einen keine Zeit, außerdem wollte ich ohnehin nicht lange hier bleiben. Denn Hull war für mich diesmal nur ein Ort, an dem ich mich sammeln konnte, ehe ich wieder hinaus in die Welt zog.

Bald danach wurde Liz mit zwei verschiedenen Zeremonien ordiniert. Die erste wurde in Montreal abgehalten, die zweite in Sackville in New Brunswick. Ich brachte die Kinder jeweils hin, damit sie teilnehmen konnten, blieb selbst aber im Auto. Wir hatten uns zwar ohne Streit getrennt, aber unter der dünnen Schicht aus Höflichkeit und Rücksichtnahme gab es ein gehöriges Maß an Feindseligkeit und auch Vorwürfen, die in den Monaten nach der Trennung natürlich oft hervorbrachen, vor allem, weil ich sonst nicht viel hatte, was mich ablenkte.

Doch das sollte sich bald ändern. Einer der wenigen Menschen in Saint John, mit denen ich noch Kontakt hatte, war Andrew, der jüngste Sohn meines ehemaligen Vermieters, damals gerade noch ein Teenager. Als wir in der Stadt angekommen waren, hatte er in der Schule eine Menge Ärger mit Rowdys gehabt. Ich brachte ihm daher ein paar Tricks bei, damit er sich verteidigen konnte, und bald war er mein eifrigster Kampfsportschüler. Wie seine Geschwister stand auch er zwischen seinen traditionell eingestellten Eltern einerseits und der modernen kanadischen Kultur andererseits und betrachtete mich als Therapeuten, wenn er Probleme hatte.

Ich hatte Andrew meine Telefonnummer in Hull gegeben, und er rief ein paar Mal an, um zu plaudern. Eines Abends hatte er allerdings ein besonderes Anliegen: Er wollte seine Schwester Natalie von ihrem gewalttätigen und unberechenbaren Mann Bashir befreien und brauchte einen Unterschlupf für sie. Ich wusste schon länger, dass Natalies Ehe sich äußerst unangenehm entwickelt hatte. Bashir fing wohl schon kurz nach der Heirat an, sie körperlich, seelisch und verbal zu verletzen. Und es war nicht das erste Mal, dass Andrew mich gebeten hatte, ihr zu helfen.

Im letzten Sommer hatte Natalie wohl genug gehabt und Bashir mitgeteilt, dass sie ihn verlassen wolle. Bahir, ein massiger, fast 110 Kilogramm schwerer ehemaliger Judoka im Superschwergewicht, sagte kein Wort und verließ lediglich ihr Haus, das etwa 25 Kilometer außerhalb von Saint John auf einem bewaldeten Grundstück lag. Als er ein oder zwei Stunden später zurückkam, sprach sie wieder mit ihm darüber, doch diesmal packte Bashir sie an den Haaren und zerrte sie zur Hintertür hinaus zu einer frisch ausgehobenen Grube am Waldrand, einen Steinwurf vom Haus entfernt. Dort hielt er ihr einen Revolver an den Kopf und sagte: »Wenn du mich verlässt, erschieße ich dich und werfe dich in dieses Loch.«

Natalie hatte daraufhin Andrew angerufen, dem sie sehr nahe stand, und er hatte mich verständigt. Offenbar durften die Männer der Familie in solchen Fällen aus kulturellen Gründen nicht eingreifen, aber Andrew konnte auch nicht einfach wegsehen und wollte unbedingt etwas unternehmen. Am nächsten Tag fuhr ich zu Natalies Haus. Ich wusste, dass Bashir allein war.

»Komm raus – ich will mit dir reden«, befahl ich ihm, als er an die Tür kam.

Da er sich schon immer vor mir gefürchtet hatte, obwohl ich nur halb so schwer war wie er, gehorchte er. Doch wir redeten natürlich nicht lange. Als er auf mich zukam, nahm ich die »Pferdestellung Nummer eins« ein, die mir bei anderen Kämpfen mit größeren Kerlen stets gute Dienste geleistet hatte: Ich ging in die Knie, um ihn von unten zu erwischen. Als er versuchte, mich zu packen, hielt ich ihn im Schritt und am Hemd fest, und sein eigener Schwung brachte ihn zu Fall. Jetzt war er erledigt.

»Wenn du Natalie noch einmal wehtust, komme ich zurück und begrabe dich hier«, drohte ich ihm, bevor ich ging.

Danach besserte sich die Situation anscheinend für eine Weile. Aber nun, fast ein Jahr später, rief Andrew mich erneut an, um Natalie die Flucht zu ermöglichen.

Da Bashirs Familie groß, einflussreich und skrupellos war, wollte Andrew seine Schwester und ihre vier Kinder sofort aus der Provinz herausschaffen. Ich setzte mich daher mit einem Frauenhaus in Ottawa in Verbindung, wo sich eine Unterkunftsmöglichkeit für die fünf bot. Sie trafen Ende der Woche dort ein. Da ich der einzige Mensch war, den Natalie in der Gegend kannte, und sie jemanden zum Reden brauchte, trafen wir uns häufig. Weil ich ihre Familie und die unerträgliche Situation mit ihrem Mann kannte, konnte sie mir gegenüber ganz offen sein.

Etwa eine Woche nach ihrer Ankunft begleitete ich sie und die Kinder zu einem Treffen mit Natalies Eltern in einem Hotel in Montreal. Sie wussten natürlich, dass Bashir ein Dreckskerl war und hassten ihn und seine Familie, wollten Natalie aber dennoch zur Rückkehr überreden. In ihrer Welt war eine Frau das Eigentum ihres Ehemannes. Außerdem war Bashirs Familie die einflussreichste in Brunswicks libanesischer Kolonie, und es war nicht ratsam, sich gegen sie zu stellen.

Natalie weigerte sich, und als ihre Eltern wieder in Saint John waren, standen eines Tages die Männer der Familie von Bashir vor der Tür, um sie einzuschüchtern. Schließlich verriet Mahmoud seinem Schwiegersohn, wo Natalie und die Kinder sich aufhielten. Dummerweise hatte sie ihm bei der Begegnung in Montreal die Anschrift des Frauenhauses mitgeteilt. Innerhalb weniger Wochen erwirkte Bashirs Familie einen Gerichtsbeschluss, wonach er das alleinige Sorgerecht für seine Kinder bekam, weil Natalie aus der Provinz geflohen war. Ihr blieb daher nichts anderes übrig, als ihre vier Kinder herauszugeben, von denen das jüngste noch keine zwei und das älteste erst sechs Jahre alt war.

Natürlich war Natalie total verzweifelt und außerdem schnell obdachlos, denn das Frauenhaus war für Frauen und ihre Kinder gedacht, und sie erfüllte die Kriterien nun nicht mehr. Ich lud sie daher ein, bei uns in Hull zu wohnen. Wir hatten genügend Platz, weil sich in meinem Leben erneut ein Loch aufgetan hatte. Mitten in Natalies Drama hatte mir mein Sohn Brian mitgeteilt, dass er bei Liz leben wolle. Er war damals acht Jahre alt und schien es sich gut überlegt zu haben. Obwohl mir seine Entscheidung sehr wehtat, respektierte ich sie. Als ich in seinem Alter gewesen war, hatte ich in solchen Angelegenheiten keinerlei Mitspracherecht, meine Familie hatte mich über ihre Beschlüsse nicht einmal informiert. Also rief ich Liz an, die sofort kam, um Brian abzuholen. Ihr Brian zu überlassen war so ziemlich das Schwerste, was ich je tun musste.

Damals gab es keinerlei romantische Beziehung zwischen Natalie und mir, wir waren einfach zwei verwundete Menschen, die einander halfen. Die Ereignisse der letzten Zeit hatten uns schwer zugesetzt, und wir taumelten einige Monate lang durchs Leben. Beide wussten wir, dass wir weder in Ottawa noch in Hull bleiben wollten, trotzdem warteten wir bis Anfang Dezember, ehe wir unsere Koffer packten. Und wohin hätten wir sonst gehen sollen als nach Vancouver? Ich machte mir keine allzu großen Sorgen wegen meiner Sicherheit, denn zum einen war Vancouver groß und zum anderen war es jetzt fünf Jahre her, dass mein ehemaliger Schwager in meinem Garten angeschossen worden war. Ich musste einfach ein bisschen vorsichtig sein.

Ich tauschte den alten Kombi gegen einen viel kleineren Pontiac ein und schaffte es irgendwie, Natalie, Charlotte, die Katze, den Hund, mich und etwas Gepäck hineinzupferchen. Auf unserem Weg quer durchs Land hielten wir in Massey, um Brian zu treffen. Er wollte nun doch lieber bei mir und seiner Schwester bleiben, aber wir hatten ausgemacht, dass er ein ganzes Jahr bei Liz wohnen und ihr eine echte Chance geben solle. Hätte diese Vereinbarung nicht bestanden, hätte ich auch ihn noch gerne in mein Auto gequetscht.

Meine Schwestern Louise und Pauline waren einige Jahre zuvor nach Vancouver gezogen, hatten aber keinen Platz für uns alle. Also probierte ich es bei Liz' Schwester Sue. Sie hatte sich von Phil – dem Mann mit der Kugel im Bein – getrennt und wohnte jetzt mit ihren drei Kindern in der Vorstadt Burnaby, während Phil im Osten von Vancouver ein Leben als Drogensüchtiger fristete. Sue hatte Platz und ein großes Herz und hieß uns sofort willkommen.

Wir blieben während der Feiertage und bis in den Januar hinein bei ihr, dann fanden wir eine eigene Wohnung in Burnaby. Natalie und ich waren inzwischen ein Paar. Noch im gleichen Monat mietete ich außerdem ein Studio über einem Ladenlokal am Commercial Drive in Ostvancouver und begann Kung-Fu zu unterrichten. Früher hatte ich das nur als Hobby gemacht, um selbst in Form zu bleiben, aber jetzt wollte ich damit mein Geld verdienen. Zu meinen ersten Schülerinnen gehörten die beiden anderen Schwestern von Liz. Die eine war übergewichtig, die andere magersüchtig – das hört sich vielleicht komisch an, stimmt aber wirklich. Die eine von ihnen brachte einen afroamerikanischen Freund mit, der schon einen schwarzen Gürtel im Taekwondo besaß und bei einer Sicherheitsfirma arbeitete. Er wiederum empfahl mich an eine Reihe von Freunden weiter, von denen die meisten ebenfalls Schwarze waren. Dann brachte eine Stripperin, die bei mir Stammkundin war, einen schwulen Freund mit, dem es sehr gefiel, dass seine sexuelle Orientierung weder mich noch die anderen Leute im Club störte. Auch er warb einige seiner Freunde an. Bald hatten wir eine kunterbunte Mischung an Kunden, was den Club so richtig lebendig machte. Noch vor Ablauf der ersten vier Monate war das Studio zu klein, weshalb wir in größere Räume an der Ecke Hastings und Slocan Street umzogen.

Natalie half mir, den Club zu leiten. Sie übernahm die Buchführung, erledigte den Papierkram und gab einige Zeit später speziell für Frauen Kurse, die eher den Fitnessaspekt berücksichtigten. Außerdem überlegte sie sich eigene Kurse und Aktivitäten für Kinder, was für das Geschäft bald ein wichtiges Standbein wurde. Dazu gehörten beispielsweise ein Tageslager während der Schulferien und eine Kindertagesstätte für Notfälle. Gelegentlich vermieteten wir unsere Räume sogar für Geburtstagsfeiern. Manchmal verlangten wir Gebühren, manchmal nicht. Auf jeden Fall sorgten die vielen Aktivitäten dafür, dass jede Menge Leute in den Club strömten und er bald schon ziemlich bekannt in der Gegend war. Das zog natürlich immer mehr neue Kunden an.

Wir hätten dem Club jede freie Minute opfern können, und oft taten wir das auch, was sich natürlich in puncto Kundschaft und Umsatz auszahlte. Aber dann gab es ein anderes Problem, um das ich mich kümmern musste. Mein Bruder Pete, der eine ziemlich schwere Zeit hinter sich hatte, wohnte jetzt bei uns, nachdem er eine Überdosis Drogen konsumiert und zwei Wochen lang im Koma gelegen hatte. Anfangs war er unfähig, irgendeine Entscheidung zu treffen, nicht einmal darüber, ob er ein Ei oder zwei essen wollte. Und er konnte erst recht nicht Musik spielen, um seinen Lebensunterhalt zu verdienen, oder für sich selbst sorgen. Mit der Zeit erholte er sich dann so weit, dass er wieder einigermaßen im Leben zurechtkam. Darum ließ ich mir seine alte Gitarre schicken.

Pete hatte mir seinerzeit einige Male aus der Patsche geholfen, vor allem als ich im Norden von Ontario als Tramper unterwegs war. Als ich in einem Restaurant in Dryden gewesen war, hatte mich ein etwa gleichaltriger Rüpel angepöbelt. Erst nachdem ich ihn auf meine ganz eigene Art beruhigt hatte, erfuhr ich, dass er der Sohn eines Ortspolizisten war. Daraufhin hatte ich keine Lust mehr, mit dem Daumen nach oben am Straßenrand zu stehen. Also rief ich Pete von einer Tankstelle aus in Hull an. Zusammen mit Rita, die später die Mutter seiner vier Söhne wurde, fuhr er mehr als 1600 Kilometer, fast 24 Stunden lang, während ich mich im Wald außerhalb der Stadt versteckte und auf die beiden wartete. In gewissem Sinne bezahlte ich also nur meine Schulden, wenn ich Pete half.

Während ich mich meines Bruders und seiner Probleme annahm, konnte ich auch einige andere Dinge, die um meine Zeit und Aufmerksamkeit buhlten, nicht ignorieren. Nach unserer Ankunft in Vancouver hatte ich Scott Paterson angerufen und ihn auf den neusten Stand gebracht. Das tat ich nach jedem Umzug. Wir trafen uns ein- oder zweimal und tranken etwas. Ein paar Monate später, etwa um die Zeit, als Pete in Vancouver ankam, rief mich ein anderer Polizeibeamter an und wollte mich treffen.

Kurz darauf saß ich mit ihm und seinem Partner im Confederation Park. Schon nach fünf Minuten drückte er mir ein Bündel Banknoten in die Hand – 750 Dollar.

»Wofür ist das denn?«, fragte ich.

»Wir wollen Ihnen nur dafür danken, dass Sie sich Zeit für uns genommen haben.«

Das konnte ich natürlich schlecht ablehnen, wohl aber den Auftrag. Es ging um Drogen und Biker, aber das Problem war der Ort: Burnaby.

»Ich arbeite nie dort, wo ich lebe«, erklärte ich und erzählte ihnen, dass wir uns gerade eben erst eingewöhnt und einen gut gehenden Kampfsportclub eröffnet hätten und dass ich meine Familie auf keinen Fall schon wieder entwurzeln wollte. Die Polizisten hatten dafür Verständnis und waren nicht allzu enttäuscht, obwohl meine Absage für sie ziemlich kostspielig war.

Einige Monate später rief mich Scotty erneut an, aber dieses Mal ging es nicht um einen Job. Sein alter Partner Larry Ricketts hatte sich vor Kurzem mit seiner Frau versöhnt und war mit ihr nach Victoria gezogen, um einen Neustart zu wagen. Sie hatten einen kleinen Hund für ihren Sohn gekauft und wollten wieder eine richtige Familie werden. Dann kam der Junge kurz nach dem Umzug bei einem Verkehrsunfall ums Leben.

Als ich Larry anrief, um ihm mein Beileid zu bekunden, erzählte er mir, dass seine Frau den Hund nicht mehr um sich haben wolle, weil er zu schmerzliche Erinnerungen in ihr wecke. Kurze Zeit später hatte Thumper eine Freundin – und wir bekamen Rottweiler-Nachwuchs.

Mein Kontakt mit Larry hatte aber noch eine andere, weit wichtigere Folge: Ein Jahr später meldete er sich wieder bei mir, und bald war ich zurück im Spiel.

KAPITEL ACHT
DIE HELLS ANGELS UND DIE PARA-DICE RIDERS

Das erste kanadische Chapter der Hells Angels wurde 1977 in Montreal gegründet, und seither beherrschte die Gang die Bikerszene der Provinz. Aber Anfang der neunziger Jahre reichte ihnen diese Vorherrschaft nicht mehr – sie wollten Alleinherrscher sein, zumindest in Montreal, der größten Stadt der Provinz, in der die Hälfte der Bevölkerung lebte. Darum starteten die Hells, wie sie oft genannt werden, zusammen mit mehreren untergeordneten Banden als Helfershelfer einen brutalen Feldzug, der ihnen das Monopol im Drogenhandel und vor allem im Geschäft mit dem lukrativsten Stoff, Kokain, sichern sollte.

Andere kriminelle Gruppen, von denen die meisten frankokanadische Familienclans in den Arbeitervierteln von Montreal waren, versuchten anfangs noch, den Ehrgeiz der Hells Angels etwas zu dämpfen und mit ihnen zusammenzuarbeiten. Als das nicht klappte, begannen sie sich zu wehren, allerdings ohne großen Erfolg. Im Jahr 1993 verbündeten sich diese Gruppen und fingen an, massiver vorzugehen, zuerst nur als lose Allianz, später als eigens gegründete Bikergang namens Rock Machine, deren einzige Aufgabe es war, gegen die Hells Angels Widerstand zu leisten.

Zunächst störte es die Polizei kaum, dass Kriminelle gegen Kriminelle kämpften, immerhin verringerte sich dadurch die Zahl der Verbrecher, um die sie sich kümmern musste. Aber ab 1995 benutzten die Hells immer häufiger Bomben als Waffen, da sie mit einer einzigen erfolgreichen Explosion gleich drei Ziele erreichten: Sie töteten ihre Feinde, zerstörten ein Geschäft und damit eine Drogenverkaufsstelle und übermittelten eine sehr klare Botschaft.

Im August 1995 explodierte an einer Straße ein Jeep mit einer versteckten Sprengladung. Ein umherfliegender Splitter traf einen elfjährigen Jungen, der auf der anderen Straßenseite spielte, und tötete ihn. Jetzt war die Polizei gezwungen einzugreifen. Daher wurde eine Spezialeinheit mit dem Namen »l'Escouade Carcajou« (»Vielfraß-Truppe«) gebildet, der Beamte der kanadischen Bundespolizei, der Provinzpolizei von Quebec (nach ihrem französischen Namen Sûreté du Québec auch SQ genannt) und mehrere Ortspolizisten, hauptsächlich aus Montreal, angehörten. Damit die Gruppe ihre Aufgabe erfüllen konnte, erhielt sie von der Provinzregierung sehr weitgehende Befugnisse.

Von alledem wusste ich nichts, als Larry Ricketts mich im Oktober 1995 anrief und zu einem Treffen mit Korporal Pierre Verdon, einem seiner Kollegen aus Quebec, einlud. Nach einem kurzen Gespräch, in dem ich kaum mehr sagte als »Ja, ich hätte Lust, wieder zu arbeiten«, saß ich schließlich in einem Flugzeug, das nach Montreal flog. Dort, in einem Hotelzimmer an der South Shore, informierten mich Verdon und Oberfeldwebel Jean-Pierre Lévesque, einer seiner Kollegen aus Ottawa, über die Einzelheiten des Auftrags.

Ich sollte das Sherbrooke Chapter der Hells Angels unterwandern, das nicht allzu tief in die Auseinandersetzung verstrickt war, die die Quebecer bereits »Krieg der Biker« nannten. Für diesen Krieg waren vor allem das Montreal-Chapter, die vor Kurzem gegründeten Nomaden und die untergeordneten Clubs in der Umgebung Montreals zuständig. Aber die Sherbrooke-Gruppe galt als besonders finanzstark, und deshalb sollte ich sie im Auftrag der Bundespolizei ausspionieren. Anstatt den Mitgliedern Drogenkäufe oder andere kleinere Delikte nachzuweisen, sollte ich herausfinden, wo das Geld herkam, und die Angels wenn möglich zu einem fingierten Geschäft verleiten.

Dieser Ansatz gefiel mir ebenso gut wie einige andere Aspekte des Vorhabens. Sherbrooke glich Hull in vieler Hinsicht: Es war weder eine Klein- noch eine Großstadt, die meisten Einwohner waren Frankokanadier, aber es gab eine starke englische Minderheit und es war eine Arbeiterstadt. Ich freute mich auch wieder auf ein Abenteuer, nachdem ich immerhin ein Jahrzehnt lang nicht mehr undercover gearbeitet und mich fünf Jahre lang ausschließlich meinem Kampfsportclub gewidmet hatte. Jetzt lief das Geschäft dank unserer zwei ausgezeichneten und zuverlässigen Lehrer praktisch von allein, daher konnte ich mir einen kleinen Arbeitsurlaub leisten.

Natalie und ich hatten seit etwa sechs Monaten ein Kind, darum ging ich davon aus, dass es ihr nicht gefallen würde, dass ich in meinen alten Beruf zurückkehrte, von dem ich ihr erzählt hatte, als wir ein Paar geworden waren. Ihre Reaktion überraschte mich allerdings. Wenn das die Möglichkeit war, wieder nach Osten zu ziehen, dann war sie voll und ganz einverstanden. Das neue Baby machte ihr tagtäglich klar, wie sehr sie ihre anderen Kinder vermisste, die sie seit fünf Jahren nicht mehr gesehen hatte (oder besser gesagt nicht hatte sehen dürfen). Eine Rückkehr nach Ostkanada würde daran zwar nichts ändern – dafür musste sie erst wieder den gerichtlichen Weg beschreiten –, aber sie wäre den Kindern wenigstens etwas näher. Also nahm ich den Auftrag mit ihrem Segen an, zunächst jedoch nur für drei Monate. Danach wollten Natalie und ich entscheiden, ob es sinnvoll war, umzuziehen.

Eine oder zwei Wochen nach meinem ersten Besuch flog ich wieder nach Montreal, diesmal, um zu arbeiten. Ich besprach mich einen Tag lang mit Mitgliedern der Einsatzgruppe und bekam eine Kreditkarte mit einem Limit von 25 000 Dollar.

»Benutzen Sie die Karte nicht!«, schärfte mir Guy Ouellette ein, der SQ-Feldwebel, der sie mir überreichte. Dann hielt er mir einen Vortrag, als wäre ich ein Verbrecher, der sich eben erst bereit erklärt hatte, Informant zu werden. »Wenn Sie irgendetwas Illegales tun, egal was, dann finden wir das heraus und Sie müssen mit einer Anklage rechnen.«

Das Gleiche wiederholte er noch etwa fünfmal mit verschiedenen Worten.

»Ich weiß, was ich zu tun habe«, knurrte ich schließlich angriffslustig, nur damit er endlich den Mund hielt. Es war ein Vergnügen, endlich wieder einmal Französisch zu sprechen – und zu fluchen.

Am nächsten Tag fuhr mich Pierre Verdon die rund 140 Kilometer von Montreal nach Sherbrooke. Unterwegs redeten wir nicht viel, und ich nutzte die Stille, um mir darüber Gedanken zu machen, wie ich am besten in die Welt der Hells Angels eindringen konnte. Diesmal wollte ich als richtiger Gangster auftreten. Ich hatte ein großes Hochglanzfoto eines Mädchens namens Rachel bei mir, die früher einmal bei einem nur kurz existierenden Begleitservice gearbeitet hatte, den ich während der Ermittlungen gegen die thailändischen Piloten gegründet hatte. Ich wollte sie als Stripperin und Verräterin ausgeben, die bei einem bevorstehenden Prozess aussagen sollte, was ich verhindern musste. Was das genau bedeutete, wollte ich der Fantasie der Leute überlassen, mit denen ich sprach. Wenn sie mich für einen Auftragskiller hielten, konnte mir das nur recht sein. Natürlich wollte ich nicht einfach irgendwelche Leute auf der Straße fragen, ob sie die Frau gesehen hatten, sondern mich auf drei Kneipen und ein Motel konzentrieren, die meines Wissens alle den Bikern gehörten.

Bei meinem zweiten Besuch in der größten Bikerkneipe, einem Stripclub namens »Barbie« in der Wellington Street, sprach ich mit dem Türsteher. Er machte kein großes Geheimnis daraus, wer seine Freunde waren, denn er trug ein T-Shirt mit dem Schriftzug »Hells Angels«.

»Hör mal, ich habe echt Respekt vor euch Jungs, deswegen sollt ihr ruhig wissen, warum ich hier bin«, erklärte ich, bevor ich eine verkleinerte Kopie des Fotos hervorzog und ihm verriet, weshalb die Frau mich interessierte. »Sie ist eine Ratte und stammt von hier«, raunte ich ihm verächtlich zu, »und ich habe gehört, dass sie hierher zurückkommen will.«

Ich ging davon aus, dass er nicht viele Fragen über diese Angelegenheit stellen würde, und behielt recht. Er warf nur einen langen Blick auf das Foto und meinte dann, dass sie nicht hier arbeite und er sie auch noch nie gesehen habe. Aber er versprach, die Augen offen zu halten. »Frag bei Gelegenheit noch mal nach«, riet er mir zum Abschied.

Einige Tage später ging ich wieder zu der Bar, traf dort allerdings auf einen anderen Türsteher. Dennoch verlief der Abend erstaunlich gut, denn noch bevor ich etwas bestellen konnte, brachte mir der Barkeeper eine Cola, und als ich später nach der Geldbörse griff, winkte er nur ab. Anscheinend hatten sie über mich geredet und einen guten Eindruck von mir gewonnen.

Wie der Türsteher war auch der Barkeeper ein Mitglied der Hells Angels, und ich unterhielt mich an diesem Abend eine ganze Weile mit ihm. Wieder zückte ich das Foto, doch auch er hatte die Frau natürlich noch nie gesehen. Das war zwar noch kein großer Erfolg, aber immerhin hatte ich erste Kontakte geknüpft.

Dann beschloss ein Idiot der SQ, ein Experte für Biker, der an keinem Mikrofon vorbeigehen konnte, eine Pressekonferenz über die Ziele der Einsatzgruppe in der Region Sherbrooke abzuhalten. Dabei verkündete er, dass die Gruppe einen umfassenden Plan habe, um den illegalen Aktivitäten der Hells Angels, ihrer untergeordneten Clubs und ihrer Verbündeten ein Ende zu bereiten und sie gnadenlos zu verfolgen. Und er fügte noch hinzu: »Zu diesem Zweck haben wir vor Kurzem einen Agenten eingeschleust.«

Das war's. Mit einem einzigen Satz hatte dieser Trottel das gesamte Projekt torpediert. Kurz nachdem ich den Bericht in den Nachrichten gesehen hatte, rief ich Verdon an und teilte ihm mit: »Ich steige aus.«

Er hatte volles Verständnis dafür und war vielleicht sogar noch wütender als ich. Während ich meine Sachen packte, um aus Sherbrooke zu verschwinden, machte Verdon in der Einsatzgruppe seinem Unmut Luft.

Anfangs dachte ich noch, dass eine Kombination aus Dummheit und losem Mundwerk den Beamten – aus dem später ein erfolgreicher Provinzpolitiker werden sollte – zu seinem groben Schnitzer veranlasst hatte. Später hatte ich jedoch einen anderen Verdacht. Die Rivalität zwischen Provinz- und Bundespolizei war seit Jahren fast so groß wie die zwischen den Hells Angels und ihren kriminellen Gegnern. Die Gründung der Carcajou-Gruppe verbesserte die Situation nicht, zumindest nicht gleich. Die SQ bekämpfte ihre Rivalen in der Einsatzgruppe genauso verbittert wie die Ganoven. Und da die Bundespolizei mich geholt hatte und ich eindeutig ihr verdeckter Ermittler war, wurde auch ich zur Zielscheibe für die SQ.

Ich fuhr also zurück nach Vancouver, zu meiner Familie und meinem Club. Obwohl die Ermittlungen vorzeitig und erfolglos geendet hatten, war mir eines klar geworden: Dies war eindeutig der Beruf, den ich ausüben wollte. Und in den folgenden Wochen erkannte ich auch, dass Ostkanada der richtige Platz für uns war. Natalie würde dort näher bei ihren Kindern und ich näher bei Verdon sein, von dem ich weitere Aufträge erwarten durfte. Scott Paterson war inzwischen pensioniert und hatte seine eigene Sicherheitsfirma gegründet, und Ricketts hatte eine neue Aufgabe in der Verwaltung bekommen, wo er meine Dienste nicht benötigte.

Anfang 1996 zogen wir somit wieder einmal um. Das Auto war ebenso überladen wie vor fünf Jahren während der Fahrt in die andere Richtung. Aber die Insassen waren verschieden. Mein Sohn, der nach einem Jahr bei seiner Mutter zu uns zurückgekehrt war, fuhr jetzt mit. Doch meine fünfzehnjährige Tochter hatte keine Lust, schon wieder umzuziehen und neue Freunde suchen zu müssen, daher beschloss sie, bei der Schwester ihrer Mutter und deren Familie zu bleiben. Natürlich kam auch das Baby mit. Von den Tieren nahmen wir nur die Katze mit, denn Thumper war wegen seiner kaputten Hüfte vom Tierarzt eingeschläfert worden, und Teela, der Rottweiler, den ich von Larry bekommen hatte, vertrug sich nicht mit kleinen Kindern. Darum überließ ich ihn anderen Leuten. Den Club verkaufte ich an die beiden Lehrer, die ihn ohnehin schon mehrere Monate lang geführt hatten.

Wir wollten etwa einen Monat in der Region Ottawa-Hull verbringen und dann nach Saint John ziehen. Unser Aufenthalt in Hull hatte nichts mit Nostalgie zu tun – darüber war ich hinweg. Ich wollte mir aber für künftige Aufträge als verdeckter Ermittler einen biografischen Hintergrund zulegen, der einer Nachprüfung standhielt. Nach Rücksprache mit meinen neuen Freunden bei der Bundespolizei beschloss ich, in einen Geschäftsbereich einzusteigen, der in der Vergangenheit immer das organisierte Verbrechen angelockt hatte: in die Organisation von Konzerten. Ein oder zwei Konzerte zu veranstalten konnte doch nicht so schwer sein.

Mein Bruder Pete, der sich so weit erholt hatte, dass er nach Hull zurückkehren und Musik machen konnte, knüpfte für mich einige Kontakte, und die Polizei bezahlte die nötige Ausstattung, zum Beispiel ein Auto und ein Handy. Da ich kein Beamter war, durfte ich den Gewinn, den ich bei meinen Projekten erzielen würde, behalten. Er war letztlich zwar nicht hoch, aber immerhin zahlte ich auch nicht drauf.

Natürlich nahmen all diese Bemühungen mehr als einen Monat in Anspruch, sodass ich letztlich sechs Monate in der Gegend blieb, während Natalie und die Kinder schon vor mir nach Saint John zogen. Während meiner Zeit in Ottawa merkte ich schnell, dass Verdon, was meine Person betraf, kein Ersatz für Scott Paterson sein konnte. Er war viel zu sehr mit Carcajou, dem eskalierenden Bikerkrieg in Quebec und einem Undercoveragenten bei den Hells Angels in Montreal beschäftigt. Darum wurde Verdons guter Freund Jean-Pierre Lévesque mein neuer Verbindungsmann zu Undercoverjobs. Er war in Ottawa stationiert und arbeitete als nationaler Koordinator für den Criminal Intelligence Service Canada, eine Abteilung der Bundespolizei, die dafür sorgen sollte, dass die Geheimdienste Informationen über das organisierte Verbrechen austauschten. Er war ebenso sehr Diplomat wie Polizist und hatte eine Menge Verbindungen in Kanada und auf der ganzen Welt.

Während Scott kaum mehr getan hatte, als mir eine Telefonnummer mit dem Kommentar »Dieser Mann möchte mit Ihnen reden« zu geben, spielte Lévesque eine viel größere Rolle. Er beriet mich, sortierte vorab schon alle Jobs aus, die seiner Meinung nach für mich ungeeignet waren, und machte sich ernsthaft Gedanken darüber, wie sich die Arbeit im Allgemeinen und bestimmte Aufträge im

Besonderen auf meine Familie und meinen Beruf auswirkten. Darum begann ich ihn Rabbi zu nennen – das ist im Polizeijargon ein Vorgesetzter, der besonders gut auf einen Untergebenen aufpasst. Als Lohn für ihren Rat und ihren Schutz werden Rabbis in der Regel mit der kostbarsten Währung in der Welt der Polizei belohnt: mit Informationen, die ein verdeckter Ermittler vielleicht nicht einmal mit seinen Betreuern teilt, je nachdem, wie gut sein Verhältnis zu ihnen ist.

Den ersten offiziellen Auftrag erteilte mir Lévesque im Rahmen einer Gemeinschaftsaktion der kanadischen Polizei und Interpol, an der ein Dutzend Polizeibehörden aus mehreren Ländern beteiligt waren. Wegen der Sicherheitsvorschriften darf ich keine Einzelheiten nennen – das wäre eine Straftat. Deshalb muss ich mich mit dem Hinweis begnügen, dass ich Kanada schon ein oder zwei Wochen nach meiner Ankunft in Saint John für achtzehn Monate verließ. Damit wäre Natalie sicher nicht einverstanden gewesen, wenn sie nicht in der Nähe ihrer Familie gelebt hätte (allerdings noch ohne Kontakt zu ihren Kindern, dieser wurde ihr erst im Sommer 1998 gestattet) und wenn sie nicht gewusst hätte, dass es sich um einen Sonderauftrag handelte, der weit über das hinausging, was ich bisher gemacht hatte.

Anfang 1998 war ich wieder in Saint John und richtig froh darüber, zu Hause zu sein. Obwohl ich lange Zeit weg gewesen war, fand ich mich ziemlich problemlos in das Familienleben ein. Das lag zum einen sicherlich daran, dass ich für diesen Auftrag nicht einen völlig anderen Menschen hatte spielen müssen, und zum anderen daran, dass ich älter und reifer geworden war und Privatleben und Beruf besser trennen konnte.

Hilfreich war auch, dass zu Hause alles in ziemlich ruhigen Bahnen verlief. Mein Sohn war jetzt ein Teenager, aber kein besonders schwieriger. Er verstand sich sehr gut mit Natalie und noch besser mit seiner jüngeren Halbschwester, die ihn abgöttisch liebte, gerade auch, weil ich in ihren ersten Jahren selten daheim war. Natalie war ebenfalls guter Dinge, denn kurz nach ihrer Rückkehr nach Saint John hatten wir einen Anwalt damit beauftragt, ihr Recht auf Kontakt mit ihren älteren Kindern gerichtlich durchzusetzen. Obwohl das Verfahren langsam voranging und die Familie ihres Ex uns bei jedem Schritt Steine in den Weg legte, errangen wir Anfang 1998 doch einen klaren Sieg.

Natürlich verschlang der Rechtsstreit unheimlich viel Geld, daher biss ich sofort an, als Lévesque mir im März einen neuen Job anbot. Ich traf mich in Kingston in der Provinz Ontario mit einigen Sonderermittlern der Provinzpolizei und fuhr am 5. Mai nach Toronto. Dort sollte ich einen Bikerclub unterwandern, der sich Para-Dice Riders nannte und die größte, aber nicht die einzige Gang in Toronto war. Meine Aufgabe war es vor allem, etwas über seine Beziehungen mit den Hells Angels in Quebec herauszufinden.

Der Bikerkrieg tobte immer noch in der Provinz, und die gesetzlosen Gangs galten inzwischen als große Bedrohung für das ganze Land. Das Pufferabkommen, das mehr als zehn Jahre zuvor in Sturgis ausgehandelt worden war, hatte die Bikerwelt in den achtziger und neunziger Jahren gehörig durcheinandergewirbelt. Die Hells Angels und die Bandidos hatten jetzt viel mehr Mitglieder und Chapters, während Dutzende von unabhängigen Clubs verschwunden waren. Die Gruppen in Toronto hatten diese Entwicklung allerdings nicht gemacht, daher war es bisher erstaunlich ruhig geblieben. Die Bikerszene war immer noch vielfältig und es gab mehrere unabhängige Gangs. Para-Dice Riders (auch PDR genannt), Loners, Satan's Choice, Vagabonds und Last Chance kamen mehr oder weniger gut miteinander aus. Da es sich um einen großen Markt handelte, hatten die Biker offenbar kapiert, dass der Kuchen groß genug für sie alle war.

Die Polizei wusste aber, dass sich die Lage sehr schnell ändern konnte. Die Angels übten mit Zuckerbrot und Peitsche immer größeren Druck auf die PDR und die anderen Gangs aus, die in der Region, die auch Golden Horseshoe genannt wird, aktiv waren. Diese wirtschaftlich blühende Gegend beginnt im Osten von Toronto, windet sich um den Zipfel des Ontariosees herum und endet bei den Niagarafällen an der amerikanischen Grenze. Ich erhielt also den Auftrag, mir ein genaues Bild von den Beziehungen zwischen den PDR, den anderen Gangs in Ontario und den expansionistisch gestimmten Hells Angels in Quebec zu verschaffen und Beweise für Drogen-, Sprengstoff- und Waffenhandel zwischen den Provinzen und unter den Mitgliedern zu sammeln.

Um mit der Gang Kontakt aufzunehmen, nutzte ich meinen Ruf als Konzertveranstalter, den ich mir einige Jahre zuvor in Hull erworben hatte. Das sollte wunderbar klappen. Ich hatte die Website der PDR durchstöbert, um ein

Gefühl für die Gruppe zu bekommen, und hatte dort erfahren, dass sie Klage gegen die Polizei eingereicht hatten – wegen rechtswidriger Schikanen auf dem Weg zu Clubveranstaltungen und auf dem Rückweg. Das Verfahren lief schon eine ganze Weile, und die Biker legten jedes Mal, wenn sie verloren hatten, Rechtsmittel ein. Um die Anwalts- und Gerichtskosten bezahlen zu können, warb die Gang um Spenden. Alle Biker wissen, dass es genügend Dummköpfe gibt, die sie für charismatisch halten und ihr Geld gern zum Fenster hinauswerfen. Aber im Grunde brauchte die Gang gar kein Geld, sondern suchte nach Wegen, einen Teil des Geldes zu waschen, das sie bereits besaß. Da die Polizisten, die sich auf das organisierte Verbrechen spezialisiert hatten, sie aber ständig im Auge behielten, waren die Spenden für die PDR eine ideale Gelegenheit zur Geldwäsche. Ich eröffnete ein E-Mail-Konto bei einem Internetservice in Boston – um die Gefahr, dass jemand meine Mails zurückverfolgen konnte, auf ein Minimum zu reduzieren – und schickte folgende Nachricht an die PDR-Website: »Ich arbeite für National Concerts (Action West Talent Group) und habe mit großem Interesse von eurem Kampf für eure Rechte gelesen. Wie ihr schreibt, kostet es viel Geld, der Gerechtigkeit zum Sieg zu verhelfen (300 000 Dollar nach eurer Schätzung). Wir sind bereit, euch während des Sommers zu unterstützen, damit ihr dieses Ziel erreicht und in der Öffentlichkeit optimal für euer Anliegen werben könnt. Ich bin nächste Woche in Toronto und würde gerne die Gelegenheit nutzen, mit euch über eure Ideen zu sprechen. Wenn ihr mir einen Namen und eine Telefonnummer mitteilt, melde ich mich, sobald ich in der Stadt bin.«

Innerhalb von 24 Stunden erhielt ich die knappe Antwort »Rufen Sie Mark an«, dazu noch eine Telefonnummer.
Meine Kontaktperson entpuppte sich als Mark Staples, ein Mitglied der PDR, das sich sowohl mit der Musikszene als auch im Kampfsport gut auskannte – er hatte sogar sein eigenes Studio. Anfangs dachte ich, dass er der Gunk für die PDR sein konnte, also der Typ, der mir die Türen zum Club öffnete. Es gab jedoch einen entscheidenden Unterschied zwischen den beiden, der die Ermittlungen beinahe vorzeitig beendet hätte: Staples kannte sich äußerst gut aus und war extrem misstrauisch, auch mir gegenüber.

Wir trafen uns in einem Restaurant namens »Taro« in Queen Street West, dem Künstlerviertel von Toronto. Als Staples hereinkam, war er über und über mit Gipsstaub bedeckt, da er gerade seine Übungshalle auf der anderen Straßenseite renovierte. Ich kam sofort zur Sache und stellte mich als kanadischer Veranstalter vor, der in den USA tätig gewesen war, nach Toronto zurückkehren wollte und Publicity brauchte.

»Sie haben ein Anliegen, und ich will eine Show veranstalten«, sagte ich. »Aber eines sage ich Ihnen gleich: Dieses ›Recht auf freie Fahrt‹ und ähnlicher Quatsch interessiert mich überhaupt nicht. Ich fahre nicht Motorrad, ich will nur eine tolle Show veranstalten, bei der wir alle Geld verdienen.«

»Geld verdienen ist gut«, erwiderte er.

»Ich möchte im Laufe des Sommers ein paar kleine Shows organisieren und dann im September eine große«, fuhr ich fort.

Das Gespräch verlief ziemlich gut, er erzählte mir von anderen Veranstaltern, die neue Konkurrenten gar nicht leiden konnten oder sie sogar zu vernichten suchten. Wir sprachen auch über Kampfsport, und er lud mich sogar ein, in seinem Studio Unterricht zu erteilen. Schließlich schwärmten wir von all den Geschäften, die wir zusammen machen könnten, und vereinbarten, uns bald wieder zu treffen.

Dennoch war ich hinterher etwas nervös. Wir hatten zu viel gemeinsam, und er war eindeutig ziemlich schlau. Deshalb war die Gefahr, dass er mich durchschauen würde, einfach zu groß, vor allem weil ich nicht wirklich vorhatte, eine Show zu veranstalten – ich wollte nur eine Zeit lang darüber reden, bevor ich mich den kriminellen Aktivitäten widmete.

In den nächsten Wochen sah ich Staples alle paar Tage. Meist schaute ich in seinem Club vorbei und hing dort ein bisschen herum. Ich wusste, dass ich zu oft dort war, aber bisher war er so ziemlich die einzige Quelle, die ich hatte. Aus heutiger Sicht waren es wohl nur Aktivitäten für die Akten, damit es nicht so aussah, als wäre ich untätig. Ich versuchte, Gespräche über Konzerte zu vermeiden, und stellte zu viele Fragen. Wenn er beispielsweise von einer Fahrt in die USA erzählte, dann wollte ich wissen, ob es sich um eine Geschäfts- oder Vergnügungsreise handelte. Meine Neugier verstärkte wahrscheinlich noch seinen von Haus aus bestehenden Argwohn.

Kapitel acht Die Hells Angels und die Para-Dice-Riders

Er hatte mir die Namen einiger PDR-Brüder genannt, die mir vielleicht bei meinen Konzertprojekten behilflich sein konnten. Einer von ihnen, Paul »Sunny« Braybrook, veranstaltete jedes Jahr eine Bikershow in der Umgebung von Toronto mit Motorradrennen, Live-Musik sowie einem Wet-T-Shirt-Contest und so weiter. Ich sprach zwar mit Sunny, aber nicht gerade unter Bedingungen, die es mir erlaubt hätten, illegale Aktivitäten zu erwähnen – denn er saß eine kurze Freiheitsstrafe wegen Kokainhandels ab. Ansonsten hatte Staples es anscheinend nicht eilig, mir Telefonnummern anderer Mitglieder zu geben oder mich ihnen vorzustellen.

Eines Nachmittags Ende Juni hatte ich mich mit Staples in seinem Studio verabredet. Nachdem ich pünktlich erschienen war, erfuhr ich von einem seiner Angestellten, dass er nicht da war. Also verließ ich das Studio wieder, stieg in mein Auto, das mir die Polizei besorgt hatte, und rief George Cousens an, meinen Betreuer, der mich in diesem Moment wahrscheinlich beobachtete.

George wollte mich treffen, aber da ich kein großes Orientierungsgenie bin, verfuhr ich mich auf dem Weg zum Treffpunkt, hielt schließlich am Straßenrand an und stieg aus. Bald tauchten George und ein Kollege auf, die mir in einigem Abstand gefolgt waren, und zeigten mir den Weg auf einer Karte. Danach kletterte ich wieder ins Auto und fuhr weiter zu dem Ort, den wir für unser Treffen vereinbart hatten. Das war an diesem Tag der öffentliche Parkplatz in High Park. Keine große Sache, dachte ich.

Als ich allerdings zwei Tage später eine Unterrichtsstunde in Staples' Studio beendet hatte, kam dieser zu mir und fragte mich geradeheraus: »Wer waren die zwei Kerle, mit denen du am Donnerstag gesprochen hast?«

»Wo denn?«, fragte ich ehrlich verwirrt nach.

»In der King Street. Du bist an die Seite gefahren und hast mit zwei Männern in einem beigefarbenen Auto gesprochen. Sie sahen aus wie Bullen, standen ganz ruhig da wie Bullen. Einer hatte braunes Haar und einen Schnurrbart.«

In dem Moment begriff ich: Staples hatte mich reingelegt. Er hatte sich mit mir verabredet und mir ausrichten lassen, dass er nicht da sei. Als ich das Studio dann verlassen hatte, war er mir gefolgt. Zeit für meinen Plan B, überlegte ich. Schließlich war schon immer Angriff die beste Verteidigung.

»Was willst du damit sagen?«, fragte ich drohend und starrte ihm dabei in die Augen.

»Ich will damit sagen, dass ich dich nicht wirklich kenne und dass es mich stutzig macht, wenn ich dich mit solchen Typen sehe.«

»Willst du etwa behaupten, dass ich ein Bulle bin?«

Staples wich ein winziges Stück zurück. »Ich behaupte gar nichts. Aber die Sache kommt mir seltsam vor.«

»Vielleicht ging es ja um ein Geschäft? Wie dem auch sei, es geht dich überhaupt nichts an, mit wem ich spreche.«

»Es geht mich schon etwas an, wenn du bei mir ein und aus gehst.«

»Die beiden sind keine Bullen, verlass dich drauf«, versuchte ich ihn zu beruhigen. »Sie sind so ziemlich das Gegenteil.«

»Beides gefällt mir nicht«, erwiderte Staples. »Wenn es Bullen sind, will ich dich nicht hier haben, und im anderen Fall will ich nichts damit zu tun haben. Ich habe schon einige meiner Brüder gebeten, nicht mehr zu mir zu kommen, weil sie in gewisse Dinge verwickelt sind. Eigentlich wollte ich dich meinen Brüdern vorstellen, die bei den Shows mitmachen wollen. Aber vielleicht muss ich doch vorsichtiger sein, schließlich will ich keinen Fehler machen. Ich werde dich wohl noch genauer überprüfen müssen.«

»Das hättest du schon längst tun sollen. Ich habe nichts zu verheimlichen. Aber wenn dir nicht wohl bei der Sache ist, steige ich in mein Auto, vergesse, dass dieses Studio existiert, und verschwinde einfach aus deinem Leben. Du brauchst nur jetzt ein Wort zu sagen, dann bin ich weg. Das willst du doch, oder?«

Jetzt wich er noch etwas mehr vor mir zurück. »Ich will hier nur keinen Ärger haben. Wenn du ein Dealer bist, ist das deine Sache, aber ich will damit nichts zu tun haben.«

Anscheinend war ich gerade noch einmal davongekommen, aber es war knapp gewesen. Und dieses Gespräch verhieß nichts Gutes. Staples würde mir von nun an besonders genau auf die Finger sehen, und er hatte angekündigt, mich erst einmal niemandem aus seiner Gang vorzustellen.

Nach diesem Vorfall sah ich Staples viel seltener, am liebsten hätte ich gar nichts mehr mit ihm zu tun gehabt, aber das wäre dann doch zu auffällig gewesen. Stattdessen konzentrierte ich mich auf Braybrook und, weil ich wenig Kontakt zu ihm hatte, auf seine Frau Alana. Ich hatte sie vor meinem Besuch bei Sunny im Knast einige Male getroffen und sofort bemerkt, dass es ihr nicht besonders gut ging. Sie war Mitte vierzig, hatte schwarz gefärbtes Haar und den harten Gesichtsausdruck einer Frau, die viel zu lange um ihr Überleben hatte kämpfen müssen und zu viel Kokain konsumiert hatte. Jetzt, da Sunny hinter Gittern saß, war sie mit der Vorbereitung der Show völlig überfordert. Obendrein war sie so gut wie pleite. Das verrieten mir nicht nur das Chaos in ihrem Haus, ihr schrottreifes Auto, ihre Kinderschar und ihre Kleider, sondern auch ihre kläglichen, aber fast rührenden Versuche, mich einige ihrer Kosten übernehmen zu lassen.

Sie wohnte in Barrie, achtzig Kilometer nördlich der Stadt. Eines Tages wollte ich mit ihr über Sunny reden und rief sie auf dem Weg zu ihr an. »Ich bin in einer Stunde bei Ihnen«, sagte ich.

»Wenn Sie sowieso unterwegs sind, könnten Sie dann ein paar Sachen für mich besorgen?«, fragte sie. Ich versprach es, und sie diktierte mir daraufhin eine lange Einkaufsliste. Geld bekam ich dafür natürlich nie.

Ein andermal wollte ihr Sohn einen Dollar haben, um im Laden an der Ecke etwas einzukaufen.

»Können Sie fünf Dollar wechseln?«, fragte sie. Ich gab ihr eine Handvoll Münzen, eine davon bekam ihr Sohn, den Rest steckte sie ein und beließ es dabei.

Einem ihrer weniger bescheidenen Wünsche verdankte ich schließlich die Bekanntschaft mit einem einflussreichen und nicht gerade sehr vorsichtigen Gangmitglied. Ich hatte Sunny schon mehrere Male im Gefängnis besucht und wir waren uns mit der Zeit nähergekommen, nicht nur, weil ich ihm weisgemacht hatte, dass wir uns schon während eines anderen seiner vielen Gefängnisaufenthalte über den Weg gelaufen waren, sondern auch deshalb, weil ich mit ihm Geschäfte machen wollte. Außerdem gefiel es ihm, dass ich Alana und die Kinder unterstützte oder zumindest nichts dagegen hatte, dass sie mich gelegentlich anpumpten.

Eines Tages rief Alana mich ganz aufgelöst aus einem Bekleidungsgeschäft an der Ecke Danforth und Victoria Park in Torontos East End an. »Ich muss jemandem 1500 Dollar zahlen und habe nur 1300. Würden Sie mir bitte, bitte aushelfen?«, flehte sie mich an.

»Mal sehen, was ich tun kann«, antwortete ich. »Rufen Sie mich in einer halben Stunde wieder an.«

Dann setzte ich mich mit George, meinem Betreuer, in Verbindung und fragte ihn nach seiner Meinung darüber, dass ich Alana aus der Patsche helfen sollte. Ich erzählte ihm, dass Alana gerade mit einer Frau namens Barb in einem Jeans-Laden war. Er meinte, dass er erst seinen Chef fragen müsse, aber nicht besonders optimistisch sei. »Sie versucht doch nur, Sie auszunutzen.«

»Klar tut sie das«, erwiderte ich, »aber vielleicht lohnt sich das trotzdem.«

Er bezweifelte das zwar, versprach aber, mich in den nächsten paar Minuten anzurufen, sobald er die Sache geklärt hatte.

Kaum hatte ich aufgelegt, klingelte das Telefon. Eigentlich hatte ich Alana erwartet, aber es war Sunny, der aus dem Knast anrief.

»Hör mal, wenn du meiner Alten diesmal aus der Patsche hilfst, hast du etwas gut bei mir, wenn ich wieder draußen bin«, meinte er. Ein bettelnder Biker? Das war neu und verstärkte bei mir die Überzeugung, dass es klug wäre, Alana zu helfen. Doch ganz sicher war ich noch nicht.

»Ich werde hingehen und mal die Lage sondieren«, versprach ich. »Ich tue, was ich kann.«

Nach dem Gespräch mit Sunny rief ich erneut George an. Er tat so, als sei die Sache bereits entschieden: Ich sollte Alana die 200 Dollar nicht geben. Doch dann berichtete ich ihm von Sunnys Anruf. »Genau das tun solche kriminellen Typen«, versicherte ich ihm. »Sie helfen den Familien ihrer Freunde, die im Knast sitzen. Das würde uns eine Menge Pluspunkte einbringen. Für ihn ist es nicht leicht, mich darum zu bitten. Und es sind nur 200 Dollar.«

»Es geht nicht um 200 Dollar«, erwiderte George, »sondern darum, dass er Sie ausnutzen will. Wenn Sie heute das Geld geben, dann haut er Sie immer wieder an.«

»Das ist mir egal. Das nächste Mal sage ich dann eben Nein. Aber heute werde ich der Frau das Geld geben, notfalls aus meiner eigenen Tasche.«

George, der der beste Betreuer war, den ich je gehabt hatte, war schlau genug, um zu merken, dass ich mich nicht umstimmen lassen würde, und gab nach. Er versprach nicht, mir den Betrag zu erstatten, aber er und seine Kollegen würden mich decken, wenn ich Alana besuchte.

»Ach, und nur damit Sie Bescheid wissen«, fügte er noch hinzu. »Barb ist die Frau von Brett Toms, und der steht ziemlich weit oben auf unserer Liste.«

Wenn ich diesen Namen schon einmal gehört hatte, dann hatte ich ihn vergessen. Auf jeden Fall war Toms anscheinend ein hochrangiges Mitglied der PDR. Er war Sergeant at Arms und galt bei der Polizei als einer der schlauesten und gefährlichsten Biker. Ein Mitglied der Einsatzgruppe versuchte schon seit mehr als zehn Jahren erfolglos, ihn zu überführen. Wenn läppische 200 Dollar mir vielleicht eine Audienz bei ihm verschaffen konnten, dann war das das Geld auf jeden Fall wert.

Ich nahm also alles Bargeld mit, das ich besaß – rund 2000 Dollar –, rollte es zu einem eindrucksvollen Bündel zusammen und fuhr damit zum Jeans-Laden. Dort zählte ich die 200 Dollar ab und legte sie vor Alana auf die Theke. Sie schob die Scheine Barb zu, die sie zusammenfaltete und einsteckte. Alana floss vor Dankbarkeit schier über und versprach, mir das Geld zurückzuzahlen.

»Machen Sie sich darüber keine Sorgen«, beruhigte ich sie, »das regle ich mit Sunny.«

Ich war mir ziemlich sicher, dass ich für Alana eine Drogenrechnung beglichen hatte. Denn sie war offensichtlich kokainsüchtig, und wenn sie 1500 Dollar Schulden gehabt hatte, dann ging es um etwa dreißig Gramm. Bald danach verließ sie den Laden, während ich noch eine Weile mit Barb plauderte. Sie war wesentlich intelligenter als Alana, führte den Jeans-Laden und war wohl eine gute Geschäftsfrau. Doch sie war längst nicht so klug, wie sie dachte. Denn Barb war so scharf auf Geld und darum so sehr darauf erpicht, mich zu schröpfen, dass sie sich mir gegenüber vollkommen arglos benahm. Ich erzählte ihr von meinen Konzertplänen, worüber ihr Alana bereits berichtet hatte, bewunderte die Kleider, die sie verkaufte und die, wie sich herausstellte, allesamt gestohlen waren.

Als ich schließlich gehen wollte, meinte sie: »Sie sollten meinen Mann kennenlernen.«

»Sehr gerne«, erwiderte ich.

»Na, dann kommen Sie doch morgen vorbei, und wir trinken nebenan ein Bier.«

Brett tauchte am nächsten Tag zwar nicht auf, aber wir trafen uns kurze Zeit später in einem Steakhaus in Scarborough. Er war ein ziemlich großer, stämmiger, etwa vierzigjähriger Mann mit einer Vokuhila-Frisur: vorne kurz, hinten lang. Um das Ganze noch spektakulärer zu gestalten, waren die oberen Haare blond gefärbt. Er taute ziemlich schnell auf und erzählte mir, dass ihm der Laden, in dem Barb die heiße Ware verkaufte, über einen Strohmann gehöre und dass er im Winter für die Stadt einen Schneepflug fahre und in den übrigen Monaten andere Fahrzeuge. Bei unserem ersten Treffen bestellte ich bei ihm einen Stapel T-Shirts, auf denen in Großbuchstaben »Security« stand. Er kannte jemanden aus der Motorradgang Last Chance, der ein entsprechendes Geschäft besaß, in dem die angeblich für eine Konzertveranstaltung gebrauchten Shirts bedruckt werden konnten.

Später bekam ich grünes Licht für den Kauf von gestohlenen Waren im Wert von 10 000 Dollar unter dem Vorwand, dass ich in Niagara Falls in Ontario selbst ein Bekleidungsgeschäft eröffnen wolle. Ich hatte Brett und Sunny gegenüber bereits angedeutet, dass meine kriminellen Aktivitäten zum Teil aus Schmuggel bestanden. Darum war Niagara Falls an der amerikanisch-kanadischen Grenze ein passender Ort für ein Geschäft.

Doch kaum hatte ich Brett eine Bestellung im Wert von 10 000 Dollar in Aussicht gestellt, teilte mir die Polizei mit, dass ich nur 5000 Dollar bekäme. Also reduzierte ich die Bestellung mit der Begründung, dass ich nicht zu viel Geld in ein Geschäft stecken wolle, das mir nur wenig oder gar nichts einbringen würde. Brett war zwar nicht begeistert, regte sich aber auch nicht sonderlich auf. Als George mich jedoch wenige Minuten vor meinem Treffen mit Brett, bei dem ich die Ware inspizieren wollte, darüber informierte, dass er nur 500 Dollar für mich habe, verlor ich die Beherrschung.

»Ihr Idioten versaut mir alles!«, schrie ich und fügte noch ein paar freundliche Worte für die Polizeibürokraten und Erbsenzähler hinzu. Das war unser erster größerer Kauf in diesem Fall und unter diesen Bedingungen sicher auch der letzte. Ich war davon überzeugt, dass die Geschäftsbeziehungen zwischen mir und Brett dadurch beendet wären. Denn wer mit Bikern Geschäfte macht und nicht zu seinem Wort steht, muss damit rechnen, abserviert zu werden, möglicherweise sogar dauerhaft. Die Panne mit Staples steckte mir ohnehin noch in den Knochen und ich war mir ziemlich sicher, dass dies nun das Ende der Ermittlungen bedeutete.

»Lassen Sie sich etwas einfallen«, meinte George ungerührt. Da ich aber keinen echten Plan B hatte, konnte ich mich nur beruhigen und dann zu Brett weiterfahren.

In seinem Keller prüfte ich die Kleider sehr gründlich. Ich hatte sie mir vorher bereits kurz angeschaut, spielte jetzt aber den anspruchsvollen Kunden und schüttelte nach einer Weile den Kopf. Innerlich seufzte ich erleichtert auf, denn das Zeug war offensichtlich zweite Wahl, und das konnte vielleicht meine Rettung bedeuten.

»Ehrlich gesagt«, verkündete ich nach ein paar Minuten, »sind das keine Kleidungsstücke, die ich im Laden haben möchte. Ich hatte eher mit Sachen gerechnet, die in eine Boutique passen würden. Das hier ist Billigware.«

Zum Glück wusste Brett, dass ich recht hatte, und widersprach mir daher gar nicht. »Mag sein. Ich kann dir noch besseres Zeug besorgen.«

»Tut mir echt leid«, versicherte ich. »Aber weißt du was, ich könnte ein paar Pullover brauchen. Ich gebe dir 500 Dollar dafür.«

Also nahm ich eine Handvoll Sachen mit, er steckte die 500 Dollar ein, und wir beide waren zufrieden.

Einige Wochen später begleitete Brett mich nach Niagara Falls, um mich einem PDR-Bruder vorzustellen, der dort lebte. Ich hatte fälschlicherweise angenommen, dass die Umlaufbahn der Gang nicht so weit über Toronto hinausreichte, und Niagara Falls eben deshalb als Standort für mein Geschäft ausgesucht, um mir zu viele kritische Blicke zu ersparen. Doch kaum hatte ich erwähnt, dass ich dort ein Geschäft eröffnen wolle, bestand Brett darauf, mich mit Jason Bedborough alias »Hollywood« bekannt zu machen, der in der bunten und aktiven Unterwelt von Niagara Falls die PDR vertrat. Das war es dann mit dem unauffälligen Abtauchen.

Inzwischen hatte ich mich mit Brett und Sunny ziemlich gut angefreundet, ebenso mit Psycho Dave, einem Tätowierer, seinem Geschäftspartner Dirtbag und einigen anderen Mitgliedern. Ich sammelte etliche nützliche Informationen über die Beziehungen der Gang zu den Hells Angels und anderen kriminellen Gruppen, war aber mit unserem zweiten Ziel – dem Kauf von Drogen – nicht weitergekommen. Die PDR wussten genau, dass die Polizei sie beobachtete. Seit dem Bikerkrieg in Quebec floss das Geld für die Ermittlungen gegen die Biker im ganzen Land reichlicher, und auch das wussten die PDR. Und sie wussten, dass die Polizei Ontario, vor allem Toronto, für das nächste Schlachtfeld hielt und daher die dortigen Biker streng überwachte.

Dennoch rechnete ich damit, bald Drogen kaufen zu können. Immerhin hatten wir jetzt Ende Oktober, und ich verkehrte seit fast sechs Monaten mit diesen Kerlen.

Hollywood war auf jeden Fall der Mann, den man in Niagara Falls kennen musste. Er war Ende zwanzig, groß, übersät mit Tattoos und hatte nicht die blonde Mähne, die sein Name vielleicht vermuten ließ, sondern langes schwarzes Haar. In der Stadt führte er mehrere Clubs, die zwar nicht ihm gehörten, aber er bestimmte, welche Bands wo spielten, und hatte natürlich auch den Drogenhandel im Griff.

»Ich kenne einen Typen, dem ein Haus in der Innenstadt gehört, das wir fast umsonst kriegen können«, erzählte Hollywood, nachdem Brett und ich ihm von meinen Plänen erzählt hatten. Anfangs verwirrte es mich etwas, dass er immer »wir« sagte, aber dann verstand ich. »Du verkaufst vorne deine Klamotten und ich kümmere mich vom Büro aus um meine Bands. Und falls einer von uns ein Geschäft über die Hintertür erledigen will – nun, dafür ist sie da.«

Brett war ja bereits ziemlich offen und für einen Ganoven auch ungewöhnlich arglos gewesen, was neue Gesichter betraf. Aber Hollywood übertraf ihn noch bei Weitem. Ich kam zwar auf Bretts Empfehlung zu ihm, aber trotzdem fasste er erstaunlich schnell Zutrauen – wäre ich eine Frau gewesen, hätte er mir wohl schon einen Heiratsantrag gemacht. Und seine Sorglosigkeit ging sogar noch weiter: Als wir in den Keller seines Hauses gingen, lag dort ein Beutel auf dem Tisch, der meiner Schätzung nach etwa dreißig Gramm Kokain enthielt. Er schob ihn lässig beiseite und versuchte erst gar nicht, ihn vor mir zu verbergen.

Ermutigt durch Hollywoods Offenheit zog ich auf der Rückfahrt ein Fläschchen mit Kokain aus meiner Tasche und warf Brett einen fragenden Blick zu. Er nickte nur und meinte: »Hier ist es für mich und die Jungs zu heiß. Ich müsste es wohl außerhalb des Clubs besorgen.«

»Meinetwegen kannst du bis nach Nebraska fahren, um es zu besorgen. Das bleibt unter uns.«

Er fragte, wie viel ich haben wolle. Ich gab an, dass ich zunächst mit einer kleinen Menge – etwa 150 bis 300 Gramm – die Lage sondieren wolle. Dann fragte ich, wie die Sache ablaufen solle.

»Schnell und schmerzlos«, erwiderte er, was heißen sollte: Du gibst mir das Geld, ich gebe dir den Stoff. Kein Vorschuss, kein Herumrennen mit Schließfachschlüsseln. Und es hieß auch, dass er keinerlei Misstrauen gegen mich hegte.

Das verdankte ich wahrscheinlich zum Teil Sunny, der inzwischen überall herumerzählte, dass er mich schon länger kenne, dass wir sogar zusammen gesessen hätten und ich Kontakte zu den »Roten und Weißen« – den Hells Angels – besäße.

Etwa eine Woche später rief mich Brett gegen Mittag an. »Du hast eine Stunde Zeit, um herzukommen.«

Ein klein wenig verspätet, äußerst angespannt und unter strenger Bewachung klopfte ich an seine Tür. Nach kurzem Geplauder eröffnete mir Brett: »Ich habe, was du wolltest.«

»Wie viel?«

»Vier.«

»Preis?«

»58 sollten reichen.«

Also zählte ich 58 Hundert-Dollar-Scheine auf einem Kaffeetisch ab, während er vom Sofa aufstand, zur Anrichte ging und eine kleine braune Papiertüte holte. Dann kam er wieder zurück, reichte sie mir und setzte sich. In der Tüte war ein Schnellverschlussbeutel mit einem Pulver, das nach vier Unzen Kokain aussah.

»Großartig«, sagte ich. »Du hast mir eine Fahrt nach Montreal erspart.«

»Kein Problem«, meinte er. »Da wir das jetzt hinter uns haben, können wir nächstes Mal ja einen größeren Deal machen.«

»Sicher.« Ich stand auf, um zu gehen.

»Willst du den Stoff nicht prüfen?«, fragte Brett.

»Warum«, erwiderte ich, »stimmt etwas nicht damit?«

»Nein, er ist klasse!«

»Das genügt mir, außerdem weiß ich ja, wo du wohnst.« Ich lächelte bei diesem letzten Satz, aber natürlich stellte er eigentlich eine Drohung dar.

»Stimmt«, antwortete er.

Dann schüttelten wir uns die Hände, und er brachte mich zur Tür. Ich stieg in mein Auto und fuhr direkt zum »Howard Johnson Hotel« in der Keele Street, wo Polizisten im Zimmer 909 auf mich warteten. Den Vorschriften entsprechend durchsuchten sie mich bis auf die Haut, um ganz sicher zu sein, dass ich kein Gramm für mich behalten hatte. Das machte mich wütend, denn nicht einmal im Gefängnis hatte man mich ausgezogen. Und hier handelte es sich um meine Kollegen, die es zudem versäumt hatten, mich auf dieses Verfahren vorzubereiten.

Verärgert fuhr ich nach der Prozedur nach Hause. Als ich am nächsten Tag zu einem Treffen in demselben Hotel fuhr, hatte ich mich zwar schon etwas beruhigt, aber empört war ich noch immer. Doch mein Ärger legte sich sofort, als ich das Zimmer 909 betrat. Alle Polizisten standen in Unterwäsche da, während George am Schreibtisch saß und sich Notizen machte. Craig Pulfrey, ein hochrangiger Undercoveragent, der mich später in Niagara Falls unterstützten sollte, stand so gut wie nackt mitten im Raum und las ein Schriftstück vor. Das machte alles wieder gut.

Ein paar Wochen später kaufte ich erneut Kokain von Brett. Dieser Deal würde sich für ihn vor Gericht besonders schlecht auswirken. Es ging um eine etwas größere Menge – 450 Gramm – und die Abwicklung dauerte ein paar Tage, weil sein Vater mehrere Herzinfarkte hintereinander erlitt. Deshalb verzichtete Brett zwar auf ein Partywochenende mit Hollywood in Niagara Falls, nicht aber aufs Geschäft. Obwohl sein Vater schließlich am Sonntagabend starb, wollte Brett den Handel am Montag durchziehen. »Wir machen alles wie geplant«, sagte er. Der einige Unterschied war, dass wir die Übergabe in seinen Lieferwagen verlegen mussten, weil seine Mutter gerade bei ihm war.

Sobald das Eis gebrochen war, häuften sich die Drogenkäufe. Hollywood war zwei Tage später der Nächste. Ich traf ihn in einem Striplokal namens »Features« im Westen von Toronto, nachdem er mich angerufen hatte, um mit mir über unser Geschäft in Falls zu reden. Die Bar war ein Stammlokal der PDR, und als ich mich umsah, entdeckte ich dort einige Mitglieder, darunter Psycho Dave. Hollywood stellte mich den anderen vor und nannte mich seinen Partner.

»Und, was ist los?«, fragte er dann, als wir allein waren. Denn ich hatte ihm am Telefon erklärt, dass ich in der Klemme säße. Also weihte ich ihn in die Details meiner Geschichte ein: Ich gab an, für einige Kunden in Montreal Kokain im Wert von 11 000 Dollar gekauft zu haben, wobei sich allerdings der Stoff als minderwertig erwiesen habe. Jetzt bräuchte ich eine ausreichende Menge hochwertigeres Kokain, um die Qualität zu verbessern, sonst bekäme ich Ärger.

Zuerst wollte Hollywood sich den Kerl vorknöpfen, der mir den schlechten Stoff angedreht hatte, aber ich versuchte, ihn zu beruhigen: »Er wollte mich nicht wirklich reinlegen. Es ist aber einfach so, dass der Stoff nicht gut genug ist, um ihn loszuwerden.«

Ich fügte noch hinzu, dass mir an dem Typen etwas läge und ich die Sache daher nicht zu hoch hängen wolle. Wieder fragte er, wer mir das Zeug verkauft habe. Ich erwiderte, dass es nicht meine Art sei, Namen zu nennen, aber er könne ja seine eigenen Schlüsse ziehen.

»Wie nahe steht dir der Typ?«, wollte er wissen.

»Ziemlich nah.«

»Dachte ich mir. Egal, ich helfe dir. Ich besorge dir ein paar Unzen für vierzehn pro Unze, da hab ich auch was davon. Der Stoff ist so rein, dass du ihn auf die Hälfte verschneiden kannst, und er ist immer noch gut. Wir erledigen das am Montag. Und wenn du danach noch mehr brauchst, weißt du hoffentlich, wen du zuerst fragen solltest.«

Sein einziges Problem war die kleine Menge. »Ich erzähle den Leuten, von denen ich den Stoff bekomme einfach, dass du nur eine Probe haben willst. Das sind Großhändler, ehrlich, für die sind zwanzig Kilogramm ein Klacks.«

Alle Ermittlungen, vor allem die längeren, führen irgendwann ein Eigenleben. Dank einer Begegnung mit einem bisher unbekannten Kriminellen oder einer unerwarteten Information eröffnen sich unweigerlich neue Chancen, die bisweilen sogar in eine ganz andere Richtung führen können, meist aber nur zusätzlichen Nutzen bringen.

Was den Fall PDR anbelangt, bedeuteten Hollywoods Offenheit, Mark Staples' Misstrauen und die Tatsache, dass ich die Show, die mich mit ihm und Sunny Braybrook in Kontakt gebracht hatte, eigentlich gar nicht durchziehen wollte, dass wir in Niagara Falls wahrscheinlich mehr Resultate erwarten konnten. Die Gang breitete sich allmählich in dieses Gebiet aus und ebnete ihren zunehmend engeren Verbündeten, den Hells Angels, damit den Weg. Diese Aktivitäten konnte ich überwachen. Außerdem war Niagara Falls nur eine Stunde von Toronto entfernt, und alle Kriminellen der Stadt fuhren regelmäßig hin und her. So war es gut möglich, die Aktivitäten der Hells Angels – das Hauptziel der Ermittlungen – von Falls aus zu beobachten.

Darum verließ ich nach drei Wochen Weihnachtsurlaub in Saint John das Haus, das ich in Richmond Hill im Norden Torontos gemietet hatte, und bezog ein kleines Apartment am Rande der Innenstadt von Niagara Falls.

Kurze Zeit später traf ich einen alten Biker namens Joe Toth. Er war Mechaniker und bewegte sich im Umkreis der Outlaws, war aber nie Mitglied der Gang oder eines anderen großen Clubs gewesen. Dennoch gehörte er zur Unterwelt der Stadt, was sich auch daran zeigte, dass er im Sommer jede Woche eine Grillparty zu Hause veranstaltete, die im Grunde ein Treffen für die Ganoven von Niagara Falls war.

Ich begegnete ihm aber, bevor ich an einer dieser Partys teilnahm. Eines Tages wollte ich Hollywood in unserem Laden treffen, und er kam wie immer zu spät. Während ich draußen wartete, fuhren zwei Männer in einem Lieferwagen vor. Der eine war Toth, der sich schnell als ebenso offen und redselig wie Hollywood erwies. Bereitwillig erzählte er mir, dass er 3800 Packungen Percodan abliefern wolle. Dieses rezeptpflichtige Schmerzmittel war auf der Straße sehr beliebt. Wir plauderten, bis Hollywood kam, Toth ein Geldbündel überreichte und dafür einen Papierbeutel entgegennahm.

Ich hätte Toth fast nicht erkannt, als ich ihm einige Monate später das nächste Mal begegnete. Einer der Haupttreffpunkte für Kriminelle in Niagara Falls trug den wenig subtilen Namen »Goodfellows«. Als ich eines Abends dort war und mich mit dem Barkeeper unterhielt, sagte plötzlich jemand neben mir: »He, wie geht's?« Es war Toth, der ziemlich mitgenommen aussah. Wie sich herausstellte, war er kurz nach unserer ersten Begegnung in einer anderen Kneipe angegriffen, zusammengeschlagen und als vermeintliche Leiche neben einem Müllcontainer liegengelassen worden. Er hatte Wochen im Krankenhaus verbracht, war nun aber zurück im Geschäft.

»Wenn du wieder mal Percodan bekommst, dann leg ein paar Packungen für mich auf die Seite«, bat ich ihn, nachdem wir uns eine Weile unterhalten hatten. Dafür gab ich ihm 200 Dollar als Anzahlung.

Danach sah ich Toth regelmäßig, und als das Wetter wärmer wurde, besuchte ich auch seine wöchentlichen Grillfeste. Auf einer dieser Partys traf ich Freddie

Campisano, einen italienischen Mafioso, den ich aus dem »Goodfellows« kannte. Er bot mir 160 Kilogramm Plastiksprengstoff an. Nachdem ich grünes Licht von meinen Betreuern erhalten hatte, bekundete ich mein Interesse. Allerdings waren inzwischen nur noch 130 Kilogramm übrig.

»Wer hat den Rest gekauft?«, fragte ich.

»Ein paar Spinner aus Quebec«, antwortete Freddie.

»He, da kommen auch meine Käufer her«, sagte ich. »Aber die sind weniger verrückt als gefährlich.«

Ein paar Tage später ging der Deal für 30 000 Dollar über die Bühne – 26 000 Dollar für den Sprengstoff und jeweils 2000 Dollar Vermittlungsgebühren für Freddie und mich, alles im Voraus. Ich hatte bereits Craig Pulfrey, den seine Kollegen Barney nannten, als meinen Grenzläufer vorgestellt, und der Vertreter der Käufer war ein Polizist namens Randy Kreiger, ein Sprengstoffexperte, der mit seinem langen Haar, dem abgewetzten Hemd, das ihn als Unterstützer der Hells Angels auswies, und dem verbeulten Lieferwagen einen erstklassigen Biker abgab. Einen Monat später musste er noch einmal in diese Rolle schlüpfen, als Freddie mir für 45 000 Dollar weitere 220 Kilogramm verkaufte.

Die Grillfeste und die Leute, die ich dort traf, führten im Sommer 1999 zu zahlreichen Drogenkäufen. Fast immer ging es dabei um Kokain. Craig und ich kauften von mindestens einem Dutzend Händler, meist Bikern, und von verschiedenen Gangs: von den Outlaws, von den Vagabonds und sogar von Mitgliedern einer ehemaligen Gang namens Breed, natürlich auch von den PDR. Manchmal handelte es sich nur um dreißig Gramm, ein andermal um bis zu zwei Kilogramm. Aber die Menge war nicht so wichtig, die hohen Tiere bei der Polizei bevorzugten sogar kleine oder mittlere Mengen, weil dafür weniger Geld benötigt wurde.

Alles in allem waren die Ermittlungen sowohl wegen der Erfolge als auch wegen der verpassten Gelegenheiten ziemlich denkwürdig. Im Juni bot mir ein italienischer Mafioso, den ich durch Sunny in Toronto kennengelernt und bei einer Grillparty wiedergetroffen hatte, zwei Millionen Dollar in gefälschten Zwanzig-Dollar-Scheinen an. Die Qualität der Blüten sei zwar hervorragend, allerdings trügen die Banknoten nur elf Seriennummern. Der Käufer musste versprechen, das Geld nur an den Wochenenden unters Volk zu bringen, damit möglichst viel

Zeit verging, bis die Banken auf beiden Seiten der Grenze wieder geöffnet waren und das Falschgeld identifizieren konnten.

Der Ganove wollte mir eine halbe Million Dollar Falschgeld für 45 Cent pro Dollar verkaufen, und ich sollte es von Niagara Falls aus verbreiten. Der Rest der Ladung war für Toronto und andere Städte bestimmt. George, mein Betreuer, erkundigte sich daraufhin bei seinem Chef, aber für den war die Sache nur eine interessante Information. Er hatte keine Lust, 225 000 echte Dollar für einen Haufen buntes Papier auszugeben.

Bei einer anderen Grillparty, diesmal bei Freddie in einem hübschen Vorstadtviertel am Nordrand von Niagara Falls, zeigte unser Gastgeber uns Kisten voller Reiseschecks. Sie waren nur teilweise genutzt worden, das heißt, jemand hatte sie gekauft, und die Käufer hatten sie der Bank zurückgegeben. Die Vorschriften verlangten, dass die Schecks in ein Sammellager gebracht und dort vernichtet wurden. Aber irgendwo auf diesem Weg hatte jemand eine Ladung abgezweigt. Wieder hatten die oberen Bosse kein Interesse daran, die Schecks zu kaufen, um zu verhindern, dass jemand sie in Umlauf brachte.

Angesichts solcher Entscheidungen ist es nicht schwer, die Prioritäten der Provinzpolizei zu erkennen. Es ging darum, Gewalt zu verhindern, deshalb wurde die Kasse bereitwillig geöffnet, um Sprengstoff zu kaufen. Das Falschgeld und die gestohlenen Reiseschecks aber würden keinen großen Schaden anrichten, außer auf dem Bankkonto der Betroffenen – meist Kaufleute –, die das wertlose Papier annahmen. Meines Erachtens gab es jedoch noch einen anderen Grund: Die Blüten und die Reiseschecks hätten unweigerlich die Bundespolizei ins Spiel gebracht, und daran war niemand in der Biker-Einsatzgruppe der Provinz sonderlich interessiert.

Die Bosse wollten auch nicht, dass ich den Auftrag übernahm, den mir ein Mafioso indirekt angeboten hatte: Ich sollte einen Spitzel umbringen, der vor mindestens zehn Jahren diesen Gangster und einige seiner Freunde verraten hatte, die an einer Restaurantkette namens »East Side Mario« beteiligt gewesen waren. Die Lokale hatten ihnen als Drogenumschlagplatz gedient. Einige der Männer waren im Gefängnis gelandet, der Spitzel hatte eine neue Identität erhalten und war nach British Columbia umgezogen. Jetzt waren die Mafiosi allerdings wieder auf freiem Fuß und hatten den Informanten aufgespürt, was ihnen deshalb wohl nicht sehr schwer gefallen war, weil er anscheinend einen sehr großen Kopf hatte und daher den Spitznamen Melonenkopf trug.

Da sich hier eine Lücke im Zeugenschutzprogramm aufgetan hatte, nahm ich natürlich an, dass meine Bosse interessiert seien, waren sie aber nicht. Sie wollten nicht einmal, dass ich mich mit dem Mafioso traf, um über den Auftrag zu reden. Hätte ich das gemacht und ein Abhörgerät bei mir getragen, hätten wir dem Kerl immerhin eine Verabredung zum Mord nachweisen können. Auch daran war die Provinzpolizei meiner Meinung nach nicht interessiert, weil die Bundespolizei sich sonst eingemischt hätte.

Die Polizei von Ontario reagierte allerdings schnell, als Moby, ein anderer Mafioso, den ich auf einer Party getroffen hatte, mir verriet, dass seine Frau einen Job bei der Polizei bekommen habe. Obwohl sie mit ihrer Ausbildung erst im November 1999 beginnen sollte, freuten er und seine Gang sich schon darauf, bald »unsere eigene verdeckte Ermittlerin« zu haben, wie Freddie sich ausdrückte.

»Richtig interessant wird es natürlich erst, wenn sie in eine Abteilung kommt, die uns betrifft«, meinte Moby, »zum Beispiel in die Abteilung für Drogendelikte.«

Drogen betrafen Moby auf jeden Fall – Pulfrey und ich hatten auch von ihm schon gekauft. Einmal hatte ich ihm sogar zwei Kilogramm Kokain abgenommen, mehr als je zuvor während dieser Ermittlungen.

»Sie kann natürlich schon vorher Auskünfte über Personen für uns einholen«, fügte Moby hinzu.

»Weiß sie von euren Plänen oder müsst ihr sie erst noch überreden?«, fragte ich.

»Ob sie davon weiß? Sie freut sich darauf!«

Nach den Festnahmen und nachdem Moby angeklagt worden war, erhielt die Frau prompt ihre Entlassungspapiere. Aber das war noch nicht das Ende der Geschichte, wie George und Barney mir später erzählten. Sie klagte und erhielt nach der Scheidung von Moby schließlich doch eine Stelle bei der Polizei, allerdings nicht in der Umgebung von Niagara Falls, sondern irgendwo im Norden von Ontario. Soviel ich weiß, kam sie dort nur mit »nicht sensiblen« Daten in Berührung.

Die Festnahmen erfolgten meiner Meinung nach viel zu früh. Nicht, dass es mir besonders großen Spaß gemacht hätte, fast 1000 Kilometer von meiner Familie entfernt in Niagara Falls zu leben und all meine Zeit mit Ganoven zu verbringen. Aber Barney und ich hatten inzwischen gute Kontakte mit der gesamten kriminellen Elite von Niagara Falls – und dort wimmelte es von Gangstern.

Und genau das war vermutlich auch einer der Gründe dafür, dass die höheren Stellen beschlossen, die Falle zuschnappen zu lassen: Sie waren wohl erschrocken darüber, was wir alles ans Tageslicht beförderten. Manchmal wäre es der Polizei wahrscheinlich lieber, nichts über Verbrechen zu wissen, gegen die sie ihrer Ansicht nach ohnehin machtlos ist. Ich war auf jeden Fall davon überzeugt, dass wir in der Unterwelt der Stadt hätten gründlich aufräumen können, da wir jeden kannten und von allen akzeptiert wurden.

Die PDR in Toronto war da ein ganz anderer Fall. Wir hatten sie – das anfängliche Ziel der Ermittlungen – immer mehr vernachlässigt. Die meisten Leute, mit denen ich in Niagara Falls Geschäfte machte, waren eher Mafiosi als Biker, obwohl ein paar von ihnen sich fröhlich zwischen beiden Lagern hin- und herbewegten. Inzwischen waren meine Kontakte mit meinen PDR-Kumpels eingeschlafen. Mark Staples, dem ich seit Monaten nicht mehr begegnet war, hatte sein Misstrauen gegen mich nie überwunden. Das störte die Ermittlungen aber nicht – bis Staples seinen Brüdern erzählte, dass er mich einmal mit zwei Typen erwischt habe, die wie Bullen ausgesehen hätten.

In diesem Sommer sprach er auch mit Brett darüber, und der hörte daraufhin plötzlich auf, meine Anrufe zu erwidern oder mit mir zu reden. Als ich ihn schließlich zu Hause aufsuchte, versicherte er mir, dass er mich nicht für einen Informanten halte. Dennoch tastete er meine Brust ab, als suche er nach Wanzen. Fast hätte er dabei das Abhörgerät entdeckt, das ich bei mir trug.

»Ich bin allerdings verdammt sauer, dass ich diese Story erst jetzt höre, nachdem ich mit dir Geschäfte gemacht habe«, schnaubte er wütend. »Und außerdem bin ich verdammt sauer, dass dieser Hollywood so gierig war und dir Stoff verkauft hat. Der Mistkerl hätte mich nicht einfach so ausstechen dürfen.«

Natürlich ging ich nicht näher auf das Ganze ein, sondern versicherte Brett nur, dass ich kein Bulle sei. Um ihn auf andere Gedanken zu bringen, erzählte ich ihm von den gefälschten Zwanzigern.

Auch Hollywood hatte über Staples von dem Vorfall auf der King Street erfahren. Einmal hatte er mich sogar selbst kurz mit der Einsatzgruppe gesehen, als er eine Brücke überquert und nach unten geschaut hatte, wo wir uns hinter einer Fabrik getroffen hatten. Seltsamerweise schien ihn das nicht zu irritieren. Er erzählte zwar herum, dass er mich mit Bullen gesehen habe – einen von ihnen, Reg Smith, hatte er sogar erkannt –, aber er hielt es anscheinend für unmöglich, dass ich für sie arbeitete. Also beschloss er wohl, einfach nicht zu glauben, was er gesehen hatte. Viel größere Sorgen bereitete es ihm, dass ich nur noch wenige Geschäfte mit ihm machte und ihn in der Unterwelt von Niagara Falls in gewisser Weise übertrumpft hatte. Immerhin hatte Joe Toth ihn noch nie zu seinen Grillfesten eingeladen.

Sogar Sunny Braybrook, der in der Hierarchie der PDR ziemlich weit unten stand, was auch sein Spitzname »Null« belegte, und bestimmt kein Vertrauter von Staples war, hatte gehört, dass ich mich im Sommer zuvor mit Bullen unterhalten hatte.

»Natürlich glaube ich kein verdammtes Wort davon«, sagte er eines Tages zu mir, »trotzdem möchte ich sicherheitshalber keine Geschäfte mehr mit dir machen.«

Damals machte ich ohnehin keine Geschäfte mehr mit Sunny, aber ich hatte ihn gelegentlich besucht, weil ich davon ausgehen konnte, dass er es mir erzählte, wenn er etwas Interessantes wusste. Zuerst Brett und jetzt Sunny – meine Glaubwürdigkeit bei den PDR hatte eindeutig einen Tiefpunkt erreicht.

»Na, dann fahr zur Hölle«, rief ich Sunny zu, stand auf und ging. Ich hatte keine Lust, mir von einem Kerl namens Null erklären zu lassen, dass ich zwar über jeden Verdacht erhaben sei, er mich aber dennoch lieber abservieren wolle.

Der wahre Grund für das Losschlagen der Polizei war allerdings keine bewusste, vernünftige Analyse des Ermittlungsstandes oder eine Kosten-Nutzen-Rechnung, sondern ein Streit zwischen mir und Steve Rooke, einem Oberfeldwebel der Provinzpolizei, den ich nur als »Maus« kannte, obwohl er der Chef von Georges Chef war.

Die PDR besaßen ein hübsches Grundstück in der Nähe der Stadt Caesarea am Scugog-See, kaum eine Stunde nordöstlich von Toronto. Dort feierten sie jeden August an einem Wochenende eine große Party. Dabei handelte es sich um eine Pflichtveranstaltung für alle Mitglieder, die auch eine Menge Leute anderer Gangs wie der Last Chance, der Vagabonds und der Loners sowie – für uns am interessantesten – eine recht große Gruppe von Hells Angels aus Quebec anlockte. Unter ihnen befand sich auch Walter Stadnick, der für die Ausbreitung der Angels nach Ontario und andere Teile Kanadas zuständig war.

Im Jahr zuvor, im Sommer 1998, hatten Staples und Psycho Dave mich dazu eingeladen. Trotzdem hatte ich drei Sicherheitskontrollen über mich ergehen lassen müssen, um überhaupt zugelassen zu werden. Das hätte sich ja vielleicht gelohnt, wenn dabei etwas herausgekommen wäre. Aber das war nicht der Fall. Im Grunde saß ich nur einen Nachmittag allein herum. Es war wie bei der Betriebsfeier einer Firma, bei der man nicht arbeitet.

Im Sommer 1999 wurde ich erst gar nicht eingeladen. Was auch immer der Grund dafür war, dass ich nicht auf der Gästeliste stand – mein Umzug nach Niagara Falls, mein gespanntes Verhältnis zu einigen Clubmitgliedern oder ein Versehen –, eigentlich war ich nicht unglücklich über diese Brüskierung. Bereits einige Tage zuvor hatte ich von mehreren Mitgliedern erfahren, dass ich in Ungnade gefallen war, und Sunny hatte mich angewiesen, mit keinem anderen Clubmitglied zu sprechen, wenn er nicht dabei sei.

Die Maus wollte jedoch unbedingt, dass ich an der Party in Caesarea teilnahm – meiner Meinung nach nicht nur, um Informationen zu sammeln, sondern auch, um den Chefs zu zeigen, dass wir den PDR immer noch dicht auf den Fersen waren. Nachdem ich George berichtet hatte, dass ich in diesem Jahr nicht eingeladen worden war, erschien die Maus bei einer unserer regelmäßigen Besprechungen.

»Was soll das heißen, dass Sie nicht nach Caesarea gehen?«, fragte er mich direkt.

»Nun ja, erstens hat mich niemand eingeladen, und zweitens halte ich es für gefährlich«, antwortete ich.

»Sie waren voriges Jahr dabei, und da hat es keine Probleme gegeben. Gehen Sie einfach hin, ich bin mir sicher, dass man Sie reinlassen wird. Oder rufen Sie einen der Biker an, und lassen Sie sich einladen.«

Das Gespräch verlief in einer Art, die mir gar nicht gefiel. Dennoch bemühte ich mich, ruhig zu bleiben. »Die meisten reden nicht mehr mit mir. Außerdem hat sich einiges geändert, seitdem ich nach Falls umgezogen bin. Das Ganze ist für mich ein Rückschritt, die Bedingungen sind einfach nicht mehr die gleichen.«

Das gefiel der Maus gar nicht. Vermutlich hatte er den Eindruck, dass ich ihm vorschreiben wolle, wie die Ermittlungen weitergehen sollten. Daher versuchte er, mir gegenüber das Alphatier zu spielen.

»Dann stellen Sie eben die alten Bedingungen wieder her«, befahl er. »Ich will, dass Sie da hingehen, also gehen Sie auch hin.«

»Nein«, entgegnete ich unbeeindruckt, »denn ich halte es für gefährlich, also werde ich nicht hingehen.«

Nun zeigte er, was ein geübter Vernehmungsbeamter draufhat: Zuerst gab es die im Lehrbuch empfohlene Pause – nicht weniger als zehn Sekunden, nicht mehr als fünfzehn. Dann kam der Seufzer. Und zum Schluss die ruhige Stimme und der vermeintlich väterliche Ton.

»Hören Sie, ich mache Ihnen einen Vorschlag. Wenn es Ihnen um das Sicherheitsproblem geht, können Sie unbesorgt sein. Die Jungs werden Sie die ganze Zeit bewachen, also wird es nicht gefährlich werden.«

»Es ist aber gefährlich«, wiederholte ich, weil ich seine Tricks natürlich durchschaut hatte. »Es gibt drei Sicherheitskontrollen, und es werden laufend Feuerwerkskörper gezündet. Wie wollen Sie die von einem Schuss unterscheiden? Wie sollen Ihre Jungs unter diesen Umständen rasch eingreifen? Wie gesagt, ich werde da nicht hingehen.«

Langsam wurde er wütend und er wollte auf keinen Fall nachgeben. »Hört sich an, als hätten Sie einfach nur Angst«, versuchte er mich zu provozieren.

»Ja, ich habe Angst – und das ist in dem Fall auch nicht falsch«, schrie ich ihn an.

»Entweder gehen Sie hin oder ich beende diese Ermittlungen.«

»Dann beenden Sie sie eben.«

»Okay, das war's dann«, sagte er und ging.

Und das war's tatsächlich. Zwei Tage später wurden wir alle zu einer Besprechung bestellt, um die Festnahmen zu planen. Es würde eine Weile dauern, um alle Haft- und Durchsuchungsbefehle zu bekommen und die Einsatzgruppe zusammenzustellen. Darum wurde der 9. September als Tag des Zugriffs festgesetzt. Zehn Uhr vormittags, um genau zu sein.

Bis dahin hatte ich nicht viel zu tun, abgesehen davon, dass ich an diesem Tag so viel heiße Ware kaufen musste, wie ich konnte – dafür würde ich ja kein Geld mehr zahlen müssen. Ich streckte also meine Fühler aus und fragte mehrere Typen, ob sie Drogen, Waffen oder sogar Granaten zu verkaufen hätten. Dann fuhr ich nach Hause, um eine Woche lang bei meiner Familie in New Brunswick zu sein, während die Polizei sich vorbereitete.

In der letzten Augustwoche und in der ersten Septemberwoche war ich dann wieder in Niagara Falls. Die Dinge entwickelten sich leider nicht so, wie wir es erhofft hatten. Das war vielleicht zu erwarten gewesen, denn es war eigentlich unwahrscheinlich, dass alle Beteiligten an einem bestimmten Tag zu einer bestimmten Uhrzeit bereit waren. Der Kauf der Gewehre und Granaten zerschlug sich einige Tage vor dem Zugriff, weil wir zu lange gebraucht hatten. Jemand hatte die Uzi und andere Handfeuerwaffen vor uns gekauft, und die Granaten schienen sich in Luft aufgelöst zu haben.

Immerhin hatten wir jeweils fünf Kilogramm Kokain bei zwei Lieferanten bestellt. Allerdings fühlten sich beide offenbar nicht verpflichtet, sich an unseren Terminplan zu halten. Um ihnen Dampf zu machen, zeigten wir jedem von ihnen die 225 000 Dollar, die wir für den Kauf bereithielten. Wir hatten 45 000 Dollar pro Kilogramm mit ihnen vereinbart, was ein Spitzenpreis war.

Das schien zunächst zu wirken, doch am 7. oder 8. September vermasselte eine typische Polizeipanne einen der Deals. Die Ortspolizei von Niagara Falls sollte uns bei der Aktion unterstützen, benutzte aber immer noch offene Funkkanäle, die leicht abzuhören waren. Eine ihrer Aufgaben bestand darin, Freddie, einen unserer Lieferanten, zu folgen. Das Problem war, dass dieser den Stoff noch nicht hatte und sein Lieferant ein Funkgerät besaß. So konnte er die Gespräche der Polizisten, die Freddie beschatteten, verfolgen. Als Freddie dann in der Kneipe erschien, wo die Drogen gelagert waren, fing sein Lieferant ihn an der Tür ab und erklärte ihm, dass der Deal geplatzt sei.

Das zweite Geschäft ging schief, weil die Provinzpolizei – oder vielleicht auch nur die Maus – darauf bestand, dass alle am 9. September um genau zehn Uhr morgens die Türen eintreten sollten. Das war auch der Zeitpunkt, an dem Barney und ich fünf Kilogramm von Moby und einem seiner Kumpels hatten kaufen wollen. Der Deal sollte bei Joe Toth in der Taylor Street über die Bühne gehen, und wir kamen dort etwa um Viertel vor zehn an. Wir hatten bereits telefonisch angekündigt, dass wir unterwegs seien und das Geld dabei hätten und dass alles in Ordnung sei. Joe leitete die Nachricht daraufhin an Moby weiter, und der setzte seine Leute mit dem Kokain in Bewegung. Dummerweise waren die nicht schnell genug. Joe hatte uns hereingebeten, aber wir zogen es vor, in meinem Auto zu warten. Die Minuten und Sekunden vergingen, und von Moby & Co. war nichts zu sehen, obwohl sie wahrscheinlich nur ein paar Straßen entfernt waren.

Wir hatten jedoch die strikte Anweisung, uns um zehn Uhr abzusetzen, notfalls mitten in einem Deal. Als es auf unseren vorher extra genau gestellten Uhren zehn schlug, starteten wir daher den Motor und fuhren los.

»Wo fahrt ihr denn hin?«, schrie Toth uns hinterher. »Sie werden gleich da sein.«

»Nur kurz zu Tim Hortons«, rief ich ihm aus meinem roten Cabrio zu. »Wir sind gleich wieder da.«

Natürlich wollten wir nur der Einsatzgruppe Platz machen. Moby traf schließlich mitten im folgenden Chaos ein und wurde auf der Stelle festgenommen. Sein Kumpel, der die Drogen hatte, entkam.

Die Überpünktlichkeit der Polizei, die ich normalerweise sehr wichtig fand, und ein Funkgerät verhinderten also, dass wir zehn Kilogramm Kokain bekamen, und ermöglichten es einigen Verbrechern, ihrer Strafe zu entkommen. Aber immerhin landeten schließlich mehr als ein Dutzend PDR und andere Gangster im Gefängnis.

Die folgenden Gerichtsverhandlungen dauerten doppelt so lange wie die Ermittlungen – 32 Monate. Der Grund dafür war, dass alle Angeklagten sich zumindest anfänglich für nicht schuldig erklärten. Das bedeutete für mich, dass ich regelmäßig nach Toronto fahren musste, wo mich eine Einsatzgruppe auf dem Flughafen in Empfang nahm, rasch in ein sicheres Hotelzimmer brachte und dort bewachte, bis es Zeit für die Aussage war. Dann verstaute man mich in einem von drei schwarzen Geländewagen mit getönten Scheiben und brachte mich ins Gerichtsgebäude, manchmal in Toronto, manchmal in Welland, einer Kleinstadt, die näher bei Niagara Falls lag. Dort trat ich dann an einem oder an zwei Tagen oder gar eine Woche lang als Zeuge auf und wurde dann im Eiltempo zurück zum

Flughafen gebracht. Ich sah kaum mehr als das Hotelzimmer, die Limousine und den Gerichtssaal. Spaß machte das nicht, aber es hatte einen großen finanziellen Vorteil, denn ich bekam 4400 Dollar im Monat, solange die Prozesse sich hinzogen, und dazu die Spesen an den Tagen, an denen ich im Gericht war.

Natürlich empfand ich eine gewisse Befriedigung darüber, dass viele Ganoven ins Gefängnis wanderten, auch wenn die verhängten Strafen meist nicht sehr hoch waren. Hollywood war einer von drei oder vier Angeklagten, die sich für schuldig erklärten, nachdem sie bei der Anhörung erfahren hatten, welche Beweise gegen sie vorlagen. Er bekam achtzehn Monate, weil er mir Kokain verkauft hatte. Nicht lange nach seiner Entlassung zog er nach Westen und versuchte sein Glück als Biker in British Columbia. Sehr glücklich wurde er dabei allerdings nicht, denn irgendjemand schoss ihm zwei Kugeln in den Kopf.

Auch Sunny erklärte sich schließlich für schuldig, bekam eine geringe Freiheitsstrafe und fand ebenfalls ein schlimmes Ende. Während er im Knast saß, kam sein Sohn bei einem Verkehrsunfall ums Leben. Genau ein Jahr später war Sunny, inzwischen wieder auf freiem Fuß, auf seiner Harley in der Nähe von Alliston in Ontario unterwegs, als ein Lieferwagen ein Stoppschild missachtete und seitlich mit ihm zusammenstieß. Er überlebte den Unfall nicht.

Der Tod ereilte auch Freddie Campisano, den wohl die härteste Strafe erwartet hätte, weil er mir Sprengstoff verkauft hatte. Da ich gegen ihn aussagte, wurde er schuldig gesprochen, doch weil er genug Geld besaß, konnte er eine Kaution zahlen und kam vor der Festsetzung des Strafmaßes frei. Während er auf die Urteilsverkündung wartete, erkrankte er – woran, weiß ich allerdings nicht – und ließ sich operieren. Doch schon wenige Tage nach seiner Entlassung aus der Klinik langweilte er sich, fuhr in die City und feierte ausgiebig mit Freunden. Er trank eine Menge Alkohol, konsumierte Kokain und brach schließlich nach einem Herzanfall zusammen. Diesmal verließ er das Krankenhaus im Sarg.

Joe Toth war der einzige Angeklagte, der mir ein wenig leid tat. Er war ein sehr sympathischer, freundlicher Kerl, aber er schaffte es einfach nicht, ehrlich zu sein. Er war weder gewalttätig noch gemein und wollte es lediglich in seinem »Beruf« zu etwas bringen. Immerhin bekam er nur ein paar Jahre Gefängnis.

Brett Toms erhielt die höchste Strafe – drei Jahre –, wurde aber in der Berufungsverhandlung freigesprochen, angeblich weil der Richter in der ersten Instanz

Kapitel acht Die Hells Angels und die Para-Dice-Riders

die Geschworenen falsch belehrt hatte. Als das Berufungsurteil gesprochen wurde, hatte Brett seine Strafe fast schon abgesessen, darum nahm die Staatsanwaltschaft das Urteil hin. Die Folge war, dass das ursprüngliche Urteil nicht in sein Führungszeugnis eingetragen wurde und er wieder eine Waffe tragen durfte.

Als im Dezember 2000 das Unvermeidliche geschah und die PDR zusammen mit den Clubs Satan's Choice, Last Chance, Annihilators, einigen Loners und ein paar Outlaws zu den Hells Angels übertraten – insgesamt etwa 200 Biker in Ontario –, war Brett dabei. Er ist heute noch ein angesehenes Mitglied.

Mark Staples und Psycho Dave, die im Rahmen der Ermittlungen, an denen ich beteiligt war, nicht angeklagt wurden, traten ebenfalls den Hells Angels bei, als die PDR dem Werben des größeren Clubs endlich nachgaben.

Wenn eines unserer Ziele darin bestanden hatte, die Hells Angels von Ontario fernzuhalten, war die Aktion wohl ein totaler Fehlschlag. Doch meines Wissens ist niemand wirklich davon ausgegangen. Denn 1998 war allen klar, dass der Vormarsch der Hells Angels nach Ontario nicht mehr aufzuhalten war. Die Polizei wollte nur wissen, welche Fortschritte sie machten und ob ein blutiger Kampf drohte. Ich sollte im Grunde nur Zuschauer sein und über die Taktik der Hells Angels und natürlich über die Reaktion der PDR berichten.

Mein nächster Auftrag sollte da ganz anders sein, denn ich musste in den Bauch des Ungeheuers steigen.

KAPITEL NEUN
DIE DAGO HELLS ANGELS UND DIE RUSSEN

Als ich nach dem PDR-Fall wieder in New Brunswick war, tat ich erst einmal wenig – ich saß auf dem Sofa und wartete auf einen neuen Auftrag. Der Familie ging es gut: Mein Sohn absolvierte die Highschool, meine ältere Tochter war von Vancouver nach Osten gezogen und studierte an der University of New Brunswick. Das Baby war kein Baby mehr. Und Natalie hatte wieder Kontakt zu ihren älteren Kindern und betrieb ein kleines Geschäft, in dem sie alte Möbel reparierte und neu polsterte.

Alles war wunderbar, aber nichts davon interessierte mich wirklich. Ich war wieder ganz in meiner Arbeit aufgegangen. Nicht so wie in der Zeit bei den Bandidos – aber ich hatte wieder Gefallen am Nervenkitzel, an der Spannung und am Abenteuer gefunden. Dass ich auf der Seite der Guten kämpfte, förderte meine Begeisterung noch, schließlich schläft es sich mit einem reinen Gewissen besser, aber ich möchte diesen Aspekt auch nicht überbewerten. Sicher, die Arbeit war wichtig und gut, aber vor allem machte sie mir Spaß.

Ich blieb mit den Jungs in Ontario in engem Kontakt, aber die Provinz, vor allem die Regionen Toronto und Niagara Falls, war für mich natürlich eine verbotene Zone, und das würde noch lange so bleiben. Also wartete ich auf einen Anruf meines Rabbis, Jean-Pierre Lévesque. Ich wusste, dass er sich nicht wegen irgendeiner alten Sache bei mir melden würde und dass er Jobs, die er für ungeeignet hielt, einfach ablehnen würde, ohne mich damit zu belästigen. Ich musste mich also nicht groß darum kümmern.

Ende Januar 2000 meldete er sich schließlich. Lévesque war mit einem Beamten der DEA namens Bob McGuigan befreundet, der ihm eines Tages von einem Frankokanadier erzählt hatte, der laut DEA mit seiner Jacht Kokain von Kolumbien aus entlang der mexikanischen Pazifikküste nach Norden beförderte. Der Mann lebte mit seiner Familie auf seinem Schiff und ankerte ein kleines Stück südlich von San Diego in einer mexikanischen Enklave für reiche Amerikaner. Dort, vermutete die DEA, entlud er die Drogen, die dann von den San

Diego – oder Dago – Hells Angels oder für sie über die Grenze geschmuggelt wurden.

Der Frankokanadier war offenbar ziemlich schlau, denn sein Schiff war mehrmals durchsucht worden, ohne etwas zu finden. Dennoch war die DEA davon überzeugt, dass er in großem Umfang Drogen verschob. Die Polizei wusste, dass er dank eines Mitglieds namens Brandon Kent enge Kontakte mit den Bikern hatte. Kent war seinerseits für seine guten Beziehungen zu den Hells Angels in Quebec bekannt. Vor Kurzem hatte er sich in einem Haus in Montreal aufgehalten, als die Polizei eine Razzia durchgeführt und eine Menge Kokain gefunden hatte. Kent wurde allerdings nicht festgenommen, sondern lediglich nach Hause geschickt. Kent war weltweit wohl der einzige Angel mit einem seitlichen Aufnäher, auf dem »Quebec« stand. Das ließ darauf schließen, dass er eine Art Ehrenmitglied war.

Diese interessanten Querverbindungen lösten bei der Polizei viele Spekulationen aus. Einer Theorie zufolge brachte Kent das Kokain nach Quebec und tauschte es gegen kanadisches Haschisch ein, dessen Qualität sich in den neunziger Jahren erheblich verbessert hatte. Gleichzeitig hatte der Export drastisch zugenommen. Natürlich waren das nur Vermutungen oder Informationen aus unsicheren Quellen. McGuigan und die DEA wollten aber unbedingt jemanden festnageln.

»Ich habe den perfekten Agenten für dich, wenn du jemanden einschleusen willst, um diesen Kerl zu überführen«, sagte Lévesque zu McGuigan. Anscheinend ging er davon aus, dass meine französischen Sprachkenntnisse ein großer Vorteil seien. McGuigan war einverstanden und erhielt Anfang 2000 auch die Zustimmung seiner Vorgesetzten. Deshalb rief Lévesque mich an.

Also telefonierte ich mit McGuigan, und wir unterhielten uns mehrere Male ziemlich ausführlich. Aus heutiger Sicht erscheint mir sein Plan als etwas zu simpel. Er wollte, dass ich mit einer Jacht in den Hafen einfuhr und mit dem Kerl Kontakt aufnahm, nach dem Motto: »Was, Sie sind auch aus Quebec!? *C'est incroyable!*« Das wäre ein Anknüpfungspunkt für einen weiteren Kontakt. Damals hörte sich das für mich ziemlich gut an. Ich hatte bereits vier Monate lang gefaulenzt, und nun winkte mir eine Jacht im sonnigen Südkalifornien. Ende Februar war ich dort.

Kapitel neun Die Dago Hells Angels und die Russen

Aber die Sache kam nie in die Gänge. Der Frankokanadier und seine Familie verschwanden genau einen Tag vor meiner Ankunft und waren ebenso wie ihr Schiff plötzlich unauffindbar. Natürlich kam mir das seltsam vor, nicht nur, weil er gerade kurz vor Beginn der Ermittlungen verschwand, sondern auch, weil niemand wusste, wo er sein konnte. Dies war der erste von mehreren solchen Vorfällen in den nächsten paar Jahren. Entweder hatten die Angels ungewöhnliches Glück – oder sie wurden gewarnt. Erstaunlicherweise war die DEA von dieser Entwicklung nicht sonderlich überrascht. Niemand schien sich besonders darüber zu wundern, nicht einmal McGuigan. Aus meinem Jachtaufenthalt wurde also nichts, daher ging ich davon aus, dass ich rechtzeitig zum nächsten Schneesturm wieder in Saint John sein würde.

Dann schlug Bob McGuigan vor, am nächsten Abend ein Grillfest der Hells Angels in der Hauptniederlassung von Harley Davidson in San Diego an der Kearny Mesa Road zu besuchen. Da es sich um eine jener öffentlichen PR-Shows handelte, die Ortsgruppen der Hells Angels gelegentlich veranstalteten, um den Leuten zu zeigen, dass sie doch eigentlich nur nette, unverstandene Jungs waren, durfte jeder teilnehmen. McGuigan dachte, dass es bei diesem Fest vielleicht möglich sei, herauszufinden, wo der Frankokanadier abgeblieben sei. Er schlug mir vor, Brandon Kent einfach anzusprechen: »He, ich komme aus Quebec, um meinen Kumpel zu treffen, aber der ist nicht da. Weißt du zufällig, wo ich ihn finden könnte?«

Dazu kam es allerdings nie. Da die Polizei es nicht für notwendig gehalten hatte, mir ein Auto zu geben, war ich auf Taxis angewiesen. Entweder hatte aber der Taxifahrer die Adresse missverstanden oder ich. Jedenfalls stieg ich in einem Industriegebiet aus, und da ich zunächst davon ausging, dass die Party in der Nähe stattfinden müsse, machte ich mich zu Fuß auf die Suche. Vielleicht war das Ganze ja tatsächlich ganz in der Nähe – mein Orientierungssinn ist ungefähr so zuverlässig wie ein Kompass in einer Eisenerzmine –, aber ich fand die Feier auf jeden Fall nicht. Ärgerlich fuhr ich schließlich mit einem anderen Taxi in mein Motel in der Altstadt von San Diego zurück.

Als ich Bob McGuigan anrief, beruhigte er mich dahingehend, dass es in der Harley-Niederlassung jede Woche eine Grillparty gebe und dass ich so bald eine neue Chance hätte, Kontakte zu knüpfen, zumal drei oder vier Hells Angels dort arbeiteten. Am nächsten Morgen waren Bob und sein DEA-Gehilfe Hunter Davis anscheinend anderer Meinung.

»Wie kann man sich eigentlich mit einem Taxi verfahren?«, fragten sie.

»Sie kennen mich noch nicht so gut – ich schaffe das«, war alles, was ich dazu sagen konnte.

Das beeindruckte sie natürlich nicht besonders. McGuigan eröffnete mir dann, dass ich am nächsten Tag nach Hause fahren solle. »In Ordnung«, erwiderte ich.

Am folgenden Tag war allerdings keine Rede mehr von meiner Abreise. Stattdessen zog McGuigan nun einen neuen Plan aus dem Ärmel. Allmählich begriff ich, dass er verzweifelt versuchte, auf irgendeine Art und Weise Informationen über die Dago Hells Angels zu bekommen. Er schlug also vor, dass ich einen Laden mit einem Hinterzimmer zum Wohnen mieten sollte. Mit diesem Geschäft als Tarnung sollte ich dann versuchen, mich irgendwie mit den Bikern anzufreunden. Natürlich war das nicht vergleichbar mit einer Jacht, aber da die Idee mir vernünftig erschien, versprach ich, mich umzusehen.

Ein paar Tage später hatte ich tatsächlich ein geeignetes Ladenlokal gefunden, und zwar in der Turquoise Street in Pacific Beach, einer von Touristen wimmelnden Gegend gleich neben dem Stadtteil La Jolla. Der Laden befand sich in einem vierstöckigen Einkaufszentrum gegenüber einem zweistöckigen Apartmenthaus, nur einen halben Straßenblock von der Uferpromenade und vom Strand entfernt. Trotzdem war die Miete akzeptabel. Ich hatte mir als Tarnung einen guten Geschäftsbereich ausgedacht, der nur geringe Investitionskosten erforderte, ohne Lager auskam und mir, was noch wichtiger war, einen Vorwand liefern würde, Brandon Kent und seine Kumpels anzusprechen: Ich wollte als Fotograf auftreten und mich auf Poster nach den Wünschen meiner Kunden sowie auf Fotos von Motorrädern und Bikerbräuten spezialisieren. Bob gefiel die Idee, daher konnte er innerhalb einer Woche genügend Geld beschaffen, um mir einen Computer, eine sehr teure Digitalkamera Marke Olympus SLR und einen Drucker zu kaufen. Ich erwarb einige hübsche Poster und pflasterte die Ladenwände damit zu. Einige Poster stellte ich sogar auf Staffeleien aus. Alles, was ich jetzt noch brauchte, war ein Name. Bob hatte schließlich die zündende Idee: »Posterplus«. Ich schwärzte die Fenster und malte »Posterplus – Termine nur nach Vereinbarung« drauf. Im Büro, das an den Laden grenzte, richtete ich mir ein Schlafzimmer ein. Dass es keine Küche gab, war kein großes Problem, immerhin gab es ein Bad mit Dusche.

Am nächsten Wochenende fand ich dann das Grillfest. Diesmal war es keine reine Hells-Angels-Veranstaltung, doch da einige Mitglieder, darunter auch Brandon Kent, in dem Geschäft arbeiteten, waren sie anwesend.

Kent saß im Ersatzteillager hinter einem Glasschalter und unterhielt sich mit einigen Kumpels. Während ich mich vor dem Schalter herumtrieb, bemerkte ich ein 20 mal 25 Zentimeter großes Foto von ihm, das er innen an die Scheibe geklebt hatte. Es zeigte ihn als Rennfahrer auf seinem Motorrad. Ich wusste, dass Kent Rennen für das offizielle Team der Hells Angels fuhr. Diese Tatsache wollte ich nutzen, um bei ihm das Eis zu brechen. Ich bat ihn daher, dieses Bild als 60 mal 75 Zentimeter großes Poster in meinem Laden aufhängen zu dürfen, und bot ihm als Gegenleistung eine kostenlose Kopie für das Harley-Geschäft an. Er war einverstanden.

Kurze Zeit später verließ ich die Feier und nahm das Foto mit. Am nächsten Tag bestellte ich in einem Kopierladen in der City die Vergrößerungen und ließ sie laminieren. Eines der beiden Poster nahm ich zur nächsten Grillparty mit, und Kent war sichtlich beeindruckt davon. Natürlich verriet ich nicht, wie wenig Anteil ich daran hatte, sondern steckte alles Lob ein.

Bei dieser Gelegenheit erzählte ich ihm auch von meinem Geschäft. »Ich fotografiere gerne Rennen, schöne Motorräder und Hunde«, sagte ich. »Außerdem besuche ich oft Partys und stelle aus meinen Fotos dann Alben zusammen. Und ich mache Bewerbungsmappen für Stripperinnen. Kennen Sie zufällig Leute, die daran interessiert sein könnten?«

»Klar«, erwiderte er und gab mir den Namen eines Mannes namens Taz, der das Mafia-Striplokal »Cheetah« führte. Die Kontaktaufnahme hatte also geklappt.

Einige Tage später ging ich zu diesem Lokal und wurde von einem großen Türsteher angesprochen. Er war mit Tätowierungen bedeckt, unter anderem prangte auf seinem rasierten Schädel ein großes Hakenkreuz. Ich fragte ihn, ob Taz da sei.

»Ich kenne keinen Taz«, erwiderte er.

»Kann ich ihm vielleicht eine Nachricht hinterlassen?«

»Worum geht es denn?«

»Brandon vom Motorradgeschäft hat mir seinen Namen gegeben. Er meinte, dass Taz mir eventuell helfen könne.«

»Brandon Kent?«

»Ja genau.«

»Ich bin Taz«, sagte er jetzt. »Warten Sie einen Moment.«

Dann schnappte er sich ein Handy und wählte eine Nummer, vermutlich die von Brandon. Nach ein paar Minuten legte er wieder auf. »Okay«, sagte er. »Was kann ich für Sie tun?«

Ich erzählte ihm von meinem Fotogeschäft in Pacific Beach. Wie sich herausstellte, wohnte Taz nur ein paar Straßen entfernt. Da er gerade beschäftigt war, versprach er, mich in den nächsten Tagen zu besuchen. Ich gab ihm meine Karte mit der Anschrift und verabschiedete mich.

Taz war einer jener Menschen, die freundlich und zuvorkommend zu Leuten sind, die sie für Gleichgesinnte halten, aber äußerst ungehobelt mit allen anderen umgehen. Da ich auf Empfehlung von Brandon Kent kam, war ich in Ordnung. Als er ein paar Tage später bei mir vorbeikam, brachte er einen großen, muskulösen Freund mit, der die Kutte eines Vollmitglieds der Hells Angels trug. Das war natürlich eine angenehme Überraschung.

Der Biker hieß Chris Devon. Anfangs beachtete ich ihn nicht weiter und unterhielt mich nur mit Taz, aber so, dass Devon interessiert dabeiblieb und auch Gelegenheit bekam, sich am Gespräch zu beteiligen. Als wir uns dann über meine Fotoprojekte unterhielten, streichelte ich kräftig sein Ego.

»Ich suche den ultimativ harten Burschen für ein Poster«, gestand ich Taz. »Jemanden, der Kraft ausstrahlt. Einen wie ihn.« Dabei zeigte ich auf Devon.

Der biss nicht nur an, sondern schluckte gleich den ganzen Haken. Ich machte sofort eine Aufnahme. Als er kurz darauf wiederkam, um das Poster zu sehen, war er von der Idee begeistert, es gut sichtbar in meinem Geschäft aufzuhängen.

In diesen ersten Wochen schlich ich mich so oft wie möglich weg und nahm Nachhilfeunterricht im Fotografieren bei einem Polizisten im Sheriffbüro, der Mordopfer und Tatorte fotografierte. Der Mann war ein außergewöhnlicher Fotograf, hatte aber keinerlei Sinn für Humor. Ich versuchte, ihm ein Lächeln abzuringen, indem ich ihn fragte, ob er Konkurrenz fürchte, oder ihn dafür lobte, dass

Kapitel neun Die Dago Hells Angels und die Russen

Leute extra starben, um von ihm fotografiert zu werden. Er aber schaute mich nur verwirrt an. Nach ungefähr einem Monat hatte er einen passablen Fotografen aus mir gemacht, zumindest gut genug für Hells Angels, Stripperinnen und andere weniger anspruchsvolle Kunden.

Wenn ich keinen Unterricht hatte, hing ich in meinem Laden herum. Ab und zu kam Chris vorbei, fast immer in Begleitung. Manchmal brachte er Stripperinnen mit, die sich von mir fotografieren lassen wollten. Ein andermal erschien er mit Taz oder einem anderen Freund, der sich »der Indianer« nannte und als Waffenexperte auf einem Kriegsschiff arbeitete. In San Diego gibt es eine Unmenge Soldaten, die von den Hells Angels mit Drogen und Mädchen versorgt werden und ihnen Waffen verkaufen. Bei den Mitgliedern der Gang war der Indianer nicht besonders beliebt, denn er versuchte etwas zu übereifrig, sich mit ihnen anzufreunden. Guy Castiglione, der Präsident des Dago-Chapters, sagte mir später einmal voller Verachtung: »Er nennt sich Indianer, ist aber nur ein Nigger« – eine schlimme Beleidigung in der Bikerwelt. Immerhin war der Indianer ein Tor zum großen militärischen Markt, und das nutzten die Hells Angels weidlich aus.

Da er stets nach Freundschaft hungerte, umwarb der Indianer auch mich. Ihm gegenüber deutete ich an, dass das Fotogeschäft nur zur Tarnung diente und dass ich in Wirklichkeit kriminellen Aktivitäten nachging. Die gleichen Andeutungen machte ich Taz, Chris oder anderen Leuten gegenüber, die in den Laden kamen. Über Einzelheiten sprachen wir nicht, jedenfalls nicht in den ersten Wochen und Monaten.

Chris und Brandon traf ich auch bei den wöchentlichen Harley-Grillpartys, die ich nun regelmäßig besuchte. Ich hatte immer meine Kamera dabei und fotografierte Motorräder – stets ein guter Aufhänger für eine Plauderei. Oft ließen sich die Besitzer der Maschinen – teils Hells Angels, teils andere Biker – ebenfalls gerne fotografieren.

Mein nächster Kontakt hatte allerdings nichts mit dem Grillfest zu tun. Eines Tages erzählte ich Chris, dass ich in meinem Laden auch andere Waren anbieten wolle. »Es muss etwas sein wie Postkarten oder so, damit der Eindruck entsteht, dass ich hier Geschäfte mache. Das Letzte, was ich brauchen kann, sind Bullen, die hier herumschnüffeln, weil nichts los ist.«

Wieder deutete ich an, ein Krimineller zu sein, ohne jedoch genauere Angaben zu machen. Chris hatte sofort eine Idee.

»Warum verkaufst du dann nicht Sachen von uns?«, fragte er. Damit meinte er die T-Shirts, Pullover, Kapuzenpullis und Baseballmützen, die die Hells Angels verkaufen, um etwas Geld zu verdienen und ihr Image aufzupolieren.

»Das ist eine super Idee, aber an wen soll ich mich dafür wenden?«

Und schon hatte ich die Telefonnummer von Ramona Pete (Pete Eunice), dem Dago-Mitglied, das die Clubkneipe in El Cajon führte, dreißig Kilometer von San Diego entfernt. Diese Stadt war die eigentliche Heimat des Chapters San Diego.

Pete besuchte mich daraufhin im Laden und war von meiner Geschäftsidee angetan. Also fuhr ich bald darauf mit einem alten, weißen Chevy-Lieferwagen, den mir die DEA besorgt hatte, nach El Cajon, holte Fanartikel ab und hing ein wenig in der Kneipe herum, die nach Dumont, dem Geschäftspartner von Pete, benannt war. In mancher Hinsicht waren die Dago Hells Angels zugänglicher als die Bandidos oder die PDR. Es war erheblich leichter, ihnen ein grüßendes Nicken oder ein Zeichen des Wiedererkennens zu entlocken oder mit Mitgliedern zu plaudern. Dennoch waren das alles nur oberflächliche Äußerungen, wie man sie von Berufssportlern oder Stars kennt, die zwar ihr Image pflegen, aber nicht wirklich etwas mit ihren Fans zu tun haben wollen. Näher an die Hells Angels ranzukommen, war enorm schwierig. Obwohl ich ganz klar den Ganoven spielte, forderte mich keiner zu irgendeiner kriminellen Aktivität auf, und umgekehrt hatte auch ich nicht vor, jemanden darauf anzusprechen. Denn das hätte meiner Einschätzung nach den sofortigen Rauswurf aus dem »Dumont's« bedeutet.

Obwohl ich noch nicht in den innersten Kreis der Hells Angels vorgedrungen war und keine Drogengeschäfte mit ihnen abgeschlossen hatte, machte ich doch Fortschritte. Bob McGuigan und sein Team waren auf jeden Fall sehr zufrieden mit dem Verlauf der Aktion. Immerhin war ich erst drei oder vier Monate vor Ort. Auch Bobs Chefs waren offenbar nicht unzufrieden, doch andererseits zeigten sie auch kein sonderlich großes Interesse an den Informationen, die ich bisher geliefert hatte: Taz steuerte den größten Teil des Drogenhandels in Pacific Beach, und eine Menge Mädchen arbeiteten für ihn. Dass der Indianer Soldat war, machte sie ebenfalls nicht hellhörig. So sehr sich Bob und sein Partner im Büro des

Sheriffs von San Diego auch bemühten, sie konnten ihre Vorgesetzten nicht für die Sache motivieren und bekamen nicht einmal genügend Geld für umfangreiche Ermittlungen. Ich hatte auch noch keinen festen Vertrag und wurde nur sporadisch mit Geld bezahlt, das meine Betreuer aus verschiedenen Budgets abzweigen konnten – einmal 2000 Dollar, dann ein paar Wochen lang gar nichts, dann 900 Dollar und so weiter.

Lévesque, mit dem ich mehrere Male in der Woche sprach, entschuldigte sich für die Situation, in die er mich gebracht hatte, und drängte mich anfangs mehrmals, einfach meine Sachen zu packen. George Cousens, den ich regelmäßig traf, wenn ich nach Toronto fuhr, um gegen die PDF und meine Freunde aus Niagara Falls auszusagen, gab mir im Grunde den gleichen Rat. Aber irgendwie fühlte ich mich Bob gegenüber verpflichtet, außerdem mochte ich ihn sehr und sah auch, dass er und sein Team wirklich ihr Bestes gaben. Also blieb ich bei ihnen und rechtfertigte das Projekt mir und Lévesque gegenüber als wichtige Vorarbeit. Falls wir in San Diego nicht weiterkämen, so hatte ich wenigstens ein paar gute Kontakte mit den Hells Angels geknüpft, die ich für Ermittlungen in anderen Ortsgruppen nutzen konnte. Dieser Gedanke gefiel Lévesque.

Dann kamen die Russen.

Mein kleiner Laden in der Turquoise Street befand sich am Ende der kurzen Einkaufsmeile in Ufernähe. Am anderen Ende, neben einem Latino-Friseursalon, bot jemand sehr teure Möbel an. Da ich in meinem Geschäft auch wohnte, saß ich oft untätig vor der Tür herum und beobachtete die Gegend. Nach einer Weile fiel mir auf, dass das Möbelgeschäft wohl noch weniger Umsatz machte als ich. Der Besitzer war ein stämmiger Tscheche namens Henry, der immer an meinem Laden vorbeiging, wenn er einige Typen aufsuchte, die in der Nähe mit gebrauchten Autos handelten. Eines Tages kamen wir ins Gespräch, und bald schon gab er unverblümt zu, in ziemlich schwerwiegende kriminelle Aktivitäten verwickelt zu sein.

Etwa ein Jahr zuvor hatte er in Los Angeles im Auftrag einiger russischer Mafiosi eine Menge Heroin verkauft. Dann hatte er den großen Fehler begangen, seine Ware selbst zu konsumieren. Schuld daran waren sicherlich der Kummer und die Belastung, die er ertragen musste, weil seine kleine Tochter mit einer Erbkrankheit geboren worden war, die sie zum Krüppel machte. Bald schon verbrachte er seine Tage im Schaukelstuhl und stand nur auf, um sich einen neuen Schuss zu setzen. Das ärgerte seinen Boss natürlich, der ihn nach eigener Aussage nur deshalb am Leben ließ, weil sie gemeinsam beim russischen Militär gedient hatten. Henrys Partner, der auf keine gemeinsame Vergangenheit mit dem Boss zurückblicken konnte, kam da nicht so glimpflich davon. Obwohl Henry weiterleben durfte, wollte kein russischer Mafioso mehr etwas mit ihm zu tun haben. Das war das Ende für ihn in Los Angeles.

Nun war er in San Diego und versuchte, wieder auf seine kriminellen Füße zu kommen. Er verkaufte Möbel, in denen Heroin versteckt war, verdiente aber nicht viel damit. Denn die Drogen gehörten nicht ihm, er war nur eine Art Vermittler. Darum telefonierte er oft mit seinen Kontaktleuten in Russland, wo sein Ruf trotz seiner Drogensucht noch nicht so stark ramponiert war, und versuchte, einträglichere Geschäfte an Land zu ziehen.

Wie jeder Verbrecher, der etwas auf sich hielt, fürchtete Henry, abgehört zu werden. Deshalb bat er mich bald, Anrufe bei mir erledigen zu dürfen. Natürlich willigte ich ein, denn erstens bezahlte ich ja nicht selbst die Rechnung und zweitens war ich überzeugt, dass ein gutes Verhältnis zu Henry nicht schaden konnte.

Ich forderte Bob McGuigan auf, so schnell wie möglich herauszufinden, was da genau vor sich ging. Also überprüfte die DEA die Nummern, die Henry wählte und von denen aus er angerufen wurde, und schon schrillten die Alarmglocken. Diese Nummern gehörten einer Handvoll Verbrecher, hinter denen bereits mehrere Bundesbehörden her waren. Einige von ihnen waren ehemalige KGB-Agenten, die jetzt kriminell geworden waren.

Kurze Zeit später wurde ich zu einer Besprechung in das Büro des ATF in San Diego gerufen. In einem großen Konferenzraum saßen etwa ein Dutzend Zivilisten und Agenten, von denen ich nur zwei kannte: Bob von der DEA und Brooks Jacobson, den ATF-Agenten, der bei unseren Ermittlungen gegen die Hells Angels mit Bob zusammenarbeitete.

Wir diskutierten zunächst über die Fortschritte im Biker-Fall, den Bob unter Berücksichtigung aller Aspekte für ziemlich wichtig erklärte. Einige Leute am Tisch hörten ihm allerdings kaum zu. Anscheinend stand gerade etwa anderes im Vordergrund, und tatsächlich wurde Bob schon bald unterbrochen.

Kapitel neun Die Dago Hells Angels und die Russen

»Gut, das ist so weit klar«, meinte ein salopp gekleideter Mann, der trotz seiner mehr als schulterlangen Haare Autorität ausstrahlte. »Befassen wir uns jetzt mit Henry und seinen Freunden.«

An diesem Punkt fragte mich einer der Zivilbeamten: »Was wissen Sie über gestohlene Kunstwerke und Kunst im Allgemeinen?«

»Gestohlene Kunst ist Kunst, die gestohlen wurde«, scherzte ich, was mir einen strafenden Blick eintrug.

»So gut wie gar nichts«, gab ich schließlich zu.

Offenbar hatten einige von Henrys Bekannten vor etwa einem Jahr eine Wagenladung Kunstwerke geraubt, die von einem Museum zu einem anderen gebracht werden sollten. Das interessierte die Behördenvertreter, die sich um den Tisch versammelt hatten, zwar, aber natürlich nicht nur. Denn im Grunde handelten die Russen mit allem – Drogen, Waffen, gestohlenen Fahrzeugen, Mädchen –, und die Bundespolizei ermittelte in allen Fällen.

Der Zivilbeamte machte sich Notizen auf einem Block und sprach mit einem hochrangigen Beamten am anderen Ende des Tisches. Inzwischen offenbarte mir Mr. Autorität, der neben mir saß, ziemlich arrogant: »Von nun an sind Sie nur mir verantwortlich, sonst niemandem. Können Sie gute Berichte schreiben?«

»Ich schreibe hervorragende Berichte. Das habe ich bei der kanadischen Bundespolizei gelernt.«

»Gut. Ich möchte, dass Sie über jedes Treffen berichten, über jeden Namen, der erwähnt wird, über alles, was gesagt wird, und alles, was Sie mit diesen Leuten unternehmen.«

Bob, der ebenfalls in meiner Nähe saß, fühlte sich ganz offensichtlich unwohl, denn er mochte Mr. Autorität zweifellos nicht, fühlte sich aber verpflichtet, ihn zu unterstützen.

»Möchten Sie auch die Berichte lesen, die er bisher geschrieben hat?«, fragte er daher den Mann, der mir gegenüber immer nur Joe genannt wurde.

»Was er bisher getan hat, interessiert mich nicht im Geringsten«, erwiderte Joe und machte sich nicht einmal die Mühe, Bob dabei anzusehen.

Jetzt hatte Bob genug. Seine Stimme wurde lauter und höher, und er beklagte sich darüber, dass unsere bisherige Arbeit torpediert würde und andere davon profitieren sollten.

Joe hörte eine Weile zu, dann meinte er knapp: »Das mag Ihr Eindruck sein, aber es geht nicht anders. Wenn es Ihnen nicht gefällt, können Sie jedoch sofort gehen.«

Daraufhin raffte der gedemütigte Bob seine Papiere zusammen, doch noch bevor er ging, knallte Joe als Beweis dafür, wer das Sagen hatte, seine Aktentasche auf den Tisch, öffnete sie und holte ein großes Banknotenbündel heraus.

»Hier ist Ihr erstes Honorar. Für vier Monate. Wenn Sie zusätzliche Ausgaben haben, dann lassen Sie es mich wissen.«

Das Bündel enthielt 20 000 Dollar. Die Botschaft war klar: Nach all dem Knausern, Betteln und finanziellen Tricksen, zu dem Bob gezwungen gewesen war, um unsere Ermittlungen gegen die Biker in Gang zu halten, hatte ich es nun mit jemandem zu tun, der wirklich Einfluss besaß und mühelos Geld beschaffen konnte.

Kurze Zeit später verbot mir Joe, mit Bob auch nur zu reden.

Von allen Betreuern, die ich je gehabt hatte, war Joe eindeutig der rätselhafteste. Anfangs hieß es, er sei bei der DEA, dann wieder, er gehöre zum ATF. Ich vermute, dass er aus ganz anderen Kreisen kam. Er schien auf jeden Fall keinen Chef zu haben, und alle anderen gehorchten ihm. Auch seinen Familiennamen erfuhr ich nie. Das waren aber nur die kleineren Rätsel. Er war Betreuer und verdeckter Ermittler zugleich. Ich musste ihn daher Henry vorstellen, der uns hoffentlich mit seinen Kontaktleuten bekannt machen würde, von denen die meisten sich jenseits des Atlantiks aufhielten.

Zufälligerweise hoffte auch Henry, uns für seine Interessen nutzen zu können. Um seine russischen Kumpels zu beeindrucken, prahlte er mit seinen neuen amerikanischen Freunden, die wirklich große Tiere seien. Ganz egal, wie bösartig und gemein die Russen auch waren, offenbar litten sie dennoch an Minderwertigkeitskomplexen. Amerikanische Gangster waren nun einmal das Thema vieler Hollywoodfilme und daher in ihren Augen offenbar die wirklich schweren Jungs (dass ich Kanadier war, hielt Henry wohl für nebensächlich).

Einer der Gründe dafür, dass Henry mich für einen hartgesottenen Kriminellen hielt, war eine unerfreuliche Begegnung mit Chris Devon in meinem Laden, eine oder zwei Wochen vor der großen Konferenz beim ATF. Chris war mit einem seiner Mädchen gekommen, um Fotos von ihr machen zu lassen, und hatte einfach auf dem nächstbesten Parkplatz geparkt. Der gehörte allerdings Henry. Wenige Minuten später stürmte dieser herein.

»Welcher verdammte Mistkerl steht auf meinem Parkplatz?«, schrie er. Offenbar hatte er keinen besonders guten Tag, aber das war kein Grund für Chris, zu ihm freundlicher zu sein.

»Welcher Wichser will das wissen?«, brüllte er zurück.

Eine Sekunde später standen die beiden Nase an Nase voreinander, und es sah ganz nach Handgreiflichkeiten aus. Henry kam einer Prügelei jedoch zuvor, indem er seine Waffe herausholte und Chris vor das Gesicht hielt. Der zog jedoch ebenfalls eine Waffe aus der Tasche und richtete sie auf Henrys imposanten Bauch.

Jetzt war ich an der Reihe. »Nicht in meinem Geschäft«, schnauzte ich sie an und trat so gut es ging zwischen sie. »Wenn ihr euch schon umbringen wollt, dann geht raus auf die Straße. Aber lasst mich damit in Ruhe.«

Eine oder zwei sehr lange Minuten später ließen Chris und Henry endlich zähneknirschend voneinander ab.

»Gib ihm ein paar Minuten«, bat ich Henry dann, während ich ihn sanft aus dem Laden schob. »Es geht um ein Geschäft, aber wir sind gleich fertig und dann verschwindet er.«

Ich sprach nie mit Chris über diesen Streit, aber ihm war zweifellos bewusst geworden, dass ich noch andere furchtlose und/oder skrupellose Bekannte hatte, die wahrscheinlich auch Kriminelle waren. Und Henry war seinerseits davon beeindruckt, dass ich Kontakte zu den Hells Angels besaß. Als er das nächste Mal in den Laden kam, wollte er unbedingt über Chris und die Auseinandersetzung reden, aber ich weigerte mich.

»Vergiss es«, sagte ich. »Es ist vorbei. Ich will nicht mehr darüber reden.«

Noch vor der Besprechung beim ATF hatten Henry und ich vereinbart, gemeinsam Geschäfte zu machen, ohne dabei zu sehr ins Detail zu gehen. In seinen Augen war ich einer wie er und seine Kumpels, die einfach alles machten, was Geld einbrachte. Immerhin nannte er mir einen Preis für ein spezielles Geschäft: Ecstasy für einen Dollar pro Stück, Mindestabnahme 200 000 Stück.

Trotz des Zwischenfalls mit Chris blieb Henry gegenüber Joe zunächst misstrauisch, als ich die beiden einander etwa eine Woche später vorstellte. Ich hatte ihn als einen der Geldgeber für meine kriminellen Aktivitäten eingeführt und Henry erzählt, dass Joe den Lieferanten kennenlernen wolle, mit dem wir Geschäfte machen würden. Joe spielte den gerissenen Typen gut, aber Henry war nicht ganz überzeugt.

»Der gefällt mir gar nicht«, sagte er. Und wie fast alle Verbrecher vertraute er sehr auf seinen Instinkt. »Ich will dich ja nicht beleidigen, schließlich ist er dein Freund. Aber er hat es immer eilig, das kommt mir komisch vor.«

Henry hatte damit nicht Unrecht, denn Joe war nicht oft da, und wenn er da war, rannte er gleich wieder fort. Ich traf ihn alle ein bis zwei Wochen, dann gab ich ihm meine Notizen, und er verschwand wieder mit unbekanntem Ziel. Wegen seiner häufigen Abwesenheit und Henrys Misstrauen machten wir nur langsame Fortschritte.

Aber dafür gab es noch einen anderen Grund. Internationale Zusammenarbeit ist auf den meisten Gebieten schwer zu bewerkstelligen, und die Strafverfolgung bildet da keine Ausnahme – sie hat es eher noch schwerer, weil die meisten Polizeibehörden ihr Revier eifersüchtig verteidigen. Außerdem war ich ebenfalls oft nicht vor Ort, weil ich immer wieder nach Ontario fahren musste, um gegen die PDR und die Typen aus Niagara Falls auszusagen. Danach nahm ich mir häufig ein paar Tage frei, um meine Familie in Saint John zu besuchen.

Dennoch ging es weiter und schließlich bestellten wir 200 000 Ecstasy-Pillen und 400 Gramm Heroin. Außerdem hatte ich angedeutet, dass ich an allem interessiert sei, was seine Kontaktleute liefern konnten, vor allem an Waffen und Kunstwerken. Er sagte zunächst nichts dazu, kehrte aber Anfang 2001 von einer Reise nach Tschechien mit einem Geschenk zurück.

Nachdem ich ihn vom Flughafen abgeholt hatte und wir wieder in meinem Laden in der Turquoise Street waren, sagte er: »Ich hab was für dich.« Dann öffnete er seinen Koffer, doch anstatt darin herumzukramen, löste er vorsichtig das Futter. Unter dem Futter befanden sich ein Gemälde – ein ziemlich kleines Porträt eines runzligen alten Mannes, der Pfeife rauchte – und eine Probe der Drogen, die wir kaufen wollten: ein paar Gramm Heroin und ungefähr zwanzig Ecstasy-Tabletten mit verschiedenen Logos.

Ich wollte in alle Bereiche vorstoßen, in denen die russische Mafia, mit der Henry zusammenarbeitete, zugange war. Deshalb hatte ich Henry erzählt, dass ich nicht nur Kunde, sondern auch Lieferant sein könne, besonders von gestohlenen Luxusautos. Henry stellte mich daraufhin dem Autohändler in der Nähe vor. Er war ebenfalls Tscheche und hatte einen russischen Partner. Die beiden waren freundlich, wollten aber keine Geschäfte mit mir machen, zumal sie dank der lateinamerikanischen Banden in der Umgebung genug Autos bekamen, die sie nach Übersee schmuggeln konnten.

Das einzige Geschäft, das mich nicht im Geringsten interessierte, war Mädchenhandel. Nicht, weil ich keine Gelegenheit dazu bekommen hätte oder es für mich keine ernste Sache darstellte. Ganz im Gegenteil, für mich war das schlichtweg Sklavenhandel. Die Mädchen arbeiteten manchmal als Stripperinnen, meist jedoch in »Massagesalons« und anderen getarnten Bordellen. Aber um in diesen Bereich einzusteigen, hätte ich zum Mittäter werden müssen. Die Frauen wurden streng bewacht und immer wieder von einer Stadt in die nächste befördert. Sie blieben nirgendwo länger als ein paar Monate, damit sie keine Kontakte knüpfen oder gar Freunde finden konnten, die ihnen zur Flucht verhelfen würden.

Im Sommer 2001, fast ein Jahr, nachdem ich mit Joe zu arbeiten begonnen hatte, war es endlich Zeit für eine Reise nach Europa, um Henrys Partner zu treffen. Einen von ihnen kannte ich bereits vom Telefon, denn er hatte bei mir angerufen, wenn er Henry sprechen wollte. Sein Name war Mirek, und er war der Schwager von Henrys Frau Gabrielle. Mirek war Henrys Beschützer und Förderer und wollte ihm unbedingt dabei helfen, größere Geschäfte zu machen. Es ist schwer zu sagen, welcher russische Mafioso welchen Status einnimmt, denn im Gegensatz zu amerikanischen Verbrechern spielen sie ihre Rolle gerne herunter. Mirek hatte sicherlich einen gewissen Einfluss, das bewies sein Verhältnis zu Henry. Allerdings nicht so viel Einfluss wie einer der anderen Männer, die Joe und ich treffen sollten. Jivco war früher Major beim KGB gewesen, und dank seiner politischen und militärischen Verbindungen war er zweifellos ein Schwergewicht.

Wir flogen zuerst nach Amsterdam und fuhren dann nach Nancy. Aber erst in Ditzingen, einer Kleinstadt bei Stuttgart, begegneten wir Mirek und Jivco. Zwei andere Männer begleiteten sie: ein Chemiker, den sie nur als Doktor vorstellten, und ein Killer namens Bouy. Wir trafen nicht zusammen, um einen Kauf zu besprechen, Geld zu übergeben oder die Logistik einer Lieferung zu erörtern. Es ging nur darum, uns persönlich kennenzulernen. Die Russen hatten darauf bestanden, und wir hatten ihnen natürlich gesagt, dass es uns ebenfalls wichtig sei. Dass wir so weit gereist waren, um sie zu treffen, war für sie der Beweis, dass wir es ernst meinten. Wenn wir bereit waren, von Kalifornien nach Europa zu fliegen, nur um ein paar Stunden in einem Café zu sitzen, dann mangelte es uns bestimmt weder an Geld noch an Entschlossenheit. Ich fand es allerdings durchaus sonderbar, dass Joe und derjenige, der ihm Befehle erteilte, keinen richtigen Plan hatten.

Als wir eine Woche später wieder in San Diego waren, wollten Mirek und Jivco den Deal mit Heroin und Ecstasy plötzlich möglichst rasch über die Bühne bringen. Sie riefen mindestens einmal am Tag an und ließen Henry holen, um sich zu erkundigen, welche Fortschritte wir machten.

Doch jedes Mal, wenn ich mit Joe telefonierte, hielt er mich hin. »Ich arbeite immer noch an den internationalen Absprachen«, sagte er für gewöhnlich. Oder: »Ich versuche, etwas zu organisieren.« Oder: »So etwas können Sie nicht über Nacht regeln.« Aus dem Polizisten, der Berge versetzen konnte, war ein schwerfälliger Bürokrat geworden.

Etwa eine Woche nach unserer Rückkehr rief ich Bob an, mit dem ich trotz Joes Anweisung in Verbindung geblieben war, und machte meinem Ärger Luft. »Das ist echt Mist. Mir werden von allen Seiten Drogendeals angeboten, aber die Bullen halten mich hin. Andauernd muss ich Leute vertrösten und Däumchen drehen. Und ich habe strikte Anweisung, mich nicht mehr um die Hells Angels zu kümmern. Genauso gut könnte ich auch nach Hause fahren.«

Etwas später an diesem Tag oder vielleicht auch am nächsten Morgen rief Joe mich an. »Ich bin einverstanden«, sagte er nur.

»Einverstanden womit?«, fragte ich. »Worum geht es denn?«

»Dass Sie nach Hause fahren und sich ruhig verhalten.«

»Na gut«, antwortete ich.

Mir war vollkommen unklar, was vor sich ging. Wollte man mich feuern? Das war mir an diesem Punkt eigentlich egal. Dass ich nicht wusste, was die Ganoven wirklich vorhatten, damit konnte ich umgehen, aber es war etwas ganz anders, wenn es die Polizei betraf. Für wen arbeitete ich eigentlich? Das war mir einfach zu viel, also machte ich mich zwei Tage später auf den Weg zurück nach Kanada.

Irgendwo unterwegs ging mir schließlich ein Licht auf. Man hatte mich tatsächlich ausgebootet. Joe benahm sich wie ein richtiger Gauner. Wahrscheinlich hatte die Polizei es geschafft, Henry umzudrehen. Er war schließlich der ideale Kandidat dafür, denn er war in vielerlei Hinsicht verwundbar: Seine Tochter war krank und behindert, und ihre Behandlung kostete eine Menge Geld, seine Frau Gabrielle besaß keine Papiere und zudem war er ein Junkie, egal ob er jetzt clean war oder nicht.

Dass man mich abserviert hatte, war mir völlig gleichgültig, mich störte nur, dass niemand mit mir darüber gesprochen hatte. Die Polizei behandelte mich wie einen Trottel oder, schlimmer noch, wie einen Verbrecher, dem man nicht trauen konnte, und nicht wie einen Kollegen. Nach dem PDR-Fall, bei dem wir ein echtes Team gewesen waren, fand ich es umso schlimmer, so behandelt zu werden.

Zurück in Saint John, rief ich Lévesque an und erzählte ihm, dass ich wieder zu Hause sei, möglicherweise für immer, und keine Ahnung hätte, wie die Ermittlungen gegen die Russen in San Diego weiterlaufen würden. Aber wenn die kanadische Bundespolizei auf der Grundlage meiner Informationen eine eigene Aktion starten wolle, dann würde ich ihr gerne dabei helfen.

Ich hatte bereits einen Hinweis erhalten, dass die kanadische Polizei an diesem Angebot durchaus interessiert war. Einige Monate zuvor hatte sie mir in Kalifornien zwei neue Pässe besorgt. Einen davon hatte man freundlicherweise zusammen mit 5000 Dollar in einem Schließfach in Amsterdam hinterlegt, falls ich in Schwierigkeiten geraten sollte. Während der Verhandlungen über die Pässe hatte Joe seine kanadischen Kollegen kurz in den Fall eingeweiht. Die Kanadier hatten mir ihrerseits erzählt, sie hätten ebenfalls Probleme mit russischen Mafiosi, vor allem in Toronto, und wären daher für jede Hilfe an dieser Front dankbar.

Jetzt, etwa ein Jahr später, war ich verfügbar und bereit – und vermutlich wollte ich auch Joe eins auswischen, da er mich einfach so hatte fallen lassen.

Die Kanadier zögerten nicht lange und fragten mich, ob ich Jivco dazu bringen könne, Drogen nach Toronto zu liefern. Dadurch könnten sie herausfinden, wer seine kanadischen Komplizen seien, und diese dann festnehmen. Ich war überzeugt, dass dies möglich war, und telefonierte daher ein oder zwei Tage später mit Jivco.

»Ich fliege noch in dieser Woche nach Amsterdam und bin bereit, Geschäfte abzuschließen«, teilte ich ihm mit. »Können Sie jemanden schicken?«

»Ich komme selbst. Rufen Sie mich an, wenn Sie da sind.«

Kurz darauf flog ich nach Amsterdam, wo mich zwei niederländische Polizisten abholten und in das »Hotel Renaissance« brachten, wo Joe und ich einige Wochen zuvor abgestiegen waren. Nachdem ich mich dort angemeldet hatte, traf ich mich mit Loderus, einem niederländischen Kripobeamten, und einem Beamten der kanadischen Botschaft, den man als Spion bezeichnen könnte. Außerdem wurde ich einem jüngeren niederländischen Undercoveragenten vorgestellt, der meinen Mann in Europa spielen sollte. Ich wollte ihn Jivco und seinen Leuten vorstellen, mich dann zurückziehen und die Einzelheiten meinem jungen Gehilfen überlassen.

Als Nächstes rief ich Jivco unter einer ungarischen Nummer über das Festnetz an. Er war selbst zwar nicht da, aber der Typ, der ans Telefon ging, hatte meinen Anruf schon erwartet. Ich nannte ihm den Namen des Hotels und meine Zimmernummer, und kurze Zeit später meldete sich Jivco, der bereits in der Stadt war.

»Wo sollen wir uns treffen?«, fragte er.

»Wie wäre es mit der ›Brasserie Noblesse‹?«, antwortete ich. Sie lag gleich nebenan, und Loderus hatte sie aus mir unbekannten Gründen vorgeschlagen.

Zur Mittagszeit warteten der junge Agent und ich dort auf Jivco. Er kam mit zwei Gorillas, die sich an einen Nebentisch setzten, während er uns gegenüber Platz nahm. Da ihm Smalltalk nicht besonders lag, redete ich und erzählte ihm, dass ich kurz in Kanada gewesen sei und Henry seit etwa einer Woche nicht mehr gesehen hätte.

»Machen Sie sich deswegen keine Gedanken«, meinte Jivco. »Er ist ein Junkie.«

»Nein, ist er nicht!«, entgegnete ich. »Vielleicht war er es einmal, aber jetzt nicht mehr. Ich wohne direkt neben ihm.«

»Einmal Junkie, immer Junkie«, konterte er.

»Wie dem auch sei«, fuhr ich fort, »ich bin hier, um Geschäfte zu machen. Also lassen Sie uns zur Sache kommen.«

»Wie viel wollen Sie?«

»Zweimal das Minimum.« Wir wussten beide, was das bedeutete: 200 000 Pillen Ecstasy und 400 Gramm Heroin.

»Welches Logo und welche Farben wollen Sie haben?«, fragte er bezogen auf die Tabletten.

»Jaguarkopf und gebrochenes Blau.«

»Alle gleich?« Jivco meinte, dass das Geschäft besser laufe, wenn man verschiedene Logos und Farben anbiete. Obwohl es dasselbe Zeug sei, hielten manche Kunden beispielsweise die rosa Tabletten für besser als die blauen oder die weißen für stärker als die gelben. Also befolgte ich seinen Rat. Dann fragte er: »Wollen Sie die Ware hier abholen oder liefern lassen?«

»Liefern lassen.«

»Das kostet natürlich mehr.«

»Natürlich. Wie viel?«

»20 000 Dollar.«

»In Ordnung. Mein Mitarbeiter wird sich darum kümmern.«

Das war für den jungen Agenten das Stichwort, den Mund aufzumachen – wovor ich sonst immer etwas Angst hatte. Aber dieser Mann stellte genau die richtige Frage: »Welches Konto sollen wir verwenden?«

Jetzt wusste ich, dass ich mich auf ihn verlassen konnte. Ich hatte Jivco nie gesagt, dass ich die Drogen in Toronto haben wollte, das überließ ich dem jungen Undercoveragenten. Er würde auch den Vorschuss in Höhe von 20 000 Dollar und die Liefergebühr bezahlen.

Am nächsten Tag flog ich wieder nach Hause und sah weder Jivco noch einen der anderen Russen jemals wieder. Eine Woche später überraschte mich die kanadische Polizei mit einem Honorar von 25 000 Dollar für meine Vermittlerdienste. Das Geld war wohl eine gute Investition gewesen, denn wenige Wochen später wurden in Richmond Hill, einer Vorstadt von Toronto, zwei Russen festgenommen, die 200 000 Ecstasy-Pillen und 400 Gramm Heroin bei sich hatten.

KAPITEL ZEHN
KRIEG IN LAUGHLIN

Von Joe oder einem anderen der Einsatzgruppe hatte ich nichts mehr gehört, seit ich San Diego verlassen hatte, was mir nur recht war, und ich rechnete auch mit keinem Kontakt mehr. In Saint John war es jetzt Sommer, die Sonne schien warm, und wir hatten mehr als genug Geld, vor allem weil Joe mich weiter bezahlte und ich immer noch Geld für den PDR-Fall bekam.

Eines Tages rief mich Bob McGuigan an. Es dauerte ein paar Sekunden, bis ich seine ungewöhnlich fröhliche Stimme erkannte.

»Wie ist Ihr Urlaub?«, fragte er.

»Großartig«, antwortete ich, »nur schade, dass Sie nicht hier sind.«

»Sind Sie bereit, zurückzukommen und sich bald wieder an die Arbeit zu machen?«

»Klar, kein Problem«, erwiderte ich überrascht.

»Wir haben da eine hübsche Wohnung für Sie in El Cajon und bereiten sie gerade für Sie vor. Sobald Sie vor Ort sind, machen wir wieder das, was wir von Anfang an tun wollten.«

Kein Wunder, dass Bob so zufrieden war – offenbar hatten wir jetzt endlich grünes Licht dafür, die Hells Angels zu schnappen. Ich fragte nicht danach, was mit Henry und den Russen passiert war, das würde ich vermutlich irgendwann sowieso erfahren. Doch ich nahm immer noch an, dass man mich ausgebootet hatte.

»Aber diesmal machen wir es richtig, kein langwieriges Herumwursteln mehr«, fügte ich noch hinzu und nannte Bob schließlich meine wenigen Forderungen: das gleiche Honorar wie im Russen-Fall plus Spesen, ein Auto, aber nicht den großen Lieferwagen, und vor allem ein Motorrad. In El Cajon würde ich mich im Revier der Biker befinden, und da brauchte ich unbedingt die entsprechende Ausstattung. Außerdem verlangte ich klarere Absprachen und Ziele als in den ersten paar Monaten meiner Arbeit im Bereich der Dago Hells Angels.

Bob war mit allem einverstanden und holte mich zwei Freitage später auf dem Flughafen von San Diego ab. In der Hand hielt er den Schlüssel für einen gemieteten Kleintransporter. Nach einem kurzen Geplauder überreichte er mir den Schlüssel und sagte: »Folgen Sie mir.«

Eine halbe Stunde später standen wir vor einem großen, einstöckigen Fabrikgebäude in der Cuyamaca Street. Die DEA hatte fast das ganze Haus für mich gemietet, rund 230 Quadratmeter. Der einzige andere Mieter war ein kleiner Sandwichladen an der Straßenseite. Wir wollten mein Posterplus-Geschäft nach El Cajon verlegen, und in dem Gebäude gab es reichlich Platz für ein Studio, ein Büro und Wohnräume, sogar für einen Horchposten der Polizei an Ort und Stelle. Das Haus war bereits mit ausreichend Kameras und Mikrofonen ausgestattet, hier war offensichtlich viel Geld geflossen.

Man hatte für die Ermittlungen sogar eine eigene Einsatzgruppe zusammengestellt, die sich »Five Star« nannte, weil fünf Polizeibehörden beteiligt waren: DEA, ATF, der Sheriff von San Diego, die Ortspolizei von San Diego und die Ortspolizei von El Cajon.

Die erste Nacht verbrachte ich in einem Motel. Am Nachmittag des nächsten Tages fuhr ich dann zu meinem Laden in der Turquoise Street, um meine Sachen zu packen. Erstaunlicherweise war Henry nirgends zu sehen. Sein Laden war leer, alle Möbel waren weg, auf dem Parkplatz neben meinem stand kein Fahrzeug mehr, und sogar der Wohnwagen, der Henry als Büro gedient hatte, war verschwunden. Das einzige noch betriebene Geschäft in der Einkaufsstraße war nun ein lateinamerikanischer Friseur. Ich ging daher hinein und sprach mit einem der Mädchen.

»Wissen Sie, wo Henry ist?«, fragte ich.

»Der ist weg«, antwortete sie knapp.

»Und was ist mit dem Autohändler?«

»Der ist auch weg«, fuhr sie fort und zog dabei einen Finger über die Kehle. Ich stellte keine Fragen mehr.

Während meiner Verhandlungen mit den Russen hatte ich kaum einen der Biker getroffen, die ich in den ersten Monaten in San Diego kennengelernt hatte. Taz und der Indianer waren ein paar Mal vorbeigekommen, und ich war ihnen gelegentlich in der Umgebung begegnet, weil sie beide dort wohnten. Chris Devon war auch einmal bei mir gewesen, hatte dann aber offenbar Besseres zu tun.

Brandon Kent hatte ich überhaupt nicht mehr gesehen. Dass ich die Harley-Grillfeste nicht mehr besucht hatte, spielte dabei wohl auch eine Rolle. Eines hatte ich jedoch nicht erwartet: Meine längere Abwesenheit machte mich bei den Hells Angels offenbar glaubwürdig. Denn sie gingen davon aus, dass ich mich nicht einfach ein Jahr lang zurückgezogen hätte, wenn ich ein Bulle wäre, sondern ihnen auf den Fersen geblieben wäre.

An diesem ersten Samstagabend seit meiner Rückkehr nach San Diego ging ich ins »Dumont's« und erzählte ein paar Leuten, dass ich mein Geschäft in die Cuyamaca Street verlegen würde. Ich ließ die Nachricht jedes Mal beiläufig in eine Unterhaltung einfließen, wenn sich die Gelegenheit dazu bot. Ich übertrieb es nicht, achtete aber darauf, dass Purple Sue, die langjährige Barkeeperin, Bescheid wusste, da sie als absolute Klatschtante bekannt war. Am folgenden Nachmittag ging ich wieder einmal zu einer der wöchentlichen Grillpartys und wendete auch diesmal die gleiche Taktik an wie sonst.

In den ersten Wochen passierte nicht viel. Ich hatte auch nicht vor, gleich über die Hells Angels herzufallen. Aber allmählich wurde ich Stammkunde im »Dumont's« und plauderte immer öfter mit dem Wirt, Ramona Pete, und mit Bobby Perez, den knallharten Mitgliedern, deren Aufgabe es war, auf den Straßen in der Umgebung des El-Cajon-Boulevards zu patrouillieren, den man durchaus als unabhängige Republik der Hells Angels bezeichnen konnte. Dort standen das Clubhaus der Gang und Stett's Iron Horse Ranch, das Motorradgeschäft eines ehemaligen Hells Angels, der den Club in gegenseitigem Einvernehmen verlassen hatte und nun Motorräder nach den Wünschen seiner Kunden umbaute. In diesem Straßenblock geschah nichts ohne Wissen und Erlaubnis der Hells Angels. Sogar die Polizei hielt sich dort zurück.

Trotz der Einsatzgruppe und des Geldes und trotz Bobs anderslautender Beteuerungen hatte die Polizei keinen echten Aktionsplan und keine Liste von Zielpersonen, an die ich mich heranmachen sollte. Ich bekam auch keine Anweisung, mich auf Drogen, Waffen, Prostitution oder andere Straftaten zu konzentrieren. Die Polizei war anscheinend damit zufrieden, dass ich verschiedene Mitglieder traf, Angeberfotos von möglichst vielen Bikern schoss und ein paar Informationen lieferte.

Ich hatte gegen diese unklare Strategie zunächst nichts einzuwenden, denn so konnte ich den Mitgliedern näherkommen, die ich für aufgeschlossen hielt, und denen aus dem Weg gehen, die misstrauischer waren. Das heißt, ich konnte mich bei ihnen so einführen, wie ein ganz normaler Ganove es getan hätte.

Den ersten echten Durchbruch gab es etwa einen Monat später, Ende September 2001, in El Cajon. Ich war gar nicht so oft in der Stadt gewesen, sondern hatte die meiste Zeit in Toronto verbracht, wo ich zunächst in einem PDR-Prozess aussagen musste und dann festsaß, weil sich der Himmel über ganz Nordamerika nach dem 11. September in eine Flugverbotszone verwandelte. Auf jeden Fall war ich so oft in El Cajon, dass die Hells Angels mich nicht ignorieren konnten.

Das wurde mir an einem frühen Donnerstagabend im »Dumont's« klar. Da es dort eine Mikrowelle gab und sie Speisen wie zum Beispiel Corn Dogs, also frittierte Würstchen in einem Maisteigmantel, anboten, die ich als sättigendes Essen schätzte, war ich wieder einmal zum Abendessen dort. Als ich gerade fertig war, betrat ein Anwärter der Hells Angels die Kneipe und kam schnurstracks auf mich zu.

»Der Boss will dich sehen«, sagte er, »im Clubhaus.«

»Ist gut«, erwiderte ich. Der Boss war Guy Castiglione, der Präsident des Dago-Chapters, ein kaltblütiger Killer, der zugleich intelligent war und freundlich und vernünftig sein konnte. Ich machte mir nicht erst die Mühe, den Anwärter zu fragen, ob die Vorladung ein gutes oder ein schlechtes Zeichen war, denn das wusste er ohnehin nicht.

Im ersten Moment machte ich mir Sorgen, aber dann überlegte ich, dass es eigentlich keinen Grund dafür gab. Ich bezweifelte auch, dass mir im Clubhaus etwas Schlimmes zustoßen würde, denn das wäre viel zu riskant gewesen. Und wenn sie mich nur verprügeln wollten, dann hätten sie das auch hier vor der Kneipe tun können. Außerdem war dies der Versammlungsabend des Chapters, der einzige Abend der Woche, an dem Polizisten in Uniform und in Zivil ständig anwesend waren. Und die Biker wussten das genauso, wie ich es wusste. Darum folgte ich dem Anwärter schließlich eher neugierig als ängstlich. Das Clubhaus war nur etwa fünfzig Meter entfernt.

Castiglione saß allein auf einem hölzernen Hocker hinter der Bar. Einige andere Mitglieder saßen an Tischen oder spielten im hinteren Bereich des Raumes Billard. Ich ging also zum Boss hin, setzte mich gegenüber auf einen Hocker und wartete wie ein wohlerzogener Junge darauf, dass er mich ansprach.

»Es heißt, du bist ein guter Fotograf«, begann er.

»Na ja, ich bemühe mich«, erwiderte ich erleichtert.

»Wie viel verlangst du für ein Poster vom gesamten Chapter?«

Mir war nicht ganz klar, was er meinte, aber ich wusste, dass dies eine gute Chance war, seine Sympathie zu gewinnen. Ich musste ihm nur zeigen, dass ich den Club respektierte.

»Was meinst du? Geld?«

»Ja. Wir müssen alle fünf Jahre ein Foto von unserer Gruppe machen und an alle anderen Chapter der Welt schicken. Jetzt ist es wieder so weit, und da möchte ich wissen, was es bei dir kosten würde.«

»Na hör mal«, sagte ich, »ihr Jungs lasst mich hier in eurer Stadt arbeiten und einige von euch haben mir schon aus der Klemme geholfen. Ich habe hier nur mein Geschäft, aber das ist eure Stadt und das sind eure Straßen. Darum würde ich von euch natürlich gar nichts verlangen.«

Das war offenbar die richtige Antwort. Er blickte mir stolz in die Augen, ohne Lächeln, aber auch ohne Stirnrunzeln.

»Das ist gut«, meinte er dann.

»Wann soll ich es machen?«

Eine Woche später, am Nachmittag vor der nächsten Versammlung, stand ich auf dem El-Cajon-Boulevard und knipste den Boss und siebzehn weitere Dago Hells Angels vor ihrem Clubhaus. Wer mich bisher noch nicht gekannt hatte, der kannte mich jetzt mit Sicherheit.

Das kam genau zur richtigen Zeit, denn kurz nach diesem Fototermin wurde Chris Devon, mein erster guter Kontakt in der Gang, verhaftet und unter Mordanklage ins Gefängnis gesperrt. Das beeinträchtigte meine Arbeit als verdeckter Ermittler allerdings überhaupt nicht, eher im Gegenteil. Ein Ereignis nach Devons Festnahme brachte mir beim Chapter sogar Plusunkte ein, mein Verhältnis zur DEA litt jedoch darunter.

Es begann damit, dass mich eine oder zwei Wochen nach Devons Verhaftung eine seiner Freundinnen anrief und sagte: »Chris möchte, dass Sie ein paar Fotos von mir machen, damit ich sie ihm ins Gefängnis schicken kann.«

Ich kannte die Frau nicht, und wenn sie die Art von Fotos meinte, die ich vermutete, musste ich zuerst Devon selbst dazu befragen. Denn eine Grundregel aller Gauner dieser Welt lautet: Halt dich von der Frau eines Typen fern, der im Knast sitzt.

»Wann sprechen Sie das nächste Mal mit ihm?«, fragte ich.

»Er ruft mich heute Abend an.«

»Okay, dann wäre ich gerne dabei und möchte das selbst von ihm hören.«

Also suchte ich sie am Abend bei ihr zu Hause auf und sprach mit Devon. Er wusste meine Rücksichtnahme zu schätzen und erklärte mir genau, was für Fotos er haben wollte: nicht zu gewagt, weil die Gefängniswärter sehr streng waren, was private Fotos betraf.

Einen oder zwei Tage später rief seine Freundin erneut an, um einen Fototermin zu vereinbaren. Devon wollte die Fotos möglichst bald haben, aber sie hatte nur am nächsten Abend nach zehn Uhr Zeit.

Obwohl Devon mir grünes Licht gegeben hatte, wollte ich auf keinen Fall spät am Abend in ihrem Haus schlüpfrige Fotos schießen – denn damit hätte ich mir garantiert Ärger eingebrockt. Es würde ja reichen, dass ein anderes Mitglied vorbeifuhr, mein Auto in der Einfahrt sah, hereinkam und falsche Schlüsse zog.

Also besprach ich mich mit Bob, und wir einigten uns schließlich darauf, dass ich meine Freundin – eine verdeckte Ermittlerin –mitbringen sollte. Streng genommen hätte ich dieses Problem nicht mit Bob erörtern dürfen. Seine Aufgabe war es, all die Informationen, die ich ihm beschaffte, in eine ausführliche Analyse einzufügen. Für jedes Gangmitglied, mit dem ich sprach, fertigte er ein Flowchart mit Foto an. Einen über den Informationsaustausch hinausgehenden Kontakt sollten wir eigentlich gar nicht haben.

Stattdessen hätte ich zu Pat Ryan gehen sollen, meinem Betreuer bei der DEA, der seit meinem Umzug nach El Cajon die Ermittlungen leitete. Aber bisher hatte es zwischen Ryan und mir nicht besonders gut geklappt. Die Probleme hatten schon begonnen, als er ungehalten auf meine Standardrede reagierte, die ich immer vom Stapel ließ, wenn mir jemand zum ersten Mal einen Auftrag erteilte. Diese Predigt hielt ich, kurze Zeit nachdem ich mich in der Cuyamaca Street eingerichtet hatte.

»Ich möchte keine Sonderbehandlung, aber ich will auch nicht wie der letzte Dreck behandelt werden – ich bin keiner von denen«, pflegte ich zu sagen, da ich wusste, dass viele Polizisten mich für einen Verbrecher hielten, nur weil ich diese

Rolle gut spielte. Ich erinnerte neue Betreuer jedes Mal daran, dass ich ein echter Profi war, und schloss mit dem nicht sehr originellen, aber ehrlichen Satz: »Ich bin nicht hier, um Freundschaften zu schließen. Ich bin hier, um meine Arbeit zu tun.«

Die meisten Polizisten nahmen mir meine Offenheit nicht übel, manchen gefiel es sogar, dass ich klare Worte sprach und die Grundregeln unserer Beziehung festlegte. Ryan fand jedoch, dass ein freier Mitarbeiter der Polizei nicht das Recht dazu hatte, so etwas zu sagen. Und er war anscheinend auch beleidigt, weil ich kein Interesse an einer engen und dauerhaften Beziehung zu meinen Betreuern hatte. Als er die Besprechung verließ, sagte er zu Brooks Jacobson, meinem ATF-Betreuer: »Wenn er nicht unser Freund sein will, dann soll er sich doch verpissen!«

Das Klima zwischen uns war auch dadurch nicht besser geworden, dass ich mich kurze Zeit später schlicht weigerte, einen von ihm vorgeschlagenen Ermittler als Gehilfen zu akzeptieren. Ich hatte keine grundsätzlichen Bedenken, aber mir gefiel der Mann einfach nicht, den Ryan mir aufzwingen wollte. Der Typ war dünn, rothaarig und sommersprossig und wäre vielleicht nützlich bei verdeckten Ermittlungen bei Microsoft oder an einer Highschool im Orange County gewesen – obwohl man ihn wahrscheinlich sogar dort jeden Tag gepiesackt hätte. Aber die Angels hätten ihn lebendig aufgefressen.

Von da an gingen Ryan und ich ungefähr ebenso harmonisch miteinander um, wie wir rein äußerlich zusammenpassten. Ich war immer noch nur 1,68 Meter groß und an einem guten Tag knapp 60 Kilogramm schwer. Ryan hingegen maß 1,83 Meter und wog fast 110 Kilogramm, ohne dabei dick zu wirken. Unser Verhältnis war aber auch nicht ganz schlecht. Manchmal überraschte er mich mit seiner Großzügigkeit. An Thanksgiving stand zum Beispiel ein komplettes Truthahnessen vor meiner Tür. Ich vermutete zunächst, dass es von einem meiner anderen Kontaktleute bei der Polizei stammte, fand aber später heraus, dass Ryan es zubereitet und vorbeigebracht hatte. Ein andermal holte er mich unter dem Vorwand einer wichtigen Besprechung ab, nur um mich dann zu einem Überraschungsessen mit einigen Kollegen einzuladen. Auch das war seine Idee gewesen. Doch kaum war das Ereignis vorbei, tat er am nächsten Tag wieder so, als sei nichts geschehen, und unser Verhältnis wurde wieder eisig.

Nachdem ich um eine Freundin gebeten hatte, wandte Bob sich an Ryan, der eine geeignete und beinahe hübsche Kandidatin im typischen San-Diego-Look (Jeans, T-Shirt, Sandalen) zu der Besprechung mitbrachte, die wir etwa eine Stunde vor meinem Fototermin abhielten. Dann erteilte er ihr allerlei absurde Anweisungen.

»Wenn jemand reinkommt, gehen Sie. Wenn bei Ihrer Ankunft außer dem Mädchen noch jemand da ist, dann gehen Sie. Wenn Sie vom Sofa aufstehen, dann nur, um das Haus zu verlassen. Sie gehen nicht ins Bad, in die Küche oder sonst wohin. Führen Sie keine Gespräche, und reden Sie mit dem Mädchen nur, wenn es nötig ist.« Die Liste seiner ebenso lächerlichen wie herablassenden Befehle war lang. Irgendwann hielt ich es nicht mehr aus.

»Ist sie eigentlich Polizistin oder nicht?«, fragte ich.

»Natürlich ist sie das«, antwortete er und sah mich streng an.

»Dann sollten wir sie auch als eine behandeln. Vertrauen Sie ihr doch ein bisschen.«

Das trug mir einen vernichtenden Blick ein.

Nach der Besprechung stieg die Polizistin in mein Auto. In Ryans Gegenwart war sie stumm geblieben und hatte resigniert gewirkt, aber im Auto begann sie sich sofort darüber zu beklagen, wie man mit ihr umging.

»Es ist immer das Gleiche«, sagte sie. »Sie wollen mich an der Hand halten und mich andauernd beschützen.«

Ich hörte ihr zunächst zu, dann begann ich, allen Anweisungen zu widersprechen, die sie eben von Ryan bekommen hatte. Ich riet ihr, am besten meinem Beispiel zu folgen und nichts Dummes zu tun. Wenn es für sie Zeit sei zu gehen, würde ich es ihr schon sagen.

Plötzlich klingelte mein Telefon. Wie erwartet war es Ryan, der unser Gespräch natürlich mitgehört hatte, da mein Auto voller Wanzen war.

»Hören Sie auf mit diesem Quatsch«, schrie er, »und tun Sie, was ich sage. Es gibt einen Plan, und den müssen wir befolgen. Sagen Sie ihr, dass sie sich genau an meine Anweisungen halten soll.«

Ich machte mir gar nicht erst die Mühe, ihn umzustimmen, sondern sagte nur: »Wir sind diejenigen, die da reingehen und etwas riskieren. Und deshalb machen wir es auf meine Art.« Dann legte ich auf.

Das Fotoshooting war ein Erfolg, und ein paar Tage später brachte ich einige Abzüge ins Gefängnis und zahlte zudem hundert Dollar auf Chris' Kantinenkonto ein. Ich wollte mich nicht unbedingt bei ihm einschleimen – schließlich war er gerade aus dem Rennen –, aber ich wusste, dass sich das schnell bei allen Hells Angels rumsprechen und meinen Ruf als verlässlicher Partner fördern würde.

Und damit hatte ich recht. Ein paar Tage später kamen Ramona Pete und ein Mitglied namens Hatchet Dave in mein Studio, um ein altes Foto der ursprünglichen Hells Angels – einer Jagdfliegerstaffel aus dem Zweiten Weltkrieg – vergrößern zu lassen.

»Man hat mir erzählt, dass du einen Hunderter auf Chris' Konto eingezahlt hast«, sagte Pete. »Das war echt nett von dir.«

»Ach was, ich war ja sowieso dort, um ihm die Bilder zu bringen«, erwiderte ich.

»Ja, davon habe ich gehört«, meinte Dave. »Schlau von dir, deine Freundin mitzunehmen.«

Die Biker hatten meine Geste gewürdigt, die Bullen verstanden sie nicht. Ich erwähnte zwar, dass ich hundert Dollar auf Chris' Konto eingezahlt hatte, aber niemand erbot sich, mir das Geld zu ersetzen.

»Zur Hölle mit ihm«, sagte Brooks Jacobson über Chris Devon. Er wollte einfach nicht begreifen, wie viele Pluspunkte die kleine Geste mir eingebracht hatte. »Soll er doch im Knast verrotten.«

Obwohl die Dago Hells Angels immer mehr Vertrauen zu mir fassten, beauftragte die Polizei mich immer noch nicht damit, Geschäfte mit ihnen zu machen. Im Gegenteil, die Anweisung, die ich von meinen Betreuern seit meinem ersten Tag in El Cajon am häufigsten zu hören bekam, lautete: »Nichts überstürzen.«

»Geben Sie uns Zeit, unsere Dateien auf den neuesten Stand zu bringen«, pflegten Brooks und Ryan zu sagen. Und ich erwiderte, dass ich meiner Meinung nach durchaus nichts überstürzte. Aber das nützte nichts – sie taten trotzdem so, als würden sie in Arbeit ersticken.

Immerhin kam es meinem guten Ruf bei den Angels zugute, dass ich ihnen keine Deals anbot. Je länger ich auf kriminelle Aktivitäten mit ihnen verzichtete, desto unwahrscheinlicher kam es ihnen vor, dass ich für die Polizei arbeitete. Und das, obwohl die kalifornischen Hells Angels grundsätzlich davon ausgingen, dass es jeder auf sie abgesehen hatte.

Dass ich keine Geschäfte mit den Angels machte, heißt jedoch nicht, dass ich gar keine machte. Eine Menge Leute kamen zu mir, meist auf Empfehlung eines sehr ehrgeizigen jungen Ganoven, den ich in der Turquoise Street kennengelernt hatte.

Er hieß Bobby und war der Neffe des Indianers, der ihn etwa ein Jahr zuvor mitgebracht hatte, als er mich besuchte. Der Indianer hoffte, dass Bobby bei mir eine Art kriminelle Lehre absolvieren könne. Wir waren sehr gut miteinander ausgekommen und hatten gelegentlich etwas zusammen unternommen. Geschäftlich war allerdings nicht viel gelaufen, weil ich zu sehr mit den Russen beschäftigt gewesen war. Das änderte sich jedoch, als ich nach El Cajon umzog. Bobby wohnte in der Nachbarstadt Santee, ebenfalls in der Cuyamaca Street, und darum sahen wir uns wieder öfter und machten daher auch mehr Geschäfte miteinander.

Bobby arbeitete als Flaschnergeselle im Wohnungsbau, nutzte aber seine gesamte nicht unbeträchtliche schöpferische Energie dazu, krumme Dinger zu drehen. Er war immer munter, fröhlich, enthusiastisch und hatte keinerlei Hemmungen, was gewaltlose kriminelle Machenschaften aller Art betraf. Er handelte mit Waffen, Drogen und gestohlenen Autos und brachte sogar illegale Einwanderer über die mexikanische Grenze – immer mit einem Lächeln auf den Lippen.

Bei einem unserer ersten Deals brachte er mir 400 Gramm Chrystal Meth, das er von einem Kollegen erhalten hatte, dessen Onkel ein einflussreicher mexikanischer Gangster in San Diego war. Die verpackte Ware wurde »Fußball« genannt, weil sie mit Wagenschmiere umhüllt und mit Klebstreifen so verpackt worden war, dass der Geruch überdeckt wurde und man den ganzen Packen vor dem Grenzübertritt problemlos im Ersatzreifen oder dem Motorblock verstecken konnte.

Nach diesem Deal folgten drei weitere, jeweils ein Fußball Amphetamin, beschafft von Bobbys Kollegen. Normalerweise hätten wir uns mit zwei solchen Geschäften begnügt, aber der Lieferant kam immer wieder vorbei, um verschiedene Kumpels zu versorgen. Dadurch konnten wir neun Täter statt einen überführen.

Bobby und sein Kollege machten mich mit Smokey bekannt, einem mexikanischen Gangster, der einer der skurrilsten und gefährlichsten Menschen war, die ich in San Diego bisher getroffen hatte – und das sollte etwas heißen. Smokey war vor Kurzem aus der staatlichen Strafanstalt Pelican Bay entlassen worden, die den Bösesten der Bösen vorbehalten war, und wollte die versäumte Zeit offenbar schnell nachholen. Er war klein und dick, und seine Kleidung – ein ärmelloses Unterhemd und ein weicher Filzhut – änderte sich nie wesentlich. Er fuhr einen Delta 88, der verbeult und verrostet war und in dem innen bunte Bommel an den Fenstern und an der Windschutzscheibe baumelten. An den Fenstern hingen meist mehrere Gangmitglieder, während die Stereoanlage in voller Lautstärke dröhnte. Man musste schreien, um in diesem Lärm gehört zu werden, und Smokey schrie immer. Alles, was er sagte oder schrie, wurde von machohaften Hip-Hop-Gesten begleitet. Er war wohl der aggressivste Mensch, der mir je begegnet war.

Trotzdem mochte ich ihn, auch weil er auf mich wie eine treffende Karikatur wirkte. Natürlich passte ich höllisch auf, damit er nicht merkte, dass ich über ihn und nicht mit ihm lachte. Da er sich für gefährlich hielt, war er es auch. Und er hätte mich und jeden anderen wahrscheinlich schneller umgebracht, als sein Filzhut zu Boden fallen konnte, wenn er gemerkt hätte, dass sich einer über ihn lustig machte.

Smokey verkaufte alles, was ein wenig Geld einbrachte. Wir begannen mit ein paar Handfeuerwaffen und umgebauten Schrotflinten – mit abgesägtem Lauf und Klappschaft – und verlegten uns dann auf mexikanisches Heroin. Als er mir zum ersten Mal Heroin anbot, wies Ryan mich an, das Geschäft abzulehnen, da mexikanische Drogenhändler nicht unsere Zielgruppe waren. Ich tat es, und daraufhin wurde die Droge von Zwischenhändlern auf der Straße verteilt. Beim zweiten Mal setzte ich Ryan unter Druck und deutete an, dass ich unangenehm werden würde, falls er mich erneut zurückpfiff. So bekam ich grünes Licht für Heroin im Wert von 1000 Dollar.

So wie Bobby mich zu Smokey geführt hatte, führte dieser mich zu einem Lkw-Fahrer namens Robert, der sich darauf spezialisiert hatte, Menschen und alles andere über die mexikanische Grenze zu schmuggeln. Robert hatte ein Problem, denn er hatte für eine Bande von Menschenschmugglern gearbeitet, die wenige Tage vor dem 11. September 2001 einige Leute aus dem Nahen Osten ins Land gebracht hatte und nach dem Einsturz der Zwillingstürme in Panik geflohen war. Jetzt war Robert arbeitslos und bot mir seine Dienste an.

Ich signalisierte ihm, dass ich durchaus interessiert sei, ihn aber nur an der kanadischen Grenze einsetzen könne, wofür er falsche Papiere brauche. Dann bot ich ihm an, diese Papiere für ihn zu besorgen, und nutzte die Gelegenheit, ihn und seinen Lkw zu fotografieren.

Später kontaktierte ich Brooks und Bob und schlug vor, mich von Robert zu seinen ehemaligen Auftraggebern führen zu lassen. Das erschien mir nicht weiter schwierig, denn der 11. September lag erst wenige Wochen zurück und die Grenzen wurden streng überwacht. Die beiden meldeten sich jedoch einige Stunden später wieder bei mir und rieten mir, den Plan zu vergessen, da sonst der Geheimdienst ins Spiel kommen würde. »Die würden uns den Fall mit Sicherheit aus der Hand nehmen. Dann würden die Ermittlungen gegen die Biker eingestellt, und Sie wären womöglich bald wieder in Kanada«, sagte Bob. So war es auch im Fall der Russen gelaufen: Wir hatten die Ermittlungen gegen die Hells Angels ein Jahr lang unterbrechen müssen. Bob und Brooks hatten keine Lust, so etwas noch einmal zu erleben.

Mein erstes Geschäft mit den Hells Angels wurde nicht direkt abgewickelt, sondern lief über einen Dealer, der im Auftrag von Mark Toycen Kokain und Heroin verkaufte. Toycen war der Sergeant at Arms des Dago-Chapters und eines der meistgefürchteten und gemeinsten Mitglieder.

Der Dealer war eine stark übergewichtige Frau in den Fünfzigern namens JoAnn, die ihre Tage und Nächte damit verbrachte, überall in der Umgebung von San Diego Drogen zu verteilen. Sie war ein ziemlich kleiner Fisch, der nur geringe Mengen verkaufte, und kam regelmäßig ins »Dumont's«, um Nachschub zu holen. Denn Toycen deponierte dort Drogen für sie. Eines Tages saß ich an der Bar und plauderte gerade mit Pete, als JoAnn hereinkam. Purple Sue, die Barkeeperin, stellte uns einander vor, und wir unterhielten uns eine Zeit lang. Kurze Zeit später besuchte sie mich unter dem Vorwand, dass sie gerade in der Nähe gewesen sei, in meinen Laden. Bald kam sie häufiger, manchmal allein, manchmal mit Sue, manchmal mit anderen Leuten.

JoAnn war eine echte Plaudertasche und, obwohl sie seit Jahren mit den Dago Hells Angels verkehrte, ziemlich schlau. Aber sie konnte nur unwichtige Informationen liefern, da sie wegen ihres niedrigen Status und wahrscheinlich auch wegen ihres Mundwerks kaum etwas erfuhr, das wir vor Gericht hätten verwerten können.

Wie Sues Mann saß auch JoAnns Sohn wegen Mordes im Gefängnis, und sie beklagte sich darüber, dass sie ihn aus irgendeinem Grund nicht besuchen dürfe. Ich vermutete, dass ihr Sohn im Knast von der Gang geschützt wurde, weil sie für Toycen arbeitete.

Bei ihrem zweiten oder dritten Besuch bot sie mir Drogen an. »Wenn du mal etwas brauchst, dann wende dich an mich«, meinte sie. Ich biss natürlich sofort an.

»Super, ein paar Gramm wären vielleicht gar nicht schlecht. Dann könnte ich meinen Kunden etwas anbieten.«

Ich begnügte mich mit einigen kleinen Käufen, denn ich ging davon aus, dass die Polizei sie bei Bedarf irgendwann festnehmen und wahrscheinlich ohne große Mühe umdrehen konnte.

Um diese Zeit kaufte ich mir ein neues Motorrad, eine aufgemotzte Harley Davidson Sportster 1200, Jahrgang 1999, und begann, mit einzelnen Mitgliedern und Freunden der Angels auszufahren, manchmal im Anschluss an das wöchentliche Grillfest. Die Ausflüge führten oft hinaus in die Wüste. Am Wochenende des 8. und 9. Dezembers – ich erinnere mich daran so genau, weil es mein 53. Geburtstag war – besuchte ich eine der großen Werbeveranstaltungen der kalifornischen Hells Angels, den Toys for Tots Run. Gastgeber war diesmal das Chapter Berdoo (San Bernardino), und Brandon hatte mich gebeten, ein Poster anzufertigen.

Ich fuhr also mit meinem Motorrad nach San Bernardino, gefolgt von einer ganzen Einsatzgruppe der Polizei: Ryan, Brooks und Billy vom Sheriffbüro – insgesamt etwa ein halbes Dutzend Männer, die auf drei Fahrzeuge verteilt waren. Zu diesem Treffen kamen Hells Angels aus dem ganzen Land, und alle Dago Angels nahmen teil. Es war also eine gute Gelegenheit, sie zu beobachten, egal ob sie Straftaten begingen oder nicht. Schauplatz des Ereignisses war eine Art Landhaus, das zwei Berdoo-Mitgliedern gehörte. Gutgläubige Teile der Bevölkerung wurden dazu aufgerufen, mit neuen oder wenig benutzten Spielsachen vorbeizukommen. Die Gang wollte das Spielzeug dann Wohltätigkeitsorganisationen übergeben, die es rechtzeitig vor Weihnachten an bedürftige Kinder verteilen würden. Wenn ich mich recht erinnere, füllten sie an diesem Wochenende vier Sattelschlepper mit Spielsachen.

Ich verbrachte einen großen Teil des Wochenendes mit dem Fotografieren der Gäste, tat das aber natürlich nie, ohne vorher um Erlaubnis zu fragen. Trotz dieser Vorsichtsmaßnahme spürte ich am Samstagabend gegen acht Uhr, als das Publikum verabschiedet wurde, eine große Hand auf meiner Schulter. Als ich mich umdrehte, stand der Präsident des Berdoo-Chapters vor mir.

»Wer bist du, und warum machst du so viele Fotos?«, fragte er höflich und zugleich drohend.

Brandon Kent, der einige Meter entfernt an einer Wand lehnte, rief: »He, der ist in Ordnung. Der ist mit uns gekommen.« Ich war wirklich froh, seine Stimme zu hören, und noch froher über das, was er sagte, als er zu uns schlenderte: »Er schießt alle Fotos von unserer Gruppe. Keine Sorge, der ist okay.«

Das überzeugte den Berdoo-Präsidenten offenbar, denn er meinte nun: »Wenn dir jemand Schwierigkeiten macht, dann schick ihn zu mir.«

Etwa eine Stunde später, als die Angels allein weiterfeierten, wurde mir erst bewusst, was für einen Ritterschlag Brandons Worte bedeuteten. Denn es gab noch einen zweiten Fotografen, der allerdings Aufnahmen für *Easyriders* machte, ein Motorrad-und-Busen-Magazin, das sich der Verherrlichung der Hells Angels und anderer Biker verschrieben hatte. Ihm wurde mitgeteilt, dass seine Anwesenheit nun nicht länger erforderlich sei, ich aber durfte bleiben, solange ich wollte. Also blieb ich fast die ganze Samstagnacht.

Am nächsten Tag kehrte ich erneut zur Party zurück. Gegen Ende des Nachmittags, als viele Dago-Mitglieder schon abgereist waren, suchte Cisco, ein Mitglied des Chapters Oakland, jemanden, der nach San Diego fahren würde, und irgendjemand verwies ihn an mich.

»Bring die hier dem Dago-Chapter«, bat er mich und überreichte mir drei Vorausexemplare des nächsten Hells-Angels-Kalenders. »Einer ist für Mark«, fuhr er fort – gemeint war Toycen –, »einer für den Boss und einer fürs Clubhaus.«

Gehorsam nahm ich die Kalender entgegen.

Auf dem Weg zurück nach San Diego traf ich mich in einer Raststätte an der Autobahn östlich von San Bernardino mit dem Team. Kein Hells Angel würde diese Straße benutzen. Abgesehen von einem kurzen Telefonat hatte ich keinen Kontakt mit meinen Betreuern mehr gehabt, seitdem ich am Tag zuvor angekommen war. Sie warteten daher gespannt auf meinen Bericht. Ich fasste meine Erlebnisse kurz zusammen und erwähnte auch die Kalender, die einzeln in Zellophan verpackt waren. Ryan griff nach ihnen und betrachtete sie.

»Ich nehme die Dinger wohl besser an mich«, sagte er. »Sie haben ja genug damit zu tun, Ihre Fotos zu drucken.«

»Ich brauche sie aber«, protestierte ich.

»Nun, dann beeilen Sie sich, und bringen Sie mir erst die Fotos«, meinte Ryan, drehte sich um und ging auf den Geländewagen zu, den ihm die DEA zur Verfügung stellte.

Da drehte ich durch. »Sie sind ein verdammtes Arschloch«, schrie ich und fügte eine lange Liste von Schimpfworten hinzu. Ein Grund für meinen Ausraster war sicher auch, dass ich erschöpft war, weil ich zwei Tage allein mit 200 Hells Angels verbracht und kaum geschlafen hatte und weil noch eine zweistündige Fahrt durch die kalte Wüste vor mir lag. Natürlich war mir klar, dass Ryan mich nur provozieren und daran seinen Spaß haben wollte. Er wusste genau, dass ich die Kalender schnellstmöglich abliefern musste, um bei der Gang nicht jede Glaubwürdigkeit zu verlieren. Ich warf ihm ein paar weitere Kraftausdrücke an den Kopf. »Komm zurück, du verdammter Wichser! Ich hab die Schnauze voll von dir! Komm her! Sofort!«

Jetzt drehte er sich um, gab die Kalender Bob oder Billy und kam auf mich zu. Aber die anderen sprangen schnell dazwischen, um uns auseinanderzuhalten. Wir konnten einander nur weiter anschreien. Schließlich schleppten sie Ryan zu seinem Auto, und ich stieg auf mein Motorrad. Wer auch immer die Kalender gerade hatte, ich bekam sie auf jeden Fall zurück.

Das war's für Ryan und mich. Die Nachricht von unserem Streit mitten auf der Straße erreichte auch unsere Bosse, und sie verboten Ryan jeden direkten Kontakt mit mir. Sie entzogen ihm aber nicht den Fall, und ich erfuhr bald, dass er abends den Horchposten neben meinem Laden besetzte und meine Aktivitäten überwachte. Das ging mir zwar gehörig auf die Nerven, aber ich konnte nichts dagegen tun. Bob spielte wie immer den Vermittler und erklärte mir, dass der Horchposten für Ryan eine Art Zuflucht war, weil die Situation bei ihm zu Hause noch übler sei als hier. Ich musste wohl glauben, dass dies der Grund für seine Überstunden war. Um die Ermittlungen nicht zu gefährden, mussten wir letztlich doch wieder miteinander reden, und nur wenige Wochen später deckte er mich telefonisch mit Anweisungen und Befehlen ein – und einer dieser Befehle brachte die gesamten Ermittlungen zu Fall.

Zwischen Weihnachten und Neujahr war ich in New Brunswick und hatte anschließend keine große Lust, nach San Diego zurückzukehren, obwohl ich dadurch Schnee und Kälte gegen Sonnenschein eintauschen konnte. Die Ermittlungen führten anscheinend zu nichts, und die Polizei war aus meiner Sicht offenbar damit zufrieden, sie dahindümpeln zu lassen. Darum beschloss ich, mir eigene Ziele zu setzen und für etwas mehr Dynamik zu sorgen.

Bobby Perez hatte mir schon einmal Drogen angeboten, aber damals waren wir in der Bar gesessen und ich war nicht verkabelt, deshalb hatte ich abgelehnt. Aber ich wusste, dass er das Angebot wiederholen würde, wahrscheinlich bei mir im Laden, wo das Team dann jedes Wort mithören würde. Er kam oft zu mir, und das zu jeder Tages- und Nachtzeit, denn seiner Meinung nach mussten alle anderen wohl auch wach sein, wenn er wach war. Wie erwartet tauchte er eines Tages um drei Uhr Früh auf und wollte mir unbedingt Drogen verkaufen.

»Ich habe erstklassiges Heroin – hast du Interesse?«, fragte er.

Dieses Mal griff ich zu. Ich erzählte ihm, dass ich demnächst einen meiner Kuriere erwarten würde und der wahrscheinlich daran interessiert sei. Also kaufte ich etwa hundert Gramm und einige Zeit später noch einmal eine kleine Menge.

Mein nächstes Ziel war ein Hells-Angels-Anwärter, den ich auf der PR-Veranstaltung getroffen hatte. Er hieß Zach Carpenter und arbeitete in einem Tätowierstudio gegenüber dem »Dumont's«. Vor Weihnachten hatte er mir ein Tattoo verpasst, das ein älteres überdeckte, und bei der Gelegenheit hatte ich ihn nach Drogen gefragt.

»Im Moment habe ich nichts da, aber bald bekomme ich was«, hatte er mir versichert.

Mitte Januar sahen wir uns am Abend der Mitgliederversammlung wieder, und ich sprach ihn darauf an.

»Ich komme morgen zu dir«, erwiderte er. Er kam, und ich kaufte ihm dreißig Gramm Meth ab.

Meine Betreuer versuchten nicht, mich von diesen Käufen abzuhalten, aber sie waren auch nicht gerade begeistert davon und ermutigten mich nicht im Geringsten. Das kam mir irgendwie seltsam vor.

Doch dieser Mangel an Enthusiasmus war immer noch leichter zu ertragen als anderes Fehlverhalten, das sie an den Tag legten. Einmal besuchte mich beispielsweise Purple Sue und fragte: »Kann ich ein bisschen koksen, bevor ich gehe?«

»Klar«, antwortete ich, obwohl es sich eher um eine rhetorische Frage gehandelt hatte. Sue holte bereits ihren kleinen Beutel mit Kokain aus der Tasche, zog eine Linie aus Pulver und schnupfte sie innerhalb von Sekunden. Dann stieg sie auf ihre lila Harley und brauste los.

Einige Zeit später klingelte das Telefon. Es war Ryan, der mich eigentlich gar nicht anrufen sollte.

»Dafür könnten wir Sie festnehmen«, schimpfte er.

»Wofür?«, fragte ich ehrlich erstaunt, denn ich hatte Sues Kokainkonsum bereits vergessen, und selbst wenn ich daran gedacht hätte, wäre es mir nicht in den Sinn gekommen, dass mir jemand daraus einen Strick drehen würde. Nicht einmal Ryan.

»Weil Sie jemandem erlaubt haben, in Ihrem Haus Drogen zu konsumieren«, erklärte er.

»Was?!«, erwiderte ich.

Nach einer kurzen Pause konnte ich einfach nicht anders als ihn zu fragen: »Nehmen Sie eigentlich neuerdings selbst Drogen?«

Aber das war noch nicht alles. Einige Wochen später fragte mich ein Gangmitglied, ob ich meine Foto- und Computerkenntnisse dazu nutzen könne, um für einen von der Polizei gesuchten Dago Angel einen Ausweis zu fälschen. »Selbstverständlich«, antwortete ich und vereinbarte mit ihm einen Fototermin am folgenden Nachmittag. Dann informierte ich pflichtgemäß meine Betreuer darüber.

Als der Gesuchte und einer seiner Kumpels auf den Parkplatz einbogen, klingelte das Telefon. Es war Ryan, der vom Horchposten aus die Kameras überwachte und mir mitteilte, dass die Kerle eingetroffen seien. »Erlauben Sie denen ja nicht, in Ihrem Haus Drogen zu konsumieren – dadurch würden Sie die Verteilung von Rauschmitteln fördern«, warnte er mich.

Auch das war meiner Meinung nach nur ein Versuch, mich zu provozieren.

Irgendwann keimte ihn mir allerdings der Verdacht, dass die DEA oder zumindest einer der Beamten irgendeine geheime Absicht verfolgte – vielleicht die, die gesamten Ermittlungen auffliegen zu lassen. Diese Idee erschien mir nach einem Telefonanruf Ende Januar noch plausibler. Ein FBI-Agent aus San Francisco bat mich um ein Treffen. »Wir würden gerne einiges mit Ihnen besprechen.«

Ein paar Tage danach traf ich den FBI-Mann, einen Spezialisten für die Hells Angels, und einen seiner Kollegen in einem Restaurant in San Mateo oder San Carlos, einem der südlichen Vororte von San Francisco. Er schien alles über den Fall zu wissen, obwohl das FBI sich bei der Operation Five Star erstaunlich zurückhielt. Dann kam er auf den eigentlichen Grund unseres Treffens zu sprechen, der diese Zurückhaltung vielleicht erklären konnte. Das FBI hegte offenbar tiefes Misstrauen gegen das DEA-Büro in San Diego.

»Wir fürchten, dass es dort eine undichte Stelle gibt, und wir möchten, dass Sie uns helfen, sie zu finden«, sagte der Agent.

Ich musste nicht lange darüber nachdenken, um Nein zu sagen. Denn mein Leben würde einfach zu kompliziert und schwierig werden, wenn ich auch noch gegen die Behörde ermitteln sollte, in deren Auftrag ich die Hells Angels bespitzelte. Ich brauchte Leute, mit denen ich offen reden konnte, ohne um meine Sicherheit fürchten zu müssen, selbst wenn sie vielleicht nicht ehrlich zu mir waren.

Da ich das Angebot abgelehnt hatte, durfte ich nicht mehr erfahren. Das war genauso, wie wenn ich es mit Kriminellen zu tun gehabt hätte. Also forschte ich nicht weiter und erwähnte auch mein Misstrauen gegenüber Ryan und einigen anderen Betreuern nicht. Schließlich kannte ich den FBI-Agenten nicht gut genug und fürchtete, mir mit offenen Worten letztlich selbst zu schaden.

»Sie informieren uns, wenn Ihnen etwas Ungewöhnliches oder Illegales auffällt?«, fragte er noch, bevor ich ging.

»Natürlich«, erwiderte ich und fuhr nach El Cajon zurück.

Der Verdacht, dass meine Betreuer einen geheimen Plan verfolgten – die Ermittlungen zu torpedieren oder etwas völlig anderes –, erhärtete sich eine oder zwei Wochen nach meiner Rückkehr aus San Francisco, als sie mich anwiesen, zwei verdeckte Ermittler des ATF zu meiner Unterstützung in den Fall einzubringen. Wie bereits einige Monate zuvor hatte ich damit grundsätzlich kein Problem, vielmehr ging ich sogar davon aus, dass sie mir wirklich helfen konnten. Durch sie konnte ich auf mein Leben vor El Cajon und den Hells Angels anspielen. Denn ich konnte so tun, als hätten die beiden einst zu meiner Gang gehört. Außerdem konnten sie notfalls eingreifen, falls ich mit den Hells Angels oder den Mongols Ärger bekommen sollte. Denn auch die Mongols ließen neuerdings in der Region San Diego ihre Muskeln spielen.

Das Chapter der Mongols in San Diego war klein und unbedeutend, es hatte vielleicht ein halbes Dutzend Mitglieder. Dennoch hatten die Mongols für einige Unruhe gesorgt. Im Januar hatten die Angels ein Grillfest auf einem Parkplatz in der Innenstadt geplant. Zufällig fuhren am selben Tag rund 400 Mongols durch San Diego, die von L. A. nach Mexiko unterwegs waren und spontan beschlossen, die Party zu besuchen – was den Hells Angels verständlicherweise nicht passte. Später zogen sich die Mongols in das »Cheetah«, das Striplokal von Taz, zurück, was Taz für die Angels zu einer Persona non grata machte, denn nach ihren Regeln hätte er ihnen den Eintritt verwehren und die unvermeidlichen Prügel dafür einstecken müssen.

Auch in El Cajon demonstrierten die Mongols ihre Stärke, wenn auch auf viel subtilere Weise. Monk, der Präsident der Mongols in San Diego, war eines Tages allein und mit allen seinen Abzeichen seelenruhig in das »Dumont's« marschiert, hatte sich an die Bar gesetzt und einen Krug Bier bestellt.

Die Barkeeperin, die wegen der vielen Hotdogs, die sie zubereitete, nur Wiener Girl genannt wurde, wusste nicht, was sie tun sollte. Also rief sie Ramona Pete zu Hause an, der ihr befahl, den Mann zu bedienen, und Bobby Perez und ein weiteres Mitglied in die Bar schickte, um ihn im Auge zu behalten. Aber Monk wollte keinen Ärger, er wollte nur Präsenz zeigen. Also trank er einfach sein Bier und ging.

Das Verhalten der Mongols machte die Hells Angels nervös – und mich ebenfalls, da ich inzwischen ein bekannter Unterstützer war, wie die Polizei es nennen würde. Darum hielt ich es für eine gute Idee, zwei Helfer zu bekommen. Aber die Art und Weise, wie Ryan und Brooks die zwei ATF-Agenten in den Angels-Fall einbringen wollten, war meiner Meinung nach nicht nur lächerlich, sondern gefährlich. Sie sollten ab sofort die ganze Zeit bei mir sein. Ich sollte also plötzlich kein Einzelkämpfer mehr sein, sondern Tag und Nacht in Begleitung auftauchen. Das ergab überhaupt keinen Sinn. Auch die Tatsache, dass die beiden Drogenkäufe bezeugen und eines Tages vor Gericht aussagen könnten, wie Ryan und Brooks mir einreden wollten, überzeugte mich nicht. Dafür hätte schließlich auch ein Agent genügt, und er hätte nur gelegentlich bei mir sein müssen. Schon die Abhöranlage hätte für diesen Zweck ausgereicht. Ständig von zwei Agenten begleitet zu werden wäre ein Warnsignal für die Angels und für mich erneut eine Provokation gewesen.

Um die Sache noch zu verschlimmern, schienen die zwei ATF-Beamten ein Buch mit dem Titel *Biker für Dummies* gelesen zu haben. Jedenfalls spielten sie ihre Rolle völlig unglaubwürdig. Mir gegenüber nannten sie sich Rocky und Highway Mike. Rocky hatte einen schwarzen Pferdeschwanz, der ihm fast bis zur Taille reichte, und muskulöse, tätowierte Arme. Highway Mike war etwas älter, ein wenig kahler und mit 1,80 Meter mehrere Zentimeter kleiner als Rocky. Er war nicht ganz so muskulös und tätowiert, aber das machte er mit seinem aggressiven und provokativen Gehabe wett. Ihr Verhalten widersprach allem, was ich in meiner Laufbahn als verdeckter Ermittler gelernt hatte, nämlich eher unauffällig und umgänglich zu sein und kein wandelndes, sprechendes Klischee. Mit anderen Worten: ein überzeugendes menschliches Wesen und eine angenehme Abwechslung für Ganoven in ihrer mit Testosteron geladenen Welt.

Meine Betreuer waren allerdings taub für meine Proteste, und als Rocky und Highway Mike ab Mitte Februar meine ständigen Begleiter wurden, verschlechterte sich prompt mein Verhältnis zu den Hells Angels.

Die Frage »Wer zum Teufel sind diese Typen?« wurde zum Standardsatz, als ich die beiden das erste Mal in das »Dumont's« mitzunehmen wagte. Da an diesem Abend dort eine Party gefeiert wurde, war zum Glück jeder willkommen. Aber sobald die beiden in meinem Laden zum festen Inventar gehörten, hatte ich viel weniger Besucher. Gangmitglieder kamen einfach nicht mehr vorbei oder riefen vorher an. Immer wieder wurde ich aufgefordert: »Schick diese Typen weg, bevor wir da sind.«

Das war leichter gesagt als getan, denn die zwei Agenten hatten die Anweisung, ständig bei mir zu sein, und häufig verzogen sie sich erst, wenn die Biker eindeutig klarmachten, dass sie mit mir allein reden wollten. »Irgendwann müssen sie doch mit uns reden«, pflegten Rocky und Highway Mike zu sagen.

Einmal, als Zach Carpenter und ein anderes Mitglied mich angewiesen hatten, allein zu sein, wenn sie kamen, meine Schatten aber partout nicht verschwinden wollten, machten die Biker auf dem Absatz kehrt, als sie Rocky und Highway Mike sahen. Niemand hielt die beiden wohl für Bullen, aber es gab die Befürchtung, dass sie einem anderen Club angehörten, und das war angesichts der jüngsten Spannungen mit den Mongols vielleicht sogar noch schlimmer.

Immer wieder bat ich meine Betreuer, vor allem Brooks vom ATF, Rocky und Highway Mike oder wenigstens einen von ihnen abzuberufen, aber ich redete jedes Mal gegen eine Wand.

»Machen Sie, was geht«, sagten sie, »aber die beiden bleiben.«

So kamen die Ermittlungen praktisch zum Stillstand. Es war noch schlimmer als vor Weihnachten. Auch wenn ich damals kein klares Ziel hatte, war ich doch von den Angels wenigstens als Verbündeter anerkannt worden. Jetzt waren sie wesentlich zurückhaltender.

Ich war daher völlig entmutigt, zumal ich das Gefühl gehabt hatte, endlich vorangekommen zu sein. Immer wieder fragte ich mich, ob man mir die beiden Agenten aufgezwungen hatte, um mich abzuservieren, und schließlich überlegte ich sogar, freiwillig auszusteigen. Mir blieb nichts anderes übrig als abzuwarten und meine Zeit abzusitzen, womit ich immerhin Geld verdiente.

Etwa einen Monat, nachdem Rocky und Highway Mike mir aufgehalst worden waren, kam Pat Ryan in mein Geschäft in der Cuyamaca Street und verlangte von mir, eine größere Menge Kokain zu kaufen. Es gab keinen Austausch von Höflichkeiten. Er sagte nur: »Sie tun Folgendes«, was sein üblicher Einleitungssatz war. Darüber hinaus gab es keine Diskussion, kein »Halten Sie das für eine gute Idee?«, nur ein direkter Befehl: »Ich möchte, dass Sie bei Bobby eine Ladung bestellen, die er selbst nicht beschaffen kann, sodass er sich an seinen Lieferanten wenden muss«, fuhr Ryan fort.

»Gut. Um welche Menge geht es?«

Es klang wie ein Standardverfahren, das es uns ermöglichen sollte, auf der Leiter einige Sprossen höher zu klettern und die Großhändler zu erreichen. Da ich zuvor meist nur etwas mehr als hundert Gramm gekauft hatte, ging ich davon aus, dass Ryan an ein oder zwei Kilogramm dachte.

»Etwa fünfzig Kilogramm«, antwortete er.

»Okay«, erwiderte ich und versuchte meine Überraschung zu verbergen. Das ist er, dachte ich sofort – der letzte Deal vor dem Showdown. Wäre Brooks oder ein anderes Mitglied des Teams vor mir gestanden, hätte ich einfach gefragt, wahrscheinlich hätten sie es mir sowieso von vornherein gesagt. Aber zwischen mir und Ryan herrschte so dicke Luft, dass er mir wahrscheinlich keine Antwort auf eine direkte Frage gegeben hätte, nur um mich zu ärgern.

Deshalb war unser Treffen auch schnell beendet.

Später an diesem Tag telefonierte ich dann mit Bobby Perez, der ganz oben auf der Liste mit Gangmitgliedern stand, die die Polizei festnehmen wollte. Ein Grund mehr anzunehmen, dass dies der letzte große Deal war. Sie waren nicht wegen seiner Kontakte, seines Einflusses oder irgendwelcher Schwerverbrechen hinter ihm her, wie es bei Brandon Kent der Fall war. Bobby wollten sie wegen seiner Bösartigkeit von der Straße holen. Als straßenerprobter Dealer und Club-Vollstrecker war er nur der Gang treu, ansonsten suchte er lediglich seinen eigenen Vorteil. Bobby hatte in meiner Anfangszeit in El Cajon keine Zeit für mich gehabt, aber er war zugänglicher geworden, nachdem seine Freundin in der »Bonita«, einer mexikanischen Kneipe neben dem »Dumont's«, einen Streit angefangen hatte. Bobby stand plötzlich einer wütenden Horde gegenüber, und nur ich kam ihm zu Hilfe. Nach längerem zornigen Anstarren gingen dann zum Glück alle ihrer Wege, aber Bobby vergaß nicht, wer zu ihm gehalten hatte.

Später hatte er von sich aus angeboten, mich bei einem Deal zu unterstützen, bei dem es um Crystal Meth ging, das ich von Smokey gekauft hatte. Viel hatte er dabei nicht zu tun. Er musste lediglich in einer Ecke meines Büros sitzen, seine Farben tragen und grimmig blicken. Während ich einen Fußball Meth erwarb, lag seine Hand die ganze Zeit unter der Kutte, was so aussah, als hätte er ständig eine Waffe schussbereit. Das Geschäft lief reibungslos ab, und die Mexikaner waren offensichtlich sehr beeindruckt von Bobbys finsteren Blicken.

Seither hatte ich auch bei Bobby gekauft, und darum hatte er nie einen so großen Argwohn gegen Rocky und Highway Mike entwickelt wie andere Dago Angels. Zudem war der große Auftrag zu verführerisch, denn Bobby war chronisch pleite und rechnete mit einer üppigen Provision.

Natürlich wurde bei Telefonaten mit Angels nie etwas Belastendes gesagt. Darum führte ich mit Bobby auch nur ein kurzes Gespräch, nachdem ich meine Anweisungen von Ryan erhalten hatte.

»Ich möchte dich sprechen«, sagte ich. »Kannst du vorbeikommen?«

»Klar«, antwortete er. Das war alles – wie bei den meisten Telefongesprächen mit Bobby.

Am nächsten Tag kam er in den Laden und erwischte zum Glück einen der seltenen Momente, als Rocky und Highway Mike nicht da waren. Also konnte er offen und entspannt reden. Abgesehen vom Drogendeal hatte er nämlich noch einen anderen Grund, mich zu besuchen. Sein Haus war um Weihnachten herum durchsucht worden, und die Polizei hatte darin ein ansehnliches Waffenarsenal gefunden: abgesägte Schrotflinten, einige Maschinenpistolen und ungefähr sechs Handgranaten. Das Haus war zwar nicht auf seinen Namen gemietet worden, und er war zu dem Zeitpunkt auch nicht anwesend, dennoch warf die Polizei ihm illegalen Waffenbesitz vor. Er blieb zwar vorläufig auf freiem Fuß, durfte aber den Staat nur aus beruflichen Gründen verlassen. Und darum brauchte er einen Job – was ihn zu mir führte. Noch am selben Tag gab ich ihm einen Brief, in dem stand, dass er ein Mitarbeiter von Posterplus war. Angeblich sollte er in meinem Auftrag Treffen von Motorradfreunden im ganzen Südwesten besuchen und Werbebroschüren verteilen. Aber wir sprachen natürlich auch über mein Anliegen.

»Ich hab endlich den großen Kunden an der Angel, hinter dem ich seit über einem Jahr her bin«, erklärte ich ihm. »Diese Jungs sind echt cool. Die kaufen ein- oder höchstens zweimal im Jahr, sodass das Risiko minimal ist. Aber sie brauchen natürlich eine ziemlich große Menge.«

»Das sind gute Geschäfte«, sagte Bobby.

»Genau, aber wo kriege ich fünfzig Kilogramm her?«

»Vielleicht kann ich dir ja helfen«, erwiderte er, und genau das hatte ich von ihm hören wollen.

Über eine Woche erwähnte er den großen Deal überhaupt nicht, was mich nicht weiter wunderte. Die Polizei und ich rechneten damit, dass es ein paar Monate oder sogar länger dauern würde, das Ganze zum Laufen zu bringen. Außerdem war Bobby ja nicht zu regelmäßigen Lageberichten gezwungen. Dann, nach etwa zehn Tagen, kam Bobby im »Dumont's« zu mir und meinte, dass er mich später in meinem Laden besuchen werde. Wenn das Thema zu heikel war, um es in einer Kneipe wie dieser zu besprechen, wo wir eigentlich unter Gleichgesinnten waren, dann musste es um unseren Drogendeal gehen, vermutete ich.

Also fuhr ich zurück zum Laden und rief unterwegs Ryans Partner an, damit er das Gespräch auf jeden Fall aufnahm. Denn während unseres ersten Treffens war niemand im Horchposten neben Posterplus gewesen, der die Aufnahmetaste hätte drücken können, und ich wollte nicht, dass das noch einmal passierte.

Zehn Minuten nach meiner Rückkehr kam Bobby, aber nicht allein. Zu meiner Überraschung begleitete ihn Mark Toycen, der knallharte Sergeant at Arms der Dagos. Seine Aufgabe war es, im Club für Disziplin zu sorgen und die Sicherheit des Clubs zu gewährleisten. Im Dago Chapter bedeutete das eine an Paranoia grenzende Vorsicht, was neue Gesichter anbelangte. Darum war ich äußerst erstaunt, ihn in meinem Büro zu sehen. Seine Anwesenheit konnte nur zwei Gründe haben: Entweder war er unmittelbar und persönlich an der Beschaffung des Kokains beteiligt, oder der Deal wurde vom ganzen Chapter gemanagt und er war als dessen Vertreter gekommen. Hätte er mich nur unter die Lupe nehmen wollen, wäre er auf keinen Fall zu einem Treffen gekommen, bei dem über einen großen Drogendeal gesprochen wurde – das wäre zu unvorsichtig gewesen.

Bobby kam sofort zur Sache. »Wir haben hundert Kilogramm, die zum River-Run-Treffen gebracht werden können.«

Das war doppelt so viel, wie ich bestellt hatte, aber wenn dies das letzte Geschäft der Operation Five Star sein sollte, dann war ein größeres Volumen doch sicherlich eher besser.

»Großartig«, rief ich. »Ich werde meinen Kontaktmann anrufen. Vielleicht nehmen wir ja alles, aber ich muss erst fragen.«

Dann erkundigte ich mich nach den Liefermodalitäten. Würde man mir das Kokain nach El Cajon bringen, oder musste ich es selbst in Laughlin in Nevada abholen, in der kleinen Stadt im Südzipfel des Staates an der Grenze zu

Arizona, wo jeden April das große Bikertreffen stattfand, das als River Run bekannt war.

»Du musst es dort abholen«, teilte mir Bobby mit.

Über den Preis sprachen wir nicht, wir wussten allerdings beide, dass es weniger als 10 000 Dollar pro 500 Gramm sein würden. Ich wollte mich auch nicht zu schnell auf eine bestimmte Menge festlegen. Im Idealfall würde alles erst einmal so unbestimmt wie möglich bleiben, um dann die letzten Einzelheiten beim River Run zu besprechen. Und im Laufe der Verhandlungen würde ich dann vielleicht Bobbys Partner kennenlernen oder zumindest herausfinden, wo sie sich aufhielten. Bobby wollte ebenfalls nichts überstürzen. Er war zwar ein harter Bursche und schon seit Langem ein Hells Angel, aber dies war bei Weitem das größte Geschäft, das er je eingefädelt hatte, und er konnte auf eine saftige Provision hoffen. Deshalb wollte er natürlich nichts sagen oder tun, was ihm das Geschäft hätte verderben können.

Also beließen wir es dabei. Toycen hatte während des ganzen Treffens kein Wort gesprochen, und er blieb auch stumm, als er und Bobby keine zwanzig Minuten nach ihrer Ankunft wieder gingen.

Nachdem sie weg waren, rief mich Ryan von seinem Horchposten aus an und meinte, dass er diesmal keinen Bericht brauche, weil er alles mitgehört und aufgezeichnet habe.

Zwei Tage nach meinem Treffen mit Bobby und Toycen kam Rocky in meinen Laden.

»Lass uns ein bisschen rumfahren«, schlug er vor. Also stiegen wie auf unsere Harley-Davidsons, die uns die Regierung zur Verfügung gestellt hatte, und fuhren zum El-Cajon-Boulevard. Dort gingen wir in eine sogenannte »Zivilistenkneipe«, die nicht von der Gang frequentiert wurde. Er bestellte ein Bier, ich eine Cola. Was er mir dann erzählte, war so unglaublich, dass ich zunächst nicht wusste, was ich davon halten sollte. Aber dem Cowboy in mir gefiel die verrückte Idee irgendwie.

Die Polizei habe nicht genug Geld, um hundert Kilogramm Kokain zu kaufen, erklärte er. Andererseits solle kein Gramm davon auf die Straße gelangen. Und der Zeitpunkt, um zuzuschlagen, war auch noch nicht gekommen.

»Darum haben wir beschlossen, das Kokain zu stehlen.«

Für einen Augenblick war ich sprachlos, dann erkannte ich den Haken an diesem Plan.

»Bobby wird vermuten, dass ich etwas damit zu tun habe«, wandte ich ein.

»Nicht, wenn wir Kutten der Mongols tragen«, erwiderte er.

Wie sich herausstellte, hatten die DEA und das ATF den Mongols in Kalifornien, Arizona, New Mexico und Nevada vor etwa einem Jahr einen harten Schlag versetzt. Sie hatten Dutzende Biker wegen Drogendelikten und Waffenhandels festgenommen und zahlreiche Beweismittel beschlagnahmt, darunter mehr als fünfzig Kutten. Die vergammelten seitdem in irgendeinem Lagerraum der Polizei. Jetzt konnten sie endlich sinnvoll eingesetzt werden, sagte Rocky.

Einerseits war ich entsetzt, andererseits aber auch fasziniert und begeistert. Der Plan war so frech, dass er mir einfach gefiel. Gleichzeitig musste ich an Filme wie *Heißes Pflaster* und all die anderen Streifen denken, in denen Polizisten das Recht in die eigenen Hände nahmen. Diese Gedanken ließen mich nicht mehr los, zumal Rocky mich zum Abschied ermahnte: »Red in deinem Laden nicht darüber, sonst wird das aufgezeichnet und dann müssten wir es später vielleicht rechtfertigen.«

Nachdem Rocky gegangen war, blieb ich noch eine Weile in der Kneipe sitzen, nippte an meinem Getränk und dachte nach. Die Polizisten wollten offenbar dafür sorgen, dass sie die Aktion später abstreiten konnten, wenn sie in die Hose ging. Und ich wollte nicht derjenige sein, der keinen Stuhl hatte, wenn die Musik aufhörte. Aber ich hatte keine Ahnung, wie ich das erreichen konnte.

Bis zum River Run waren es nur noch ein oder zwei Wochen, und die folgenden Tage waren mit der Planung der Reise und der Abwicklung des Drogendeals mit Bobby ausgefüllt. Ich ging davon aus, dass auch die Ermittler schwer beschäftigt waren und ihren großen Coup planten, aber sie informierten mich überhaupt nicht darüber. Bei anderen Einsätzen war ich immer als Vollmitglied des Teams behandelt worden, und man hatte mich über alle Entwicklungen am Laufenden gehalten und mein Fachwissen genutzt. Die Leute hatten um meinen Rat gebeten, ihn zu schätzen gewusst und oft danach gehandelt. Bei diesen Ermittlungen war ich jedoch bereits daran gewöhnt, als Außenseiter zu gelten. Wenn ich berichten sollte, glich das eher einem Verhör, und ich bekam nie genügend Informationen, um mir ein vollständiges Bild vom Verlauf der Operation Five Star machen zu können. Ich wusste nicht, wann ich observiert wurde und wann das Tonband lief. Wahrscheinlich misstrauten mir die Polizisten einfach deshalb, weil ich kein Kollege war.

Dass dies keine Einbildung von mir war, erfuhr ich, als ich eines Tages meine Webcam im Büro eingeschaltet ließ, den Monitor aber ausmachte, sodass es schien, als sei der Computer heruntergefahren worden. Als ich mir später das Video anschaute, sah ich, wie Ryan und sein Partner Hunter meine Sachen gründlich durchwühlten, vor allem meine Papiere.

Was den River Run betraf, erhielt ich nur eine einzige Anweisung. Ich sollte Bobby auffordern, das Kokain in ein Haus am Nordende von Bullhead City zu bringen, also in Laughlins viel größere Schwesterstadt auf der Arizonaseite des Flusses Colorado. Ein verdeckter Ermittler des ATF namens Jaybird (Jay Dobyns), der vor etwa zwei Jahren begonnen hatte, die Hells Angels zu unterwandern, hatte das Haus gemietet. Zur Tarnung betätigte er sich als Kreditbei und Geldeintreiber – auf seiner Karte stand »Imperial Financial Corporation, Investment and Recovery Guidance«. Er war mittlerweile ziemlich gut in die Gang integriert.

Bobby erklärte ich, dass Jaybird einer meiner Komplizen sei und ich während des Runs bei ihm wohnen würde. Ich fügte noch hinzu, dass für ihn und seine Freundin ebenfalls Platz sei. Ein Angebot, das er anfangs auch annehmen wollte, aber dann musste er ein paar Tage früher als geplant nach Laughlin fahren und mietete daher ein Zimmer im »Gretchen Motor Inn« in Bullhead, wo die niederen Ränge der Hells Angels abstiegen. Die meisten hohen Tiere wohnten in zwei großen Hotels in Laughlin, im »Riverside« und im »Flamingo«. Auch einige Polizisten hatten Zimmer im »Flamingo« gemietet.

Obwohl Bobby nicht bei Jaybird wohnte, hatte er nichts dagegen, dass die Verhandlungen über das Kokain dort stattfanden. Das war im Grunde auch nebensächlich – oder sollte es jedenfalls sein. Von einem Informanten, der Bobby nahestand, hatte die Polizei nicht nur erfahren, dass er am Schmuggel nicht beteiligt war, sondern sie wusste auch genau, auf welchem Weg das Kokain von Mexiko nach Laughlin gebracht werden sollte. Sie plante, die Drogen schon vor den Verhandlungen zu stehlen. Dennoch wollte sie den Transport unterwegs observieren, um nicht in letzter Minute eine unangenehme Überraschung zu erleben.

Ich fuhr am Dienstag, den 23. April, von El Cajon über Berdoo und Barstow nach Laughlin. Mit all den Pausen brauchte ich dafür fast den ganzen Tag, und darum tat es mir nicht leid, dass ich den Nissan-Lieferwagen statt meiner Harley genommen hatte. Ursprünglich sollten Rocky und Highway Mike mit mir reisen, aber dann beschloss Bobby, mit mir zu fahren, und meine Schatten änderten ihre Pläne, was mir nur recht war. Als er dann umdisponierte und schon ein paar Tage früher abreiste – wahrscheinlich, um den Kokaindeal vorzubereiten –, hatte ich ebenfalls nichts dagegen. Mein Auto war zwar alt und klapprig, aber es hatte wenigstens eine Klimaanlage.

Zudem konnte ich so einen Hund mitnehmen, der in den vorangegangenen Monaten mein ständiger Begleiter geworden war, obwohl ich das gar nicht gewollt hatte. Bald nach meiner Ankunft in El Cajon hatte ich einen Junkie namens Daryl getroffen, der den Köter vor dem »Dumont's« zu Geld machen wollte. Der Hund war ein Bichon frisé, den der Typ wie einen Pudel rasiert hatte, weil er hoffte, so einen höheren Preis zu erzielen, zumindest genug für seinen nächsten Schuss. Ich schloss mit Daryl einen Handel: Er gab mir den Hund umsonst, und ich verzichtete darauf, ihn wegen Misshandlung des Tieres zu verprügeln. Ein DEA-Agent mit Sinn für Humor verpasste ihm ein Schildchen mit dem Namen »Q-Dog« darauf. Die Biker kannten mich nämlich unter dem Namen »Q-Bob«, den Taz mir kurz nach meiner Ankunft gegeben hatte, als er erfuhr, dass ich aus Quebec kam. Ich nannte den Hund allerdings immer nur Dog. Nicht dass es mir an Fantasie gemangelt hätte, aber eigentlich wollte ich möglichst schnell ein neues Zuhause für ihn suchen. Doch nach etwa einem Monat hatte ich mich einfach an ihn gewöhnt, und er begleitete mich fast überallhin. Er war auch Stammgast im »Dumont's«, wo Ramona Pete für ihn regelmäßig eine kleine Schale Bier auf die Bar stellte. Und er störte nie, wenn ich Leute traf – ganz im Gegenteil.

Auch bei Jaybird wurde Dog wohlwollend aufgenommen. Weil Bobby nicht da war, wurde das Haus in dieser Woche zu einem Wohnheim für verdeckte Ermittler, die überall in den USA Bikergangs unterwandert hatten. So etwas hatte ich noch nie erlebt. Es gab Agenten bei den Pagans im Nordosten, den Outlaws in Florida und den Mongols in Kalifornien. Mehrere Ermittler, darunter auch ich, hatten in verschiedenen Teilen des Landes die Hells Angels infiltriert. Die einzige große Bikergang, die nicht am River Run teilnahm – und daher bei Jaybird nicht von einem Agenten vertreten wurde –, waren meine alten Freunde, die Bandidos. Der River Run wurde seit zwei Jahrzehnten ausgetragen, und die Bandidos waren noch nie erschienen, so wie die Hells Angels nie am Four Corners Run teilgenommen hatten, dem zweiten großen Bikertreffen im Südwesten. Dort nämlich hielten die Bandidos Hof.

Dank dieser Agentenansammlung herrschte in Jaybirds Haus eine Atmosphäre wie bei einer Tagung – einer sehr entspannten Tagung allerdings, weil keine Betreuer oder Beamte in Zivil dabei waren, um die Vorgänge zu überwachen. Es war ein faszinierendes Erlebnis und machte Spaß, aber ich hielt es auch für ein enormes Sicherheitsrisiko. Fast alle Ermittler, die Motorradbanden unterwandert hatten, waren in einem einzigen Haus versammelt. Und Bobby wusste genau, wo ich wohnte. Wenn er überraschend vorbeigekommen wäre, wäre er womöglich auf einen Agenten gestoßen, der die Kutte einer rivalisierenden Gang trug und auf dem Sofa in aller Ruhe Bier trank. Dann hätte er vielleicht einige unangenehme Fragen gestellt. Und wäre einer von uns aus irgendwelchen Gründen Ziel einer Gewalttat geworden, dann hätte eine einzige Bombe gereicht, um zahlreiche Ermittlungen zu torpedieren.

Aber keiner meiner Kollegen schien sich darüber große Sorgen zu machen. Es dauerte nicht lange, bis alle der bei der Veranstaltung vorherrschenden Stimmung folgten und das Wochenende einfach als große Party sahen. Abgesehen davon, dass sie gelegentlich ihre Gangs besuchten, in die sie sich eingeschlichen hatten, stürzte sich keiner von ihnen in Arbeit. Meist lagen sie auf Jaybirds Sofas oder saßen in seinem Esszimmer am Tisch, tranken Bier und erzählten Geschichten.

Einige dieser Agenten spielten ihre Rolle offenbar schon länger, als es gut für sie war. Jaybird war beispielsweise so weit gegangen, sich seinen Bikernamen quer über den oberen Rücken tätowieren zu lassen. Schlimmer noch: Ich hatte von den DEA-Betreuern gehört, dass er nur dann Bericht erstattete oder vorbeikam, wenn man ihn sehr eindeutig dazu drängte. Seine Frau hatte ihn mittlerweile hinausgeworfen, aber das schien ihm egal zu sein. Er hatte sie mit der Zeit immer öfter nur »die Schlampe« genannt, wie es bei Bikern üblich war.

Ein ganz anderer Fall war Bubba, der seit rund fünf Jahren in der Gegend von Los Angeles lebte und absolut jeden kannte. Er war ein Ausnahmefall, weil er sich keine völlig neue Identität zugelegt hatte, sondern weiter mit seiner Frau und seinen Kindern zusammenlebte, die so zu einem Teil des Spiels wurden. Vielleicht wollte er den Boden unter den Füßen nicht verlieren, oder er sollte nur Informationen liefern und ansonsten untätig bleiben, jedenfalls ging er nicht derart in seiner Rolle auf wie Jaybird. Er war fest mit seinem wahren Ich verbunden und wusste stets, dass er ein Agent war.

Einigen Agenten, die bei Jaybird untergebracht waren, reichte das Trinken und Erzählen offenbar nicht. Da ich erst relativ spät angekommen war, musste ich auf einer Couch im Wohnzimmer schlafen, was mir nichts ausmachte, da ich schon viel Schlimmeres erlebt hatte. Am zweiten Abend schlief ich gegen Mitternacht ein und wachte um halb fünf auf. Das Haus war dunkel und still. Alles, was ich hörte, war mein knurrender Magen. Also schaltete ich das Licht in der Küche ein und schaute in den Kühlschrank. Während ich mir ein Sandwich belegte, öffnete sich eine der Schlafzimmertüren und eine ATF-Agentin, die ich als Barbie kannte, kam heraus und ging ebenfalls zum Kühlschrank. Das war ihr anscheinend peinlich, weil sie nur ein T-Shirt und Unterwäsche trug. Dann steckte Highway Mike den Kopf aus dem Zimmer und fragte, ob sie das Bier gefunden habe. Ich sah erst ihn an, dann sie.

Sie senkte daraufhin den Blick, murmelte etwas und ging mit zwei Bierflaschen zurück ins Schlafzimmer.

Ich setzte mich nun auf das Sofa und schaltete den Fernseher ein. Auf einmal kam Rocky mit einer Frau in das Zimmer.

»Kannst du Mike sagen, dass ich meine Freundin nach Hause bringe?«, bat er mich. Das Mädchen war wohl eine Stripperin, aber um sicher zu sein, fragte ich: »Und Sie sind?«

»Oh, hallo, ich bin Candy, und ich bin Tänzerin. Ich hab Rocky gestern Abend im Club getroffen.«

Es war nicht zu fassen, das sollte ein sicheres Haus für verdeckte Ermittler sein und Rocky brachte eine jener Frauen mit, die regelmäßig mit Bikern feierten und sie mit wertvollen Informationen versorgten. Eigentlich hätte ich sofort nach Hause fahren sollen, aber stattdessen setzte ich ein oder zwei Stunden später Dog in mein Auto und fuhr in die Stadt. Gegenüber dem »Gretchen Motor Inn« stand eine Imbissbude, auf deren Parkplatz überall Motorräder herumstanden sowie Männer und Frauen, die ihr Frühstücksbier tranken und herumlungerten. Nach meinen jüngsten Erfahrungen mit den Agenten fand ich diese Szene seltsam tröstlich. Statt richtig zu frühstücken, holte ich mir daher eine Cola aus einem Automaten, setzte mich auf die Heckklappe des Lieferwagens und plauderte mit jedem, der vorbeikam. Ich mischte mich einfach unters Volk.

Nach einer guten halben Stunde klingelte mein Handy. Es war Rocky, der mich anwies, sofort zum Haus zurückzukehren. Einen Grund nannte er nicht.

Als ich ankam, wartete er schon an der Tür auf mich. »Wir verschwinden von hier«, sagte er und zeigte auf einen Kleinlaster mit riesigen Reifen, einer Flagge der Rebels am hinteren Fenster und einem protzigen Nummernschild, auf dem »Cowboy« stand. »Fahr diesem Wagen hinterher«, fügte er noch hinzu.

Als wir an die erste größere Kreuzung kamen, rechnete ich damit, dass wir rechts abbiegen würden, zurück zu »Gretchen«, der Brücke, die nach Laughlin führte, und dem River Run. Stattdessen bogen wir links ab und fuhren auf der A 95 nach Süden. Bald kamen wir in die Wüste, und da begriff ich, dass es sich wohl nicht um einen kurzen Abstecher handelte. Weil der Hund so stark hechelte, schaltete ich die Klimaanlage ein.

Nach etwa dreißig Kilometern hielt Cowboy an einer Tankstelle in Needles an der Grenze zwischen Kalifornien und Arizona. Ich fuhr neben den Wagen, und Cowboy, der eher einem Biker als einem Bullen glich, kam wortlos zu mir und schob eine Lederkutte mit den Farben der Mongols durch mein offenes Fenster.

Also tauschte ich mein T-Shirt, das mich als Unterstützer der Hells Angels auswies und auf dem »Im Zweifel zuschlagen« stand, gegen die Kutte. Sie war mehrere Nummern zu groß, aber dort, wo wir hinfuhren, musste ich ja nicht schick aussehen. Ich behielt die Kutte an, als ich im Shop der Tankstelle meine Rechnung bezahlte, und kaufte mehrere Flaschen Wasser für mich und den Hund sowie Chips und andere Snacks. Ich ging davon aus, dass wir auf dem Weg zum großen Showdown waren, und wollte nicht mitten in der Wüste an Hunger und Durst leiden. Cowboy hatte entweder genug Proviant dabei oder machte sich darüber keine Gedanken. Ich stellte ihm auf jeden Fall keine Fragen.

Wir fuhren wieder zurück auf die A 95, bogen aber schon nach zwanzig Kilometern rechts auf einen Kiesweg ab, dann sofort links auf einen Feldweg, der parallel zur Autobahn verlief. Dort ging es so lange steil bergauf, bis wir uns etwa dreißig Meter über der Autobahn befanden. Es gab dort weder Bäume noch Gestrüpp, aber wir befanden uns so weit oberhalb der Straße, dass man uns von dort aus nicht sehen konnte. Ich parkte zwischen etwa einem Dutzend Kleinlaster, die außer Sichtweite der Autobahnbenutzer standen. Bevor ich aussteigen konnte, kam Rocky zu mir.

»Lass den Zündschlüssel stecken, falls jemand den Wagen wegfahren muss«, forderte er mich auf.

Ich nickte, kurbelte die Fenster nach unten, damit das Auto nicht zur Sauna wurde, und stieg aus, dicht gefolgt von Dog. Wir kletterten noch etwas weiter nach oben und fanden dort ein bizarres Durcheinander vor. Fünfzehn bis zwanzig Männer, von denen ich einige wie Hunter und Mike schon kannte, andere bei Jaybird getroffen hatte, und den Rest noch nie zuvor gesehen hatte, hoben in Mongols-Kutten flache Gräben aus, in die sie sich zum Schutz schmeißen konnten. Sie klebten Munitionsstreifen zusammen, um schneller nachladen zu können, und prüften ihre Waffen. Einige Agenten hatten eine MP 5, andere eine MAC 11. Einer trug ein AR 15. Als ich mich umsah, fühlte ich mich unangenehm schutzlos, denn meine einzige Waffe war das Messer, das mir vor 22 Jahren jemand in Vietnam gegeben hatte. Überhaupt erinnerte mich diese Szene in der Wüste sehr an Vietnam.

Ein Agent, dem ich bei Jaybird begegnet war, warf mir nun einen kleinen Klappspaten zu und riet mir, einen passenden Platz zu suchen. Ich fand einen am oberen Rand des Steilhangs, in großem Abstand zu den Autos. Wir waren alle einen bis fünf Meter voneinander entfernt, und zu meiner Rechten befanden sich nur noch zwei Kollegen. Aus heutiger Sicht war das nicht gerade die günstigste Stelle, denn ich hatte zwar einen vorzüglichen Blick auf die Straße, aber hinter mir gab es keine Deckung.

Während ich mein Loch grub, lief Dog herum, begrüßte die Männer, die er kannte, schloss neue Freundschaften und machte sich mindestens einen Mann zum Feind.

»Der Hund hat in meinen Graben gekackt!«, schrie plötzlich einer der Männer weiter unten.

»Besser in deinen als in meinen«, erwiderte ein anderer.

»Ich wüsste keinen besseren Platz«, fügte ein dritter hinzu.

Ich hielt den Mund. Niemand hatte mich bisher angesprochen, und offenbar gab es auch nichts, worüber die Typen reden wollten. Da ich davon ausging, dass wir unabhängig davon, was genau hier vor sich ging, eine Weile warten mussten, würde ich sicher noch genug Zeit haben, ein wenig zu plaudern und irgendjemandem ein paar Informationen zu entlocken. Doch plötzlich knisterte irgendwo ein Funkgerät und eine Sekunde später schrie jemand: »Sie kommen!«

Wie auf Kommando ließen sich alle in die Gräben fallen und schauten auf die A 95 hinab. Ich hatte also keine Möglichkeit mehr, herauszufinden, was genau vor sich ging, oder wenigstens meine Chips zu essen, die ich mitgebracht hatte. Entweder waren unsere Informationen über diese Aktion präziser als sonst, oder die bösen Jungs waren Pünktlichkeitsfanatiker. Auf jeden Fall bemerkte ich einige Minuten später einen kleinen Konvoi aus Geländewagen, der sich von rechts näherte. Ich blickte nach links in die Richtung, aus der wir gekommen waren, und suchte nach Fahrzeugen, die den Ganoven den Weg versperren würden. Aber die Straße war frei. Vielleicht hatten sie sich nur gut versteckt, dachte ich.

Innerhalb weniger Augenblicke befand sich der erste Geländewagen unmittelbar unter uns. Während ich mich noch fragte, wie die Fahrzeuge angehalten werden sollten, eröffneten alle Agenten um mich herum das Feuer. In Sekundenschnelle war der Geländewagen mit Einschusslöchern übersät und kam schleudernd und mit quietschenden Reifen zum Stillstand. Die vier Türen sprangen auf, und vier Männer stürmten heraus. Der Fahrer, eindeutig ein Latino, schoss einige Male – allerdings nicht lange. Denn nach einigen Schritten explodierte plötzlich sein Kopf. Entweder war er von einer ganzen Salve oder von zwei Geschossen gleichzeitig getroffen worden. Der Mann hinter ihm schaffte es nicht mehr, seinen zweiten Fuß auf die Straße zu setzen, bevor auch er mehrere Treffer abbekam. Die zwei auf der anderen Seite des Wagens hatten mehr Glück. Sie wurden vom Auto geschützt und konnten in Deckung gehen und anschließend zu den anderen drei Fahrzeugen rennen, die hinter ihnen heranfuhren. Staubwolken und von den Autos aufgewirbelter Dreck verschafften ihnen ein wenig Deckung. Trotzdem hätten sie es wohl kaum geschafft, wenn die Polizeiaktion nicht gerade in diesem Augenblick gestört worden wäre. Etwa zwanzig Meter entfernt kamen die ersten von mindestens einem Dutzend Harleys den Feldweg herauf, die meisten mit einem Passagier auf dem Rücksitz. Sie waren aus dem Nichts aufgetaucht und waren uns offenbar nicht wohlgesonnen. Die Typen auf den Rücksitzen feuerten auf uns – und wir hatten keinerlei Deckung im Rücken. Zum Glück war die Reichweite ihrer Waffen wesentlich geringer als die unserer Gewehre.

Aber eine Kugel genügte, wie der Agent zu meiner Linken feststellen musste. Als ich einen Blick zu ihm hinüber warf, sah ich, dass er tot auf dem Bauch lag. Und er war nicht unser einziges Opfer. Nachdem die Geländewagen auf der Autobahn angehalten hatten, waren mehrere Agenten so tollkühn gewesen, den Abhang hinunterzulaufen. Als plötzlich hinter ihnen die Schießerei losging und lauter Geschrei ertönte, zögerten mindestens drei von ihnen kurz und richteten sich aus ihrer gebückten Haltung etwas auf – und wurden prompt von den Männern in den Geländewagen umgenietet. Da offenbar nur der erste Wagen defekt war, drückten die Fahrer der übrigen Geländewagen nun das Gaspedal durch, umrundeten das Wrack, das ihnen für einen Moment als Deckung diente, und rasten davon.

Hinter uns donnerten die Motorräder vorbei. Sie fuhren so schnell, wie es auf dem holprigen Feldweg ging. Nur zwei, deren Fahrer von den Kugeln der Agenten getroffen worden waren, fielen um. Eine Staubwolke stieg hinter den anderen empor, die vom Feldweg auf die Autobahn einbogen und nach Norden rasten.

Inzwischen hatte ich die Neun-Millimeter-Pistole des nicht besonders gut bewaffneten toten Kollegen neben mir gepackt und zielte auf die davonfahrenden Motorräder. Natürlich hatte ich keine Chance, sie zu treffen, aber das Schießen verschaffte mir eine gewisse Erleichterung. Als das Magazin leer war, schleuderte ich die Waffe wütend weg. Die Schießerei hatte nur einige Sekunden gedauert, auch wenn sie mir wie eine Ewigkeit vorgekommen war.

Staub lag in der Luft, und plötzlich senkte sich eine unheimliche Stille nieder, die nur vom Stöhnen, Husten und Keuchen der Verwundeten durchbrochen wurde. Einen Augenblick lang schien jeder von uns in sich zu gehen, Atem zu holen und zu prüfen, ob er tatsächlich unverletzt war. Alle fragten sich verwundert, was da gerade passiert war. Dann begannen die unversehrten Agenten, sich um die Verwundeten zu kümmern und die Toten zu inspizieren. Cowboy packte mich.

»Wir müssen weg von hier«, rief er und zog mich an der Kutte hinter sich her. Erst jetzt bemerkte ich die große Tätowierung an der Innenseite seines Unterarms: »MFFM« in fünf Zentimeter großen Buchstaben – »Mongols forever, forever Mongols«. Ein weiteres Rätsel an einem Tag voller Rätsel. Aber jetzt hatte ich keine Zeit zum Nachdenken. Ich rannte hinter ihm her zum Geländewagen und musste dabei einer umgestürzten Harley und einem toten Hells Angel daneben ausweichen, auf dessen Aufnäher »Arizona« stand. Als ich auf die Autobahn hinunterblickte, entdeckte ich drei Leichen vor dem verlassenen, durchlöcherten Geländewagen und noch eine ein Stückchen weiter hinten. Als ich mich zu unseren Fahrzeugen umdrehte, begegnete mein Blick dem von Hunter, Ryans Partner. Er stand wortlos da und starrte ins Leere.

Der Motor meines Kleinlasters lief bereits. Nachdem ich die Tür geöffnet hatte, sprang auch Dog, der während der Schießerei in Panik herumgerannt war und mich gesucht hatte, hinein. Er verkroch sich ganz nach hinten und zitterte am ganzen Körper, offenbar war er ebenso erschüttert wie ich. Als Cowboys Wagen anfuhr, folgte ich ihm, und bald rasten wir zurück in Richtung Laughlin und Bullhead.

Unterwegs schossen mir alle möglichen Fragen durch den Kopf, und auf keine fand ich eine Antwort. Warum hatte Ryan oder sein Vertreter uns nicht über Funk vor den Bikern gewarnt? Wie konnten diese unbemerkt bleiben? Warum wurde keine Straßensperre errichtet? Wollte die Polizei, dass einige Hells Angels entkamen? Warum waren einige Agenten wie Kamikaze den Abhang hinuntergestürmt? Sollten ihre Mongols-Abzeichen gesehen werden? Das war aber nicht nur leichtsinnig, sondern selbstmörderisch gewesen. Und warum befand sich ein MFFM-Tattoo auf dem muskulösen Arm des Mannes, der das Auto fuhr, dem ich nur mit Mühe folgen konnte? Mir war nie zuvor ein Agent oder verdeckter Ermittler begegnet, der so weit gegangen war, sich ein Gang-Motto eintätowieren zu lassen. Wer war dieser Bursche?

Ich hatte allerdings keine große Lust, ihn danach zu fragen, als er an der Tankstelle in Needles anhielt und mir die Mongols-Weste abnahm. Während er den Kopf durch mein Fenster streckte, fragte er: »Finden Sie von hier aus allein zurück?«

»Klar«, antwortete ich, während ich wieder das T-Shirt anzog, das mich als Unterstützer der Hells Angels auswies.

Ich sah Cowboy nie wieder.

Verwirrt fuhr ich zu Jaybirds Haus. Was sollte ich jetzt tun? Aber ich hatte nicht viel Zeit zum Nachdenken, denn mein Handy klingelte. Es war Brooks, mein ATF-Betreuer.

»Kommen Sie ins Hotel«, befahl er. »Wir sind in Zimmer 303.«

Also wendete ich und fuhr zur Brücke nach Laughlin. Der Nachmittag war inzwischen halb vorbei, und die Party auf dem River Run würde bald beginnen. Die Autos auf den Straßen fuhren Stoßstange an Stoßstange, und die Insassen wirkten fröhlich und ausgelassen. Das kam mir alles absolut irreal vor. Wussten diese Leute denn nicht, was eben geschehen war?

Ich musste mich zusammenreißen. Natürlich wussten sie es nicht. Aber ich wusste, dass in diesem Moment wichtige Besprechungen stattfanden und dass ich bald Anweisungen bekommen würde. Als ich das Hotel erreichte, fühlte ich mich besser. Ich hatte zwar die Ereignisse des Tages noch nicht verdaut, hatte mich aber wieder im Griff.

Nachdem ich mit dem Aufzug hinaufgefahren war, ging ich zu Zimmer 303 und fand Bob McGuigan dort allein vor. Brooks war nirgendwo zu sehen. Bob war normalerweise ein redseliger Mann, aber heute begnügte er sich mit ein paar Floskeln. »Wie geht es Ihnen?«, fragte er. Ich zuckte nur mit den Schultern.

Dann kam er zur Sache. Ich dürfe mit niemandem über den Hinterhalt an diesem Tag reden – nicht mit meinen Betreuern, nicht mit McGuigans Vorgesetzten, nicht mit Leuten, die möglicherweise herumschnüffeln würden. Falls aber jemand, auch wenn es ein Polizist war, das Thema ansprechen sollte, dann sollte ich sofort McGuigan informieren. Soweit es uns betraf, sagte er, sei nie etwas passiert.

»Ist das klar?«, fragte er und schaute mir dabei tief in die Augen. »Das Ganze ist nie passiert.«

Die anderen Befehle, die McGuigan mir erteilte, waren da fast nebensächlich. Ich sollte ein bisschen in der Stadt herumhängen und auf weitere Anweisungen von Bobby Perez hinsichtlich unseres Drogengeschäftes warten. Wenn ich jetzt aus der Stadt verschwände, wäre das zu verdächtig gewesen.

Die Besprechung dauerte nicht länger als fünfzehn Minuten. Niemand sonst hatte das Zimmer betreten, und ich begegnete weder im Hotel noch draußen irgendwelchen Polizisten, die ich kannte. Ich stieg in mein Auto und fuhr erneut zu

Jaybird. Ich fühlte mich schmutzig und müde und musste mich erst einmal eine Weile ausruhen.

Ich hatte jetzt reichlich Stoff zum Nachdenken. So seltsam es vielleicht klingen mag, eine meiner Hauptsorgen galt meinem Bericht über die Ereignisse dieses Tages. Bei allen Aufträgen seit meinem ersten Einsatz in Hongkong vor mehr als zwei Jahrzehnten hatte ich mich verpflichten müssen, genaue Berichte zu schreiben. In Südkalifornien schien diese Regel zwar nicht zu gelten, aber ich hatte es dennoch getan, aus reiner Gewohnheit. Heute gab es jedoch zu viele Fragezeichen, und das begann schon bei der Anzahl der Toten. Ich hatte eine Menge Leute mit Schusswunden gesehen, wusste aber nicht, wie viele tatsächlich tot waren, abgesehen von dem Mexikaner, dem Agenten neben mir und dem Hells Angel aus Arizona – die hatten bestimmt nicht überlebt.

Eines war jedoch ziemlich sicher: Die Drogen und die meisten Hells Angels waren davongekommen. Es sei denn, dass die Polizei sie auf der weiteren Fahrt gestoppt hatte, was nicht anzunehmen war. Sie an diesem Punkt festzunehmen, hätte die gesamte Operation Five Star gefährdet, und das war bestimmt nicht geplant, wenn ich mein Gespräch mit McGuigan richtig deutete.

Es gab viele Fragen ohne Antworten. Soviel ich wusste, war ich der einzige Zivilist, der am Hinterhalt teilgenommen hatte. Das machte mich in den Augen meiner Auftraggeber zu einer tickenden Zeitbombe, die sie vielleicht auf die eine oder andere Art entschärfen wollten, eine nicht gerade angenehme Vorstellung. Ich hatte mich schon den ganzen Nachmittag lang gefragt, warum sie mich überhaupt mitgenommen hatten und warum ich von der Sache wissen durfte. Alle Beteiligten an einer geheimen Aktion mussten als Sicherheitsrisiko gelten, und ich als einziger Zivilist und Ausländer stellte bei Weitem das größte Risiko dar. Hätte ich bei der ganzen Sache vielleicht umkommen sollen? Wenn ja, warum hatten sie mich dann nicht getötet? Warum hatte Cowboy mich so schnell weggebracht? Im Chaos des Gegenangriffs der Biker wäre mein Tod doch wohl leicht zu vertuschen gewesen.

Heute weiß ich natürlich, dass all diese Gedanken vor allem auf meine paranoide Verwirrung zurückzuführen waren. Nichts ergab damals einen Sinn. Nur eine Sache schien mir sicher: Es war Zeit, das Weite zu suchen. Sobald ich wieder in El Cajon war, würde ich meine Sachen packen, sie in den Kleinlaster werfen und zurück nach Kanada fahren.

In dieser Nacht trieb ich mich auf der Uferstraße herum, und am nächsten Tag ruhte ich mich bei Jaybird etwas aus. Die Stimmung im Haus war nach dem Hinterhalt komplett umgeschlagen. Das Thema, über das alle am liebsten geredet hätten – zumindest diejenigen, die davon wussten –, war tabu. Darum herrschte im Haus meist eine unangenehme Stille. Mir war das egal, denn ich hatte sowieso die Nase voll von all den Storys und der Prahlerei. Dank der nun vorherrschenden Stille konnte ich wenigstens etwas Schlaf nachholen.

Und genau das tat ich auch am nächsten Tag, als Jaybird mich plötzlich wachrüttelte. »Wir sollen alle in die Stadt fahren und dort eine Weile bleiben«, instruierte er mich.

Es war Freitagabend, und Laughlins Casino Drive wimmelte nur so von Menschen. Wieder fuhr ich in Richtung »Hotel Flamingo« am oberen Ende der Straße. Dort waren in dieser Woche viele höhere Hells Angel und Polizisten abgestiegen. Darum war es eigentlich leichtfertig von Brooks und Bob gewesen, mich am Tag zuvor zu einer Besprechung in dieses Hotel zu bestellen. Mir zeigte das nur, dass sie nach dem vermasselten Hinterhalt ziemlich durcheinander waren. Aber meine Tarnung schien noch intakt zu sein, und als ich an diesem Abend dort ankam, traf ich Ramona Pete, den Eigentümer des »Dumont's«, vor dem Hotel. Ich plauderte eine Weile mit ihm und schlenderte dann wie gewohnt die Uferstraße entlang.

Dort sah ich eine kleine Gruppe von Hells Angels, die sich mit ernsten Mienen unterhielten, was ganz im Gegensatz zu der sonst während des Runs üblichen Jovialität und dem allseits verbreiteten Schulterklopfen stand. Vor dem »Colorado Belle Hotel« entdeckte ich Brooks. Da er neu beim ATF, bei den Bikern nicht bekannt und wie ein normaler Tourist angezogen war, hielt ich es für ungefährlich, kurz mit ihm zu sprechen und dabei so zu tun, als handle es sich um ein Schwätzchen zwischen Fremden.

»Irgendetwas ist da im Busch«, sagte ich.

»Ich weiß«, erwiderte er, »ich spüre das auch.«

Dann lieferte er mir ein paar brandneue Informationen: Rund achtzig Mongols waren vor Kurzem eingetroffen und besetzten gerade das südliche Ende der Straße. Da ich wieder ein T-Shirt der Hells-Angels-Fans trug und ein entsprechender Aufnäher auf meiner Jacke mich als Unterstützer auswies, riet mir Brooks: »Halten Sie sich von diesen Leuten fern.«

Ich befolgte seinen Rat zumindest vorläufig und überquerte die Straße vom »Belle« zum »Ramada Express Hotel«, wo einige Iron Horsemen, die ich aus San Diego und El Cajon kannte, herumstanden und sich unterhielten. Wie die Red Devils, die Saddle Tramps und die legendären Booze Fighters waren die Horsemen ein Unterstützerclub der Hells Angels in Südkalifornien. Ich nahm an, dass sie Bescheid wussten, wenn etwas im Gange war.

Ich vermied es jedoch, neugierige Fragen zu stellen, und hielt mich einfach in ihrer Nähe auf, um ihre Gespräche zu belauschen. Doch bevor ich etwas Interessantes hörte, bemerkte ich eine Gruppe von Hells Angels, darunter Ramona Pete, die in schnellem Schritt die Straße entlangliefen. Spätestens jetzt schob ich den Rat meines Betreuers beiseite. Es war etwa Viertel vor zwei, und bald würde hier die Hölle losbrechen.

Ich lief zum »Harrah's Hotel«, wo Pete und ein paar Hells Angels nebst Unterstützern auf Verstärkung warteten. Ich blieb bei ihnen, und innerhalb von fünf Minuten wuchs unsere Gruppe auf etwa zwanzig Männer an – genug, um eine ansehnliche Streitmacht abzugeben, wie irgendein Dummkopf meinte. Wir traten durch die automatischen Schiebetüren ein, ich immer dicht neben Pete. Er war einer der einflussreichsten Hells Angels in El Cajon, und obwohl ich beschlossen hatte, mich aus dem Fall zurückzuziehen, hielt ich es immer noch für wichtig, bei solchen Bikern einen guten Eindruck zu hinterlassen. Wenn er sah, wie ich, ein kleiner, schmächtiger, alternder Unterstützer mit ihm und dem Rest der Gang mutig voranschritt, dann konnte sich das langfristig bezahlt machen.

Die Mongols saßen dicht gedrängt an einer Bar mitten im Kasino. Die Männer um mich herum gingen zielstrebig auf sie zu. Es war klar, worauf das hinauslaufen würde. Es wurden nur wenige Worte gewechselt, dann flogen sofort die Fäuste, Füße und alles, was sich irgendwie als Knüppel eignete. Ich landete mit einem hohen seitlichen Fußstoß einen Treffer bei einem Mongol, der sich auf Pete gestürzt hatte. Aber bald kämpfte jeder für sich, und Pete und ich wurden getrennt. Kreischende ältere Leute und andere Spieler hielten ihre Eimer voller Münzen umklammert und machten das Chaos perfekt.

Es dauerte nicht lange, bis Messer gezückt wurden. Das und die Tatsache, dass wir weit in Unterzahl waren, waren für mich Zeichen genug, dass ich verschwinden musste, und zwar schnell. Als ich die Tür erreicht hatte, hörte ich hinter mir Schüsse. Das beschleunigte meine Schritte noch.

Ich rannte zu meinem Auto und fuhr in Richtung Bullhead City. Dabei fühlte ich mich wie ein Fisch, der versucht, stromaufwärts zu schwimmen. Der gesamte Verkehr, Fußgänger und Fahrzeuge, bewegte sich auf das »Harrah's« zu. Die Nachricht von der Auseinandersetzung hatte sich offenbar in Windeseile verbreitet. Ich überquerte die Brücke nach Bullhead gerade noch rechtzeitig: Nationalgardisten schlossen sie fast sofort, nachdem sie von der Schlacht erfahren hatten, und viele hochrangige Hells Angels, die im »Gretchen« wohnten, saßen so auf der Arizonaseite des Colorado fest. Das hielt sie allerdings nicht davon ab zu versuchen, zum Schauplatz des Geschehens zu gelangen. Als ich am Hotel vorbeifuhr, bemerkte ich, dass einige Männer gerade in Boote kletterten. Natürlich wollte ich sofort meine Betreuer benachrichtigen und vor der Gefahr warnen, aber das Mobilfunknetz war unter dem Ansturm der Anrufe zusammengebrochen.

Jaybird war mit zwei oder drei anderen Agenten zu Hause. Ich informierte sie über die Ereignisse und berichtete von den Bikern, die versuchten, den Fluss mit Booten zu überqueren. Jaybird gab die Nachricht daraufhin per Funk an die Nationalgarde weiter, die schließlich mehrere Bootsladungen voller Hells Angels schnappte. Bald danach war ich auf dem Sofa eingeschlafen.

Am nächsten Morgen war die Schießerei im »Harrah's« das Gesprächsthema Nummer eins in Jaybirds Haus. Endlich konnten die Agenten sich über ein interessantes Ereignis unterhalten, und das taten sie auch eifrig, zumal sie gerade nichts anderes Sinnvolles zu tun hatten. Gegen Mittag hatte ich genug davon und brach auf. Meine Betreuer wiesen mich jedoch an, mich nicht zu weit zu entfernen.

Ich fuhr zum »Gretchen«, wo die Hells Angels Kriegsrat hielten. Nachdem sie erfahren hatten, dass drei ihrer Brüder in der vergangenen Nacht im Kampf gegen die Mongols gefallen waren, fühlten sie sich in ihrer Ehre angegriffen und sannen auf Rache. Sie hatten alle anderen Gäste des Hotels gezwungen, sich eine andere Unterkunft zu suchen, und zur Sicherheit Red Devils und Iron Horsemen als Wachposten rund um das Hotel aufgestellt. Ich parkte in einer Seitenstraße in der Nähe des Flusses und ging zum Eingang, wo zwei Reihen von Autos eine behelfsmäßige Barrikade bildeten. Als ich noch knapp zehn Meter von der Tür entfernt war, fragte mich ein Hells Angel mit Schrotflinte, was ich hier zu suchen hätte.

»Ich möchte Bobby Perez vom Dago-Chapter sprechen«, antwortete ich. »Mein Name ist Q-Bob.«

Der Biker sagte etwas in ein Funkgerät, und nach einigen Minuten kam ein Sergeant at Arms der Hells Angels heraus, um mich zu überprüfen. Ich erklärte ihm, dass Bobby auf Bewährung frei sei und Kalifornien nicht hätte verlassen dürfen. »Ich bin sein Fahrer für Notfälle und will ihn nur fragen, ob er mich braucht.«

Nun rief der Sergeant at Arms ebenfalls jemanden an, dann erschien Zach Carpenter, der mir den Zugang erlaubte und mich in die Lobby begleitete. Dort herrschte eine Stimmung, als erwarte die Gang jeden Augenblick einen Sturmangriff auf das Hotel. Die Mitglieder standen bewaffnet und vollkommen ernst herum. Zach übergab mich nun einem anderen Hells Angel, der mich in das Büro führte, in dem jetzt kein Manager mehr residierte, sondern die Gang eine Art Kommandozentrale errichtet hatte. Ich wurde erneut abgetastet und gründlich überprüft, ehe ein anderer Sergeant at Arms mich den Flur entlang zu Bobbys Zimmer im Erdgeschoss führte. Er war dort mit seiner Freundin und einem anderen Paar. Als er mich sah, winkte er mich nach draußen, und wir unterhielten uns in der Lobby.

Nach einer kurzen Begrüßung teilte ich ihm mit, dass ich an diesem Tag abreisen wolle, weil es mir nach der Schießerei zu heiß geworden sei. »Aber ich will euch hier nicht im Stich lassen, falls ihr jemanden braucht, der euch nach El Cajon bringt.«

»Keiner von uns darf jetzt ohne Segen von oben irgendwohin gehen«, erwiderte Bobby. »Aber danke, dass du gekommen bist und gefragt hast.«

Das war der wärmste und freundlichste Dank, den ich je von ihm gehört hatte. Und als er dann auch noch meine Hand packte und mich umarmte, um seine Worte zu unterstreichen, fragte ich mich ernsthaft, ob ich es hier wirklich mit Bobby Perez zu tun hatte.

»Wenn ich irgendetwas tun kann, dann bleibe ich natürlich«, fuhr ich unter dem Eindruck seiner Herzlichkeit fort.

Bobby dachte eine Sekunde nach. »Ja, du könntest ein paar Sachen für mich mitnehmen.«

»Klar«, sagte ich. »Was immer du willst.«

Daraufhin wies er mich an zu warten und ging in sein Zimmer zurück. Ein paar Minuten später kam er wieder heraus und reichte mir seine Gitarre und eine halbautomatische Pistole, Kaliber 380, die in einen Nylonstrumpf gewickelt war.

»Noch mal danke, Mann«, meinte er erneut, als er mich zur Hintertür des Hotels begleitete, wo mein Wagen stand.

Über den Kokaindeal hatte er nicht gesprochen. Offenbar waren Bobby und der Rest der Gang so sehr mit den Ereignissen der vergangenen Nacht und sicher auch mit dem misslungenen Hinterhalt beschäftigt, dass sie nur noch an Krieg denken konnten. Und da ich ohnehin nicht genug Geld dabei hatte, um die Ware bezahlen zu können, hatte auch ich kein Interesse daran, das Thema anzuschneiden.

Ich kehrte zu Jaybird zurück und weihte meine Betreuer ein. Allein die Tatsache, dass ich unter solchen Umständen mitten unter den Hells Angels gewesen war, erhöhte meine Glaubwürdigkeit bei der Gang enorm. Und die Bitte eines einflussreichen Mitglieds, ihm zu helfen, war ein noch größerer Vertrauensbeweis. Obwohl ich beschlossen hatte, die Koffer zu packen, sobald ich in El Cajon war, machte mich das Vertrauen der Gang stolz auf meine Arbeit. Vielleicht, dachte ich, gibt es doch eine Möglichkeit, weiterzumachen.

Aber meine Begeisterung dauerte nicht lange an.

Denn Brooks bat mich um die Waffe. Natürlich ging ich davon aus, dass er nur die ballistischen Daten ermitteln und sich die Seriennummer notieren wolle, bevor ich sie nach El Cajon brachte. Aber Brooks wollte sie ganz behalten.

»Sie könnte ein Beweismittel sein«, erklärte er. »Wir können sie Ihnen nicht zurückgeben.«

Überrascht fragte ich. »Was meinen Sie damit?«

»Nun, er ist ein verurteilter Straftäter.«

»Ja und?«

»Darum dürfen wir ihm keine Waffe geben.«

Ich wandte ein, dass ich die Glaubwürdigkeit, die ich mir bei der Gang und vor allem bei einem ihrer einflussreichsten und gefährlichsten Mitglieder in Südkalifornien mühsam erworben hatte, restlos einbüßen würde, wenn Bobby seine Pistole nicht zurückbekäme. Aber Brooks ließ sich nicht umstimmen. »Sagen Sie ihm einfach, Sie seien in eine Straßensperre geraten und hätten sie aus dem Fenster geworfen.«

Offenbar war jede weitere Diskussion in diesem Fall ebenso sinnlos wie damals, als ich meine Betreuer gebeten hatte, mir Rocky und Highway Mike ein wenig vom Leib zu halten. Ich war so wütend darüber, dass ich sofort meinen Rabbi in Ottawa anrief.

»Das ist doch total verrückt«, stimmte Lévesque mir zu und versprach, sofort Bob McGuigan anzurufen und sich für mich einzusetzen.

Als ich ihn eine Stunde später erneut anrief, sagte er, dass Bob ihn ebenso habe abblitzen lassen wie Brooks mich. Und nach einer Schimpfkanonade über die Arbeitsweise seiner amerikanischen Kollegen gab er mir den einfachen Rat: »Décrissez de là« – »Verschwinden Sie von dort.«

Ich hatte schon einige Geschichten über zivile Agenten gehört, die von ihren Betreuern einfach fallen gelassen worden waren, danach hilflos dahintrieben und schließlich hart auf dem Boden aufschlugen wie ein Drachen mit abgetrennter Schnur. Genau das stand mir anscheinend auch bevor.

In dieser Nacht fuhr ich nach El Cajon zurück, zu erschöpft, um nachzudenken, zu aufgewühlt von den Ereignissen des vergangenen Tages, um klar erkennen zu können, was geschehen war. Kaum war ich am frühen Morgen im Studio angekommen, fiel ich in meinen ersten tiefen Schlaf seit Monaten, wie mir schien. Als ich erwachte, zweifelte ich wieder einmal an meinem Entschluss aufzuhören. Schließlich hatte ich schon so viel Zeit in diese Ermittlungen investiert, und der Profi in mir wollte sie erfolgreich abschließen oder wenigstens in einem aussichtsreichen Stadium verlassen.

Gleichzeitig zweifelte ich daran, dass meine Auftraggeber ebenso entschlossen waren, gute Arbeit zu leisten. Aus mir unerklärlichen Gründen wollte ein einflussreicher Beamter die Ermittlungen offenbar scheitern sehen – und gleichzeitig mich in die Pfanne hauen. Aber vielleicht war ich ja auch nur paranoid.

In den folgenden Tagen schwankte ich ständig hin und her. Ich hing im »Dumont's« herum und tat nicht viel, bis dann das Unvermeidliche geschah: Am späten Donnerstagabend rief mich Bobby an.

»Wir treffen uns in fünfzehn Minuten«, befahl er und beschrieb mir eine Kreuzung, die etwa eine Viertelstunde von meinem Laden entfernt war. Obwohl er mit keinem Ton die Waffe erwähnt hatte, wusste ich, dass er sie zurückhaben wollte. Ich musste mich also dumm stellen – aber nicht ohne Rückendeckung.

Also telefonierte ich sofort herum, aber der einzige Betreuer, den ich erreichen konnte, war Billy Guinn vom Büro des Sheriffs. Er riet mir, die Verabredung einzuhalten, und versprach, innerhalb weniger Minuten auf dem Parkplatz zu sein.

Um den Polizisten genügend Zeit zu verschaffen, kam ich erst mit einiger Verspätung am Treffpunkt an. Dort standen drei Autos voller Hells Angels, Anwärter und Unterstützer, und keiner von ihnen schien sonderlich darüber erfreut, dass sie hatten warten müssen. Mir war klar, dass ich gerade auf eine Strafaktion oder möglicherweise etwas noch viel Schlimmeres zusteuerte. Das war nach den Ereignissen der letzten paar Tage zumindest wahrscheinlich. Zudem ist es in der Bikerwelt üblich, sich selbst für geringe Vergehen unverzüglich und brutal zu rächen.

Bobby stand neben einem Auto. Als ich heranfuhr, hob er eine Hand, aber nicht, um zu grüßen.

»Hast du die Knarre dabei?«, fragte er.

»Oh, nein, davon hast du nichts gesagt. Außerdem muss ich sie erst aus dem Motor holen, in dem ich sie versteckt habe.«

Bobby war nicht der Typ, der seine Wut unterdrückte, selbst wenn er dazu imstande gewesen wäre, und es war sehr deutlich zu sehen, dass er kurz vor einer Explosion stand. Aber zum Glück für mich schrie Mark Toycen in diesem Moment aus dem Auto: »Verdammt noch mal, Bobby, steig ein!«

Deshalb warf er mir nur einen giftigen Blick zu und schnauzte mich an: »Bring sie morgen um zehn Uhr in die Bar!« Dann sprang er ins Auto und knallte die Tür zu.

Kurz nach meiner Rückkehr kam Billy zu einer kurzen Besprechung vorbei. Ich hatte ihn schnell darüber informiert, was Bobby wollte. Dann fragte ich ihn, wie viel Deckung ich in dieser doch ziemlich gefährlichen Situation gehabt hatte. Immerhin waren wir auf einem verlassenen Parkplatz gewesen, und drei Wagenladungen voller kalifornischer Hells Angels hatten wütend auf mich gewartet.

»Ich war mit Barbie da«, antwortete er. Barbie war die Polizistin, die ich in Jaybirds Hause in ihrer Unterwäsche überrascht hatte und die prompt rot geworden war.

»Sie und Barbie? Was hätten Sie denn tun können?«, fragte ich ungläubig.

Billy meinte, dass Barbie beim ersten Anzeichen einer für mich ungünstigen Entwicklung aus dem Auto gesprungen wäre und laut geschrien hätte, um die Biker abzulenken.

»Wenn sie mich hätten umbringen wollen, hätten sie Barbie ebenfalls erledigt«, entgegnete ich.

»Na ja, ich war ja mit meinem Gewehr auch da«, versuchte Billy sich kleinlaut zu rechtfertigen.

Ich fühlte mich total im Stich gelassen. Wenn ihm zu wenig Leute zur Verfügung gestanden hatten, dann hätte Billy mich anrufen und mich von der Fahrt zum Parkplatz abhalten müssen. Trotzdem ließ mich irgendetwas immer noch zögern, sofort meine Koffer zu packen.

Am nächsten Morgen sollte eine Gedenkfahrt für Christian Tate stattfinden, einen Hells Angel des Dago-Chapters, der auf der Route 40 erschossen worden war. Er war knapp eine Stunde vor der Schießerei im »Harrah's« von Laughlin zurück nach El Cajon gefahren. Sein Tod war ein Rätsel. Die Presse vermutete, dass der Mord den Angriff auf die Mongols im Kasino provoziert habe, aber das bezweifelte ich. Denn wie hätte sich die Nachricht so schnell herumsprechen können? Immerhin war Tate mehr als 160 Kilometer von Laughlin entfernt allein in der Mojave-Wüste gestorben. Außerdem fragte ich mich, warum er den River Run gerade dann verlassen hatte, als es brenzlig wurde. Mein Bauchgefühl sagte mir, dass er in einem der Geländewagen oder auf einem der Motorräder gesessen hatte, die dem Hinterhalt am Tag zuvor entkommen waren. Entweder war er schwer verletzt worden und wollte sich in ärztliche Behandlung begeben, oder er wollte die Nachricht vom Hinterhalt der Mongols nach Kalifornien übermitteln. Selbstverständlich war ich auch davon überzeugt, dass dieser Hinterhalt der Grund für den Angriff auf die Mongols war.

Darum war ich neugierig auf die Stimmung während der Gedenkfahrt und auf das Gerede unterwegs. Gefährlich war es dort mit Sicherheit nicht, denn nur wenige Versammlungen locken so viele Polizisten an wie Biker-Begräbnisse oder -Ausfahrten. Neben Dutzenden von Uniformierten waren üblicherweise jede Menge Beamte in Zivil anwesend, die sich gar nicht erst die Mühe machten, in der allgemeinen Zuschauermenge unterzutauchen.

Aber die Sache hatte einen Haken: Das Treffen, zu dem Bobby mich zitiert hatte, sollte zur gleichen Zeit stattfinden wie die Versammlung der Hells Angels, ihrer Freunde und Verbündeten am Clubhaus vor der Abfahrt. Da das »Dumont's« nur wenige Häuser vom Clubhaus entfernt war, konnte ich ein Zusammentreffen mit Bobby kaum vermeiden, wenn ich an der Versammlung teilnehmen wollte. Das Einzige, was ich tun konnte, war, auf der Straße zu bleiben.

Das tat ich auch – aber nur während der einen Minute, die ich an diesem Morgen mit den Hells Angels verbrachte. Als Bobby mich aufforderte, ihn ins Hinterzimmer des Lokals zu begleiten, lösten sich alle Illusionen, ich könne die Situation irgendwie bewältigen, in Luft auf. Also sprang ich in mein Auto und raste mit kreischenden Reifen davon. Für mich war der Fall damit beendet, noch bevor ich um die nächste Ecke bog.

Im Studio halfen mir Brooks, Hunter und ein paar andere Polizisten, meine Sachen zu packen. Was ich nicht im Kofferraum meines Wagens unterbringen konnte, würden sie mir nachsenden.

Offenbar verstanden sie meinen Ausstieg sehr gut und waren wie ich der Meinung, dass die Operation Five Star, zumindest was meine Mitarbeit betraf, endgültig beendet war. Ich konnte jetzt nicht mehr zurück. Trotzdem bestanden sie darauf, dass ich noch eine Nacht in der Gegend blieb, damit wir unsere Erfolge feiern und gemeinsam unsere Misserfolge bedauern konnten. Aber als ich wieder in meinem Auto saß und Richtung Osten fuhr, hatte ich keine Lust mehr anzuhalten. Ich fuhr einfach weiter – nach Hause.

NACHWORT

In meinem sicheren Heim in Kanada wollte ich zunächst nur Ruhe haben. Ich brauchte einfach etwas Zeit, um über meine nächsten Schritte nachzudenken. Vielleicht würde ich mich ganz zur Ruhe setzen oder einen anderen Beruf ergreifen. Und eines Tages meine Geschichte zu Papier bringen, wie es mir so viele Betreuer geraten hatten: George Cousens und Barney, Bob McGuigan und Billy Guinn, der Rabbi und die Blainedidos (wie meine Betreuer in Washington sich genannt hatten).

Doch erst einmal kam es anders: Kurz nach meiner Rückkehr ging zu Hause alles schief. Wieder einmal war ich zu lange fort gewesen. Zwischen mir und Natalie gab es keine Verbindung mehr. Wir stritten uns nicht und wurden auch nicht wütend, es herrschte nur kalte Stille. Meine Unfähigkeit, Gefühle zu zeigen, machte auf Dauer jede echte Beziehung unmöglich. Und meine Verachtung für ihre Familie, mit der sie seit unserer Rückkehr nach Saint John wieder sehr verbunden war, machte alles noch schlimmer. Selbst wenn Natalie ihren Angehörigen verzeihen konnte, kam ich nicht darüber hinweg, dass ihre Familie sie verraten hatte, als sie vor einem Jahrzehnt vor Bashir geflohen war. Außerdem irritierte es mich sehr, dass sie ein Leben im Libanon andauernd verklärte und Kanada bei jeder Gelegenheit herabsetzte.

Ich schob alle Probleme auf Natalie. Sie gab sich einfach keine Mühe zu verstehen, was ich durchgemacht hatte, dachte ich damals. In Wirklichkeit war ich körperlich und seelisch ausgebrannt und passte nicht in die kleinstädtische Gesellschaft. Statt aber an meiner Ehe zu arbeiten, stieg ich nach etwa einem Monat in Saint John wieder in mein Auto und fuhr Richtung Westen. Angeblich wollte ich meinen Sohn besuchen, der in Ottawa einen Ferienjob hatte, aber in Wahrheit tat ich, was ich immer tat: Ich floh vor den Problemen zu Hause.

Kurz nach meiner Ankunft begann ich alte Kontakte in der Region Ottawa-Hull aufzufrischen. Ich meldete mich bei einigen Familienmitgliedern, weil ich mich dazu verpflichtet fühlte, aber auch bei Kriminellen, die ich auf Empfehlung des Rabbis in Erwartung künftiger Aufträge besuchte. Das war kein so großer

Widerspruch, wie es vielleicht scheinen mag. Da meine Verwandten immer noch keine Ahnung hatten, wovon ich lebte, hielten sie mich sowieso für einen großen Gauner, der gelegentlich in ihrem Leben auftauchte und dann wieder verschwand, meist viel Geld hatte und von fernen Orten erzählte.

Das soll nicht heißen, dass ich meine Angehörigen in einen Topf schmeißen will mit den Verbrechern – aber als sich die Bereiche eines Tages vermischten, brachte das mein Leben und das meines Sohnes ziemlich durcheinander.

Einige Jahre zuvor hatten meine Schwestern Louise und Pauline ihre Wohnungen mit Blick auf das Meer in Vancouver verlassen und waren nach Ottawa zurückgekehrt, in eine Gegend, die Touristikfachleute heute als »Umgebung der Landeshauptstadt« bezeichnen würden. Ich nahm an, dass Louise in den Osten zurückkehrte, um ihren erwachsenen Kindern näher zu sein. Meiner Meinung nach war das ein Fehler: Ihre Tochter war eine missratene Drogensüchtige und ihr Sohn Danny ein hasserfüllter, kahlgeschorener Neonazi, der seit Langem als Schandfleck der Familie galt.

Ich kannte Dannys Vater Johnny gut. Er war sein Leben lang ein Mitglied der alten Gang und in jüngeren Jahren ein ziemlich berüchtigter Räuber gewesen. Aber sein Glück ließ ihn im Stich, als er und vier Komplizen einen Bankkurier mit vorgehaltener Waffe um 16 000 Dollar erleichterten. Sie wurden bald verhaftet, und Johnny saß fünf Jahre im Knast. Er war damals mit Louise befreundet gewesen, und sie hatte beschlossen, auf ihn zu warten. Da er nach seiner Entlassung nicht gerade besonders treu war, hatten sie sich schließlich getrennt.

Johnny war nie ein Rassist gewesen, nur ein altmodischer Gauner. Da Danny während seiner Kindheit seinen Vater die meiste Zeit um sich gehabt hatte, war mir unklar, wie er Rassist geworden war. Als älterer Teenager verschwand er allerdings häufig auf rätselhafte Weise. Einige Zeit hatte er in Texas und später in Toronto gelebt, vielleicht hatte er dort seinen Hass gelernt. Wie dem auch sei, er verachtete auf jeden Fall alle Nichtweißen, und als er Mitte der neunziger Jahre wieder in Ottawa auftauchte, wo er auf dem Bau arbeitete, schloss er sich einer Gruppe namens Heritage Front an und wurde ein aktives Mitglied.

Als ich im Sommer 2002 aus Saint John kommend in Ottawa eintraf, befand sich Danny gerade in der Strafanstalt Ottawa-Carleton, wo er eine kurze Strafe wegen Körperverletzung absaß. Während eines Besuchs bei meiner Schwester

Nachwort

lernte ich einen seiner Freunde kennen, der ihn besuchen wollte. Auf Louises Bitte fuhr ich ihn hin und beschloss, Danny ebenfalls einen Besuch abzustatten. Die Folge war eine ziemlich gute Onkel-Neffe-Beziehung, zumindest aus seinem Blickwinkel. Da Danny mit Anspielungen auf meine kriminellen Aktivitäten aufgewachsen war, mich gelegentlich in einem neuen Auto gesehen hatte und wusste, dass ich immer wieder seiner mittellosen Mutter aus der Patsche geholfen hatte, war er mir gegenüber ziemlich offen, was seine eigene kriminelle Karriere betraf.

Kurz nach meinem Besuch wurde er entlassen, sodass wir uns dann häufiger sahen. Mein Interesse war allerdings nicht mehr nur familiärer Natur, denn ich musste Lévesque über seine Machenschaften instruieren. Danny hatte mir erzählt, dass er und seine Skinhead-Kumpels vor Kurzem 4,5 Kilogramm Sprengstoff an die Hells Angels in Quebec verkauft, aber vierzig Kilogramm für den eigenen Bedarf behalten hatten. Das war ein echter Grund zur Besorgnis, ebenso die Informationen über Paul, Dannys Freund, den ich zu dem Besuch im Knast mitgenommen hatte. Er arbeitete als Computertechniker für eine Softwarefirma, die vor nicht allzu langer Zeit Sicherheitssoftware in der Zentrale der Bundespolizei installiert hatte. Paul besaß eine Kopie des Programms und wollte es an die Hells Angels verkaufen.

Das alles löste, kurz gesagt, monatelange stümperhafte Ermittlungen aus, die weder zu Festnahmen noch zu Anklagen führten, aber meine Beziehung zu meinen Schwestern völlig zerstörten und die Brücke zum Einsturz brachten, die mich immer noch mit meiner Heimatstadt verband. Seither habe ich nicht mehr in der Region Ottawa-Hull gewohnt und sie auch nie wieder besucht. Für meinen Sohn wurde die Stadt ebenfalls zu gefährlich, daher begleitete er mich, als ich sie verließ, und setzte bald danach sein Studium in Europa fort. Jetzt kommt er nur noch besuchsweise nach Kanada.

Ich kehrte daraufhin nach Saint John zurück, wo Natalie und ich einen letzten vergeblichen Versuch starteten, um unsere Ehe zu retten. Als ich nach ein paar Wochen wieder ging, wusste ich, dass es für immer war. Diesmal fuhr ich einfach weiter nach Westen, an Ottawa vorbei, denn ich wollte unbedingt in eine neue Umgebung, um so vielleicht auch mein Innenleben verändern zu können.

Plötzlich war es wieder wichtig für mich, Geld zu verdienen. Denn ich hatte das Haus, unsere Ersparnisse und fast alles andere Natalie überlassen. Mitgenommen hatte ich nur den Nissan, meine Kleider und ein paar persönliche Dinge.

Schließlich landete ich in Calgary, wo Lévesque mir einen dreimonatigen Job vermittelte, bei dem es um drei korrupte Polizisten ging. Wäre ich bei klarem Verstand und nicht so gut wie pleite gewesen, hätte ich diesen Auftrag wohl niemals angenommen. Denn bei solch einem Job konnte man nur verlieren, da alle hofften, dass man scheiterte. Aber ich brauchte nicht nur dringend Geld, sondern war auch verwirrt und verzweifelt. Meine zweite Ehe war zerbrochen, mein Sohn war über das große Wasser gereist, und meine letzten beiden Aufträge als verdeckter Ermittler hatten nicht gerade glücklich geendet.

Das reichte mir. Nach Calgary konnte ich mich nicht mehr für verdeckte Ermittlungen begeistern. Ich trieb mich daher wieder herum und landete schließlich erneut in meiner zweiten Heimat Vancouver, wo ich ein paar Monate blieb. Dort informierten mich George Cousens und der Rabbi darüber, dass meine Arbeit in San Diego letztlich doch zu etwas geführt hatte. Offenbar hatten die Jungs von der Operation Five Star die von mir gesammelten Beweise genutzt, um Dutzende von Abhörgenehmigungen zu erwirken, und nachdem sie die Dago Hells Angels fast ein Jahr lang belauscht hatten, schlugen sie hart zu: Sie durchsuchten das Clubhaus und die Wohnungen, beschlagnahmten Waffen und Drogen und klagten die meisten Mitglieder der Gang wegen Drogenhandels, Verabredung zum Mord an den Mongols und Bildung einer kriminellen Vereinigung an.

Der Boss (Guy Castiglione), Mark Toycen, Ramona Pete, Zach Carpenter, Hatchet Dave und mehrere andere Mitglieder wurden festgenommen und erklärten sich für schuldig. Ebenso rund zwanzig Unterstützer, darunter auch JoAnn. Bobby Perez wäre wohl ebenfalls verhaftet worden, wenn ihn nicht vorher jemand ermordet hätte.

Auch Taz, der Indianer, sein Neffe Bobby und seine Kumpels sowie einige andere Leute wurden festgenommen. Die Polizei hatte diese Kriminellen seit über einem Jahr beobachtet und hätte sie schon früher verhaften können, ohne die Ermittlungen gegen die Dago Angels zu gefährden. Aber die Polizei wollte durch möglichst viele Festnahmen auf einen Schlag für Schlagzeilen sorgen, daher durften diese Leute ein Jahr lang ungestraft weitermachen, während die Polizei Beweise gegen die Angels sammelte.

Letztlich dürfte sich das Warten gelohnt haben. Nicht lange nach den Festnahmen gewann die Operation Five Star auf einer internationalen Konferenz über Biker-Kriminalität einen Preis. In seiner Dankesrede legte Pat Ryan Wert auf die

Feststellung, dass der Erfolg allein den Polizisten zu verdanken sei. Man habe zwar am Anfang der Ermittlungen versucht, einen zivilen Agenten einzuschalten, das habe sich jedoch als Fehler erwiesen.

Das überraschte mich nicht. Ryan hatte seine Feindseligkeit schon öfters offen gezeigt, auch als er mir ein Jahr zuvor meine Habseligkeiten von San Diego nach Saint John geschickt hatte. Ein alter russischer Tisch, den Henry mir geschenkt hatte, war in zwei Hälften zersägt worden. Bei einem Sofa, das ich ebenfalls von Henry bekommen hatte, war das Polster aufgeschlitzt. Eine teure Armbanduhr war zertrümmert worden und sogar mein Motorrad war schwer beschädigt. Obendrein hatte man einen Haufen altes Zeug – alte Stahlschreibtische und dergleichen – mitgeschickt, nur um die Ladung schwerer zu machen. Schließlich hatte ich mich bereit erklärt, die Hälfte der Transportkosten zu bezahlen.

Diese Geste war letztlich der Tropfen, der das Fass zum Überlaufen brachte, sodass ich beschloss, das Spiel zu beenden, das ich ein Vierteljahrhundert lang mit einigen Unterbrechungen gespielt hatte. Das Leben eines verdeckten Ermittlers ist schon schwer genug, wenn man weiß, auf wen man sich verlassen kann. Aber wenn man nicht weiß, ob die Polizei hinter einem steht und was ihre wahren Ziele sind, gibt es wirklich bessere Wege, seinen Lebensunterhalt zu verdienen.

Vielen Menschen fällt es schwer, sich an den Ruhestand zu gewöhnen. Selbst wenn man als Abschiedsgeschenk eine goldene Uhr, ein Festessen oder eine Kreuzfahrt in der Karibik bekommt – wovon ich natürlich nur träumen konnte –, ist es einfach deprimierend, nicht mehr gebraucht zu werden.

Für mich war es schwer, neue Aufträge abzulehnen und dann zu erleben, dass die Anrufe allmählich ausblieben, als der Rabbi und andere Polizisten, mit denen ich zusammengearbeitet hatte, in Pension gingen. Aber es gab auch eine neue Herausforderung, die typisch für meinen Beruf ist und in vieler Hinsicht alle anderen Dinge nebensächlich erscheinen lässt: Ich musste herausfinden, wer ich wirklich war.

Eine Zeit lang dachte ich, dass sich mein wahres Ich von all den Rollen, die ich gespielt hatte, unterschied. Es musste einfach anders sein und war sicherlich tief in meinem Inneren verborgen. Wenn ich nur tief genug grub und schabte und all das Geröll beseitigte, das sich im Laufe der vergangenen 25 Jahre angesammelt hatte, würde ich darauf stoßen.

Doch ich wurde eines Besseren belehrt. Mein Kopf ist wie ein Friedhof für all die Typen, die ich verkörpert habe. Ich bin weder dieser noch jener, sondern ein bisschen von jedem. Weil ich jahrelang ein anderer gewesen bin, kann ich in gewissem Sinne nie wirklich ich sein. Darum frage ich heute nicht mehr, wer ich wirklich bin, das kommt mir nicht mehr so wichtig vor. Aber hat es dieses Ich je gegeben?

Die wenigen Menschen, die von meinem Beruf wissen, halten ihn für aufregend. Und manchmal war er das auch, aber meist war ich nur sehr einsam. Da ich immer eine Maske trug, konnte ich nie wahre Freunde gewinnen, außer vielleicht einige Betreuer. Natürlich stand ich auch einigen bösen Jungs nahe, und für manche von ihnen hätte ich unter anderen Umständen fast alles getan. Letztlich brachte ich aber die meisten von ihnen ins Gefängnis und musste sie dann vergessen, so als wären sie gestorben. Das Ende eines Falles ist im Grunde das Ende eines Lebens. Und ein Mann, der viele Leben lebt, muss viele Tode sterben.

Mein Tod kann jederzeit kommen. Damit musste ich schon immer leben, als junger Kerl in Hull, als Soldat in Vietnam oder als Undercover-Agent. Dass ich jetzt im Ruhestand bin, bedeutet nicht, dass die Männer, mit denen ich mich anfreunden musste, nur um sie später zu verraten, mir verziehen haben. Die Gefahr ist nicht mit den Gehaltsschecks verschwunden. Es sind immer noch Kopfgelder auf mich ausgesetzt, und es besteht ständig das Risiko einer zufälligen Begegnung, die mein Leben ins Chaos stürzen oder es sogar beenden könnte. Da ich in ganz Kanada und in vielen Gegenden der USA gearbeitet habe, ist die Wahrscheinlichkeit, dass dies passieren könnte, nicht so klein, wie es mir lieb wäre. Vielleicht werden sie mich eines Tages erwischen. Aber heute noch nicht.

Und heute freue ich mich, wie an allen anderen Tagen, an dem, was ich habe. Mein Verhältnis zu meinen Kindern und Exfrauen ist gut. Liz ist jetzt ein geachtetes Mitglied des Klerus, meine Tochter ist Lehrerin, und mein Sohn und seine Frau wollen eine Familie gründen. Natalie hat wieder geheiratet und hat das Sorgerecht für ihre erste Tochter und unsere gemeinsame Tochter. Hinter vielen Verbrechern, die ich ins Gefängnis gebracht habe, war die Polizei schon lange her, und sie haben nichts anderes verdient, als sehr lange Zeit in einer kleinen Zelle zu verbringen. Vieles, was ich getan habe – vor allem in Vietnam – war fragwürdig oder schlicht falsch. Aber ich habe auch ein wenig Gutes getan.

Sie haben die deutschen Bandidos gegründet

Auch als E-Book erhältlich

240 Seiten
Preis: 19,99 €
ISBN 978-3-86883-288-4

Peter Maczollek, Leslav Hause
Ziemlich böse Freunde
Wie wir die Bandidos in Deutschland gründeten

Peter Maczollek und Leslav Hause sind Bandidos der ersten Stunde. Sie brachten den in den USA gegründeten Motorradclub vor 14 Jahren nach Deutschland und sind maßgeblich daran beteiligt, dass der Bandidos MC Germany heute rund 700 Mitglieder hat – Peter als einer von drei Deutschlandchefs und Les als Sargento de Armas des Clubs. Die Gründungsgeschichte der Bandidos in Deutschland ist zugleich die Geschichte einer einzigartigen Männerfreundschaft. Peter und Les kennen sich seit 30 Jahren, kämpften stets Seite an Seite, haben viel Blut und Schweiß miteinander vergossen, wilde Partys gefeiert und zusammen im Knast gesessen.

In diesem Buch geben die beiden Führungsmitglieder einen einzigartigen Einblick in die geheime Welt der Rocker.

Erschütternde Einblicke in die Rockerszene

Stefan Schubert
Wie die Hells Angels Deutschlands Unterwelt eroberten

352 Seiten
Preis: 19,99 €
ISBN 978-3-86883-248-8

Von den einen bewundert, von den anderen gefürchtet und gehasst – die Hells Angels sorgen seit Jahrzehnten für kontroverse Diskussionen.

Was war passiert, dass aus dem Zusammenschluss einiger Halbstarker in Kalifornien eine internationale Bruderschaft wurde, die heute in 47 Ländern präsent ist und auf allen fünf Kontinenten nach ihren eigenen archaischen Regeln agiert?

Dieses Buch analysiert und zeigt Zusammenhänge in der über 60-jährigen Geschichte des Hells Angels MC und spannt einen Bogen von den Anfängen der US-Bikersubkultur zur aktuellen Lage in Europa und besonders in Deutschland. Durch Interviews und Gespräche mit Polizeibeamten, Journalisten und zahlreichen Informanten aus der Rockerszene sowie über 700 Quellen ist es dem Bestsellerautor und ehemaligen Polizisten Stefan Schubert erstmals gelungen, ein genaues Bild der Vorgehensweise und Strukturen dieser immer krimineller agierenden Organisation zu erstellen.